养羊与羊病防治

（北方本）

主　编　倪兴军

副主编　薛仰全　孙俊峰

参　编　王玉明　李德宏　张建明

主　审　吴建平　余四九

重庆大学出版社

内容简介

《养羊与羊病防治》主要内容包括:羊的品种、羊的繁育新技术、羊饲料加工调制技术、羊高效饲养管理技术、羊场的经营管理,羊病防治6个学习情境、18个学习项目、79个学习任务和25个技能训练单。通过项目为载体,分解任务技能,使课程的实践教学紧密结合生产实际工作过程分层次逐步递进提升。每个项目中都设有相应的技能训练,每项任务都提示出基本概念、教学重点、教学目标、教学内容以及评估考核,便于指导学生进行理论学习与实践技能训练。

全书内容简明扼要,实用性和技术性强,同时兼有一定先进性。本书不仅可作为大学专科(高职)学历教育相关专业的师生学习使用,也可供基层畜牧科技工作者和羊生产经营者学习参考书,同时,也可供农村干部和中专以上文化程度的养殖户自学使用。

图书在版编目(CIP)数据

养羊与羊病防治(北方本)/倪兴军主编.—重庆:重庆大学出版社,2015.2

ISBN 978-7-5624-8867-5

Ⅰ.①养… Ⅱ.①倪… Ⅲ.①羊—饲养管理—高等职业教育—教材 ②羊病—防治—高等职业教育—教材 Ⅳ.①S826 ②S858.26

中国版本图书馆CIP数据核字(2015)第036978号

养羊与羊病防治
(北方本)
主 编 倪兴军
副主编 薛仰全 孙俊峰
主 审 吴建平 余四九
策划编辑:鲁 黎
责任编辑:鲁 黎 版式设计:鲁 黎
责任校对:刘雯娜 责任印制:赵 晟
*
重庆大学出版社出版发行
出版人:邓晓益
社址:重庆市沙坪坝区大学城西路21号
邮编:401331
电话:(023) 88617190 88617185(中小学)
传真:(023) 88617186 88617166
网址:http://www.cqup.com.cn
邮箱:fxk@cqup.com.cn(营销中心)
全国新华书店经销
重庆升光电力印务有限公司印刷
*
开本:787×1092 1/16 印张:34.5 字数:710千
2015年2月第1版 2015年2月第1次印刷
印数:1—1 000
ISBN 978-7-5624-8867-5 定价:65.00元

前 言

本教材由酒泉职业技术学院富有教学经验及工作实践经验的教师参与编写完成。全书共分6个学习情境,主要内容包括:羊的品种、羊的繁育新技术、羊饲料加工调制技术、羊高效饲养管理技术、羊场的经营管理以及羊病防治等部分。通过项目为载体,分解学习任务,使课程的教学内容紧密结合生产实际工作过程,分层次逐步递进提升。每个项目中基本上设有相应的技能训练,充分实现了理论与实践、课堂与课外、专项训练与综合训练的紧密结合,旨在引导实践教学的重点开展和充分发挥学生学习的主动性和创造性。

本教材内容涵盖了羊生产的各个方面,并结合养羊业实际生产和高等职业教育的特点,以工作任务为驱动设计学习任务,全书内容反映了国内外养羊业发展的前沿动态,强化羊生产中的新技术、新工艺、新信息、新成果,突出理论与实际相结合,淡化理论,精选内容,注重实用,讲究实效,通俗易懂;以培养学生解决养羊生产实际问题为主,重点突出介绍了羊生产中的实用技术和关键技能,体现了当代养羊技术的最新成果和高等职业教育的特色。

本教材编写提纲由酒泉职业技术学院倪兴军提出,经邀请甘肃农业大学、甘肃省畜牧管理总站、中国科学院兰州畜牧兽医研究所、甘肃省永昌肉用种羊场、甘肃三洋金源农牧股份有限公司、酒泉市畜牧兽医局和酒泉职业技术学院的专家、教授论证后由参编人员分工编写。倪兴军任主编并负责编写绪论、学习情境二、学习情境三、学习情境四,酒泉职业技术学院薛仰全、孙俊峰任副主编,其中,薛仰全负责编写学习情境五项目三、学习情境六项目一、技能训练单七到技能训练单十由薛仰全编写,孙俊峰负责编写学习情境一、学习情境五项目一和项目二，技能训练单一到技能训练单六，酒泉职业技术学院李德宏负责编写学习情境六项目二、技能训练单十四到技能训练单二十，酒泉职业学院张建明负责编写技能训练单二十一到技能训练单二十五，酒泉职业技术学院王玉明负责编写技能训练单十一到技能训练单十三，全书由倪兴军进行统稿。酒泉职业技术学院吴建平教授担任主审，甘肃农业大学余四九教授也参与审定。

编者在编写过程中参阅了国内众多专家的文献和资料，得到了许多专家教授的悉心指导，同时也得到了论证专家所在单位和重庆大学出版社的大力支持，在此表示诚挚的感谢。

本教材是实施工学结合教材的初探，由于时间仓促并限于编者水平，书中难免有错误和不妥之处，敬请同行及广大读者批评指正。

编　者

2014 年 11 月

目　录

学习情境三　羊饲料加工调制技术

学习情境四　羊的高效饲养管理技术

学习情境五 羊场的经营管理

学习情境六 羊病防治

技能训练

绪 论

一、养羊业在国民经济中的地位和作用

(一)养羊业是农业生产系统中畜牧业的重要组成部分

畜牧业的发展水平是一个国家农业发达程度的重要标志。畜牧业承前启后,前连种植业,后接加工业,是大农业的主要角色。我国畜牧业已经成为农业中产业化、市场化特征最突出和最具活力的产业。畜牧业产业结构调整的核心是大力发展草食家畜,走节粮型畜牧业道路,而养羊业则是节粮型畜牧业的重要组成部分。我国养羊业与畜牧业发达国家的养羊业相比还存在较大的差距,其发展潜力巨大。大力发展养羊业可有效促进农业现代化进程。

2001 年,农业部在《关于加快畜牧业发展的意见》中明确指出:“加快发展畜牧业是农业发展新阶段的战略任务。大力发展畜牧业,有效地转化粮食和其他副产品,可以带动种植业和相关产业发展,实现农产品多次增值,促进农业向深度和广度进军,是推进农业结构战略性调整的重要措施。大力发展畜牧业,更多地吸纳农业富余劳动力,增加农民就业机会,可以更合理、更有效地配置农业资源,是现阶段农民增收的重要途径。”并且在“大力调整、优化畜牧业结构和布局”部分中强调指出了要“稳定发展生猪和禽蛋生产,加快发展肉牛、肉羊和肉禽生产,突出发展奶牛和优质细毛羊生产”。2007 年,《国务院关于促进畜牧业持续健康发展的意见》中提出:“加大畜牧业结构调整力度。继续稳定生猪、家禽生产,突出发展牛、羊等节粮型草食家畜,大力发展奶业……肉牛肉羊生产要充分利用好地方品种资源,生产优质牛羊肉。”

2010 年,农业部《全国畜牧业发展第十二个五年规划(2011—2015)》再次明确提出:“到2015 年,肉、蛋、奶产量分别达到 8 500 万 t、2 900 万 t 和 5 000 万 t,羊毛产量达到 43 万 t,畜牧业产值占农林牧渔业总产值的比重达到 36%。”并在畜牧业区域布局中指出:“肉羊养殖规划应加强中原、中东部农牧交错带、西北和西南等肉羊优势区建设。加快新品种培育、良

种选育和地方品种保护开发，加快肉羊养殖良种化。”大力发展舍饲、半舍饲养殖方式，引导发展现代生态家庭牧场，积极推进良种化、规模化、标准化养殖。绒毛用羊要以西北、东北主产区为重点，推进细毛羊、半细毛羊、绒山羊等绒毛用羊优势产业带建设。加强绒山羊地方品种资源保护，加大品种选育和良种推广力度，提高绒毛综合品质和绒毛用羊生产性能。改进养殖方式，合理利用饲草料资源，降低养殖成本。推广机械剪毛、分级整理等技术，加强产销衔接，增加养殖环节利润。规范市场经营秩序，加强原料基地建设，实施品牌战略，增加绒毛用羊生产效益。

（二）发展养羊业是发展节粮型畜牧业的客观需要

粮食问题是保证一个国家稳定的最基本的问题。人、畜争粮的矛盾在我国显得更为突出。解决这一矛盾行之有效的办法就是大力发展节粮型畜牧业，充分发挥草食家畜的生产潜力。羊是反刍家畜，具有特殊结构的消化系统和生理机能，有极强的粗纤维分解能力。此外，羊能利用尿素等非蛋白含氮物，经瘤胃—肝脏氮素循环，产生菌体蛋白。发展养羊业可以有效转化农副产品，把原本放火烧掉的秸秆转变为肉、毛、奶、皮和绒；同时，还可以增加有机肥，减少或不使用化肥农药，促进绿色食品发展。

总之，大力发展养羊业，对促进农业结构优化升级，增加农民收入，改善人们膳食结构，提高国民体质，带动毛纺、制革、食品和医药等加工工业及第三产业发展具有重要意义。

二、我国养羊业概况

（一）我国养羊业的发展现状

据统计，我国现有绵羊品种 79 个，山羊品种 48 个。目前，全国 32 个省、市、自治区都有羊的分布。由于受到生物学特性和生态环境条件的影响，绵羊没有山羊分布范围广。目前，我国养羊业发展迅速，羊的饲养量、出栏量、羊肉产量均居世界第 1 位。

2011 年，我国绵、山羊存栏量 28 235.79 万只，居世界第 1 位。其中，山羊存栏量 14 274.24 万只，绵羊存栏量 13 961.55 万只；羊肉产量 393.10 万 t，居世界第 1 位，羊肉产量呈逐年直线增加趋势；毛绒产品总产量 393 072.20 t，其中，细羊毛 132 835.75 t，半细羊毛 120 118.65 t，山羊毛 44 046.97 t，羊绒 17 989.06 t。

2011 年，我国羊存栏量前 10 位的省份分别是：内蒙古 5 275.95 万只、新疆 3 016.41 万只、山东 2 150.90 万只、河南 1 865.00 万只、甘肃 1 757.12 万只、四川 1 661.72 万只、西藏 1 646.08 万只、青海 1 497.54 万只、河北 1 457.20 万只、黑龙江 915.68 万只。绵羊主要分布在我国北方地区，呈现北多南少趋势，内蒙古绵羊存栏量 5 275.95 万只，居国内第 1 位。统计资料显示在广东、广西、江西、福建、海南 5 个省区没有绵羊分布，全国各地均有山羊分布；

尽管南方适宜养山羊，但总体上存栏山羊多的省份主要集中在北部省区。

我国绵羊数量主要以产毛量低的地方品种居多，细毛羊、半细毛羊及其改良羊数量较少。超细毛羊刚刚起步，在我国育成的细毛羊、半细毛羊新品种中，只有中国美利奴羊的产毛量、羊毛质量接近或达到世界先进水平，其他育成的品种羊其生产水平与世界先进水平差距甚大。我国绵羊个体的平均原毛产量只有2.20 kg，净毛产量只有1.15 kg，远低于世界养羊业发达的澳大利亚和新西兰，未达到世界平均水平。目前，我国细毛羊生产主要集中在新疆、内蒙古、青海、甘肃牧区和东北部分地区，生产主要仍以天然草场放牧辅以补饲的方式进行。

2011 年，中国羊绒总产量为17 989.06 t，居世界之首。我国山羊绒及其制品在国际市场上占有重要地位，贸易量保持在50%左右，山羊绒的生产对我国出口创汇具有积极意义。

我国肉羊区域化生产优势已经开始形成。2003 年，农业部制定和颁发了《优势农产品区域布局规划》，在规划中确定了肉羊生产的四大优势区域：

一是中原肉羊优势区：主要包括河南、山东、河北、江苏、安徽 5 个省的 6 个地市 20 个县市。

二是内蒙古中东部及河北北部肉羊优势区：主要包括内蒙古和河北 2 个省(区)的 2 个地市 10 个县市。

三是西北肉羊优势区：主要包括宁夏、甘肃、青海、新疆 4 个省(区)的 5 个地市(州)15 个县市。

四是西南肉羊优势区：主要包括四川、重庆、云南、贵州、广西 5 个省(区、市)的 5 个地市 16 个县市。

我国的肉羊生产在牧区、农区和半农半牧区均有饲养，同时，我国羊肉生产体现出新特点：主要生产区域从牧区转向农区、养殖方式逐步由放牧转变为舍饲和半舍饲、千家万户分散饲养正在向相对集中方向转变。

(二)我国养羊业存在的主要问题

1. 绵羊和山羊的良种化程度低，生产力水平不高

我国绵羊和山羊良种化程度依然不高，全国绵羊良种率仅占绵羊总数的38%；而在山羊业中，良种化程度则更低，大大影响了我国养羊业的总体生产水平和产品质量的提高，使我国养羊业水平与发达国家相比差距较大。生产水平高的专门化肉羊品种是近几年少量从国外所引进的，杂交利用也仅限于小范围的试验阶段，羊肉生产仍以地方品种或细毛杂种羊为主。细毛羊和半细毛羊的良种覆盖率则更低。如在 2011 年，澳大利亚绵羊业中，每只存栏羊平均产毛 5.37 kg，每只出栏羊平均胴体重为 21 kg；同年，我国绵羊业中的上述指标分别为2.23 kg 和 13 kg，只相当于澳大利亚的41.5%和61.9%，两者差距相当显著。

2. 经营方式分散，管理粗放

目前，我国羊肉市场供应的羊肉大多是老、弱、残淘汰羊，优质的羔羊肉甚少；饲养者缺乏肉羊生产相关的科学知识和技术，尚未改变传统的饲养观念和方法；肉羊生产周期长、出栏率低、经济效益低，而且增加草原载畜量和冬、春季节饲草短缺的矛盾，抵御自然灾害的能力差。养羊业产品在质量、安全卫生等方面难以控制。产品在国际市场上的竞争能力差，严重制约了我国养羊业生产健康、持续发展。

3. 天然草场严重退化，资金投入严重不足

目前，天然草场和草山草坡仍然是我国饲养绵羊和山羊的主要放牧地。多年来，许多地区单纯盲目地发展牲畜数量，掠夺式利用天然草原，对草原重用轻养，放牧过度，滥垦、乱挖和鼠、虫害的严重破坏；加之，由于全球气候变暖，持续干旱以及由于长期受粮食问题困扰，重粮轻草，毁草种粮，新中国成立以来曾 4 次大规模开垦草原，天然草场退化、沙化和盐碱化严重。

我国是世界上草原面积较大的国家之一，草原面积近 4 亿 hm^2，每年提供的畜产品产值约 39 亿元，而国家每年投入草原建设的资金仅 1 亿元左右。另外，我国养羊业多处于落后山区，这些地区经济欠发达。因此，天然草原的围栏、引水灌溉工程、退化草原的改良更新、人工草场的建设以及养羊业的配套设施等基础建设缺乏资金。

4. 国内羊毛价格低迷，羊毛生产受到严重冲击

细毛羊产业化经营滞后，对种羊和羊毛市场的启动和培育不利，羊毛市场混乱，净毛计价、优质优价得不到真正的落实，饲养毛用羊成本高、效益低而挫伤了农牧民养毛用羊的积极性，加之毛用新品种培育与选育提高不能持之以恒，致使已经育成的品种退化、混杂现象严重，从而也更加削弱了其在国内及国际市场上的竞争力。特别是 2004 年羊毛的关税配额管理取消后，进口羊毛对我国羊毛生产的冲击进一步加大，使我国的羊毛生产形势更加严峻。

5. 引种缺乏宏观调控，保种意识不强

引入的种羊品种参差不齐，种羊场出场的种羊有相当数量质量差、价格高，有的甚至弄虚作假，以杂种羊特别是低代杂交种羊当作纯种出售，坑害养殖户。引进的种羊缺乏适时选育，出场羊没有质量标准。被引入的品种多以炒种、倒种形式出现，如何与国内相关品种形成优良配套组合，并推广杂交组合，以提高我国羊产品质量和效益呢？这方面工作做得很不够。例如，当前肉用波尔山羊在我国已被推广到 20 多个省（区）市，数量已达 5 万只；在这些地区内我国地方优良山羊品种就 15 个，其数量占目前我国地方优良品种的 3/4。波尔山羊

正在大规模、快速地对这些地方品种进行改良。在对肉用山羊进行改良的同时，也冲击了绒山羊和奶山羊，这种盲目性和短期行为应引起政府职能部门的高度重视。

(三)我国养羊业的发展趋势

1. 养羊业仍会保持平稳的发展势头

首先，"十二五"期间国家将继续支持养羊业发展，如实施的国家肉羊、绒毛用羊产业技术体系，汇聚了我国养羊业界的科技精英，将投入巨资重点解决养羊业发展的技术瓶颈问题；其次，随着人民生活水平的改善对羊产品的需求旺盛，羊肉价格稳中有升，高品质的超细型羊毛和山羊绒市场供不应求；第三，随着规模化养殖关键技术瓶颈的突破和牧区草原生态的恢复，规模化养殖的推进和非常规饲料的开发利用将有效增加农区的饲养量。

2. 养羊方式由以毛为主逐渐转向以肉为主

一是肉羊饲养热正在我国迅速扩展，这不仅是国际养羊的重点由毛用向肉用转变和国际市场价格的调节，同时也是羊肉本身营养价值决定和人们消费理念变化的一种反映；二是羊肉一直是人们喜欢的一种肉食，尤其北方少数民族，长期以来以羊肉为主要食物。近年来，随着人民生活水平的改善和饮食理念的科学化，羊肉也越来越受到大多数人的喜爱。

3. 种质创新研究与羊育种工作面临重要突破

一是由于我国绵、山羊品种资源十分丰富，且与引进品种相比地方良种具有繁殖力高、抗逆性好等特点，因此地方良种在我国养羊生产中的地位与作用、选育、保护和开发利用将得到重视；二是将利用国内外开展两种资源创制新种质、新品种(系)和配套系的选育，如超细型细毛羊、专门化肉羊品种以及常年长绒性绒山羊等新品种选育方面在"十一五"的基础上有望取得显著进展；三是农业部畜牧业司已经组织相关人员起草了《全国羊遗传改良计划》、《种羊性能测定规范》和《羊联合育种协作组织章程》等文件有望实施，将有力推进养育种工作的机制创新。

4. 羊产业化经营水平会进一步提高

一是由于国内市场拉动和政策扶持，良种繁育场的规模将适度扩大，并增大优势品种的饲养量，如农业部实施的国家标准化肉(绒毛)羊场建设项目和良种工程建设项目，将有力推动羊场向标准化、规模化方向发展；二是各地相继组建了农业养羊合作社，使产、加、销一体化，提高养羊经济效益，推进产业化组织程度；三是龙头企业更加重视塑造品牌和培植羊源基地，特别是目前人们热衷追求绿色、环保、安全的健康食品，大力发展绿色养羊成为趋势。

5. 养羊业科技进步更加显著

一是良种工程的实施将大大提高良种化程度；二是标准化示范场建设将带动规范化养殖；三是规模化生产的不断推进有利于推广应用新技术；四是肉羊产业技术体系的建设效应将不断显现，研究与生产脱节、成果转化率低、技术人才严重匮乏等现象得到一定程度缓解。

（四）我国养羊业发展的重点和策略

1. 加快养羊业生产基地建设

按照农牧区的实际生态条件，发展适合本区域的羊品种以及羊产品，以形成合理的牧业生产布局，是实现现代化的重要措施。即，在现有的基础上建立一批大的生产基地，使基地的生产优先达到现代化的水平；建立专用的饲料作物基地，实现粮、经、饲“三元”结构；开发工厂化安全、专用的饲料添加剂与补充饲料；按照国家规定无疫病示范区建设的标准，建设种羊、饲料、产品监测中心，提高羊肉的屠宰加工水平，完善肉羊交易市场。

2. 加速提高我国羊品种的良种化水平

鉴于我国目前羊品种良种覆盖率较低的实际，必须加快育种工作的步伐，大力推广人工授精，以克服优秀种公羊不足的困难。合理布局和加强种羊场、中心育种场的功能，建立我国独特的繁育体系，同时，对地方良种加强本品种选育，尽快提高品种质量。

3. 加强草场改良建设

加快草场改良的投人和人工草地的建设，是世界上养羊业发达国家成功的经验。我们对草场的建设、培育、管理及合理的利用要给予高度的重视，要研究牧草生长的客观规律，实现以草定畜，草畜平衡，要采取杀虫、灭鼠、施肥、灌溉等多种有效方法，确保草地生产力的持续发展。

4. 根据养羊业的发展趋势，因地制宜积极发展不同用途的羊品种

（1）加快发展肉羊或肉毛兼用羊

在我国多数地区，要顺应世界养羊业的发展趋势和国内外市场对羊肉日益增长的要求，大力发展肉用羊或肉毛兼用羊。可引用国内外优良肉羊品种公羊（绵、山羊）与当地绵羊和山羊进行经济杂交或轮回杂交，利用杂种优势生产肉羊，特别是肉用肥羔。在大面积杂交的基础上，通过有目的、有计划地选育，培育出我国的、新的若干个各具特色的、早熟、高产、多胎的专门化肉羊新品种。

(2)引种

积极引入高产优质细毛种公羊,大范围改造和提高现有细毛羊的净毛产量和羊毛品质,突出发展超细型绵羊。我国目前生产的羊毛无论在数量上还是在质量上,在若干年内是无法与质优价廉的澳毛相抗衡的。应当继续从澳大利亚引入优良的澳洲美利奴种公羊,特别是羊毛细度在19 μm以下的超细型澳洲美利奴公羊,或用中国美利奴品种的超细型优秀公羊,继续对各地的毛用或毛肉兼用细毛羊和细毛杂种羊进行杂交,一般可级进杂交到3~4代,然后通过严格的选择,再进行自群繁育。但是,在对杂种后代注意选择羊毛综合品质及高的净毛产量的同时,尽可能注意不降低体重及生活力。

(3)不断选育和提高我国的绒山羊

我国的绒山羊分布地域辽阔,产区生态环境除少数地区外都比较差,生态经济条件和饲养管理水平也比较低。在全国范围内,不同的绒山羊品种、不同个体的生长发育和生产性能差异很大。因此,在生态经济条件适宜发展绒山羊的地区,应有计划地采取积极有效的措施,以草定畜,控制数量,提高质量,以本品种选育为主,必要时可导入其他高产优质绒山羊品种的基因,努力提高本地绒山羊的产绒量和羊绒品质。

(4)加快发展奶山羊业

饲养奶山羊,以优质青粗饲料或青干草为主,只需补饲少量混合精料,投资小,易饲养,可以不占主要劳动力,见效快。我国现有奶山羊约400万只,主要分布在山东、陕西、河南、河北、山西、黑龙江和辽宁等省。为了满足广大农民群众和城镇居民对奶及奶制品的需求,应当积极提倡和支持在生态经济条件较好的农村牧区、城镇郊区及工矿区,积极饲养和发展奶山羊。

(5)积极发展马海毛

山羊业在我国西北、华北等气候干旱、半干旱地区,可以积极引入安哥拉山羊与当地山羊杂交,提高当地山羊经济效益,开发当地资源,建立我国马海毛生产基地,积极发展我国的马海毛山羊业。

5. 积极推行标准化、规模化和集约化养羊

在条件较好的农村牧区,在千家万户分散饲养的基础上,积极引导和支持农牧户走专业化、规模化、集约化、标准化发展养羊业;特别是走集约化、标准化发展肉羊业的道路,实现小生产与大市场接轨。对规模化、集约化和标准化养羊,在不同生态经济条件地区,应从立足当地资源和市场需求出发,制订出发展政策、规划和实施方案。在整个进程中,要紧紧抓住基地、龙头、流通等关键环节,积极探索和建立规模化、集约化、产业化,组织新的运行机制。

三、国外养羊业概况

世界上养羊较多的国家有:中国、印度、澳大利亚、伊朗、巴基斯坦、新西兰、俄罗斯等,其

中，印度、伊朗、巴基斯坦以山羊生产为主，澳大利亚、新西兰、俄罗斯羊业中绵羊略多于山羊，但大体为各占一半。

（一）世界养羊的数量与生产水平

2011 年，世界羊存栏数合计 201 771 万只，其中，绵羊为 109 356 万只，山羊为 92 414 万只。世界屠宰的绵、山羊数合计 94 683 万只，其中，绵羊为 51 667 万只，山羊为 43 016 万只。世界羊肉产量为 1 340 万 t，其中，绵羊肉 817 万 t，山羊肉 523 万 t。世界生绵羊皮产量为 1 805 172 t，生山羊皮产量为 1 201 976 t；原毛产量为 2 206 820 t。2011 年，全世界屠宰羊的平均胴体重为 14 kg，澳大利亚为 21 kg，美国为 15 kg，中国为 13 kg。

（二）世界养羊业的发展现状

1. 羊的品种良种化

优良畜禽是提高畜禽生产水平的基础。在很多发达国家，如美国、英国、法国、荷兰、丹麦、澳大利亚、新西兰等国，经过几十年甚至几百年的努力，分别培育出适宜自己国家生态经济条件的高产优质品种，对本国乃至世界各国畜牧业的发展起着重大的作用。如澳洲美利奴羊、边区莱斯特羊、萨福克羊、萨能羊、波尔羊和安哥拉山羊等。近几十年来又育成了一批高产新品种，有的甚至成为主导品种，有力地推动了养羊业的发展。

2. 饲料生产产业化，天然草场改良化、围栏化

随着畜牧业的集约化和现代化，饲料工业在世界范围内正逐步形成一个重要的产业，2011 年全世界饲料的总产量超过 7.36 亿 t。在草地畜牧业发达的国家，如新西兰、英国、澳大利亚、阿根廷和俄罗斯等，非常重视草地的建设和培育。目前，澳大利亚和新西兰等国家的大部分草场已经实现了改良化和围栏化。新西兰全国围栏总长 80.5 万 km，围栏面积占草场总面积的 90% 以上，改良面积占草场面积的 94%。澳大利亚围栏面积 4 亿 hm^2，占草场总面积的 90%。人工补播及改良草场面积已由 20 世纪 50 年代的 600 万 hm^2。增加到现在的 2 667 万 hm^2。经过几十年的建设，澳大利亚草场生产力大大提高，载畜量比过去提高 5 ~ 6 倍，显著地降低了畜产品成本。在对草场的合理利用方面，一般都采用分区轮牧，产草量提高了 10% ~14%；另外，还广泛采取牛、羊混合放牧来调节放牧地，使草地生产和利用保持良好的状态。

3. 主要生产环节机械化、自动化

在养羊业比较发达的国家，基本上都实现了剪毛机械化。澳大利亚使用由电动机或汽油发动机带动 1 ~2 个剪头的剪毛机，操作方便、机动性良好。在新西兰，一个剪毛机平均每

2 min 左右剪 1 只羊,一天可剪 200 ~ 250 只羊,大大地减轻了劳动强度,显著地提高了劳动生产率和经济效益。

4. 重视畜牧业的科学研究,先进实用的新技术被广泛应用

畜牧业发达的国家对畜牧业科学研究工作十分重视,科学研究机构稳定,经费充足,研究手段先进,研究内容紧密结合生产。新西兰在南、北两岛各有 2 个农业科学研究中心,6 个专门研究山地草原改良的草原研究站,3 个土壤化验中心,政府为其提供充足的研究经费。澳大利亚中央的联邦科学与工业研究组织(CSIRO)设 35 个研究单位,其中与畜牧业有关的有 9 个,完全研究畜牧业的有 5 个研究所(动物生理、动物遗传、动物营养、生物生化、动物健康和热带草原研究所)。全国 6 个州,每个州都设有若干个研究中心,重点研究畜牧业。联邦和州的科研机构都有装备完善的实验室和试验农场,广泛应用计算机、激光、红外线、同位素等先进技术设备。由于重视畜牧科学研究,很多国家不断取得丰硕成果,加上强有力的科研推广服务体系,使许多新成果、先进实用的新技术不断在生产实践中运用,有力地推动着养羊业的发展。目前,在一些发达国家,畜牧科技成果的转化率和在畜牧业生产中的科技贡献率都在 70% 以上,而我国仅为 40%。

现代繁殖新技术在发达国家被广泛推广应用于肥羔生产中,如调节光照促进肉羊早发情、提早配种、早期断奶、诱发分娩、集中强度育肥等措施,较好地缩短了羊的非繁殖期,实现 1 年 2 胎繁殖。采用同期发情技术,统一配种,可使羊肉大批量生产,做到均衡上市,全年供应。除了有目的地引进国外良种来提高优质羔羊生产水平外,在育种工作中更加注重对羊只肉用性状,特别是瘦肉性状、多羔性、早熟性和增重速率等的选择以及胴体组成方面,尤其是皮下脂肪厚度的选择效果。同时,利用新技术,如将 CT 扫描技术应用于活羊肉用性状检测,提高了对肉用性状选种的精确度。在提高母羊繁殖力方面,利用超声波技术对母羊群进行大范围检测,对怀双羔或 3 羔母羊提供优良草场,实行分群、分栏放牧饲养。淘汰连续 2 年产单羔的母羊,以期提高母羊的繁殖力。在新西兰开展超级羔羊的生产和培育工作,所获得的羔羊 8 月龄时活重达 55 kg,而且胴体瘦肉率很高。

(三)世界养羊业的发展趋势

1. 绵羊向稳定数量、提高质量的方向发展,细毛羊朝细型、超细型发展

20 世纪 90 年代以来,世界绵羊存栏数稳中有降,羊毛产量、存栏绵羊只均产毛量持续下降,并向超细型方向发展。在国际上,尤其是澳大利亚羊毛减产的主要是较粗的细毛,而较细的细毛则呈增长趋势,从 1989—1990 年的 4.4% 上升到 1998—1999 年的近 20%,增长了 15%。细度也由 70 支向 80 支、90 支,甚至 100 支的细度方向发展,毛纺产品也向轻薄、柔软、高档方面发展。超细羊毛价格高出普通羊毛 4 ~ 5 倍。虽然澳大利亚羊毛总产量持续下降，但 19 μm 以下的超细毛产量却不断上升，如 2000 年超细毛产量为 7.9 万 t，2009 年则上升到 11.2 万 t，增长了 44.77%，在世界市场上销售量很好，意大利和中国是其超细羊毛的主要消费国。

2. 养羊生产向肉用化方向发展，并由生产成年羊肉转向生产羔羊肉

随着对羊肉需求量增长，羊肉价格提高，绵羊的发展方向逐渐由毛用、毛肉兼用转向肉毛兼用或肉用。因此，世界绵羊在品种、类型的结构上发生了很大变化。例如，法国现有绵羊 1 100 万只，主要用于产肉，其次为产奶；英国 80% 的羊用于产肉，20% 的用于产毛；新西兰现有 5 900 万只羊，肉用型占 98.2%，毛用型仅占到 1.8%；饲养毛用羊为主的澳大利亚，细毛羊比例逐年减少而杂交肉羊逐年增加，1996 年开始，澳大利亚从南非引进波尔山羊大力发展山羊肉生产，已成为世界上最大的山羊肉出口国。目前，这些国家均已形成规模化、规范化的羊肉生产体系。羊肉生产的增加，不仅表现在产量上，也反映在羊肉生产的结构上。羔羊肉产量迅速增加，利用羔羊生长发育快、饲料报酬高、肉质好、生产周期短、经济效益高等特点，专业化和集约化的肥羔生产正逐步取代大羊肉生产。例如，法国的羔羊肉占羊肉总产量的 75%，澳大利亚占 70%，英国和美国占 94%，新西兰占 80%，且肥羔生产已发展成工厂化，每年可生产肥羔几万只。新西兰在人工草场上进行羔羊的放牧肥育，4 ~ 5 月龄时屠宰，体重可达 36 ~ 40 kg。在绵羊育种工作中，国外特别重视早熟性和产羔率的选择，有些国家已育成了一些新品种。由于生产羔羊肉可获得最佳经济效益和社会效益，所以世界各国都在积极研究和大力发展肥羔生产。

3. 养羊方式由自然放牧转向现代化生产

一些养羊业较发达的国家，在粗放地区经营细毛羊，半集约经营地区养肉毛兼用或毛肉兼用半细毛羊。在羊肉生产方面，一般都进行集约化生产，其主要表现在培育了一批生产力很高的专门化肉用羊品种，建立了一整套良种繁育和杂交利用体系，实行草原区繁殖、农区肥育、农牧结合的合理布局。利用繁殖控制技术、科学饲料配方和饲养标准以及农副产品和青粗饲料加工技术进行工厂化、半工厂化生产，效果十分显著。羊场的经营也越来越专业化，根据养羊生产的目的而分工，如种羊场、繁殖场、育肥场等。为充分利用草地资源，提高载畜量和产品率，在改良天然草场和人工草场上做了大量工作。新西兰已有 2/3 以上的草场经过改良或建成人工草场，全国平均每公顷草地养 5 只羊。部分草原管理实行机械化。实行围栏分区农牧，既能合理利用，又能防止寄生虫感染。羊的饲养、饮水、药浴等都实现了机械化。在一两只牧羊犬的辅助下，1 名牧工可管理几千只羊。

【评估考核】

一、填空

1. 我国目前有绵羊品种______个,山羊品种______个。

2. 我国肉羊生产的四大优势区域是________优势区、________优势区、________优势区和__________优势区。

3. 我国没有绵羊分布的省份是______、______、______、______、海南5个省区。

二、简答

1. 简述当前国内养羊业存在哪些问题。

2. 简述国内养羊业发展的趋势。

三、论述

结合本章学习,查阅有关资料,针对我国养羊业的现状,阐述我国养羊业健康发展的对策和出路。

■学习情境一

羊的品种

项目一　绵羊品种

任务一　绵羊品种分类

【基本概念】

品种是指一个种内具有共同来源和特有一致性状的一群家养动物,其遗传性稳定且有较高的经济价值。畜禽品种须有相当数量的个体和品系组成,以保证在品种内能够选优繁衍,而不致被迫近交(动物)。品种具有遗传稳定性,时间性,区域性。

【教学重点】

绵羊品种的分类方法。

【教学目标】

1. 知识目标

- 了解绵羊品种的分类方法。
- 掌握不同类别绵羊的代表品种。

2. 技能目标

- 能够准确地识别绵羊的品种,能结合当地绵羊品种的资源进行合理的杂交改良工作。

【教学内容】

一、绵羊品种分类

全世界现有主要绵羊品种600多个,分类方法有很多种,主要介绍三种分类方法。

(一)按尾形分类

这种分类方法是以绵羊尾形的差异和大小为基础。尾形是根据尾部脂肪沿尾椎沉积的程度以及外形特征来决定,尾的大小主要是根据尾是否超过飞节部位来决定。根据这种分类方法,可将绵羊品种分为短瘦尾羊、长瘦尾羊、短脂尾羊、长脂尾羊和脂臀羊5类。

(二)按生产方向分类

1.毛用羊

(1)细毛羊

这类羊的共同特点是:生产同质细毛,毛纤维细度在60支以上,毛丛长度在7 cm以上。被毛全白、弯曲明显且整齐、净毛率高,是毛纺工业精纺织品的重要原料。

根据生产毛、肉的主次不同,细毛羊分为毛用细毛羊、毛肉兼用细毛羊和肉毛兼用细毛羊3类。毛用细毛羊体格略小,以生产细毛为主,一般每kg体重能产毛60~70 g,如澳洲美利奴羊、中国美利奴羊;毛肉兼用细毛羊体格较大,有较好的产肉性能,仍以产细毛为主,一般每kg体重能产净毛40~50 g,如新疆毛肉兼用细毛羊、东北毛肉兼用细毛羊;肉毛兼用细毛羊体格大,产肉性能好,有一定的产毛性能,一般每kg体重能产净毛30~40 g,如德国美利奴羊、泊列考斯羊。

(2)半细毛羊

这类羊的共同特点是:生产同质半细毛,毛纤维细度为32~58支,长度不一,越粗则越长。半细毛羊以被毛的长度可分为长毛种和短毛种。如林肯羊属于长毛种,毛纤维长度在8 cm以上。短毛种羊如萨福克、南丘、道赛特等,羊毛长度为5~8 cm,以体型结构和产品的侧重点可分为毛肉兼用和肉毛兼用两大类。

(3)粗毛羊

粗毛羊是指生产粗毛的羊,是我国主要的羊种资源。其被毛由粗毛、细毛和两型毛组成,为异质毛。其产毛量低、毛品质差,纺织价值低,只能做地毯、擀毡和粗呢之用。此类羊因其生产性能无特殊性,故又称为普通羊,如蒙古羊、藏羊和哈萨克羊等。

2.皮用羊

(1)裘皮羊

我国商业收购将其分为两类:一类是裘皮绵羊品种所产的裘皮称为“二毛皮”,如滩羊的裘皮称为“滩羊二毛皮”，是我国裘皮羊的典型品种；另一类是非裘皮羊所产的裘皮叫作“绵羊二毛皮”，其品质和价格不及前者。

(2)羔皮羊

我国羔皮羊绵羊品种有湖羊和卡拉库尔羊。

3. 肉用羊

我国尚无专门的肉用羊品种，但有产肉性能较好的绵羊品种，暂且列入肉用羊之列。以产肉性能的高低及专门化程度，将此类羊分为肉脂羊和肉羊。

(1)肉脂羊

肉脂羊具有肥大的尾部（脂尾和肥臀），善于贮存脂肪，产肉性能较好。我国粗毛羊皆属于肉脂羊类。生产性能较好的品种有：大尾寒羊、小尾寒羊、阿尔泰羊、乌珠穆沁羊、同羊、兰州大尾羊及广灵大尾羊（山西）等。

(2)肉羊

肉羊是指具有独特产肉性能的羊，具有生长发育快、早熟、饲料报酬高、产肉性能好、肉质佳、繁殖率高、适应性强等特点。其体型外貌上具有体躯长、肩宽而厚、宽而深、背腰平直、后躯臀部宽大、肌肉丰满、体躯呈圆桶状、长瘦尾等特征。肉用羊品种主要产于英国、法国等国家，我国现引进的品种有夏洛来羊、萨福克羊、南丘羊等。

（三）其他分类

1. 按改良程度分类

按羊是否经改良可将羊品种分为改良品种和本地品种。

2. 按品种来源分类

按品种的来源和形成历史分类，可将我国现有的品种分为 3 类。

(1)本地品种或称为原始品种

如蒙古羊、小尾寒羊、哈萨克羊等。

(2)培育品种

如新疆细毛羊、中国美利奴羊等。

(3)外来品种或引入品种

如德国美利奴羊、澳大利亚美利奴羊、林肯羊等。

【评估考核】

一、填空

1. 按绵羊尾形分类可将绵羊品种分为______羊、______羊、______羊、______羊和脂臀羊5类。

2. 绵羊品种按照生产方向,可分为______、______、______三大类型。

3. 细毛羊这类羊的毛纤维细度在______支以上。

4. 根据羊毛毛纤维细度,可将毛用羊分为______、______、______三大类。

二、简答

试述绵羊品种的分类方法。

任务二　毛用羊品种

【基本概念】

毛用羊品种是以采羊毛为主要经济来源的绵羊品种,主要包括细毛羊、半细毛羊和粗毛羊三大类品种。

【教学重点】

细毛羊、半细毛羊和粗毛羊的主要品种。

【教学目标】

1. 知识目标

- 了解毛用羊品种的分类方法。
- 掌握不同品种毛用羊的产地分布、外貌特征、生产性能。

2. 技能目标

- 根据不同品种毛用羊的产地分布、外貌特征、生产性能,能够准确地识别毛用羊的品种,能结合当地绵羊品种的资源进行合理的杂交改良工作。

【教学内容】

一、细毛羊品种

1. 中国美利奴羊

[分布及育成简史]　中国美利奴羊是1972—1985年在新疆巩乃斯种羊场、紫泥泉种羊场、内蒙古嘎达苏种畜场、吉林查干花种畜场联合育成的。其父本为澳洲美利奴,属中毛型,体型结构良好,体重90 kg以上,净毛量8 kg以上,净毛率50%以上,毛长11 cm以上;4个育种场的基础母羊分别是波尔华斯羊、新疆细毛羊、波新一代及军垦细毛羊,采用级进杂交法,

主要从二、三代中选择的理想型个体经横交固定，严格选留，精心培育而成的；它有4个类型：新疆型、军垦型、吉林型和科尔沁型，主要分布在我国的新疆、内蒙古、吉林等羊毛主产区。

中国美利奴羊（公羊）

［**外貌特征**］　中国美利奴羊体形呈长方形，头毛宽长着生至眼线，外形似帽状；前肢细毛到腕关节，后肢至飞节。公羊有螺旋形角，颈部有1～2个横皱褶，被毛密度大，毛长，白色，具明显的大中弯曲。

［**生产性能**］　剪毛后体重：母羊45.84 kg，剪毛量7.12 kg，净毛率60.87%，毛长4.84 cm，细度22 μm，单纤维强度8.4 g以上，伸度46%以上，卷曲弹性率92%以上，接近进口56型澳毛。

中国美利奴羊遗传性能稳定，与各地细毛羊杂交改良效果良好。

2.新疆细毛羊

［**分布及育成简史**］　1934年，用高加索羊和泊列考斯羊等品种与哈萨克羊和蒙古羊杂交，经长期选育于1954年由农业部批准并命名为"新疆毛肉兼用细毛羊"，是我国育成的第一个细毛羊品种。目前仅在新疆就有纯种羊238万多只。

新疆细毛羊（公羊）

新疆细毛羊（母羊）

［**外貌特征**］　新疆细毛羊体质结实，结构匀称。公羊鼻梁微有隆起，有螺旋形角，颈部有1～2个褶皱；母羊鼻梁呈直线，无角或只有小角，颈部有一个横皱褶或发达的纵皱褶。羊体覆白色的同质毛，成年公羊体高75.3 cm，母羊65.9 cm，体长分别为81.9 cm、72.6 cm，胸围分别为101.7 cm、86.7 cm。

［**生产性能**］　剪毛后体重：公羊88.01 kg，母羊48.6 kg；剪毛量：公羊11.57 kg，母羊5.24 kg；净毛率48.06%～51.53%，产羔率130%左右，屠宰率49.47%～51.39%。

新疆细毛羊善牧耐粗，增膘快，生活力强，适应严峻的气候条件；冬季扒雪采食，夏季高山放牧。

3. 东北细毛羊

［分布及育成简史］ 东北细毛羊是我国 1948—1967 年育成的第二个细毛羊品种。它是由兰布列羊与蒙古羊的杂种后代和苏联美利奴、斯塔夫洛波尔、高加索、阿斯卡尼等品种的公羊进行杂交选育而成的，于 1967 年命名为“东北细毛羊”。现有羊只 197 万只以上。

东北细毛羊（公羊）

东北细毛羊（母羊）

［外貌特征］ 体质结实，结构匀称，体躯长，后躯丰满，肢势端正。公羊有螺旋形角，颈部有 1 ~2 个横皱褶；母羊无角，颈部有发达的纵皱褶。其被毛白色，毛丛结构良好；弯曲正常，油汗适中。成年体高：公羊 74.3 cm，母羊 67.5 cm；体长分别为公羊 80.6 cm，母羊 72.3 cm；胸围分别为公羊 105.3 cm，母羊 95.5 cm。

［生产性能］ 剪毛后体重：公羊 83.66 kg，母羊 45.03 kg。剪毛量：公羊 13.44 kg，母羊 6.10 kg。净毛率 35% ~40%。长度：公羊 9.33 cm，母羊 7.37 cm。产羔率 125%，屠宰率 38.8% ~52.4%。

4. 内蒙古细毛羊

［分布及育成简史］ 内蒙古细毛羊是以苏联美利奴羊、高加索羊、新疆细毛羊和德国美利奴羊与当地蒙古羊母羊，采取育种杂交方式育成。1976 年 8 月，经内蒙古自治区人民政府批准命名为“内蒙古细毛羊”，属于毛肉兼用型细毛羊品种。

［外貌特征］ 体质结实，结构匀称。公羊多为螺旋角，颈部有 1 ~2 个横皱褶；母羊无角，颈部有发达的纵皱褶。体高：公羊 77.7 cm，母羊 65.2 cm；体长：公羊 79.5 cm，母羊 70.3 cm；胸围：公羊 112.4 cm，母羊 92.1 cm。

［生产性能］ 剪毛后体重：公羊 91.4 kg，母羊 45.9 kg。剪毛量：公羊 11.0 kg，母羊 5.5 kg。净毛率 36% ~45%。长度：公羊 8 ~9 cm，母羊 7.2 cm。产羔率 110% ~125%，屠宰率 44.1% ~48.4%。

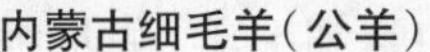

内蒙古细毛羊(公羊)　　内蒙古细毛羊(母羊)

内蒙古细毛羊是典型的干旱寒冷草原地区大群放牧品种,游牧力强,在-40 ℃和积雪20 cm的环境下仍能扒雪吃草。

5. 甘肃高山细毛羊

[**分布及育成简史**]　甘肃高山细毛羊是以新疆细毛羊与当地蒙古羊母羊杂交的二、三代杂种羊,采取育种杂交方式育成。该品种育成于甘肃省皇城绵羊育种试验场皇城区和天祝藏族自治县境内的场、社,在1881年由甘肃省人民政府正式批准为新品种,命名为“甘肃高山细毛羊”,属于毛肉兼用型细毛羊品种。

甘肃高山细毛羊(公羊)

甘肃高山细毛羊(母羊)

[**外貌特征**]　甘肃高山细毛羊体格中等,体质结实,结构匀称,体躯长,胸宽深,后躯丰满。公羊有螺旋形大角,母羊无角或有小角。公羊颈部有1~2个横皱褶,母羊颈部有发达的纵垂皮,被毛闭合良好,密度中等。其细毛着生于头部至两眼连线,前肢至腕关节,后肢至飞节。

[**生产性能**]　剪毛体重:公羊80 kg,母羊42.9 kg。剪毛量:公羊8.5 kg,母羊4.4 kg。平均毛丛长度:公羊8.24 cm,母羊7.40 cm。主体细度64支,其断裂强度6~6.83 g,伸度

36.2%～45.7%。净毛率43%～45%。油汗多为白色和乳白色，黄色较少。经产母羊产羔率为110%。

甘肃高山细毛羊自育成以来，经过不断的选育工作（特别是4次引入澳洲美利奴羊、新西兰美利奴羊和中国美利奴羊的血液，使其生产力水平有了进一步的提高），其羊毛综合品质获得了明显的改善。甘肃高山细毛羊产肉和沉积脂肪能力良好，肉质鲜嫩，膻味较轻。在终年放牧条件下，成年羯羊宰前活重57.6 kg，胴体重25.9 kg，屠宰率为44.4%～50.2%。

6. 青海细毛羊

［**分布及育成简史**］ 青海细毛羊自20世纪50年代开始培育，育种单位是位于青海省刚察县境内的青海省三角城种羊场。采用新疆细毛羊、高加索细毛羊、萨尔细毛羊为父系，西藏羊为母系，进行复杂育成杂交，经不断选择和培育于1976年育成，命名为“青海毛肉兼用细毛羊”，简称“青海细毛羊”。

青海细毛羊（公羊）

［**外貌特征**］ 青海细毛羊体质结实，结构匀称，背腰平直，四肢端正，蹄质致密。公羊有螺旋形大角，颈部有1～2个完全或不完全的横皱褶；母羊多数无角，少数有小角，颈部有发达的纵垂皮。被毛纯白色，呈毛丛结构，闭合性良好，密度中等以上，细毛着生头部到两眼连线，前肢到腕关节，后肢到飞节。

［**生产性能**］ 剪毛体重：公羊72.2 kg，成母羊43.02 kg；剪毛量：公羊8.6 kg，母羊4.96 kg。净毛率47.3%。羊毛长度：公羊9.62 cm，母羊8.67 cm。羊毛细度60～64支。产羔率102%～107%，屠宰率44.41%。

青海毛肉兼用细毛羊体质结实，对海拔3 000 m左右高寒牧区自然条件有很好的适应能力，善于登山远牧，耐粗放管理，在终年放牧冬春少量补饲情况下，具有良好的抗病力和适应性。

7. 鄂尔多斯细毛羊

［**分布及育成简史**］ 鄂尔多斯细毛羊是在内蒙古鄂尔多斯市（原伊克昭盟）境内毛乌素地区，以新疆细毛羊及少量苏联美利奴羊和茨盖羊等品种为父系，当地蒙古羊为母系培育而成。在杂交育种过程中曾导入过波尔华斯羊的血液。1985年，由内蒙古自治区政府正式命名，1986年后又导入澳洲美利奴羊血液。

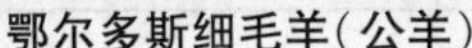
鄂尔多斯细毛羊(公羊)

鄂尔多斯细毛羊(母羊)

[外貌特征] 鄂尔多斯细毛羊体质结实,结构匀称,个体中等大小。公羊多数有螺旋形角,颈部有1~2个完整或不完整的皱褶;母羊无角,颈部有纵皱褶或宽松的皮肤。颈肩结合良好,胸深而宽,背腰平直,四肢坚实,姿势端正。被毛闭合性良好,密度大,腹毛着生良好,呈毛丛结构。细度以64支为主,有明显的正常弯曲,油汗适中,呈白色。

[生产性能] 鄂尔多斯细毛羊体格健壮,成年公羊平均体重64 kg,成年母羊平均体重38 kg。12月龄公羊毛长9.5 cm,母羊8 cm。剪毛量:公羊11.4 kg,母羊5.6 kg。净毛率38%,产羔率105%~110%。

鄂尔多斯细毛羊以终年放牧为主,冬春辅以少量补饲。该品种对育成地区风大沙多、气候干旱、草场生产力低等恶劣自然条件有较强的适应能力,具有耐粗放饲养管理、耐干旱、抓膘复壮快等特点。

8.澳洲美利奴羊

[分布及育成简史] 澳洲美利奴羊是世界著名细毛羊品种,原产于澳大利亚,是由英国和南非引进的西班牙美利奴羊、德国萨克逊美利奴羊、法国和美国的兰布列羊杂交育成。目前,该品种输往世界许多国家,分为细毛型、中毛型和强毛型三类。其中,细毛型主要产地为新南威尔士高原区、维多利亚西部地区和塔斯马尼亚岛;中毛型产于新南威尔士州西部中央地区、昆士兰中部等;强毛型产于南澳及西北部干旱草原。

澳洲美利奴羊(公羊)

[外貌特征] 澳洲美利奴羊体型近似长方形,腿短,体宽,背部平直,后肢肌肉丰满。公羊颈部有1~3个发育完全或不完全的横皱褶;母羊有发达的纵皱褶,有角或

无角。毛丛结构良好，密度大，细度均匀，油汗白色，弯曲弧度均匀整齐而明显，光泽良好。羊毛覆盖头部至两眼连线，前肢达腕关节，后肢达飞节。

［生产性能］ 见表1.1.1。

表1.1.1 不同类型澳洲美利奴羊的生产力

类 型	成年羊体重(kg)		剪毛量(kg)		羊毛细度（支）	毛 长（cm）	净毛率（%）	纤维数/cm^2（千）
	公羊	母羊	公羊	母羊				
细毛型	60 ~ 70	38 ~ 42	7.5 ~ 8.5	4 ~ 5	64 ~ 70 ~ 80	7 ~ 10	63 ~ 68	6.2 ~ 9.3
中毛型	65 ~ 90	40 ~ 44	8 ~ 12	5 ~ 6	60 ~ 64	9 ~ 13	62 ~ 65	5.4 ~ 9.3
强毛型	70 ~ 100	42 ~ 48	8.5 ~ 14	5 ~ 6.5	58 ~ 60	9 ~ 13	60 ~ 65	4.6 ~ 7.7

9. 高加索细毛羊

［分布及育成简史］ 高加索细毛羊产于俄罗斯斯塔夫洛波尔地区，采用美国的兰布列公羊与高加索母羊杂交，在改善饲养管理的条件下，有目的地选种选配培育而成，1949年前输入我国。

［外貌特征］ 高加索细毛羊体大，结实，结构良好；体长，胸宽，背平；颈部有1 ~ 3个横皱褶，体躯有小皱褶，被毛良好。

高加索细毛羊（公羊）

高加索细毛羊（母羊）

［生产性能］ 体重：公羊90 ~ 100 kg，母羊50 ~ 55 kg。剪毛量：公羊12 ~ 14 kg，母羊6.0 ~ 6.5 kg。净毛率40% ~ 42%。毛长7 ~ 9 cm。细度64支。产羔率130% ~ 140%。

二、半细毛羊品种

1. 青海高原半细毛羊

［分布及育成简史］ 青海高原半细毛羊于1987年育成，是以新疆细毛羊、茨盖羊和新

西兰罗姆尼羊为父本，当地藏羊为母本，采取复杂的育种杂交培育而成，经青海省政府命名为“青海高原半细毛羊”，属于毛肉兼用型半细毛羊品种，因含罗姆尼羊血液不同，分为罗茨新藏和茨新藏两个类型。

青海高原半细毛羊（母羊）

［**外貌特征**］ 罗茨新藏型头稍宽短，体躯粗深，四肢稍矮，蹄壳多为黑色或黑白相间，公、母羊均无角。茨新藏型体型外貌近似茨盖羊，体躯较长，四肢较高，蹄壳多为乳白色或黑白相间，公羊多毛纯白色，呈毛丛结构，闭合性良好，密度中等以有螺旋形角，母羊无角或有小角。

［**生产性能**］ 剪毛体重：公羊 70.1 kg，成年母羊为 35 kg。剪毛量：公羊 5.98 kg，母羊 3.1 kg。净毛率 60.8%。羊毛长度：公羊 11.7 cm，母羊 10.01 cm。羊毛细度 48～58 支，以 50～56 支为主。羊毛弯曲呈明显或不明显的波状弯曲。油汗多为白色或乳黄色。公、母羊一般都在 1.5 岁时第一次配种，多产单羔。成年羯羊屠宰率 48.69%。

青海高原半细毛羊对海拔 3 000 m 左右的青藏高原严酷的生态环境，适应性强，抗逆性好。

2. 云南半细毛羊

［**分布及育成简史**］ 自 20 世纪 60 年代后期开始，云南半细毛羊是用罗姆尼羊、林肯羊（长毛型羊）为父系，当地粗毛羊为母系，在云南省昭通市进行杂交选择并横交固定后培育而成。1996 年 5 月正式通过国家新品种委员会鉴定验收，2000 年 7 月被国家畜禽品种委员会正式命名为“云南半细毛羊”。该品种主要分布在云南省昭通市的永善、巧家等地。

［**外貌特征**］ 云南半细毛羊头中等大小，羊毛覆盖至两眼连线，背腰平直，肋骨开张良好，四肢短，羊毛覆盖至飞节以上。

云南半细毛羊（母羊）

［**生产性能**］ 云南半细毛羊成年公羊平均体重 65 kg，剪毛量 6.55 kg；成年母羊平均体重 47 kg，剪毛量 4.84 kg。毛丛长度 14～16 cm，羊毛细度 48～50 支。该品种肉用性能良好，10 月龄羯羊屠宰率 55.76%，净肉率 41.2%。云南半细毛羊母羊集中在春秋两个季节发情，产羔率 106%～118%。

3. 其他半细毛羊品种

其他半细毛羊品种见表 1.1.2。

表 1.1.2 其他半细毛羊品种

品 种	产 地	外貌特征	生产性能
德国美利奴羊	德国，1958 年引入我国	体格大，成熟早，胸宽深，背腰平直，肌肉丰满，后躯发育良好，公、母羊均无角	体重：公羊 100 ~ 140 kg，母羊 70 ~ 80 kg。剪毛量：公羊 10 ~ 11 kg，母羊 4.5 ~ 5.0 kg。净毛率 45% ~ 52%，产羔率 140% ~ 175%。早熟，6 月龄羔重 40 ~ 55 kg，日增重 300 ~ 350 g，屠宰率 47% ~ 49%
罗姆尼羊	英国东南部肯特郡，1966 年引入我国	体质结实，无角，额颈短，体宽深，背部较长，前躯丰满，后躯发达，被毛白色，品质好，蹄为黑色，鼻唇暗色，耳及四肢有斑点	体重：公羊 90 ~ 110 kg，母羊 80 ~ 90 kg。剪毛量：公羊 7 ~ 7.5 kg，母羊 3.5 ~ 4 kg。产羔率 120%。早熟、发育快，4 月龄肥羔胴体重 20.6 ~ 22.4 kg，以新西兰罗姆尼羊肉用体型最好
有角道赛特羊	英国道赛特郡	公、母羊都有卷曲的角，体长而宽深，肌肉丰满，后躯良好，全身白色	体重：公羊 90 ~ 120 kg，母羊 54 ~ 72 kg。剪毛量 6 kg。产羔率 130% ~ 180%。肉质好，产肉力强，4 月龄肥羔胴体重 19.7 ~ 23.4 kg
夏洛莱羊	法国夏洛来地区，20 世纪 80—90 年代引入我国	头部无长毛，脸部呈粉红色或灰色，额宽，平大，体长，胸宽深背腰平直，肌肉丰满，后躯宽大，后肢呈“门”形，四肢较短	体重：公羊 110 ~ 140 kg，母羊 54 ~ 72 kg；周岁公羊 70 ~ 90 kg，母羊 50 ~ 70 kg，4 月龄重 35 ~ 40 kg。屠宰率 50%，肉质好，瘦肉多；产羔率 180% 以上
汉普夏羊	英格兰南部	无角体大，胸深，背宽平直，臂部发育充分，体躯被毛白色，蹄、耳、嘴、鼻、眼为黑色	体重：公羊 135 kg，母羊 70 kg。剪毛量 3 ~ 4 kg。净毛率 50% ~ 60%。产羔率 115% ~ 130%。日增重 4 kg，泌乳性能好
兰德瑞斯羊	芬兰	公羊有角，母羊多无角；体格大、长而深，但不宽，骨骼较细，短脂尾	体重：公羊 130 kg，母羊 75 kg。剪毛量 3 ~ 4.5 kg。繁殖力特强，母羊平均每胎产 2 ~ 4 羔。生长快，5 月龄体重 32 ~ 35 kg
特克塞尔羊	荷兰	无角，体大，头部无被毛，胸宽深，体躯结构良好，四肢有力、端正，被毛白色	体重：公羊 110 ~ 130 kg，母羊 70 ~ 90 kg。剪毛量 5 ~ 6 kg。羔羊生长快，4 ~ 5 月龄体重 40 ~ 50 kg。屠宰率 55% ~ 60%。产羔率 150% ~ 160%

三、粗毛羊品种

1. 西藏羊

［**分布现状**］ 西藏羊原产于青藏高原，主要分布在西藏、青海、甘肃南部、四川西北部以

及云南、贵州两省的部分地区。西藏羊是生活于世界海拔最高地区的绵羊品种，数量约2 000万只，仅次于蒙古羊，居第二位。

［**外貌特征**］　西藏羊体型极不一致，尾巴小、呈锥形，属短瘦尾羊。体躯被毛多呈白色，头、四肢多为黑色或褐色。西藏羊按其所处地域可分为草地型和山谷型两类。草地型西藏羊公、母均有角，角长而扁平，角向外向上作螺旋状弯转；头呈三角形，鼻梁隆起，体躯较长，几乎呈长方形；毛色全白者占6.85%，头、肢杂色者占82.6%，体躯杂色者占10.5%。

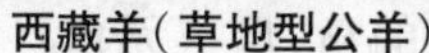

西藏羊（草地型公羊）

西藏羊（山谷型公羊）

［**生产性能**］　草地型西藏羊成年公羊平均体重50.8 kg，剪毛量1.42 kg；成年母羊平均体重38.5 kg，剪毛量0.97 kg。被毛中无髓毛占46.9%，两型毛占41.6%，有髓毛占11.5%。毛辫长18～20 cm，弹性大，光泽好。山谷型西藏羊体格较小，体躯稍短，四肢较矮；公羊有角，母羊多数无角。在组成被毛的纤维类型中无髓毛占54.6%，两型毛占44%，有髓毛占1.4%。山谷型西藏羊成年公羊平均体重36.79 kg，剪毛量1.5 kg；成年母羊平均体重29.69 kg，剪毛量0.75 kg，其羊毛不如草地型西藏羊的长，但密度大，油汗较多，纺织性能较好。西藏羊一般年产1胎，每胎双羔的极少。秋肥后的羯羊屠宰率平均为48.68%。

2. **蒙古羊**

［**分布现状**］　蒙古羊原产于我国内蒙古自治区及蒙古人民共和国，随着牧民迁徙，逐渐分布到全国大多数省、自治区。其数量约占我国绵羊总数的一半。蒙古羊由于分布地区辽阔，各地自然条件、饲养管理水平和选育方向不一致，所以在体型外貌、生产性能等方面亦有差异。

蒙古羊（公羊）

［**外貌特征**］　蒙古羊外形上一般表现为头狭长，鼻梁隆起。公羊多数有角，为螺

旋形，角尖向外伸；母羊多无角。耳大下垂，短脂尾、呈圆形，尾尖弯曲，尾部贮积脂肪。体躯被毛多为白色，头颈多为黑色或褐色。被毛呈毛辫结构。

[**生产性能**] 蒙古羊成年公羊体重 45 ~ 65 kg，剪毛量 1 ~ 2 kg；成年母羊体重 35 ~ 55 kg，剪毛量 0.8 ~ 1.5 kg。产羔率 100% ~ 105%。净毛率 60% ~ 80%，屠宰率 47% ~ 52%。蒙古羊毛皮薄而轻，保暖性强，结实耐用。该品种产肉性能较好，当年羔 5 ~ 7 月龄满膘时屠宰率在 40% 以上。

蒙古羊具有耐粗饲、抓膘快、肉质好、适应性强等优点。

3. 哈萨克羊

[**分布现状**] 哈萨克羊产于新疆维吾尔自治区，主要分布在天山北麓、阿尔泰山南麓及准噶尔盆地，阿山、塔城等地区。除新疆外，甘肃、青海与新疆三省区交界处也有哈萨克羊。哈萨克羊的产地多为山地草原，冬季积雪很厚，气候严寒，羊靠刨雪啃草为主；夏、秋两季依地势高低、草生状况进行放牧，因而形成了哈萨克羊体质结实、耐高寒、产肉脂多等特点。

哈萨克羊（母羊）

[**外貌特征**] 哈萨克羊鼻梁隆起，公羊具有粗大的角，母羊无角。背腰宽，体躯浅，四肢高、粗健，善于行走。尾为肥尾，高附臀部，故称“肥臀羊”。尾宽大，下有缺口，不具尾尖，形似“W”形。毛色极不一致，多为褐、灰、黑、白等杂色，全白者为数不多。

[**生产性能**] 哈萨克羊体格高大，公羊平均体重 60 kg 左右，最高可达 85 kg；母羊平均体重 50 kg 左右，高的可达 60 kg。剪毛量：公羊 2.61 kg，母羊 1.88 kg。羊毛较长，成年公羊毛辫长度 11 ~ 18 cm，成年母羊毛辫长度 5.5 ~ 21.0 cm，羊毛密度较稀。产羔率 101%。产肉性能好，羊肉细嫩，脂肪丰富，味美可口。屠宰率 49%。

哈萨克羊体格健壮，生活力强，善于爬山越岭，适于高山草原放牧，能耐寒、耐粗饲。羊毛弹性大，光泽强，但死毛甚多。

哈萨克羊为育成新疆细毛羊的母系，经实践证明，在条件较好的地区把哈萨克羊改成毛肉兼用细毛羊是完全可能的。

【评估考核】

一、填空

1. 细毛羊的主要品种有______羊、______羊、______羊、______羊______羊、______羊、______羊等。

2. 半细毛羊品种主要有______羊、______羊、______羊等。

3. 粗毛羊品种主要有______羊、______羊、______羊等。

二、简答

1. 简述新疆细毛羊的外貌特征及生产性能特点。

2. 简述中国美利奴羊的外貌特征及生产性能特点。

任务三　肉用羊品种

【基本概念】

肉用羊体型和外貌一般具有皮肤薄而疏松，骨骼较细、短等特点。该品种头部较宽，颈部较短，呈圆形；耆甲很宽而平；背、腰宽而平，肋骨开张良好，臀部丰满；肌肉丰满、后视两后腿呈倒"∩"形，四肢短而细，前后肢开张良好而宽。

【教学重点】

肉用羊的主要品种。

【教学目标】

1. 知识目标

◆ 掌握不同品种肉用羊的产地分布、外貌特征、生产性能。

2. 技能目标

◆ 根据不同品种肉用羊的产地分布、外貌特征、生产性能，能够准确的识别肉用羊的品种；能结合当地绵羊品种的资源，进行合理的肉用羊杂交改良工作。

【教学内容】

一、萨福克羊

［**分布及育成简史**］　萨福克羊产于英国英格兰东南的萨福克、诺福克、剑桥和艾塞克斯等地。它是以南丘羊为父本，当地体大、瘦肉率高的黑脸有角诺萨福克羊（NorflkHorn）为母本，杂交培育而成，于19世纪初期培育出来的品种。在英国、美国被用作终端杂交的主要公羊。

［**外貌特征**］　萨福克羊早熟，生长发育快，产肉性能好；母羊母性好，产羔率中等。公、母羊无角，颈粗短，胸宽深，背腰平直，后躯发育丰满。成年羊头、耳及四肢为黑色，被毛有有

色纤维。四肢粗壮结实。

萨福克羊(公羊)

[**生产性能**] 萨福克羊成年公羊体重100~110 kg,成年母羊60~70 kg。3个月龄羔羊胴体重达17 kg,肉嫩脂少。剪毛量3~4 kg。毛长7~8 cm,毛细56~58支,净毛率60%。产羔率130%~140%。

我国新疆维吾尔自治区于1989年从澳大利亚引入一百多只萨福克羊,除进行纯种繁殖外,还同当地粗毛羊杂交生产肉羔。

该品种在澳大利亚同细毛羊杂交培育成南萨福克羊,因早熟、产肉性能好,在美国被用作肥羔生产的终端品种。

二、无角陶赛特羊

[**分布及育成简史**] 无角陶赛特羊产于大洋洲的澳大利亚和新西兰。它是以雷兰羊和有角多塞特羊为母本,考力代羊为父本,再用有角多塞特公羊回交,选择所生无角后代培育而成。

无角陶赛特羊(母羊)

[**外貌特征**] 无角陶赛特羊体质结实,头短而宽,光脸,羊毛覆盖到两眼连线,耳中等大,公、母羊均有角,颈短、粗,胸宽深,背腰平直,后驱丰满,四肢粗、短,整个身躯呈圆筒状,面部、四肢及被毛为白色。该品种具有早熟,生长发育快,全年发情和耐热及适应干燥气候的特点。

[**生产性能**] 无角陶赛特羊成年公羊体重90~110 kg、周岁公羊70~90 kg,母羊50~70 kg;4月龄育肥羔羊35~45 kg。毛长7 cm,毛细56~60支。屠宰率50%。4~6月龄羔羊胴体重20~23 kg,胴体质量好,瘦肉多,脂肪少。产羔率在180%以上。

我国在80年代末和90年代初,由内蒙古畜牧科学院、河北、河南、辽宁、山东等地分别引入无角陶赛特羊,总数500余只。除进行纯种繁殖外,该品种已开始同当地粗毛羊杂交生产羔羊肉。该品种在英国、德国、比利时、瑞士、西班牙、葡萄牙及东欧的一些国家也曾引入。

三、波德代羊

［分布及育成简史］ 波德代羊产于世界上著名的羔羊肉产地——新西兰南岛的坎特伯里平原。它是新西兰在20世纪30年代用边区来斯特羊与考力代羊杂交，从一代中进行严格选择，然后横交固定至四到五代，培育而成的肉毛兼用绵羊，并于1972年成立波德代羊品种协会。

波德代羊（母羊）

［外貌特征］ 波德代羊体质结实，结构匀称，体格大，肉毛兼用体型明显。该品种羊头长短适中，额宽、平，眼大有神，公、母羊均无角。头与颈、颈与肩结合良好，颈短、粗。胸深，肋骨开张良好，背腰平直，后躯丰满，发育良好。四肢健壮，肢势端正，蹄质坚实，步态稳健。全身被毛白色，但眼眶、鼻端、唇和蹄均为黑色。

［生产性能］ 在新西兰的肉用绵羊品种中，波德代羊耐干旱、耐粗饲、适应性强，母羊难产少，同时早熟性好，羔羊成活率高。原产地育种场成年公羊平均体重90 kg，母羊60～70 kg。羊毛细度30～34 μm（48～52支），毛长10 cm以上，剪毛量4.5～6 kg，净毛率72%。羊毛同质，被毛呈毛丛结构，羊毛密度、匀度、弯曲、光泽、油汗良好。繁殖率140%～150%。羔羊生长发育快，所产肥羔胴体长，肉用品质好，母羔8月龄活重可达45 kg。

四、杜泊羊

［分布及育成简史］ 杜泊羊原产于南非共和国。它是该国在1942—1950年间，用从英国引入的有角陶赛特公羊与当地的波斯黑头母羊杂交，经选择和培育而成的肉用羊品种。南非于1950年成立杜泊肉用绵羊品种协会，促使该品种得到迅速发展。目前，杜泊羊品种已分布到南非各地。杜泊羊分长毛型和短毛型两类。长毛型羊可生产地毯毛，较适应寒冷的气候条件；短毛型羊毛短，毛被毛没有纺织价值，但能较好地抗炎热和雨淋。大多数南非人喜欢饲养短毛型杜泊羊。

［外貌特征］ 杜泊羊大多头颈为黑色，体躯和四肢为白色；也有全身为白色的群体，但有的羊腿部有时也出现色斑。一般无角，头顶平直，长度适中，额宽，鼻梁隆起，耳大、稍垂，既不短也不过宽。短粗，肩宽厚，背平直，肋骨拱圆，前胸丰满，后躯肌肉发达。四肢强健，肢势端正。长瘦尾。

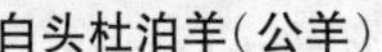

白头杜泊羊(公羊)

黑头杜泊羊(公羊)

[生产性能] 杜泊羊早熟,生长发育快百日龄公羔体重 34.72 kg,母羔体重 31.29 kg;成年公羊体重 100～110 kg,成年母羊体重 75～90 kg。1 岁公羊体高 72.7 cm,3 岁公羊体高 75.3 cm。杜泊羊的繁殖表现主要取决于营养和管理水平,因此,在年度间、种群间和地区之间差异较大。正常情况下,产羔率为 140%,其中产单羔的母羊占 61%,产双羔的母羊占 30%,产三羔的母羊占 4%。但在良好的饲养管理条件下,成年母羊可两年产三胎,产羔率 180%。母羊泌乳力强,护羔性好。杜泊羊体质结实,对炎热、干旱、潮湿、寒冷多种气候条件有较好的适应性。同时抗病力较强,但在潮湿条件下,易感染肝片吸虫病,羔羊易感染球虫病。

近年来,我国山东、河南、辽宁、北京等省、市已有引进杜泊羊。

五、林肯羊

[分布及育成简史] 林肯羊原产于英国东部的林肯郡,1750 年用来斯特公羊改良当地的旧型林肯羊,经过长期的选种选配和培育,于 1862 年育成该品种。

[外貌特征] 林肯羊体质结实,体躯高大,结构匀称。公、母羊均无角,头长,颈短,前额有绺毛下垂。背腰平直,腰臀宽广,肋骨开张良好;四肢较短而端正。脸、耳及四肢为白色,但偶尔出现小黑点。

林肯羊(公羊)

[生产性能] 林肯羊成年公羊平均体重 73～93 kg,成年母羊为 55～70 kg。成年公羊剪毛量 8～10 kg,成年母羊 5.5～6.5 kg,净毛率 60%～65%。毛被呈辫形结构,有大波形弯曲和明显的丝样光泽,毛长

17.5 ~ 20 cm，细度 36 ~ 40 支。产羔率 120% 左右。4 月龄肥育羔羊胴体重公羔为 22 kg，母羔为 20.5 kg。林肯羊具有抗潮湿能力，曾经广泛分布在世界各地，目前饲养林肯羊最多的国家是阿根廷。

我国从 1966 年起，先后从英国和澳大利亚引入林肯羊，是培育阿勒泰肉用细毛羊、凉山半细毛羊和云南半细毛羊新品种的主要父系之一。经过 20 多年的饲养实践，在江苏、云南等省繁育效果比较好，在内蒙古自治区和新疆维吾尔自治区等地效果则较差。

六、边区莱斯特羊

［**分布及育成简史**］ 边区莱斯特羊产于英国北部苏格兰的边区地区。18 世纪末期和 19 世纪初期以来斯特公羊为父本，山地雪维特品种羊为母本杂交育成。为与来斯特羊区别开来，在 1860 年被命名为“边区来斯特羊”，1869 年定名为边区莱斯特肉用羊品种，1897 年成立边区莱斯特肉用羊品种协会。

［**外貌特征**］ 边区莱斯特羊早熟，肉的品质好，繁殖力高，羊毛长、光泽好，适应气候温和湿润地区。体躯长，背宽平，头白色，公、母羊均无角，鼻梁隆起，两耳竖立，四肢较细，头及四肢被粗刺毛。

边区莱斯特羊（母羊）

［**生产性能**］ 体重：公羊 90 ~ 100 kg，母羊 60 ~ 70 kg。产毛量：公羊 5 ~ 6 kg，母羊 3 ~ 3.5 kg。毛长 20 ~ 25 cm，净毛率 60% ~ 65%，细度 44 ~ 48 支。胴体重 4 个月龄断奶公羔为 22.4 kg，母羔为 19.7 kg。该品种具有较高的繁殖率，在良好的饲养条件下，产羔率可达 150% ~ 200%。一些国家引入该品种同本国地方品种杂交生产肥羔。

1964 年我国首次引入该品种，饲养于中国农业科学院畜牧研究所，共 10 余只。在 1966 年、1967 年及 1981 年从英国、澳大利亚先后引入，饲养在内蒙古、青海、四川、云南、西藏、新疆、甘肃及河北等省、自治区。引入品种除进行纯种繁殖外，还用来同当地细杂母羊杂交，培育半细毛羊。四川凉山、阿坝两州利用效果较好。

七、考力代羊

［**分布及育成简史**］ 考力代羊是 1880—1910 年间，以英国长毛型林肯羊、来斯特羊为父本，美利奴羊为母本杂交培育而成。

考力代羊(母羊)

[外貌特征]　考力代羊具有早熟,产肉和产毛性能好的特点。头宽而大,额上覆盖着羊毛,公、母羊大多数无角,个别公羊有小角。头、耳、四肢带黑斑,嘴唇及蹄为黑色。颈短而粗,皮肤无皱褶,胸深宽,背腰平直,体躯呈圆桶状。肌肉丰满,后躯发育较好,四肢结实。腹毛着生良好。被毛白色,闭合紧密。

[生产性能]　体重:公羊100~105 kg,母羊45~65 kg;4月龄羔羊可达35~40 kg。剪毛量:公羊10~12 kg,母羊5~6 kg,净毛率60%~65%。产羔率110%~130%。屠宰率成年羊可达52%。

我国在20世纪40年代中期首次从新西兰引入近千只考力代羊,分别饲养在江苏、浙江、山东、河北、甘肃等省。20世纪60年代中期及80年代后期先后从澳大利亚和新西兰引入,饲养在黑龙江、吉林、辽宁、内蒙古、山西、安徽、山东、贵州、云南等省、自治区。该品种除进行纯种繁育外,用来改良蒙古羊、西藏羊等,使本地羊质量的改善和新品种类群羊的培育均获得明显效果。该品种作为父系参与培育了东北半细毛羊、陵川半细毛羊、贵州半细毛羊、云南半细毛羊品种群;作为母系与林肯公羊杂交,后代被毛品质和肉用体型明显改进。

八、小尾寒羊

[分布现状]　小尾寒羊主要产于河北省沧州、邢台,河南省东部及山东省的西南部地区。该品种具有成熟早、早期生长发育快、体格高大、肉质好、四季发情、繁殖力强、遗传性稳定等特性。山东省西南部所产的羊较优。

小尾寒羊(公羊)

小尾寒羊(母羊)

［外貌特征］ 小尾寒羊鼻梁隆起，耳大下垂，公羊有大螺旋形角，母羊有小角或姜形角。公羊前胸较深，鬐甲高，背腰平直，体躯高大，前后躯发育匀称，四肢粗壮，蹄质坚实。母羊体躯略呈扁形，乳房发达。小脂尾呈椭圆形，被毛白色。

［生产性能］ 以山东省西南部地区所产的小尾寒羊为例，其体重周岁公羊 65 kg，周岁母羊 46 kg；成年公羊 95 kg，成年母羊 49 kg。剪毛量：公羊 3.5 kg，母羊 2 kg；毛长：公羊 13 cm，母羊 11.5 cm。净毛率 63%。产肉性能，周岁前生长发育快，具有较大产肉潜力。在正常放牧条件下，日增重公羔为 160 g，母羔为 115 g。改善饲养条件情况下，日增重可达 200 g 以上。周岁育肥公羊宰前活重平均为 72.8 kg，胴体平均重为 40.48 kg，屠宰率为 55.6%，净平均肉重为 33.41 kg，净肉率为 45.89%。小尾寒羊公母羊性成熟早，5 ~ 6 个月龄就发情，当年可产羔。母羊常年发情，多集中在春秋两季，有部分母羊 1 年可 2 产或 2 年 3 产。产羔率依胎次增加而提高。产羔率为 260% ~270%。

九、大尾寒羊

［分布现状］ 大尾寒羊在我国主要分布在河北的邯郸、邢台、沧州以及山东聊城等地区，其数量有 45 万只以上。

［外貌特征］ 大尾寒羊是白色，头略显长，鼻梁隆起，耳大下垂，公、母羊均无角；胸窄，前躯发育不良，后躯发育较好；脂尾肥大，下垂到飞节以下，长者可拖及地面；尾尖向上翻卷，形成明显尾沟。体高 64.1 ~ 73.6 cm；体长 68.5 ~ 74.1 cm，胸围 87.3 ~ 91.0 cm，尾长 33.0 ~ 48.1 cm。

大尾寒羊（母羊）

［生产性能］ 体重：公羊 72.0 ~ 105.0 kg，母羊 52.0 kg。周岁体重：公羊 51.5 kg，母羊 43.1 kg。剪毛量：2.70 ~ 3.30 kg，毛长 10.1 ~ 11.30 cm。性成熟 5 ~ 7 月龄，常年发情，产羔率 185% ~ 196%。肉脂性能突出，羔皮、毛皮及板皮质量较高。

【评估考核】

一、填空

肉用羊的主要品种有______羊、______羊、______羊、______羊______羊、______羊、______羊等。

二、简答

1. 简述萨福克羊的外貌特征及生产性能特点。
2. 简述无角陶赛特羊的外貌特征及生产性能特点。
3. 简述杜泊羊的外貌特征及生产性能特点。

任务四　皮用羊品种

【基本概念】

我国皮用羊的主要产品有板皮（不带毛的皮）和绒皮（带毛的皮）两大类。根据屠宰剥皮时的年龄不同，绒皮又分为羔皮和裘皮两类；其中，流产或产后1～3日龄宰剥的皮毛为羔皮，1月龄以上的皮毛为裘皮。羔皮主要用来制作毛面向外的衣物，裘皮主要用来制作毛面向里的衣物，两种皮的御寒性能都非常好。

【教学重点】

皮用羊的分类方法，皮用羊的主要品种。

【教学目标】

1.知识目标

◆ 掌握不同品种皮用羊的产地分布、外貌特征、生产性能。

2.技能目标

◆ 根据不同品种皮用羊的产地分布、外貌特征、生产性能，能够准确地识别皮用羊的品种；能结合当地绵羊品种的资源，进行合理的皮用羊杂交改良工作。

【教学内容】

一、裘皮羊品种

1.滩羊

［分布现状］　滩羊主要分布在宁夏中部及陕西定边、甘肃景泰及内蒙古的乌达市等地，约250万只。

［外貌特征］　滩羊体格中等，公羊有大而弯曲的螺旋形角；母羊无角。体躯较窄长，四

肢较短而端正，尾长下垂，尾根宽，尾尖细而圆，部分尾尖钩状弯曲，达飞节以下，体躯大多为白色，头、面部有斑块。

滩羊（公羊）

［生产性能］　体重：公羊 47.0 kg，母羊 35.0 kg。剪毛量：公羊 1.6 ~ 2.7 kg，母羊 0.4 ~ 2.0 kg。毛长 8 ~ 15.5 cm，净毛率 65%。产羔率 101% ~ 103%。肉质细，无膻味，屠宰率 45% 左右；二毛皮毛股紧实，花穗美丽，光泽悦目，保暖，结实，轻便不粘结。

2. 乌珠穆沁羊

［分布现状］　乌珠穆沁羊产于内蒙古乌珠穆沁草原，目前数量约 100 万只，是我国三大粗毛羊之一的蒙古羊的典型代表和优良类群，属国家重点保种群体。

乌珠穆沁羊（公羊）

［外貌特征］　乌珠穆沁羊耳大而下垂，体格高大，体躯长，背腰宽，肌肉丰满，后躯发育良好，肉用体型比较明显。白毛占 10% 左右，白毛黑头占 62% 左右，杂毛者占 11%。毛被由多种纤维类型组成。

［生产性能］　裘皮、皮板厚而结实，保暖，羊毛柔软多为半环形花卷，牧民称为“乌珠尔”皮。羔皮是制皮袍的好材料。初生重：公羊 4.58 kg，母羊 3.82 kg。6 ~ 7 月龄重：公羊 39.6 kg，母羊 35.9 kg。成年重：公羊 74.43 kg，母羊 57.4 kg，羯羊 73.0 kg。净肉率 37.8%，尾及内脏脂肪重 8.3 kg。产羔率 100.2%。

二、羔皮羊品种

1. 湖羊

［分布现状］　湖羊主要产于浙江省西部、江苏省南部的太湖流域地区。早期生长发育快，性成熟早，四季发情，多胎多产，以初生羔羊皮水波状花纹美观而著称，属优良羔皮羊品种。

［外貌特征］　湖羊耳大下垂，眼微突，鼻梁隆起，公、母羊无角。体躯长，胸部较窄，四肢

湖羊（公羊）

结实，母羊乳房发达。小脂尾呈扁圆形，尾尖上翘。被毛白色，初生羔羊被毛呈美观的水波纹状。成年羊腹部无覆盖毛。

［**生产性能**］　体重：周岁公羊 35 kg，母羊 26 kg；成年公羊 49 kg，成年母羊 37 kg。剪毛量：公羊为 1.5 kg，母羊 1 kg。毛长 12 cm，净毛率 50%。产肉性能好，公羊宰前活重 38.84 kg，胴体重 16.9 kg，屠宰率 48.51%；母羊相应为 40.68 kg、20.10 kg 和 49.41%。在正常情况下，母羊 5 个月龄性成熟，成年母羊四季发情，大多数集中在春末初秋时节，部分母羊 1 年 2 产或 2 年 3 产。产羔率随胎次而增加，一般每胎产羔 2 只以上。产羔率 230% ~270%。

2. 中国卡拉库尔羊

［**分布及育成简史**］　中国卡拉库尔羊主要分布在新疆、内蒙古等地，目前约 130 万只以上。它是从 1951 年开始用卡拉库尔羊为父系，库车羊、哈萨克羊及蒙古羊为母系，采用级进杂交的方法培育而成的。

［**外貌特征**］　中国卡拉库尔羊头稍长，鼻梁隆起，耳大下垂。公羊多数有角，螺旋形向两侧伸出；母羊多数无角。颈中等长，胸深、体宽、尻斜、四肢结实，尾基部宽大，尾尖呈“S”状弯曲，毛色主要呈黑色，灰色和彩色数量较少。黑色羊羔成年后由黑变褐，最后成灰白色；灰色羊羔，成年后变成白色；彩色羊羔成年后变成棕白色；但头、四肢、腹部及尾尖的毛色终生不变。体高：公羊 74.3 cm，母羊 66.0 cm。体长：公羊 79.2 cm，母羊 73.5 cm。胸围：公羊 91.6 cm，母羊 84.9 cm。

中国卡拉库尔羊（公羊）

［**生产性能**］　初生重：公羊 4.5 kg，母羊 3.9 kg；成年重：公羊 77.3 kg，母羊 46.3 kg。羔皮光泽正常或强丝光性，毛卷多以平轴卷、鬣形卷为主。99% 为黑色，极少数为灰色和苏尔色。羔皮低劣者可在生后 1 月龄剥皮（二毛皮），光泽好，毛穗清晰、耐磨、耐穿、美观，是制裘皮的好原料。产羔率 105% ~115%。

【评估考核】

一、名词解释

1. 板皮
2. 裘皮
3. 羔皮

二、填空

1. 裘皮羊品种主要有__________和__________等。
2. 羔皮羊品种主要有__________和__________等。

二、简答

简述适应本地区的皮用品种类型及外貌特征、生产性能。

项目二　山羊品种分类

任务一　乳用山羊品种

【基本概念】

山羊外形似羚羊,但角大且下弯。山羊有两种:一种山羊大角盘环,肉重近百斤;另一种山羊角细,但角很长,向两侧开张。中国饲养山羊历史悠久,早在夏商时代就有养羊文字记载。山羊生产具有繁殖率高、适应性强、易管理等特点,至今在中国广大农牧区广泛饲养。

【教学重点】

山羊品种的分类方法,乳用山羊的主要品种。

【教学目标】

1. 知识目标

- 了解山羊品种的分类方法。
- 掌握不同品种乳用山羊的产地分布、外貌特征、生产性能。

2. 技能目标

- 根据不同品种乳用山羊的产地分布、外貌特征、生产性能,能够准确地识别乳用山羊的品种,并能够结合当地山羊品种的资源,进行合理的杂交改良工作。

【教学内容】

一、山羊品种分类

全世界现有主要山羊品种和品种群150多个，在分类上各国略有差异，但主要还是根据生产方向进行分类，一般分为6大类：

(1)绒用山羊

如辽宁绒山羊、内蒙古绒山羊、河西绒山羊。

(2)毛用山羊

如安哥拉山羊、苏维埃毛用山羊等。

(3)毛皮山羊

如济宁青山羊、中卫山羊、埃塞俄比亚羔皮山羊等。

(4)肉用山羊

如马头山羊、波尔山羊等。

(5)奶用山羊

如萨能奶山羊、关中奶山羊、崂山奶山羊等。

(6)普通山羊

在羊毛、羊肉、羊皮三大产品方面没有特殊优势，生产性能一般，又被称为兼用品种，如西藏山羊、新疆山羊、太行山羊、建昌山羊等。

二、乳用山羊品种

1. 萨能山羊

［**原产地及分布**］　萨能山羊原产于瑞士柏龙县萨能山谷，现已遍及世界各国。我国于1904年引进，对我国乳用山羊品种的改良发挥重要作用。

萨能山羊(母羊)

［**外貌特征**］　萨能山羊具有乳用家畜的楔形体型。毛色纯白，毛细而短，皮薄而柔软，皮肤呈肉色，多数无角、有须，有的萨能山羊有肉垂。体格高大，具四长(头长、颈长、背腰长、四肢长)，结构匀称，细致紧凑。

公羊颈粗壮，姿势雄伟，胸部宽广，肋骨拱圆，背腰平直。母羊乳房基部附着宽广，向前延伸，向后突出，乳房质地松软，乳头附着良好。体尺体重见表 1.2.1。

表 1.2.1 萨能山羊体尺体重

性 别	体高(cm)	体长(cm)	胸围(cm)	体重(kg)
公	80 ~ 90	88 ~ 97	95 ~ 104	80 ~ 95
母	70 ~ 79	80 ~ 88	87 ~ 96	55 ~ 70

［**生产性能**］ 萨能山羊泌乳力强，年产乳量 800 kg 左右，在各国的表现见表 1.2.2，乳脂率 3.5%。发情周期 20.4 d，发情持续期 38.12 h，怀孕期 150.6 d。利用年限 8 ~ 10 年，一胎产羔率 160%，二胎以上产羔率 200% ~ 230%。抗病力强，适应性广，性情温驯。

表 1.2.2 各国萨能羊泌乳量

国 家	泌乳期(d)	平均产乳量(kg)	最高泌乳量(kg)
瑞士	240 ~ 300	600 ~ 700	2 564
美国	305	800 ~ 960	2 493
德国	300	700 ~ 900	1 600
中国(西农)	300	800	1 863
法国	300	800	

2. 吐根堡奶山羊

吐根堡奶山羊(母羊)

［**原产地及分布**］ 吐根堡奶山羊原产于瑞士东北部吐根堡山谷，分布于欧、美、亚、非洲各个国家，与萨能山羊同享盛名。1982 年引入我国四川，繁殖正常，生长良好。

［**外貌特征**］ 吐根堡奶山羊乳用体型良好。毛色以浅褐色为主，部分羊只为深褐色，幼羊色较深，老龄羊较浅。颜面两侧各有一条深灰色的条纹，公、母羊均有须，多数无角而有肉垂，骨骼粗壮，四肢较长。体尺体重见表 1.2.3。

表 1.2.3　吐根堡羊体尺体重

性　别	体高(cm)	体长(cm)	胸围(cm)	管围(cm)	体重(kg)
公	84.6	89.3	102.0	11.4	85.4
母	71.9	80.6	90.6	9.5	57.6

［**生产性能**］　吐根堡奶山羊产乳量 600 ~ 1 200 kg，乳脂率 3.25%。多在 9—10 月份发情，怀孕期 150.4 ~ 153.9 d，一胎繁殖率 149.8%，二胎繁殖率 201.9%。体质健壮，耐粗饲、耐炎热，遗传稳定，膻味少，但体型、平均产奶量略低于萨能奶山羊。

3. 崂山奶山羊

［**原产地及分布**］　崂山奶山羊产于青岛崂山及胶东等地，是萨能山羊与当地山羊杂交选育而培育成功的地方良种，目前约 60 万只以上。

［**外貌特征**］　崂山奶山羊毛色纯白，毛细短，皮肤呈粉红色，富弹性；大多无角，体质结实，结构紧凑而匀称；头长额宽，鼻直、眼大、嘴齐，耳薄且向前外方伸展。公羊颈粗壮；母羊颈薄长，胸部宽广，肋骨开张良好，腹大而不下垂，具有良好的乳用体型。体尺体重见表 1.2.4。

崂山奶山羊(公羊)

表 1.2.4　崂山羊体尺体重表

性　别	体高(cm)	体长(cm)	胸围(cm)	体重(kg)
公	80 ~ 88	86 ~ 93	94 ~ 104	80.14
母	68 ~ 74	71 ~ 80	79 ~ 88	49.58

［**生产性能**］　崂山奶山羊平均产奶量 497 kg，一产平均 400 kg，二产平均 550 kg，三产平均 700 kg，一般利用 5 ~ 7 个胎次。发情季节 9—10 月份，发情周期 19.88 d，怀孕期 150.67 d。产羔率：一胎 130%，二胎 160%，三胎 200% 以上。

4. 关中奶山羊

［**原产地及分布**］　关中奶山羊产于陕西渭河平原(又称关中盆地)，以当地山羊为基础，主要利用萨能山羊经过长期杂交选育而成的乳用品种。关中奶山羊主要分布在关中的

富平、蒲城、泾阳、三原等8个地县，并向全国输出数十万只。

关中奶山羊（母羊）

［**外貌特征**］ 关中奶山羊体质结实，乳用型明显，头长额宽，眼大耳长，鼻直嘴齐。母羊颈长，胸宽，背腰平直，腹大不下垂，乳房大且质地柔软。公羊头大颈粗，胸部宽深，腹部紧凑，外形雄伟。毛短色白，皮肤粉红色，部分羊有角、须和肉垂。公羊体高82 cm以上，体重65 kg；母羊体高69 cm以上，体重45 kg。

［**生产性能**］ 产奶量：一胎450 kg，二胎520 kg，三胎600 kg，含脂率3.8%。怀孕天数149.5 d。一胎产羔率130%，二胎产羔率平均174%。

【评估考核】

一、填空

1. 按山羊生产方向可分为六类：______山羊、______山羊、______山羊、______山羊、______山羊和普通地方山羊。

2. 乳用山羊的主要品种有______山羊、______山羊、______山羊、______山羊等。

二、简答

1. 试述山羊品种的分类方法。

2. 举例说明山羊按照生产方向是怎样进行分类的？

3. 简述萨能山羊的外貌特征及生产性能特点。

任务二 绒用山羊品种

【基本概念】

绒山羊是一类以生产山羊绒为主的山羊品种。绒用山羊的外貌特征是:体表绒、毛混生,毛长绒细,被毛洁白有光泽,体大头小,颈粗厚,背平直,后躯发达。产绒量多,绒质量好。

【教学重点】

绒用山羊的主要品种。

【教学目标】

1. 知识目标

◆ 了解绒用山羊的主要品种。

◆ 掌握适合本区绒用山羊的产地分布、外貌特征、生产性能。

2. 技能目标

◆ 根据不同品种绒用山羊的产地分布、外貌特征、生产性能,能够准确地识别绒用山羊的品种,并能够结合当地山羊品种的资源,进行合理的杂交改良工作。

【教学内容】

一、辽宁绒山羊

[**原产地及分布**] 辽宁绒山羊原产于辽宁省东南部,中心产区在盖县的东部。近年来被引入到西北及内蒙古等8个省区,改良当地羊效果良好。

[**外貌特征**] 辽宁绒山羊体质结实,结构匀称,额上有长毛。公、母羊均有须,有角,公羊角粗长呈螺旋形向两侧伸展,母羊角向后向上伸展。毛色纯白,外层毛稀疏,长而无弯曲,有丝光,内层绒毛厚密。成年公羊体高63.35 cm,体长75.69 cm,胸围80.78 cm,体重53.49 kg;成年母羊体高61.04 cm,体长68.08 cm,胸围80.39 cm,体重43.39 kg。

辽宁绒山羊(公羊)

[生产性能] 辽宁绒山羊成年公羊产毛0.5 kg,毛长18.56 cm,产绒0.54 kg,绒长5.6 cm,细度18.48 μm。母羊产毛0.43 kg,毛长14.4 cm,产绒0.47 kg,绒长5.28 cm,细度17.31 μm,绒具有丝光。该品种产绒高,品质好,是世界白色绒用高产品种。

二、内蒙古白绒山羊

[原产地及分布] 内蒙古白绒山羊主要分布于内蒙古自治区西部的巴彦淖尔盟、鄂尔多斯市、阿拉善盟,数量约380万只。该种山羊是在内蒙古山羊的基础上,经长期自然选择和人工选育而成。所产白山羊绒,品质优良,在国际上享有很高声誉。

[外貌特征] 内蒙古白绒山羊有阿尔巴斯型、二狼山型、阿拉善型3种类型。它们的外貌特征基本相似,公、母羊均有角有须。公羊角向后上方向外捻曲,呈扁三棱形,长约60 cm;母羊角小,长约25 cm。头中等大小,鼻梁微凹,耳大向两侧半下垂。体形近似方形,后躯略高,背腰平直,尻略斜,四肢粗壮结实。被毛分内外两层,外层为光泽良好的粗长毛,长12~20 cm,细度83.8~88.8 μm;内层绒毛长5~6.5 cm,细度12.1~15.1 μm。按其被毛状态可以明显地划分为两种类型:长细毛型和短粗毛型。

内蒙古白绒山羊(公羊)

[生产性能] 内蒙古白绒山羊公羊活重52~58 kg,母羊30~45 kg,屠宰率40%~50%。平均产绒量360 g左右,最高达870 g,粗毛产量与绒毛产量相近。繁殖率较低,多为单羔,一年一胎。母羊日泌乳量500~1 000 g。羔羊发育快,成活率高。内蒙古白绒山羊是一个适应性强、产肉多、绒毛增产潜力大的地方良种。

三、河西绒山羊

[原产地及分布] 河西绒山羊原产于甘肃省河西走廊一带,包括酒泉、张掖、武威等5地(市)20个县(区)。其主要产区为河西走廊西端的肃北蒙古族自治县、阿克塞哈萨克族自治县和祁连山区的肃南裕固族自治县、天祝藏族自治县。

[外貌特征]　河西绒山羊体质结实,体躯结构紧凑,侧视近似正方形。四肢高而强健,前肢端正,后肢多略显 X 状。被毛光亮,毛色以白色为主,其次有黑色、青色、棕色和花色等,其中白色个体占 79.5%,主产区达 90% 以上。公、母羊均有角,角形扁平,公羊角粗而长并向外后上方伸展。被毛外层为粗而略带弯曲的长毛,呈松散而不清晰的毛股结构;每年秋末冷季来临之际,被毛下层即开始生出纤细的绒毛(即山羊绒)构成毛被的内层毛。

河西绒山羊(公羊)

河西绒山羊(母羊)

[生产性能]　河西绒山羊成年公羊春季体重 38.5 kg,成年母羊春季平均体重 26.5 kg;周岁春季体重:公羊 18.2 kg,母羊 17.2 kg。产绒量:成年公羊 323.5 g,成年母羊 279.9 g;周岁公羊 225.0 g,周岁母羊 220.5 g;羊绒纤维直径 13.5 ~ 14.5 μm。羔羊生长发育快,5 月龄活重可达到 20 kg。河西绒山羊还有比较好的产奶性能,母羊产羔后 2 个月左右,当羔羊可以跟群放牧时,即开始挤奶。每天早晚挤奶两次,日产奶约 0.4 kg,产奶期约 150 d,产鲜奶 60 kg。

四、陇东黑山羊

[原产地及分布]　该品种主要产于甘肃陇东黄土高原区的环县、合水、华池等县。

陇东黑山羊(公羊)

陇东黑山羊(母羊)

［**外貌特征**］ 陇东黑山羊体格较小，体质结实紧凑。被毛以黑色为主，占77%，其次有青色、白色、花色等。体形侧视近正方形，结构匀称，十字部略高于鬐甲部。被毛分内外两层，外层被毛粗长明亮，略带波浪弯曲，内层为纤细柔软、色浅的绒毛。公、母羊均有角有须，角形有拧角和立角两种，以前者较多。拧角是从角基开始向上向后外方伸展，角体较扁，呈半螺旋状扭曲；立角自角基直立向后上方伸展，角体较圆无扭曲。蹄质坚实呈灰黑色。

［**生产性能**］ 陇东黑山羊成年公羊春季体重24.1 kg，成年母羊春季体重19.5 kg。产绒量：公羊190 g，母羊185 g，羊绒细度14 μm左右。该品种产肉性能尚好，放牧条件下，公、母羊活重即可达43 kg左右，表明其抓膘性能强，容易肥育，而且肉质鲜美。屠宰率46%。羔羊6月龄性成熟，8月龄配种，一生产羔6～8胎，双羔率2%～4%。母羊发情季节为8月份至翌年1月份，以2～4月份产羔最多。少数地区羊群的双羔率可达30%以上。

该品种合群性好，耐粗饲，抗病力强，除雨雪天外，终年放牧可不予补饲。

五、乌珠穆沁白绒山羊

［**原产地及分布**］ 该品种主要产于内蒙古自治区锡林郭勒盟东、西乌珠穆沁旗。1994年7月正式通过验收命名，数量约50万只以上。

乌珠穆沁白绒山羊是长期本品种选育而形成的优良品种，属草原型绒肉兼用山羊品种，具有体格大，抗逆性强，早期生长发育快，抓膘能力强等特点。

乌珠穆沁白绒山羊（公羊）

［**外貌特征**］ 乌珠穆沁白绒山羊面部清秀，鼻梁平直，身长体大，体质结实，结构匀称，胸宽深，背腰平直，四肢粗壮，蹄坚实，行动敏捷，善走远牧。70%左右个体直角，但在个别地区无角羊可达50%以上。无角个体抓膘保膘能力强，脱绒较早。被毛白色有长毛型和短毛型两种，以短毛型羊居多。短毛型羊的绒毛和粗毛长度几乎相等。

［**生产性能**］ 乌珠穆沁白绒山羊产绒量超过内蒙古白绒山羊而接近辽宁绒山羊，成年公羊515（245～785）g，成年母羊440（200～760）g；育成公羊380（150～625）g，育成母羊380（170～500）g。绒纤维平均直径15.4 μm，长度4.2～4.4 cm。抓绒后体重，成年公羊平均体重56.6 kg，母羊36.3 kg；育成公羊32.9 kg，育成母羊26.0 kg。在纯放牧条件下，8月龄羯羊活重可达30 kg，1.5岁龄时36.5 kg，屠宰率42%～45%。肉质细嫩，无膻味，瘦肉率高。繁殖性能尚好，经产母羊产羔率114.8%，双羔率可达20%左右。产羔母羊除哺育羔羊外，还可日挤奶0.5～1.5 kg，挤奶期3～4个月。

六、罕山白绒山羊

［原产地及分布］ 罕山白绒山羊主要分布在内蒙古通辽市的扎鲁特旗、库伦旗、霍林郭勒市和赤峰市的巴林右旗、巴林左旗、阿鲁科尔沁旗。目前该品种羊数约100万只。该品种的主要特点是体格大，适应性强，采食力强，抓膘性能好，羊绒产量高而品质好。

［外貌特征］ 罕山白绒山羊被毛纯白色。面部清秀，两耳向两侧伸展或半垂。公、母羊均有角，公羊为螺旋状大角，向后外上方扭曲伸展；母羊角细而长。额前有一束长毛，颌下有髯。颈肩结合良好，背腰平直，四肢粗壮端正，尾上翘。体质结实，结构匀称。

罕山白绒山羊(公羊)

［生产性能］ 抓绒后体重：成年公羊47.5 kg，成年母羊34.2 kg；育成公羊30.6 kg，育成母羊24.2 kg。产绒量：成年公羊708.4 g，成年母羊487 kg；育成公羊440.4 kg，育成母羊381 kg。绒纤维长度4.5～5.5 cm，绒纤维细度14.71 μm。成年羯羊宰前活重51.4 kg，胴体重23.3 kg，屠宰率为46.2%；周岁羯羊相应为35.9 kg，15.6 kg，43.4%。母羊产羔率平均为114.2%。

七、新疆白绒山羊

［原产地及分布］ 新疆白绒山羊是以当地新疆山羊为母本，辽宁绒山羊、野山羊(北山羊)为父本，采用育成杂交方法，即选择以二代理想型母羊及部分三代母羊同三代理想型特培公羊进行横交，并适当应用近交等方法培育而成。该品种具有体格大、产绒量高、绒纤维细等特点，同时耐粗放饲养管理，适应性强。

新疆白绒山羊(公羊)

［外貌特征］ 新疆白绒山羊被毛白色，公、母羊均有角并向后外上方伸展，颌下有髯，背腰平直，体躯深而长，四肢端正，蹄质坚实，尾尖上翘。含有野山羊血液的新疆白绒山羊其头部角基处及耳根处有黄色被毛，部分母羊的角为直立角型。

［生产性能］ 不含野生羊血统的羊产绒量成年公羊548.37(220～1 350)g，成年母羊368.60(100～840)g；周岁公羊394.02(160～

810）g，周岁母羊368.56（140～690）g。体重：成年公羊46.74（40～65）kg，成年母羊32.97（25～47）kg；周岁公羊25.06（18～32）kg，周岁母羊22.78（16～29）kg。羊绒细度15～16 μm，羊绒长度5.5 cm。

含野山羊血统的羊产绒量：成年公羊544.02（230～1 040）g，成年母羊350.7（110～630）g；周岁公羊345.07（160～810）g，周岁母羊345.36（160～650）g。体重：成年公羊51.41（37～71）kg，成年母羊34.82（24～46）kg；周岁公羊26.35（21～34）kg，周岁母羊22.58（18～28）kg。羊绒细度12～14 μm，羊绒长度5.5 cm。

八、柴达木绒山羊

［**原产地及分布**］　柴达木绒山羊产于青海省海西蒙古族藏族自治州柴达木盆地境内的德令哈、乌兰、都兰和格尔木等县（市）。该品种是以辽宁绒山羊为父本，柴达木山羊为母本，采用育成杂交方法培育而成。目前该品种山羊及其改良羊已达50余万只。

柴达木绒山羊（公羊）

［**外貌特征**］　柴达木绒山羊面部清秀，鼻梁微凹。公、母羊均有角，公羊角粗大，向两侧呈螺旋状伸展；母羊角细小，向上方扭曲伸展。被毛纯白，呈松散毛股结构。被毛类型分细长型和粗短型两种。细长型被毛的外层有髓毛长而光泽好，并有少量浅波状弯曲；粗短型被毛的有髓毛较短、无弯曲。体质结实，结构匀称，侧视体形呈长方形，后躯略高，四肢端正有力，蹄质坚实，善登高远牧，采食抓膘能力强，对高原寒冷地区具有较好的适应性。

［**生产性能**］　柴达木绒山羊体重：成年公羊36 kg，成年母羊27 kg；周岁公羊19 kg，周岁母羊16 kg。产绒量：成年公羊450 g，母羊360 g。绒纤维直径14.16～14.48 μm，绒毛自然长度5 cm左右。成年母羊产羔率105%左右。产肉性能：成年羯羊胴体重17.3 kg，屠宰率46.8%；1.5岁羯羊胴体重9.6 kg，屠宰率48.3%。肉质颜色鲜红、细嫩，无膻味。

【评估考核】

一、填空

1. 绒用山羊的主要品种有______山羊、______山羊、______山羊、______山羊等。

2. 内蒙古白绒山羊有三个类型，即“______型”“______型”和“______型”。

二、简答

1. 简述辽宁绒山羊的外貌特征及生产性能特点。

2 简述河西绒山羊的外貌特征及生产性能特点。

任务三　其他品种山羊

【基本概念】

其他山羊品种主要有肉用山羊、毛用山羊、皮用山羊和普通山羊四大类。

【教学重点】

肉用、毛用和皮用山羊的代表品种。

【教学目标】

1. 知识目标

◆ 了解其他用途山羊的主要品种。

◆ 掌握适合本区饲养山羊的产地分布、外貌特征、生产性能。

2. 技能目标

◆ 根据不同品种山羊的产地分布、外貌特征、生产性能，能够准确地识别山羊的品种，并能够结合当地山羊品种的资源，进行合理利用。

【教学内容】

一、肉用山羊品种

1. 波尔山羊

［**原产地及分布**］　波尔山羊原产于南非共和国的好望角地区，用以改良型波尔山羊，以初生重大，生长快，体形大，产肉多，肉质好，繁殖率高，适应性强而闻名世界。现已出口到澳大利亚，德国，新西兰等许多国家，我国于1995年开始引进，受到各地普遍欢迎。

［**外貌特征**］　波尔山羊被毛短密，白色，头，颈棕色并带有白斑，耳大下垂，头平直。公羊鼻梁稍隆起，角向后向外弯曲呈镰刀状；母羊角小而直立。体质强壮，头颈部及前肢比较发达，体躯匀称且长宽深，胸部发达，背部结实宽厚，肋骨开张良好，臀部丰满，四肢粗壮，结

实有力。公羊体高 75 ~ 90 cm,体长 85 ~ 95 cm;母羊体高 65 ~ 75 cm,体长 70 ~ 85 cm。

波尔山羊(公羊)

[**生产性能**] 波尔山羊初生重 4.15 kg,日增重 123.7 g。强度肥育下,日增重 204 ~ 291 g。体重分别为:百日龄,公羔 30 kg,母羔 29 kg;150 日龄,公羔 42 kg,母羔 37 kg;210 日龄,公羊 53 kg,母羊 45 kg。屠宰率 48% ~ 60%,肥羔最佳上市体重为 38 ~ 43 kg,骨肉比为 1 : 4.71。瘦肉多,肉质细嫩,膻味小,味道鲜美。波尔山羊板皮质量好,可与牛皮相媲美。多次发情,繁殖无明显的季节性,6 月龄性成熟,平均产羔率 150% ~ 220%,1 年 2 胎或两年 3 胎。发情周期 21 d,发情持续时间 37 h,一般于发情后 32 ~ 38 h 排卵,怀孕期 147 ~ 149 d,产奶量每天 2.5 kg。波尔山羊性情温顺,适应性强,抗病力强。

2. 南江黄羊

[**原产地及分布**] 南江黄羊产于四川南江县,是以纽宾奶山羊,成都麻羊,金堂黑山羊为父本,南江本地山羊为母本,又导入吐根堡山羊血液,采用复杂杂交培育而成。现已推广到四川宣汉,四川广元等地及浙江,陕西,河南等省。

南江黄羊(母羊)

南江黄羊(公羊)

[**外貌特征**] 南江黄羊公、母羊大多有角,头型较大,颈部较粗,体型高大,背腰子直,后躯比较丰满,体躯近似圆桶形,四肢粗壮。皮毛呈黄褐色,面部多呈黑色。鼻梁两侧有一条浅黄色条纹,从头顶部至尾根沿背脊有一条黑色毛带,前胸,颈,肩和四肢上端着生黑而长的粗毛。

[**生产性能**] 南江黄羊体重:6 月龄公羔 16.18 ~ 21.07 kg,6 月龄母羔 14.96 ~ 19.13 kg;成年公羊 57.3 ~ 58.5 kg,成年母羊 38.3 ~ 45.1 kg。放牧条件下,6 月龄体重 21.6 kg,胴体重 9.6 kg,屠宰率 45.12%,净肉率 29.63%。产羔率 187% ~ 219%,四季发情,泌乳性能

好,抗病力强,耐粗放管理,适应性强,板皮品质好。

二、毛用山羊品种

安哥拉山羊

[**原产地及分布**] 安哥拉山羊原产于土耳其的安哥拉省,可生产马海毛,从16—19世纪逐渐出口,目前有1 200万只。

安哥拉山羊(母羊)

[**外貌特征**] 安哥拉山羊全身白毛,被毛由波浪形或螺旋状的毛辫组成,毛辫可垂至地面,头,腿生有短刺毛。公羊,母羊均有角,耳大下垂。头较小,鼻梁平直,胸窄狭,肋骨扁平,尻斜,骨细,体质较弱。公羊体高60~65 cm,母羊体高51~55 cm。

[**生产性能**] 安哥拉山羊体重:公羊50~55 kg,母羊32~35 kg,产肉少。泌乳量70~100 kg,仅够哺育羔羊。剪毛量:公羊为4.5~6.0 kg,母羊3~4 kg。净毛率65%~85%,细度40~46支,长度30 cm(全年)。生长发育慢,性成熟晚,1.5岁后才能发情配种,繁殖力低,发情季节10—11月,发情周期19~21 d,持续期30 h,妊娠期149~152 d。

三、皮用山羊品种

1. 中卫山羊

[**原产地及分布**] 中卫山羊又称沙毛山羊,原产于宁夏回族自治区的中卫、中宁、同心、海源及甘肃省的景泰,靖远等县,现已分布宁夏南部及全国10余省(区)。

中卫山羊(公羊)

[**外貌特征**] 中卫山羊毛色纯白者占75%,纯黑者较少。羔羊体躯短,全身生长着弯曲的毛辫,呈细小L丝状,光泽良好,呈丝光。成年羊头清秀,额部丛生长毛一束,公、母羊均有长须。公羊角粗大向上,向后,向外

方伸展呈半螺旋状；母羊角较细短，多呈小镰刀形。体型中等，体躯短深。成年公羊体高 61.4 cm，体长 67.7 cm，体重 30 ~40 kg；成年母羊体高 56.7 cm，体长 59.2 cm，体重 25 ~30 kg。

[**生产性能**] 中卫山羊产羔率 103%，初生羔毛长 4.4 cm，毛股有 3 ~4 个弯曲。初生重 2.5 ~2.7 kg，够毛时约 35 日龄，毛长 7 ~8 cm。公羔 4.5 ~8 kg，母羔 4 ~6 kg 时，剥取二毛皮。

2. 济宁青山羊

[**原产地及分布**] 济宁青山羊产于山东省菏泽地区、济宁市的 10 多个县；其品质优秀的有菏泽地区郓城，巨野、曹县、济宁的嘉祥、金乡等县，现已推广到华南、西北、东北 10 余省区。

[**外貌特征**] 济宁青山羊毛色是由黑，白二色毛混生而构成的青色，前膝为青黑色，故有"四青一黑"的特征。由于黑白毛比例不同，分为正青（黑毛 30% ~50%）、粉青（黑毛 30% 以下）、铁青（黑毛 50% 以上）。由于被毛的粗细和长短不同，分 4 个类型：细长毛型，细短毛型，粗长毛型和粗短毛型，以细长毛型的猾子皮质量最好。青山羊头较小，额宽而凸，有角，有须，体小，俗称"狗羊"。公羊体高 60.3 cm，体长 60.1 cm，体重 25.7 kg；母羊体高 50.4 cm，体长 56.5 cm，体重 20.9 kg。

济宁青山羊（公羊）

[**生产性能**] 济宁青山羊羔羊出生后 40 ~60 d 可初次发情，一般 4 个月可配种，1 岁可产 1 胎。第一胎繁殖率 203.6%，3 ~4 岁时可达 300%，孕期 146 d，产后第一个发情期在 20 ~40 d，1 年 2 胎。初生重 1.3 ~1.7 kg，生后 3 d 屠宰的羔皮称青猾子皮。

四、普通山羊品种

普通山羊品种见表 1.2.5。

表 1.2.5 普通山羊品种

品 种	产 地	外貌特征	生产性能
成都麻羊	成都平原及附近丘陵地区	骨架大，躯干丰满，胸部发达，公、母羊均有角，有须，全身褐色，背线为黑色，鬐甲处有黑色毛带与背黑线相交成十字形	体重：公羊 42 kg，母羊 36 kg；初生重 2.19 kg。45 ~60 d 断奶，屠宰率 42% ~45%。泌乳期 5 ~8 个月，日产奶 0.75 ~1 kg。板皮细致紧密，拉力强，四季发情，1 年 2 胎，一胎 2 ~3 只

续表

品 种	产 地	外貌特征	生产性能
马头山羊	湖南、湖北及相邻的川、陕、黔、豫地区	无角，公羊头部生有长毛至眼线，多为白色，双脊者品质高	体重：公羊32.31 kg±5.00 kg，母羊30.96 kg±6.3 kg。屠宰率49.7%～55.3%。皮板致密，质量好，全年发情，4～6月龄配种，繁殖率182%～229%
承德无角山羊	河北省东北部，已被引入河南、内蒙古、山东等地	被毛以黑色为主，无角但有角痕，有须；胸宽，颈深，向前方突出，肉用体型明显	体重：公羊54.4 kg±12.3 kg，母羊41.51 kg±12.4 kg；生长快，6月龄体重达成年的44.6%～51.8%。剪毛量：公羊518 g，母羊251 g。产绒量：公羊240 g，母羊114 g。屠宰率46%～50%，产羔率111%
太行山羊	山西、河北、河南交界的太行山区	毛色有灰、黑、白和褐色，以头部全黑色，体躯灰色者较多，有角，背腰平直，四肢健壮，蹄质结实	体重：公羊43.2 kg，母羊35.7 kg。产毛量360 g，毛长20 cm；产绒量150～180 g，绒长4.7～5.3 cm，细度19 μm。屠宰率40.7%～48.0%，繁殖率102%～110%
陕南白山羊	陕西的安康、汉中及商洛地区	被毛白色为主，有长毛型、短毛型，鼻梁平直，颈短而宽厚。胸部发达，背腰平直，四肢粗壮，尾短上翘	体重：公羊33 kg，母羊27 kg。屠宰率45.56%～50.58%，产羔率259.02%。早熟，抓膘力强，肉细嫩，皮板幅面大，致密，抗力强
川东白山羊	重庆市的万州区、涪陵区和永川市，四川的达县	体型有大小两类，大型白色，有角有须，公羊有较长的额毛，胸部发达，小型多数为白毛，有内层短绒，体型呈圆桶状	体重：大型30～40 kg，小型20～24 kg，屠宰率羯羊55%左右。繁殖率202%。板皮光洁度好、柔韧有拉力
黄淮山羊	豫、皖、苏交界地区	被毛白色，粗而短，直而稀，绒毛稀少，有须，有角或无角，头偏重，体较短，乳房发育良好	体重：公羊33.89～37.06 kg，母羊22.67～26.60 kg，肉质好。肥羔屠宰率60%，成羊屠宰率48.79%～51.93%。早熟，2月龄发情，10月龄可产第1胎，全年发情，1年2胎，产羔率227%～238%
贵州白山羊	贵州的沿河、思南、务川等20余县	白色，有须，公羊颈部有卷毛，胸深，背宽平，体长，四肢矮，以白毛为宜，毛粗而短	体重：公羊32.8 kg，母羊30.8 kg；周岁羯羊胴体重11.45 kg，成年羊胴体23.26 kg；繁殖率273.6%，肉质细嫩，膻味小
雷州山羊	广东雷州半岛一带	被毛黑、褐色，有须有角，鼻、额稍突出，胸稍窄，腹不大	体重：公羊50 kg，母羊43.0 kg。屠宰率40%。皮板致密，1年2胎，每胎1～2羔
福清山羊	福建东南沿海地区	体型中等，多有角，胸宽深，肉用体型明显，被毛褐色、黑色，颈背脊有一条带状黑毛区-乌龙	体重：公羊27.9 kg，母羊26.0 kg；屠宰率羯羊55.8%，母羊47.6%；3月龄性成熟，4～5月龄配种，每胎产1～4羔，双羔以上占76.7%

【评估考核】

一、填空

1. 肉用山羊品种主要有有______山羊、______山羊等。

2. 皮用山羊品种主要有______山羊、______山羊等。

3. 毛用山羊品种主要有______山羊、______山羊等。

二、简答

联系实际,说明本地区最适合养殖的山羊品种是什么?

■学习情境二

羊的繁育新技术

项目一　羊的一般繁殖规律

【基本概念】

性成熟是指性器官已经发育完全，具有产生繁殖能力的生殖细胞和性激素。

母羊发情是指母羊在性成熟以后所表现出的一种具有周期性变化的生理现象。

【教学重点】

羊的性成熟、初配年龄、发情症状、妊娠期及繁殖季节。

【教学目标】

1. 知识目标

- ◆ 了解羊的一般繁殖规律。
- ◆ 掌握羊的初配年龄、发情症状、妊娠期及繁殖季节等基本知识。

2. 技能目标

- ◆ 能够通过学习母羊的一般繁殖规律，把握其合适的初配年龄，准确地判断最佳配种期，做到适时配种，提高母羊的繁殖率。

【教学内容】

养羊生产的主要任务是在努力增加绵羊、山羊数量的同时，积极提高羊的质量，以便生产更多、更好的羊产品来满足日益提高的人民生活水平和市场经济不断发展的需要。要增加羊的数量，提高羊的品质，必须通过羊的繁殖才能实现。因此，掌握好羊的繁殖技术，搞好羊的繁殖工作，是养羊生产中不可忽视的重要环节。

绵羊、山羊的繁殖力受遗传、营养、年龄以及其他外界条件，如温度、光照等因素的影响。因此，提高绵羊、山羊的繁殖力不仅要在改变羊的遗传性方面下功夫，还要对改进羊的饲养管理、繁殖技术及其他环境条件方面也给予足够的重视。

一、羊的性成熟和初配适龄

绵羊的性成熟时期，虽因品种和分布地区的不同而略有差异，但一般是在 5 ~ 8 月龄。在这个时候公羊可以产生精子，母羊可以产生成熟的卵子，如果此时将公羊、母羊相互交配，即能受胎。需要指出的是，绵羊达到性成熟时并不意味着可以配种，因为绵羊刚达到性成熟时，其身体并未达到充分发育的程度，如果此时进行配种，就可能影响其本身和胎儿的生长发育。因此，公羔、母羔在 4 月龄断奶时，一定要分群管理，以避免偷配。绵羊的初次配种年龄一般在 1.5 岁左右，但也受绵羊品种和饲养管理条件的制约。

当前我国的广大农村牧区，凡是草场和饲养条件良好、绵羊生长发育较好的地区，初次配种都在 1.5 岁；而草场和饲养条件较差的地区，初次配种年龄往往推迟到 2 ~ 3 岁。如小尾寒羊母羊初次发情在 167.19±16.74 日龄；中国美利奴羊（军垦型），母羊性成熟一般为 8 月龄，性早熟的母羊为 6 月龄，母羊体成熟为 12 ~ 15 月龄；当体重达到成年母羊的 85% 时，可进行第一次配种，初配年龄以 18 月龄为宜。

山羊的性成熟比绵羊略早，如：青山羊的初情期为 108.42±17.75 日龄，马头山羊为 154.3±16.75 日龄，波尔山羊母羊 6 月龄性成熟；公山羊 3 ~ 4 月龄性成熟，但需要到 5 ~ 6 月龄或体重 32 kg 时方可用做种用。

二、母羊发情的特征

母羊发情时有以下一些表现特征。

1. 性欲

性欲是母羊愿意接受公羊交配的一种行为。母羊发情时，一般不抗拒公羊接近、爬跨，或者主动接近公羊并接受公羊的爬跨交配。母羊在发情初期，性欲表现不甚明显，以后逐渐显著；排卵以后，性欲逐渐减弱；性欲消失后，母羊则抗拒公羊接近、爬跨。

2. 性兴奋

母羊发情时，表现为兴奋不安。

3. 生殖道发生一系列变化

外阴部充血肿大、柔软而松弛，阴道黏膜充血发红、上皮细胞增生，前列腺分泌增多，子宫颈开张，子宫蠕动增强，输卵管的蠕动、分泌和上皮纤毛的波动也增强。

4. 卵泡发育和排卵

母羊的排卵过程为：卵巢中有的卵泡发育成熟，随之破裂，卵子被排出。

母羊在某一时期出现上述4方面的特征，通常都称为发情。母羊从开始表现上述特征到这些特征消失为止，这一时期叫发情持续期。母羊的发情持续期与品种、个体、年龄和配种季节等有密切的关系，如中国美利奴羊发情持续期为1～2 d，山东小尾寒羊发情持续期为30.23±4.84 h；马头山羊发情持续期为2～3 d，波尔山羊发情持续期为1～2 d，青山羊发情持续期为49.56±11.83 h。

羊在发情期内，若未经配种，或虽经配种但未受孕时，经过一定时期会再次出现发情现象。由上次发情开始到下次发情开始的期间，称为发情周期。发情周期同样受品种、个体和饲养管理条件等因素的影响，发情周期阿勒泰羊为16～18 d；湖羊为17.5 d；成都麻羊为20 d；波尔山羊为14～22 d。

三、母羊的怀孕期

绵羊、山羊从开始怀孕到分娩，这一时期称为怀孕期或妊娠期。怀孕期的长短，因品种、多胎性、营养状况等的不同而略有差异。早熟品种多半是在饲料比较丰富的条件下育成的，怀孕期较短，平均为145 d左右；晚熟品种多在放牧条件下育成的，怀孕期较长，平均为149 d左右。

若干的绵羊、山羊品种平均怀孕期如下：南丘羊144 d，施罗普夏羊145 d，萨福克羊147 d，罗姆尼羊148 d，考力代羊150 d，中国美利奴羊（151.6±2.31）d，无角陶赛特羊（147.39±1.46）d，波德代羊（145.62±1.52）d，小尾寒羊（148.29±2.06）d，马头山羊（149.68±5.35）d，建昌黑山羊（149.13±2.69）d，波尔山羊（148.2±2.6）d。

四、羊的繁殖季节

绵羊、山羊的繁殖季节亦称配种季节，是经过长期的自然选择逐渐演化而形成的，其主要决定因素是分娩时的环境条件要有利于初生羔羊的存活。绵羊、山羊的繁殖季节，因品种、地区而有差异，一般是在春、秋、冬3个季节母羊有发情表现。

母羊发情时，卵巢功能活跃，滤泡发育逐渐成熟，并接受公羊交配。平时，卵巢处于静止状态，滤泡不发育，也不接受公羊的交配。母羊发情之所以有一定的季节性，是因为在不同的季节中，光照、气温、饲草饲料等条件发生变化，特别是由长变短的光照条件，所以发情主要在秋、冬两季。在饲养管理条件良好的年份，母羊发情早，而且发情整齐旺盛。

公羊在任何季节都能配种，在气温高的季节，性欲减弱或者完全消失，精液品质下降，精子数目减少，活力降低，畸形精子增多。

在气候温暖、海拔较低、牧草饲料良好的地区所饲养的绵羊、山羊一般一年四季都发情，配种时间不受限制。

羊配种时期的选择，主要是根据在什么时期产羔最有利于羔羊的成活和母仔健壮来决定。在年产羔一胎的情况下，产羔时间可分两种，即冬羔和春羔。一般7—9月配种，12月至翌年1—2月产羔叫产冬羔；在10—12月配种，翌年3—5月产羔叫产春羔。大型羊场和农牧民饲养户产冬羔还是产春羔，不能强求一律，要根据所在地区的气候和生产技术条件来决定。

【评估考核】

一、名词解释

1. 性成熟
2. 发情
3. 初配适龄

二、填空

1. 绵羊的初次配种年龄一般在______岁左右。饲养条件较差的地区，初次配种年龄可推迟到______岁。

2. 绵羊、山羊的繁殖力受______、______、______以及其他外界条件等因素的影响。

3. 绵羊的性成熟时期一般是在______月龄。

4. 当前我国的广大农村牧区，凡是草场和饲养条件良好，绵羊生长发育较好的地区，初次配种都在______岁，而草场和饲养条件较差的地区，初次配种年龄往往推迟到________岁。

5. 绵羊、山羊的妊娠期，因品种、多胎性、营养状况等的不同而略有差异。早熟品种妊娠期平均为________d左右；晚熟品种平均为________d左右。

三、简答

1. 简述母羊发情的表现特征。
2. 简述季节因素对绵羊繁殖有哪些影响。

项目二　羊的繁殖新技术

任务一　人工授精技术

【基本概念】

人工授精(AI)技术是指用器械以人工的方法采集公畜的精液,经特定处理后,再输入到发情母畜生殖道的特定部位使其妊娠的一种动物繁殖技术。

【教学重点】

人工授精技术的采精、精液品质检查、精液的稀释、精液保存与运输、输精。

【教学目标】

1. 知识目标

◆ 了解羊人工授精技术的主要环节,掌握羊人工授精技术规程。

◆ 掌握羊人工授精技术的采精、精液品质检查、精液的稀释、精液保存与运输、输精等技术环节的基本知识。

2. 技能目标

◆ 学会羊人工授精技术的采精、精液品质检查、稀释液的配制与精液稀释、精液保存与输精等环节的操作方法。

【教学内容】

自20世纪40—60年代，人工授精技术进入全面推广应用阶段，人工授精技术已成为现代畜牧业生产的重要技术手段，对畜牧业的发展起到了巨大的推动作用，特别是精液冷冻技术的发展与完善，使人工授精技术进入了一个崭新的发展阶段。

一、采精

采精是人工授精技术的首要环节。认真做好采精前的准备工作，正确掌握采精技术，科学安排采精频率，是保证高质量精液的重要条件。羊的采精一般是用假阴道法。

1. 采精前的准备

(1)采精场地的准备

采精一般要求在采精室内进行。采精室应宽敞明亮，安静清洁，地面平坦防滑，宜采用水泥地面，便于冲洗，并铺设防滑垫。室内设有采精架。采精室地面用0.1%新洁尔灭溶液或3%～5%煤酚皂(来苏儿液)或石炭酸溶液喷洒消毒，夜间打开紫外线灯消毒，工作服可在夜间挂在采精室进行紫外线消毒。

(2)台畜的准备

体格健壮的发情母羊可作为台畜(图2.2.1)。采精前，台畜的臀部、外阴部及尾部，先用2%来苏儿液擦拭，然后用清水冲洗、擦干。采精时，台畜要保定在采精架上，保持周围环境安静。如用假台畜，采精公羊需经过训练，即先用母羊做台畜数次，再改用假畜。

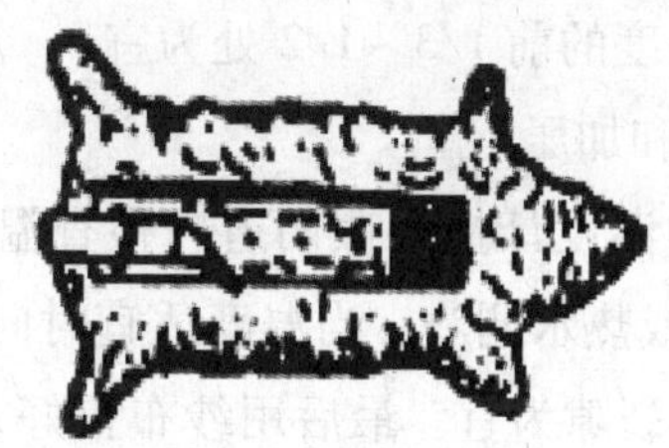

图2.2.1　羊用假台畜

(3)种公羊的准备

平时要加强种公羊的饲养管理，合理地安排采精次数。公羊采精前性准备充分与否，直接影响到精液量、精子活力和密度。因此，在采精前必须给予充分的性兴奋时间和性刺激，如让公羊在台畜附近做瞬间停留，或多次进行假爬跨；更换台畜，改变台畜位置；观摩另一头公羊采精等。对初次参加采精的青年公羊要进行调教，以便建立正常的性行为链。在公羊调教中要反复训练，耐心诱导，切勿施加强迫、恐吓、抽打等不良刺激。采精前用温水对种公羊的包皮、龟头和下腹部冲洗和消毒。若包皮周围有长毛，应修剪。

(4)采精人员的准备

采精人员应具有熟练的采精技术，并熟知每一头公羊的采精条件和特点，要做到人畜相对固定。在采精前，采精人员应身着紧身利落的工作服，避免与公羊及周围的物体钩挂，影响操作。同时，还要将指甲剪短磨光，手臂要清洗消毒。采精时要动作敏捷，操作时要注意人、畜安全。

2. 采精方法

(1)假阴道安装与消毒

假阴道呈筒状结构，由外壳、内胎、集精杯及附件组成。假阴道每次使用后应清洗干净，并用70%酒精或紫外线灯消毒。在安装时首先检查所用的内胎有无损坏和沙眼，先将内胎装入外壳，使光面朝内，并要求两头等长，然后将内胎一段套在外壳上，同法将内胎另一端套好，注意勿使内胎有扭转情况，使其松紧适度，然后两端再分别套上固定圈固定。在使用前用长柄镊子夹上70%酒精棉球消毒内胎，从内向外旋转消毒，待酒精挥发后，再用生理盐水棉球多次擦拭。将消毒好的集精杯用稀释液冲洗，然后安装在假阴道一端。

(2)假阴道注水

左手握住假阴道的中部，右手用量杯或吸水球将温水(50～55 ℃)从注水孔注入，水量为外壳与内胎容量的1/3～1/2，即竖立假阴道，水达到注水孔为准。然后安上带活塞的气阀，并将活塞关紧。

(3)涂抹润滑剂

用消毒的玻璃棒取少许经消毒的凡士林在假阴道集精杯的对侧端涂抹一薄层，涂抹深度以假阴道长度的前1/3～1/2处为宜。

(4)检温和加压

用消毒的温度计插入假阴道内检查温度，采精时达到39～42 ℃为宜。温度过高或过低，可用冷水或热水调节。当温度适宜时向夹层注入空气，使凡士林一端的内胎壁愈合，口部呈"Y"字形裂隙为宜。最后用纱布盖好入口，准备采精。用假阴道采精必须满足三个条件：温度、压力和润滑度。对羊而言，阴茎对温度的要求比压力更高。

(5)采精方法

采精人员右手握住假阴道后端，固定好集精杯，并将气嘴活塞朝下，蹲在台羊右后端，让假阴道靠近台羊的臀部。在公羊爬上台羊背侧的同时，将假阴道与地面保持35°～40°迅速将公羊的阴茎导入假阴道内，切勿用手抓、碰、摩擦阴茎。若假阴道内温度、压力、润滑度适宜，公羊后躯会急速用力向前一冲即已射精。此时，顺公羊动作向后移下假阴道，集精杯一端向下，迅速将假阴道竖起，然后打开活塞上的气阀，放出空气，取下集精杯，用集精杯盖盖好送精液检查室待检。

3. 采精频率

公羊采精频率要根据精子产生数量、贮存量、每次射精量、精子活率、精子畸形率和饲养管理水平等因素来决定。在生产上，公绵羊和公山羊射精量少而附睾贮存量大，对于季节性配种公羊，每天可采精多次，连续数周，不会影响精液质量。绵羊、山羊的适宜采精频率见表 2.2.1。生产中若所采精液样品中出现未成熟精子、精子尾部近头端有未脱落的原生质滴，种公羊性欲下降等，则说明公羊采精频率高，这时应立即减少或停止采精。

表 2.2.1　正常成年公羊的采精频率及精液特性

品种	每周采精次数	平均每次射精量（mL）	平均每次射出精子总数（亿个）	平均每周射出精子总数（亿个）	精子活力（%）	正常精子量（%）
绵羊	7～25	0.8～1.2	16～36	200～400	60～80	80～95
山羊	7～20	0.5～1.5	15～60	250～350	60～80	80～95

二、精液品质检查

精液品质检查的目的是为了鉴定其品质的优劣，以便确定其利用价值。同时，它也反映种公牛的饲养管理水平和生殖功能的状态，是检验精液稀释、保存和运输效果的唯一手段，还能反映采精技术操作水平的高低。精液品质检查主要有以下几项。

1. 精液的外观检查

（1）射精量

射精量是指公畜 1 次采精所射出的精液容积，可用带有刻度的集精瓶直接测出，公牛的射精量一般为 3～10 mL。绵羊、山羊的射精量见表 2.2.1。当公羊的射精量太多或太少时，都必须查明原因。射精量太多，可能是由于副性腺分泌太多或其他异物（尿、假阴道漏水）混入所至；过少，可能是由于采精技术不当、采精过频、生殖器官功能衰退所致。凡是混入尿、水及其他不良异物的精液，均不能使用。

（2）色泽与气味

羊正常精液呈乳白色或浅乳黄色，其颜色因精子浓度高低而异，乳白色程度越重，表示精子浓度越高。若精液颜色异常，表明公羊生殖器官有疾病。精液一般无味，有的精液带有动物本身的固有气味，如羊精液略有膻味。精液若有异味，如尿味、腐败臭味时应弃去禁用。

（3）云雾状

羊正常精液因精子密度大而呈浑浊不透明状，肉眼观察时，由于精子运动而呈云雾状。

精液浑浊度越大，云雾状越显著。乳白色云雾状越浓，表明精子密度和精子活力越高。

2. 显微镜检查

(1)精子活率检查

精子的活率也称活力，是指精液中呈直线运动的精子所占的百分率。精子的活率可直接反映精子自身的代谢功能，与精子授精能力密切相关，是评定精液品质的一个重要指标。一般在采精后，精液处理前、后和输精前均要进行精子活率的评定。精子活率评定方法是，在 37～38 ℃的环境下，用 200～400 倍的生物显微镜进行观察。多采用"十级评分制"，即按精子直线运动占视野中精子的估测百分比评为 10 个等级，100% 直线运动者为 1.0，90% 者为 0.9，以此类推。

(2)密度检查

精子密度是指单位容积(mL)精液内所含有的精子数目。目前，测定精子密度的方法主要有估测法、血细胞计数法和光电比色法。估测法是生产中常用的方法，常结合精子活力检查进行。根据显微镜下精子的密集程度，把精子的密度大致分为密(精子之间的距离小于 1 个精子的长度)、中(精子之间的距离大约等于 1 个精子的长度)、稀(精子之间的距离大于 1 个精子的长度)3 个等级，这种方法能大致估计精子的密度，主观性强，误差较大。血细胞计数法是公畜精液做定期检查的一个方法，可以准确地测定每单位容积精液中的精子数，一般采用血细胞计数板进行。光电比色法是目前国际上普遍采用的测定羊精子密度的方法，其原理是利用精液的透光性，精子密度越大其透光性越差；此方法快速、准确、操作简便。

(3)形态检查

①精子畸形率　一般情况下，羊的精液都有一定比例的畸形精子，正常精液的精子畸形率一般不超过 20%。精子畸形的检查方法：取 1 小滴被测精液置于载玻片上，将样品滴以拉出形式制成抹片，切忌将精液推出而造成人为精子损伤。自然干燥 5 min，每样品制作 2 个抹片。在风干的抹片上滴上 1.0～2.0 mL 中性福尔马林固定液，固定 15 min 后用清水缓缓冲去固定液，吹干或自然风干。然后将固定好的抹片反扣在带有平槽的有机玻璃面上，把姬姆萨氏染液滴于槽和抹片之间，让其充满平槽并使抹片接触染液，染色 1.5 h 后用清水缓缓冲去染液，晾干待检。将制备好的抹片在显微镜(400～600 倍)下观察，每个抹片观察 200 个以上精子(分左、右 2 个区)，取 2 个抹片的平均值，变异系数不得大于 20%，若超过应重新制片。计算出畸形精子百分率。畸形精子形态如图 2.2.2 所示。

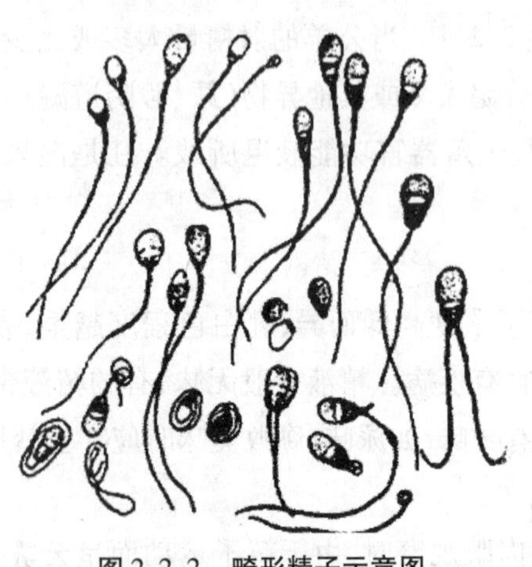
图 2.2.2　畸形精子示意图

②精子顶体异常率　顶体异常有膨大、缺

陷、部分脱落、全部脱落等数种,若超过一定比例会直接影响其受精率。

③检查方法　采用测定精子畸形率的方法制作抹片,自然干燥,用1~2 mL福尔马林磷酸缓冲液固定。对含有卵黄、甘油的精液样品需用含2%甲醛的柠檬酸钠液固定。静置15 min,水洗后用姬姆萨氏染液染色90 min或用苏木精染液染色15 min,水洗、干燥后再用0.5%伊红染液复染2~3 min。水洗、干燥后置于1 000倍显微镜下用油镜检查,或用相差显微镜观察。每张抹片需观察300个精子,统计出精子顶体异常率。

3.生物学检查

精液中如果有大量的微生物存在,不仅会影响精子的寿命、降低受精力,而且还会导致疾病的传播。因此,目前国内外都十分注重精液的微生物检查,精液中含有的病原微生物及菌落数是精液品质评定的重要指标,并作为海关进出口精液的重要检查项目。

三、精液的稀释

精液稀释是指在采集来的精液中加入适宜于精子存活并能保持其受精能力的稀释液。精液稀释的目的是为了扩大精液的容量,提高一次射精量的可配母羊头数;并通过降低精液的能量消耗,补充适量营养和保护物质,抑制精液中的有害微生物的活动以延长精子的寿命;便于精液的保存和运输,提高优良种公羊的利用效率。

稀释液的主要成分有:稀释剂、营养剂、保护剂及其他添加剂。稀释剂主要是指与精液具有相同或相近渗透压的生理盐水、糖类和某些盐类溶液,其主要作用是扩大精液容量;营养剂主要提供精子在体外所需的能量,延长精子的存活时间,如糖类(主要为单糖)、奶类及卵黄等;保护剂是为了中和、缓冲精清对精子保存的不良影响,防止精子受"低温打击",创造精子生存的抑菌环境等,其中有缓冲物质、非电解质、防冷物质、抗冻保护物质、抗生素等;一般精液中还要加一些酶类、激素类、维生素和pH调节物等其他添加剂,来改善精子外在环境的理化特性,调节母畜生殖道的生理功能,提高受精机会。

1.稀释液的种类和配制

根据稀释液的性质和用途,稀释液可分为现用稀释液、常温保存稀释液、低温保存稀释液和冷冻保存稀释液4类。

(1)现用稀释液

以扩大精液容量、增加配种头数为目的的现用稀释液,适用于采精稀释后立即输精用精液。在牧场、农村饲养种羊单位开展人工授精可采用这种稀释液。

(2)常温保存稀释液

适用于精液常温短期保存用,以糖类和弱酸盐为主体,一般pH较低。

(3)低温保存稀释液

用于低温保存的稀释液，须加入卵黄等抗冷休克的一类物质。

(4)冷冻保存稀释液

用于超低温冷冻保存，含有甘油等抗冻物质。

2. 精液稀释方法和稀释倍数

(1)稀释方法

精液稀释液的温度要与精液的温度一致，在 20～25 ℃条件下稀释。将与精液等温的稀释液沿精液瓶壁缓缓倒入，用经过消毒的玻璃棒轻轻搅匀。如做 20 倍以上高倍稀释时，应分两步进行，先加入总量的 1/3～1/2 做低倍稀释，稍等片刻后再将剩余的稀释液全部加入。稀释完毕后，必须进行精子活率检查，如稀释前后精子活率一致，就可分装和保存。

(2)稀释倍数

适当的稀释倍数可延长精子的存活时间，稀释倍数可根据采精量、精子密度、精子活率来确定。稀释倍数过高会使精子的存活时间缩短，从而影响受胎率。绵羊、山羊的精液稀释比例一般为 1∶(2～4)。精子密度在 25 亿个以上的精液可按 1∶(40～50)的比例稀释。

四、精液的保存

1. 液态精液的保存

(1)常温保存

常温保存是将精液保存在室温(15～25 ℃)下，也称变温保存。此方法保存的精液在 3 d 内有正常的受精能力。其原理是利用精子正常代谢所产生的乳酸或 CO_2+H_2O 或加入一定量的酸，使精液的 pH 下降，抑制精子的活动，使精子保存在可逆的静止状态而不丧失受精能力。保存方法是按输精剂量分装，封口后放在室内、地窖或自来水中保存。保存温度要恒定，不能超过 25 ℃，pH 值不能太低，弱酸性即可，切记要加入抗生素。

(2)低温保存

低温保存是将精液放在 0～5 ℃条件下保存，效果要比常温保存好，一般可保存 7 d 左右不丧失授精能力。其原理是利用低温来抑制精子活动，降低精子代谢和运动的能量消耗。当温度回升后，精子又逐渐恢复正常代谢功能而不丧失授精能力。保存时稀释液中加入卵黄，缓慢降温(从 30 ℃降至 5～0 ℃时每 min 下降 0.2 ℃左右为宜)后，按一个输精剂量分装在贮精瓶中，封口。用数层纱布或棉花包裹，置于 0～5 ℃的低温环境(窖、旱井、水井、冰箱等)保存。输精前要升温，可直接将贮精瓶放到 30 ℃的环境中。

2. 精液的冷冻保存

(1)精液冷冻保存的概念

精液的冷冻保存是将采集的新鲜精液经特殊处理后经一定的降温程序,最后保存在液氮(-196 ℃)、干冰(-79 ℃)冷媒中,以达到长期保存目的的一种精液保存方法。

(2)精液的稀释

精液冷冻稀释液具有保护精子免受或减少冻害的作用,其主要成分是在低温保存稀释液的成分基础上再加入一定量的抗冻保护物质。精液冷冻稀释液主要有卵黄-柠檬酸钠-甘油液,卵黄-糖类-甘油液两种。稀释方法一般多采用一次或两次稀释法,一次稀释法常用于颗粒冻精,也可用于细管精液,适合于低倍稀释。两次稀释法效果最好,首先用不含甘油的稀释液(Ⅰ液)对精液进行最后稀释倍数的半倍稀释,然后把该精液连同Ⅱ液一起经1 h缓慢降温至5~0 ℃,并在此温度下做第二次稀释。

绵羊精液的精子密度虽然比其他家畜都大,但稀释倍数却不能过高,这在常规人工授精中已经得到证实。绵羊冷冻精液的稀释倍数,一般都在5倍以下。这可能与绵羊子宫颈通道狭窄、弯曲多皱,不能做到深部输精及绵羊精子顶体经过冷冻、解冻后损坏程度严重有关。精子密度过小,黏度降低,即使加大输精量,也不能全部进入子宫颈内,容易引起倒流。但稀释倍数过低,稀释液的保护作用会降低。所以,绵羊精液在冷冻前的稀释比例多为1∶2或1∶3,也有采用1∶1或1∶4的。我国制作山羊冻精时,稀释比例一般为1∶(1~4),而畜牧业较发达国家如德国、澳大利亚常用1∶8稀释。

(3)精液的分装标记和封口

目前在冷冻精液产生过程可采用细管分装一体机进行精液的分装和封口,并同时在细管上标记有关信息。细管冷冻精液标记由16位数分四部分组成,其排列顺序由棉塞封口端开始。第一部分由3位数组成,表示公羊站代号,代号以全国畜牧总站公布的为准;第二部分由2位数组成,表示品种代号,品种代号以GB/T 4143为依据;第三部分由6位数组成,表示精液生产日,6位数按年月日次序排列,年月日各占2位数字,年度的后2位数组成年度的2位数,月、日不够2位数的在其前面分别加"0"补充为2位数;第四部分由5位数组成,表示公羊号,公羊号取该公羊身份证号码的后5位数。每部分之间空1个汉字(2个字节)。除第二部分用汉语拼音大写字母表示外,其余均用阿拉伯数字表示。标记的字迹必须清晰易认,不易被擦掉。标记示例如图2.2.3所示。

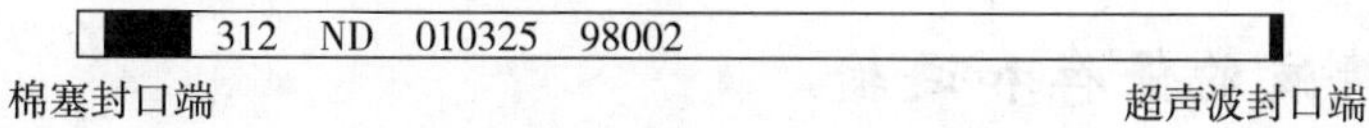

图2.2.3　精液的分类标记

(4)精液的降温与平衡

降温是指精液稀释后由30 ℃以上的温度,经1~2 h缓慢降至5~0 ℃,以防止低温打击。平衡是指降温后，继续在 0 ~ 5 ℃的环境中停留 2 ~ 4 h。使甘油充分深入精子内部，起到抗冻作用。在生产中降温和平衡可同时进行。将分装好的细管码排在细管盘中，直接放入 0 ~ 5 ℃环境中停留 4 h 左右。

(5)精液的冷冻

目前在冷冻精液生产单位多使用全自动冷冻机进行精液的冷冻。使用时首先在电脑中设计好冷冻的最佳温度曲线，冷冻仪与低温柜应尽量靠近，开启液氮灌阀门把冷冻仪降温至 4 ℃，关闭风扇电源，待风扇完全停止后把已排满待冻细管的架子迅速放入冷冻仪，盖严盖子按预先设定好的程序自动完成冷冻过程。

(6)冷冻精液的剂型

目前羊的冷冻精液以细管型为主。

(7)冷冻精液的解冻

冷冻精液的解冻是验证精液冷冻效果的一个必要环节，也是输精前检查冷冻精液是否达到输精要求的一项必要工作。在生产中羊冷冻精液一般用 38 ~ 40 ℃温水解冻效果最好。

五、新鲜精液的运输

用内径 0.3 cm、长 20 cm 的灭菌软塑料管作为运输精液的细管，每管装稀释精液 0.4 ~ 0.5 mL，在酒精灯上将细管两端加热，待管端融化时，用镊子夹一下，将两端密封。运输距离为 1 ~ 2 h，可用干净的毛巾或软纸将精液细管包起来，装在运输人衣袋内带走。输精时，将精液细管一端的封口剪开，沿阴道上壁插入母羊阴道底部，再将另一端剪开，精液就会流入发情母羊的阴道内，保持 1 ~ 2 min 后放开母羊。应注意的是，不能沿母羊阴道下壁插入，否则有可能将细管插入尿道。运输距离为 4 ~ 6 h 或 6 h 以上时，须将装有精液的细管放入装有凉水和冰块的保温瓶中运输，到达目的地后，从保温瓶中取出细管，使温度回升至 40 ℃，进行输精，从而避免精子遭受冷应激而死亡。

新鲜精液运输时应注意以下事宜：盛装精液的器具要安放稳妥，做到避光、防湿、防震、防撞；运输途中，必须保证保存精液的温度恒定，切忌温度变化；运输精液时应附有精液运输单，其内容主要包括发放的站名、公羊品种和编号、采精日期、精液剂量、稀释液种类、稀释倍数、精子活率和精子密度等。

六、冷冻精液的保存和运输

1. 保存

冷冻精液保存在液氮中。对于抽检合格的冷冻精液，在做好标记后，应按品种不同进行分类保存。在精液的保存过程中,应定期检查液氮的消耗情况,并定期补充液氮,以免精液升温造成大的损失。

(1)保存方法

液氮保存法是目前冷冻精液常用的保存方法,液氮的温度为-196 ℃,与精子的危险温区温差大,冷冻及贮存精液安全可靠。另外,液氮为液态,可使液氮容器中的温度恒定,也可使冷冻精液完全浸没在液氮中。在液氮中保存的精液,其活率下降极为缓慢。

(2)冷冻精液保存室的管理

由于液氮有挥发性,如果冷冻精液保存室通风不良,可使室内的氧气由21%下降至16%以下。环境温度升高会增加液氮挥发量,因此冷冻精液保存室一般不应安装取暖设备。总之,冷冻精液保存室应清爽、干燥、通风、安全。

2. 保存容器

冷冻精液一般用液氮罐保存,如图2.2.4所示。目前专门用于保存冷冻精液用的液氮罐型号很多,但其基本结构相同。液氮罐是比较精密的容器,它主要靠保持真空和减少导热来维持超低温冷藏功能。液氮罐分为贮存罐和运输罐,检查液氮罐是否完好无损最简单方法是触摸盛有液氮的容器盖,感觉其温度是否低于室温,是否有水蒸气或霜生成。若温度与室温接近,说明质量良好;若低于室温或出现凝结水蒸气,则质量下降;若出现结霜,则说明该容器已损坏,必须立即更换,以免导致液氮快速蒸发,使储存的精液报废。

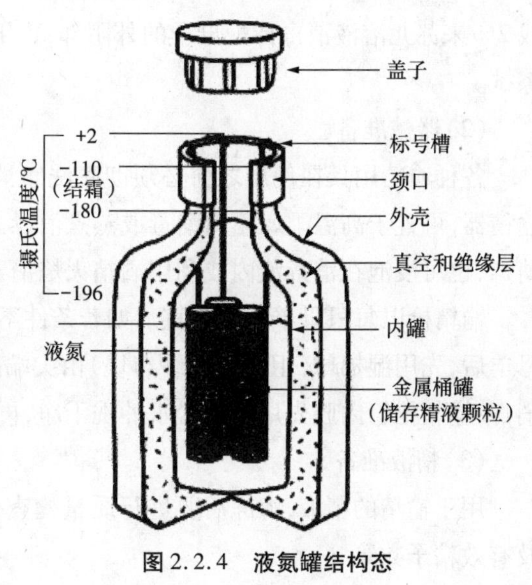

图2.2.4 液氮罐结构态

3. 冻精运输

冷冻精液的运输应由专人负责,一般用盛满液氮的运输液氮罐,专车运输可用较大的液氮罐,非专车运输可采用小的液氮罐(3～10 L)。运输过程中应持有冻精生产单位出具的液氮无害证明,以防客运部门将其误认为危险品而不让上车,从而耽搁日程,造成不必要的损失。

液氮罐应有外套保护,装卸时要小心,轻拿轻放。液氮罐装上车后(或带上车)后,应将其安放平稳,不可斜放,严防撞击和倾斜。专车运输应避免日光暴晒,夏季选择早晨或晚上运输。长途运输要注意补充液氮。

七、输精

输精是人工授精技术的最后一个环节。适时地把一定数量的优质精液准确地输入到发情母羊的生殖道相应的部位，并在操作过程中防止污染，是保证人工授精具有较高受胎率的重点。

1.输精前的准备

(1)母羊保定

将发情母羊两后肢担在输精室内离地高度 50 cm 左右的横杠式输精架上或站在输精坑边。若无输精架或输精坑时可由工作人员保定母羊，其方法是工作人员倒骑在羊的颈部，用双手握住羊的两后肢飞节上部并稍向上提起，以便于输精。在输精前先用 0.01% 高锰酸钾或 2% 来苏儿溶液消毒待配母羊的外阴部，再用温水洗掉药液并擦干，最后用生理盐水棉球擦拭。

(2)器械准备

各种输精用具在使用之前必须彻底洗净消毒，用灭菌稀释液冲洗。玻璃输精器和金属输精器，可置于高温干燥箱内消毒或蒸煮消毒。开膣器及其他金属器材等用具，可高温干燥消毒，也可浸泡在消毒液内或利用酒精火焰消毒。

输精枪以每只母羊 1 支为宜。如若条件不允许，数只母羊用 1 支输精枪时，每输完一只母羊后，先用湿棉球（卫生纸或纱布块）由尖端向后擦拭干净输精枪外壁，再用酒精棉球涂擦消毒；输精枪管内腔先用生理盐水冲洗干净，再用灭菌稀释液冲洗方可再次使用。

(3)精液准备

用于输精的精液，解冻后要进行质量检查，必须符合羊输精所要求的输精量、精子活率及有效精子数等。

(4)人员准备

输精人员要身着工作服，洗净手后以 70% 酒精消毒，待酒精完全挥发后再持输精器进行输精操作。

2.输精的要求

(1)输精时间

母羊输精时间一般在发情后 10 ~ 36 h。在生产中，一般早晨发现发情母羊，可在当天下午输精；傍晚发现母羊发情，可于第二天上午输精。为提高母羊受胎率，可在第一次输精后间隔 12 h 再输精 1 次，此后母羊若继续发情，可再输精 1 次。

(2)输精剂量

原精液可为0.05～0.1 mL,稀释后精液或冷冻精液应为0.1～0.2 mL。要求每个输精剂量中有效精子数不少于2 000万个。

3. 输精方法

(1)开膣器输精法

将母羊保定后,便可输精。输精时将开膣器顺阴门裂方向插入阴道深部,之后旋转90°,开启开膣器寻找子宫颈口。如果在暗处输精,要用额灯或手电筒光源辅助。开膣器开张幅度宜小(2～3 cm),否则,开张越大刺激越大,羊努责激烈,不易找到子宫颈口。子宫颈口的位置不一定正对阴道,在阴道内呈一小突起,附近黏膜充血,颜色较深。找到子宫颈口后,将输精器插入子宫颈口内1～2 cm处将精液缓缓注入。有些羊需用输精器前端拨开子宫颈外口上、下2片或3片突起皱襞方可将输精器插入子宫颈口内。若子宫颈口较紧或不正,可将精液注到子宫颈口附近,但输精量应增加1倍。输精后先取出输精器再将开膣器抽出,如图2.2.5所示。

图2.2.5　羊输精示意图

操作时注意,输精的瞬间要缩小开膣器开张程度,减少刺激,并向外拉1/3,使阴道前边闭合,容易输精。输精完毕母羊在保定位置停留片刻后再将母羊赶走。输精原则为“适时、深部、慢插、轻注、稍站”10个字。

(2)腹腔内窥镜输精法

输精母羊输精前12～24 h禁食空腹,手术器械等用具提前用0.1%新洁尔灭液浸泡30 min。把待输精母羊固定在专用保定架上,呈仰卧斜倒立保定,角度为45°～60°。由3人操作,其中手术1人,助手2人。固定好后,剪掉腹中线到乳房前的羊毛,先用碘酊棉球消毒,再用70%的酒精棉球消毒,在乳房前8～10 cm处用套管针刺入。再充入适量CO_2使其内脏前移并使腹壁与内脏分离,通过刺入套管针,将腹腔内窥镜伸入腹腔,打开光源后观察子宫角及排卵点情况。然后在对侧相同部位,用手术刀片刺开一个小口约1.5 cm,借助腹腔内窥镜把卵巢上有黄体发育一侧的子宫角用牵引钳拉出。在子宫角远端1/3处,用消毒好的曲别针扎一小洞,输入解冻好的精液0.1 mL。然后放回子宫角并缝合,用碘酊棉球消毒缝合处,臀部肌内注射青霉素160万IU。

【评估考核】

一、名词解释

1. 人工授精

2. 冷冻精液

3. 顶体异常率

二、填空

1. 公羊采精频率要根据精子产生______量、______量、______量、______率、______率和饲养管理水平等因素来决定。

2. 正常羊的精液的精子畸形率一般不超过______%。

3. 羊的精液稀释液的主要成分有：______剂、______剂、______剂及其他添加剂。

4. 羊人工授精技术的主要技术环节包括__________、__________、__________和__________等。

5. 羊人工授精技术的输精方法包括__________和__________。

6. 羊人工授精的输精剂量，若是原精液可为__________ mL，若是稀释后精液或冷冻精液应为__________ mL。

7. ______保存法是目前冷冻精液常用的保存方法，其保存温度为__________。

8. 精液稀释液的主要成分有__________、__________、__________及__________。

9. 精液品质检查主要包括__________检查、__________检查、__________检查三大项目。

三、简答

1. 简述绵羊采精前应进行哪些准备工作。

2. 简述精液品质检查应检查哪些指标。

3. 羊人工授精的输精操作应怎么样进行？

任务二　发情控制技术

【基本概念】

同期发情是指利用外源激素及其类似物对母羊处理，人为地控制并调整一群母羊的发情周期，使它们在特定的时间内集中表现发情并排卵的方法。

诱导发情是对处于乏情状态（生理性或病理性）的成年母羊，用外源激素和某些生理活性物质以及环境条件的改变和异性刺激等方法，使之恢复正常的发情和排卵。

【教学重点】

同期发情的概念、意义及方法与效果。

诱导发情的概念、意义及方法与效果。

【教学目标】

1. 知识目标

- ◆ 掌握同期发情和诱导发情的基本概念，了解同期发情和诱导发情在畜牧业生产中的重要意义。
- ◆ 掌握目前用于同期发情和诱导发情技术的主要激素种类和处理方法。

2. 技能目标

- ◆ 能够根据生产需要，正确选择用于同期发情和诱导发情技术的主要激素种类，学会同期发情和诱导发情技术的处理方法。

【教学内容】

发情母羊繁殖过程中的一个重要环节，通过人为的方法改变母羊的发情周期，是提高其繁殖率的一个有效途径。使用某些激素或药物以及畜牧管理措施，人工控制母羊个体或群体发情和排卵的技术，称为发情控制，它包括诱导发情和同期发情。前者通常是针对乏情的母羊个体而言，后者则是针对周期性发情或处于乏情状态的母羊群体而言。

一、同期发情

（一）概述

1. 同期发情的概念

同期发情是指利用外源激素及其类似物对母羊处理，人为地控制并调整一群母羊的发情周期，使它们在特定的时间内集中表现发情并排卵的方法。同期发情是近年来现代化畜牧业生产中发展起来的新的繁殖调控技术。

2. 同期发情的意义

①有利于人工授精技术的推广，促进羊的品种改良，可以促进冷冻精液更广泛应用，使人工授精成批集中进行，改变母羊的发情周期以提高繁殖力。

②有计划、合理地组织配种，为集约化管理带来方便。集约化管理是提高经济效益的重要手段之一，利用同期发情技术有计划、合理地组织配种，使同期出生的幼畜整齐成批培育、出栏，同时使产品均衡地供应市场成为可能。

③它是胚胎移植技术的重要环节。在胚胎移植的应用中同期发情有两方面的意义：其一，受体的发情同期化，即在同一时间内为超排供体或冷冻胚胎准备足够可用于移植的受体；其二，在鲜胚移植中供体和受体的发情同期化，以期达到供、受体处于相同的生理状态。

（二）方法与效果

目前用于同期发情的激素主要有两大类：一类激素属于孕激素，如孕酮及其类似物（18-甲基炔诺酮、氟孕酮）等，这些激素抑制卵泡的生长发育，从而抑制母羊的发情；另一类激素是具有溶黄体作用的激素，如前列腺素（PG）及其类似物。此外，还有一些激素是在这两类激素基础上起辅助作用的促性腺激素，如 FSH、LH、PMSG、HCG 和 GnRH 等，它们能促进卵泡发育、成熟和排卵，增强同期发情的效果，提高发情率。

1. 孕激素法

孕酮、甲孕酮、氟孕酮、氯地孕酮、甲地孕酮以及 18-甲基炔诺酮等均属此类药物。其用药方式有口服法、注射法、耳背皮下埋植法和阴道栓塞法。早期处理方法以口服和注射为主，持续 16 ~ 20 d，因受胎率仅为正常配种的 70%，故未能显示其经济效益，没有受到重视。20 世纪 70 年代以后开发了孕激素耳背皮下埋植法和孕激素阴道栓法。这两种方法均能保证孕激素稳定持续释放，在处理时间内能有效地抑制雌性动物发情和排卵。

(1)口服法

每日将一定量的孕激素药物均匀拌入少量精料中,经一定时期后停药。药物用量为:甲孕酮 7 ~ 8 mg/d,甲地孕酮 15 ~ 20 mg/d,氟孕酮 2 ~ 5 mg/d。这种方法可用于舍饲母羊,但要求单个饲喂,连服 12 ~ 14 d,因此费时费工;而群体饲喂会造成个体摄入量不准确,故在生产中一般不采用此方法。

(2)注射法

每日将孕激素药物按口服量的 2/3 注射到羊的皮下或肌肉内,经一定时期后停药。此法剂量准确,效果可靠。但注射工作繁重且严重惊扰母羊,因此该方法也难以在生产中对大群母羊推广应用。

(3)耳背皮下埋植法

埋植物一般为含有 3 mg 甲基炔诺酮的硅橡胶棒,将其埋植于动物皮下,经一定时间后取出,处理过程中药物被缓慢吸收,可成群处理。生产中一般采用 14 ~ 18 d(绵羊为 14 ~ 16 d,山羊为 18 d)的较长时间处理,以期获得较高的发情率和受胎率。孕激素处理结束时,视体重注射 350 ~ 1 000 IU PMSG,对促进卵泡发育和发情同期化有一定的作用。孕激素同期发情处理后 2 ~ 3 d 的发情率可达 90%,但第一个情期的受胎率不高,一般第二个情期的受胎率相对比较正常。

(4)阴道栓塞法

国外现在使用的主要有螺旋状(美式,PRID)和 Y 状(新西兰式,CIDR)栓塞。国产的多为孕激素海绵栓,内含孕激素,如甲孕酮 40 ~ 60 mg,或氟孕酮 30 ~ 60 mg,或 18-甲基炔诺酮 30 ~ 40 mg,或氯地孕酮 20 ~ 30 mg。其制作过程为:先按剂量将孕激素制成悬浮液,取一块经灭菌的海绵浸透药液,拴上细线。使用时用送栓器将海绵栓塞入母羊的阴道深部子宫颈附近将细线引到阴门外,放置 14 ~ 16 d 取出;为提高药效,可中途换栓 1 次。一般撤栓后 72 h 同期发情率可达 90% 以上。其缺点是:海绵栓容易和阴道内膜发生粘连,造成取栓困难。

2. 利用溶黄体的制剂

由于前列腺素及其类似物具有显著的溶解黄体和促进排卵的作用,并且价格较低,因此在羊的同期发情处理中使用较广泛。常用的药物为 PGPF2a 及其类似物如氯前列烯醇,二者对羊的同期发情效果差异不大。生产中利用 PG 进行同期发情处理时通常为间隔 8 ~ 14 d,对母羊 2 次颈部肌内注射。氯前列烯醇注射剂量为 0. 1 mg。一次用药后的发情率为 70%,并且第一情期的受胎率较低,第二情期的集中发情程度高且受胎率正常。PG 处理后母羊一般在 4 d 内发情,观察到发情后 12 h 配种。但是绵羊观察到的发情率通常低于实际排卵率,因此在处理结束后 48 h、72 h 两次定时输精的受胎率会高一些。

3. 配合强化制剂

这类药剂促使母羊同期发情的药物，如果配合使用促性腺激素可以增强发情同期化和提高发情率，促进卵泡更好地成熟、排卵。这类药物有：PMSG、HCG、FSH、LH、LHRH 促黄体激素-释放激素。通常应用于同期发情的药物，都需要配合促性腺激素作为强化剂，以增强同期化和提高发情率。一般是在应用抑制卵泡或黄体生理功能正常发育两类药物的基础上，当群体母羊卵巢处于相同生理阶段的基础上，再应用促性腺激素，以提高发情同期化的效果。使用孕激素作同期发情处理的母羊，其第一发情期的配种受胎率较低，但第二发情期的受胎率达到正常水平，其原因是孕激素能影响精子在母山羊生殖道内的运行并使其生活力受到破坏。在停用孕激素后下一个发情期到来之前，配合应用 PMSG，可促进受胎率的提高。常用的处理方法有以下 4 种。

（1）孕激素+PMSG

在母羊发情周期的任何一天埋植孕激素阴道栓，14 d 后取出，取栓同时肌内注射 PMSG，剂量为：绵羊 200～250 IU，山羊 200～300 IU。

（2）孕激素+PMSG+PG

母羊阴道埋植孕酮栓 16 d，可在羊发情周期的任何一天埋植，将埋植之日作为 0 d，于孕酮栓埋植的第 14 d，肌内注射 PMSG，剂量为 200～500 IU，在第 16 d 时撤栓，颈部肌内注射 PG，剂量为 0.1 mg。河北省牛羊胚胎工程技术研究中心利用孕激素+PMSG+PG 法对 2 100 余只本地山羊进行了同期发情处理，其中 72 h 同期率 90.9%。此种方法最大的优点是发情集中程度高，24 h 同期率可达 64.6%，并且不受季节和地区的影响。

（3）孕激素+FSH

在母羊发情周期的任何一天埋植孕激素阴道栓，将埋植之日作为 0 d，于孕酮栓埋植的第 13 d，肌内注射 FSH25～50 IU，第 14 d 撤栓。

（4）三合激素

由于三合激素中含有较高的雌激素，处理后虽有发情表现，但可能不排卵造成受胎率极低，因此必须与促性腺激素配合使用才能达到理想效果。具体方法是：母羊第一次肌内注射三合激素 1.0～2.0 mL，试情但不配种，间隔 14 d，第二次肌内注射三合激素 0.5～1.0 mL，同时注射 PMSG 150 IU 和 LRH-A250 ug（或 FSH 20 IU）。

二、诱导发情

（一）概念

对处于乏情状态（生理性或病理性）的成年母羊，用外源激素，如促性腺激素、雌激素或前列腺素等生殖激素和某些生理活性物质(如初乳)以及环境条件的改变和异性刺激等方法,使之恢复正常的发情和排卵,这种技术称为诱导发情,也叫诱发发情。

(二)意义

1. **提高母羊的繁殖率**

诱导发情可以打破多数羊的季节性繁殖规律,控制母羊的发情时间、缩短繁殖周期、增加胎次和产仔数,使其所产后代增多,从而提高繁殖力。

2. **提高养羊业的经济效益**

诱导发情可以调整母羊的产仔季节,使奶羊在一年内均衡供奶,肉羊按计划出栏,根据市场需求供应畜产品,从而提高经济效益。

3. **提高母羊的繁殖潜力**

诱导发情可使母羊在任何季节发情,故可根据母羊生长状况,确定适宜的配种计划,避免因配种措施不当而引起的不良后果,便于实施有计划羊生产目标,提高母羊繁殖潜力。

4. **治疗生理性或病理性原因导致的母羊不孕**

在生产实践中,有些母羊往往由于卵巢静止或有持久黄体存在而长期处于乏情状态,用外源性激素或某生理活性物质诱导发情,可起到良好的治疗效果,从而提高母羊的利用效率。

(三)羊诱导发情方法与效果

处于乏情状态的绵羊,不管是泌乳性乏情还是季节性乏情,卵巢上都无发育成熟至排卵的卵泡,也无功能黄体存在。这种情况下,利用外源生殖激素(神经生殖激素、促性腺激素、性腺激素)或人工创造适宜气候环境或公畜效应等方法引起内源促性腺激素分泌与释放,可使卵巢恢复活动,引起卵泡发育成熟至排卵。

1. **利用生殖激素诱导母羊发情**

用于诱导母羊季节性乏情及产后乏情有关的生殖激素主要是:褪黑激素(MLT)与促性腺激素释放激素(GnRH);垂体促性腺激素促卵泡素(FSH)、促黄体素(LH)、人绒毛膜促性腺激素(HCG)、孕马血清促性腺激素(PMSG)、孕激素、雌激素。

(1)褪黑激素(MIL)诱导法

褪黑激素的给药途径有注射法、口服法、埋植法和阴道海绵栓法。其中埋植法可使血浆中褪黑激素水平持续升高，持续时间可达几周，且方法简单易行，阴道海绵栓也可使褪黑激素持续释放。对于羊来说，也可将瘤胃作为激素释放的一个理想空间。如在瘤胃内放置一个特制的小球，使褪黑激素持续不断地向瘤胃中释放，然后被吸收进入血液循环。此种小球最终可在瘤胃中被降解消失。

（2）促性腺激素诱导法

Mielniczuk—M 等（1996）应用 FGA 海绵栓处理 14 d 后，移去海绵栓后随机分成 3 组（第一组肌内注射 PMSG 500U，第二组肌内注射 PMSG 50U，第三组为对照组）在配种后第 18 d 检测血液中孕激素水平判断的妊娠率分别为 67.7%、63.3%、20.0%，也就是说肌内注射 PMSG 50U 与 500U 差异不显著，但二者与对照组差异显著。可见，PMSG 作为卵泡发育的一个引发因素，对生理性乏情母羊诱导发情是必需的。

（3）性腺激素诱导法

生产中主要用雌二醇（2 ~ 5 mg/只）和己烯雌酚（10 ~ 15 mg/只）。肖鸿展等（1997）对滩羊诱导发情，采用皮下埋植法，撤管前 48 h 注射 PMSG. 撤管时注射乙烯雌酚，此时发情受配率低，为加强发情表现，取管后 14 d 全部注射已烯雌酚，发情受配率达 90%。

2.“公羊效应”诱导法

“公羊效应”实质是公羊分泌的外激素对母羊感觉器官产生刺激，经神经系统作用于下丘脑-垂体-性腺轴，即激发 LH 释放，作用于卵巢，引起发情、排卵。公羊刺激母羊的能力在公羊个体间有差异，并且随季节而变化，这可能与睾酮产生季节性变化有关。公、母羊间的刺激也是相互的，公羊诱导母羊发情，发情的母羊强化公羊的“公羊效应”。母羊经公羊诱导后的反应因不同品种、不同乏情程度而不同。诱导后的首次排卵多无发情征状，部分母羊排卵后形成黄体，多为短寿命黄体，5 ~ 6 d 后即退化，随后出现第二次发情。乏情程度越严重，首次诱发排卵的发情率越低，短寿命黄体的发生率越高。孕酮阴道栓或埋植孕激素 12 ~ 16 d 与公羊效应共同作用可防止黄体提早退化，减少短寿命黄体发生率。在初情期或乏情期内，公羊必须与母羊完全隔离一段时间，绵羊至少 4 周，然后放入母羊群内，公羊效应才能发挥。

3. 利用控制光照时间诱导法

季节性乏情主要是因为光照造成，春夏季是母羊的乏情季节，可通过创造人工气候环境来实现诱发发情。人工缩短光照时间，模拟秋季每日光照 8 h、黑暗 16 h，改变母羊的环境条件，引起内源性促性腺激素分泌，使卵巢恢复活动，一般处理 7 ~ 10 周后开始发情，5 月份进入发情旺季，可得到 80% 左右的诱导发情效果。但是这种方法需要一定的设备和费用，在生产中难以采用。

【评估考核】

一、名词解释

1. 同期发情

2. 诱导发情

3. 季节性乏情

二、填空

1. 羊的同期发情处理中溶黄体的制剂常用的药物为________及其类似物________。

2. 利用孕激素法进行羊的同期处理，其用药方式有________、________和________及________等，其中早期处理方法以________和________法为主。

3. 羊的季节性乏情主要是因为______造成，______季是母羊的乏情季节。

三、简答

1. 简述羊引导发情技术应用的意义。

2. 简述羊常用的同期发情方法及其效果。

任务三　排卵控制技术

【基本概念】

超数排卵简称“超排”，是指在母羊发情周期的适当时间，施以外源性促性腺激素，使卵巢中比自然情况下有较多的卵泡发育并排卵的技术。

诱导排卵是指控制排卵时间或者因某些原因不能正常排卵的性成熟母畜排卵的技术。

【教学重点】

超数排卵和诱导排卵的基本概念，母羊超数排卵和诱导排卵的方法与效果。

【教学目标】

1. 知识目标

◆ 掌握超数排卵和诱导排卵的基本概念，了解超数排卵和诱导排卵在畜牧业生产中的重要意义。

◆ 掌握目前用于超数排卵和诱导排卵技术的主要激素种类和处理方法。

2. 技能目标

◆ 能够根据生产需要，正确选择用于超数排卵和诱导排卵技术的主要激素种类，学会超数排卵和诱导排卵的处理方法。

【教学内容】

一、超数排卵

（一）概述

1. 基本概念

超数排卵简称“超排”，是指在母羊发情周期的适当时间，施以外源性促性腺激素，使卵巢中比自然情况下有较多的卵泡发育并排卵的技术。

2. 意义

(1)胚胎移植的关键技术

超排是获得胚胎的关键环节,可为胚胎移植提供大量可用胚胎,其效率的高低是制约胚胎移植捷术发展的关键因素,直接影响胚胎的生产数量和胚胎的生产成本。

(2)充分发掘优良母羊的繁殖潜力,加速品种改良

通过超排处理后,人工回收卵母细胞,经培养成熟,使之受精而形成胚胎,这将会开发利用卵巢上的卵母细胞资源,大大提高优良母羊的繁殖效益,对利用其高产基因和加速品种改良以及加快育种步伐具有重要的意义。

(3)为胚胎生物技术研究提供更多可用资源

在自然条件下,母羊一生中卵泡数量在20~40万个,而最终能排卵的仅占极少数部分,大部分细胞在发育的不同阶段闭锁消失应用超排技术可使每次的排卵数量大为增加,从而为胚胎工程等方面的研究提供更多可用资源。

(4)为应用性控精液产双羔提供技术支撑

目前,利用流式细胞分离仪已能大批量生产性控精液,与超数排卵技术相结合,可使母羊产双羔,从而显著提高繁殖效率和生产效益。

(二)成年母羊超数排卵的方法及效果

1. 绵羊超排方法及效果

(1)FSH+PG 法

在发情周期第12 d至第13 d开始肌内注射(或皮下注射)FSH,以递减剂量连续注射3 d,6次,每次间隔12 h,第5次注FSH同时肌内注射PGF2a 0.2 mg。国产FSH总剂量为150~300单位,全部注射完后随即每天上、下午试情,超排处理母羊发情后立即静脉注射LH 100~150单位(有的用60 ug LRH代替LH,获得同样的效果),有的不主张注射LH。

(2)PMSG 法

在发情周期的12~13 d,1次肌内注射(或皮下注射)PMSG 800~1 500单位,出现发情后或配种当日肌内注射hCG 500~750单位。

(3)孕激素(CIDR)+FSH+PGF 法

供体羊阴道中放入第1个CIDR,10 d后取出第1个CIDR,同时放入第2个CIDR,第5 d开始注射FSH,连注4 d共8次,在第7次注射FSH时取出第2个CIDR,并肌内注射PGF,一般取CIDR后24~48 h发情。或给供体羊在阴道内放入CIDR,在埋栓的第9 d开始肌内注射FSH,共4 d 8次,在第7次注FSH时取出CIDR,并肌内注射PGF,取CIDR后24~48 h

发情。

(4)PVP(聚乙烯吡咯烷酮)+FSH 法

据曾培坚、石国庆等(1997)报道,分别用 7.5 mg(中科院动物所产)、250 单位、300 单位(武汉生物制药厂产)FSH 溶于 10 mL、15% PVP,于性周期 12 ~ 13 d 对中国美利奴羊军垦型 9 岁淘汰母羊进行一次超排处理,羊发情后的第 5 ~ 6 d 进行手术采卵,结果头均胚胎分别为 5.0、4.67、5.0 枚。

(5)抑制素免疫法

供体进行抑制素免疫后,所产生的抗体中和了外周血浆中的抑制素,减弱了其对垂体的负反馈作用,从而使 FSH 分泌增加,促进卵泡发育并提高了排卵率。

2. 山羊超排方法及效果

(1)孕激素+FSH+PGF2a 法

在供体羊发情周期的任意一天,阴道放入第 1 个阴道栓(CIDR),于第 10 d 取出并放入第 2 个阴道栓,在放入第 2 个栓的第 5 d 开始连续 4 d 肌内注射 FSH(每天 2 次,间隔 12 h),第 8 d 撤栓并同时注射 PG,发情后输精或配种,配种后第 6 d 手术采集胚胎。

(2)PMSG 法

在发情周期的 16 ~ 18 d 开始,总剂量 800 ~ 1 500 单位,方法同绵羊。

(3)FSH+PMSG

于第 1 次注射 FSH 的同时,加注 PMSG200 单位。

(4)孕激素+PMSG+APMSG 法

撤去孕酮阴道栓前的第 36 d 给山羊注射 1 000 单位 PMSG,在撤栓后的第 28 d 静脉注射 PMSG 抗体(APMSG)。

(5)FSH+GnRH 法

Akinlosotu 等(1993)用 FSH 对山羊进行超排处理时,在发情开始时给予一定量的 GnRH 可以减少胚胎回收时不排卵大卵泡数量的出现,不但提高了胚胎质量,而且提高了可用胚数和受胎率。Fry 等(1999)在牛的试验中报道,超排时用促性腺激素刺激 72 h 后,给予一定量的 GnRH 可大大增加卵巢上直径≥5 mm 的卵泡数量,提高了超排效果。

二、诱导排卵

(一)概述

1. 基本概念

控制排卵时间或者因某些原因不能正常排卵的性成熟母畜排卵的技术,称诱导排卵。

在生产实践中,多数情况是在同期发情的情况下实施诱导排卵,即同期排卵。

2. 意义

(1)准确控制排卵时间,更好地掌握配种时机,提高繁殖率

利用外源激素代替体内激素以促进卵泡成熟和排卵,可以较准确地判断排卵时间,便于更好地掌握配种时机,提高受胎率。

(2)可对群体集中处理,节省人力物力财力,提高生产效益

现代畜牧生产要求规模大、集约化,母畜同期排卵后可同期配种,随后的妊娠、分娩、产仔及仔畜的管理等一系列饲养管理环节都可有计划地进行,从而降低成本,提高效益,形成规模生产。

(3)使不能正常排卵的卵泡排卵

因某些疾病家畜卵巢上的优势卵泡不能正常排卵,造成母畜卵巢囊肿,引发持续发情。通过外源激素诱导可使其卵泡破裂、排卵,并消除卵巢囊肿。

(二)母羊诱导排卵方法与效果

绵、山羊发情有明显的季节性,一般集中在8—10月,空怀期长达9个月,严重影响了羊的产业化生产。繁殖活动受生殖激素的调节与影响,当内源性生殖激素不足以使卵巢活动恢复时,可应用GnRH、FSH和PMSG等外源性激素诱导卵泡生长发育并成熟排卵,可达到或超过繁殖季节的繁殖效果。

①注射GnRH 最常见的诱导排卵激素为促性腺激素释放激素(GnRH或LRH)。目前,通过人工方法合成多种类似物,国产的LRH-A2(促排2号)、LRH-A3(促排3号)等,其生物学活性比天然GnRH高10~15倍。Khalid,basiouni等(1997)对乏情母羊注Gnrh 250 mg,卵巢上直径小于2.0 mm的卵泡减少,大于5.0 mm的卵泡明显增多桑润滋等(1995)报道,在给河北细毛羊输精的同时肌内注射LRH-A340~80 ug,结果情期受胎率比对照组提高6.3%~27.2%。桑润滋等(2003)报道,在超排波尔山第1次配种的同时肌内注射LRH-A315 ug,试验组头均可用胚数为15.40±8.28枚,而对照组分别为12.16±68枚,差异显著。

②注射促性腺激素PMSG、FSH 顾玉兰等(2006)用PMSG诱导新疆军垦细毛羊、哈萨克羊、湖羊的发情排卵。海绵栓放置13 d,13 d上午撤栓,同时肌内注射400单位PMSG。试验结果表明,哈萨克羊、新疆军垦细毛羊和湖羊的排卵率分别为94.28%、95.08%和98.46%,卵巢黄体平均数分别为1.192、1.233和3.172个。张永固等(2005)报道,繁殖季节60单位FSH和非繁殖季节70~80单位FSH处理能有效地诱导滩羊的同期发情,并增加母羊的排卵数。

【评估考核】

一、名词解释

1. 超数排卵

2. 诱导排卵

3. 同期排卵

二、填空

1. 绵羊超数排卵的方法主要由________法、__________法、________法、__________法及抑制素免疫法五种。

2. 绵羊诱导排卵的方法主要由注射________和注射__________两种。

三、简答

1. 简述羊超数排卵技术应用的意义。

2. 简述成年母羊超数排卵的方法及其效果。

任务四　胚胎移植技术

【基本概念】

胚胎移植是将体内、外生产的羊的早期胚胎，移植到另一头生理状态相同的母羊生殖道内，使之继续发育成为新个体。

【教学重点】

胚胎移植的技术的主要操作程序。

【教学目标】

1. 知识目标

◆ 掌握胚胎移植的概念，了解胚胎移植技术在畜牧业生产中的重要意义。

◆ 掌握胚胎移植的生理学基础和胚胎移植的原则。

◆ 了解胚胎移植的技术的主要操作程序。

2. 技能目标

◆ 根据胚胎移植的原则，能够进行供体和受体的正确选择，学会胚胎移植技术的主要操作方法。

【教学内容】

一、基本概念

胚胎移植(ET)也称受精卵移植。其含义是将体内、外生产的羊的早期胚胎，移植到另一头生理状态相同的母羊生殖道内，使之继续发育成为新个体，又称之为借腹怀胎。提供胚胎的个体称为供体，接受胚胎的个体称为受体。胚胎移植实际上是产生胚胎的供体和养育胚胎的受体分工合作共同繁殖后代的过程。

二、意义

如果说人工授精是提高良种公羊配种效率的有效方法，那么胚胎移植则为提高良种母羊的繁殖力提供了新的技术途径。胚胎移植和人工授精是分别从母羊和公羊两个方面提高繁殖力的有效方法，同时也是进行育种工作的有效手段。目前，胚胎移植的意义体现在以下6方面：

1. 充分发挥优良母羊的繁殖潜力，提高繁殖效率

作为供体的优良母羊，通过超数排卵处理，一次即可获得多枚胚胎。所以，不论在一次配种后或从其一生来看，它都能产生更多的后代，比在自然状态下增加若干倍。

2. 缩短世代同隔，加快遗传进展

通过超数排卵和胚胎移植技术（MOET）可使供体繁殖的后代增加7～10倍。在育种工作中应用MOET，可以加大选择强度和提高选择准确性，并缩短世代间隔，对于加快遗传进展尤为重要。

3. 诱导肉羊怀双胎，提高生产效率

在肉羊业中，给未配种的母羊移植2枚胚胎，也可给已配种的母羊（排卵的对侧子宫角）再移植1枚胚胎，这样可提高受体母羊畜的受胎率和双胎率。目前，此项技术的双胎率可达30%～70%，生产效率大为提高。

4. 代替种羊的引进

胚胎的冷冻保存可以使胚胎的移植不受时间和地点的限制，通过胚胎的运输代替种羊的进出口，节约购买和运输种羊的费用。此外，通过引进胚胎进行繁殖的羊，由于在引入地生长发育较容易适应本地区的环境条件，也可从受体羊得到一定的免疫力。

5. 保存品种资源

胚胎冷冻技术是保存某些特有羊品种的理想方式，可把优良品种的胚胎贮存起来，还可以避免某一区的良种因遭受自然灾害或战争造成的绝种。同时，比保存活羊的费用低廉且容易实行。

6. 使不孕母羊获得生殖能力

有些优良母羊容易发生习惯性流产或难产，或由于其他原因不宜担负妊娠过程的情况

下(如年老体弱),可让其专作供体,繁殖后代保留其优良性状。对母羊由于输卵管堵塞或有炎症不能受胎时,也可作为受体,正常妊娠产仔。

三、胚胎移植的生理学基础

1. 母羊发情后生殖器官的孕向发育

母羊发情后,不论是否配种或者配种后卵子是否受精,生殖器官都会发生一系列变化,如卵巢上出现黄体,孕激素大量分泌并维持在较高的水平。在孕激素的作用下,子宫内膜增厚,子宫腺体发育且分泌活性增强,子宫蠕动减弱,子宫颈被黏稠分泌物封闭,这些变化都给早期胚胎发育创造了良好环境。在自然状态下,母羊发情、配种、受精和妊娠是连续的、不间断的、有规律性的生理现象。因此,母羊在发情后数日内,无论生殖道内有无胚胎存在,生殖系统的变化都是相同的;在相同发情时期内,母羊的生理状态是基本相同的。在妊娠识别发生之前,胚胎只要其发育阶段与受体母羊发情时期相对应,移植到受体后就可以继续发育为完整胎儿。

2. 早期胚胎的游离状态

胚胎在附植之前一般处于游离状态,从输卵管移行到子宫角,发育需要的营养主要来源于自身贮存物质以及输卵管、子宫内膜分泌物,胚胎与子宫未建立组织联系。这一特性是胚胎采集、保存、培养和体外操作的重要理论基础。

3. 子宫对早期胚胎的免疫耐受性

在妊娠期,由于母体局部免疫发生变化以及胚胎表面特殊免疫保护物质的存在,受体母羊对同种胚胎、胎膜组织一般不发生免疫排斥反应。所以,在同种动物体内,胚胎从一个母体子宫或输卵管移入到另一个母体子宫或输卵管,不仅能够存活下来,而且还可与子宫内膜建立密切的组织联系,保证胎儿健康发育。

4. 胚胎遗传物质的稳定性

胚胎遗传信息在受精时就已确定,以后的发育环境只影响其遗传潜力的发挥,而不能改变它的遗传特性。因此,胚胎移植后代的遗传性状由供体母羊及与配公羊决定,代孕母体仅影响其体质的发育。

四、胚胎移植的原则

1. 胚胎移植前后环境的同一性

同一性的原则要求胚胎的发育阶段与移植后的生活环境相适应，如果胚胎发育阶段与所处的环境不统一，胚胎将不能正常发育或使母体的妊娠识别失败。因此，在胚胎移植时，应根据物种和胚胎发育阶段确定移植在受体生殖道内的解剖位置。如羊 16 细胞之前胚胎通常移入输卵管中，而桑葚胚以后的胚胎需要移入子宫角。在胚胎移植实践中，胚胎发育阶段与受体的同步差不能超过±1 d，同步差越大，受胎率越低。

2. 胚胎发育阶段

胚胎移植的理想时间应在妊娠识别发生之前，通常是在供体发情配种后 3～8 d 采集胚胎，受体也在相同时间接受胚胎移植。

3. 胚胎质量

胚胎质量与妊娠信号分泌的强弱以及后期发育潜力直接相关，只有形态、色泽正常的胚胎移入受体后才可使受体子宫顺利进行妊娠识别和胚胎附植，最终完成体内发育；而质量低劣的胚胎在发育中途便退化，导致妊娠识别和胚胎附植失败、早期胚胎丢失或流产。因此，胚胎在移植之前需要进行严格的等级鉴定。

4. 经济效益或科学价值

应用胚胎移植技术时必须考虑成本和最终收益。通常，供体胚胎应具有独特的经济价值，如生产性能优异或科研价值重大，而受体生产性能一般但繁殖性能良好，环境适应能力强。

五、胚胎移植的技术方法

胚胎移植的技术程序包括：供、受体选择，供、受体同期发情处理、超数排卵、供体的配种、胚胎采集、胚胎的检查与鉴定、胚胎的移植等。

1. 供体的选择

①供体应具备遗传优势，在育种上有价值，应选择生产性能好、经济价值高的羊作为供体。

②供体应具有良好的繁殖能力。供体既往繁殖史好、易配易孕，繁殖史上没有遗传缺陷，分娩顺利，无难产或胎衣不下现象，生殖器官无繁殖疾病，发情周期正常、发情征兆明显。

③供体营养良好，体质健壮，健康无病。

2. 受体的选择

受体母羊可选用非优良品种的个体或地方品种应具有良好的繁殖性能和健康状态，体型中上等。在拥有大量母羊的情况下，可以选择自然发情与供体发情时间相同或相近的母羊，一般两者发情时间差不宜超过±24 h。由于往往不易找到足够的合适的母羊作为受体，所以大都需要对供体和受体进行同期发情处理。

3. 供、受体同期发情处理

见发情控制技术。

4. 供体发情鉴定与配种

超排处理后，要密切观察供体羊的发情征兆。在胚胎移植实践中，发情鉴定方法主要以接受爬跨站立不动为主要判定依据。每天早、中、晚对供体认真观察 3 次，第一次观察到接受爬跨而站立不动的时间即是配种的参考点，此时为 0 时，由于超排处理后排卵数较正常发情供体多且排卵时间不一致，再加上精子和卵子的运行受超排处理的影响，为确保卵子受精，常采取增加输精次数，加大每次输精剂量的方法。

5. 采集时间的确定

胚胎的采集又叫胚胎的收集，也称采胚、冲胚、采卵或冲卵。胚胎的采集就是利用冲胚液将胚胎由生殖道（输卵管或子宫）中冲出，并收集在器皿中。胚胎采集有手术和非手术两种方法。前者适用于各种家畜，后者仅适用于牛、马等大型家畜，且只能在胚胎进入子宫角以后进行。目前，生产中羊胚胎的采集通常采用手术法。

采胚时间要考虑到配种、排卵的大致时间，胚胎的运行速度和胚胎在生殖道的发育速度等因素。只有这样，才能适时、准确地进行操作，得到较高的采胚率。

采胚时间不应早于排卵后的第 1 d，亦即最早要在发生第 1 次卵裂之后，否则不易辨别卵子是否已受精。一般是在配种后 3 ~ 8 d，胚胎发育至 4 ~ 8 细胞以上时为宜。

6. 羊的手术法胚胎采集

羊手术采（冲）胚大多在供体羊发情配种后的 2 ~ 6 d 进行。

(1)输卵管采胚法

将冲胚管（内径为 2 mm 的塑料导管）一端由输卵管伞部的喇叭口插入 2 ~ 3 cm 深，用钝圆的夹子固定，另一端接集胚皿。用 10 mL 或 20 mL 注射器吸取 37 ℃的冲胚液 5～10 mL，在子宫角靠近输卵管的部位，将针头向输卵管方向扎入，一人操作时，一只手在针头后方捏紧子宫角，另一只手推压注射器，使冲胚液由子宫与输卵管结合部流入输卵管，经输卵管流入集胚皿。

该法的优点是胚胎回收率高，冲胚液用量少，检卵省时间；缺点是容易造成输卵管特别是伞部的粘连和损伤，甚至影响繁殖能力。

操作注意事项：第一，针头从子宫角进入输卵管时必须仔细。要看清输卵管的走向，留心输卵管与周围系膜的区别，只有针头在输卵管内进退通畅时，才能冲胚。第二，冲胚时要注意将输卵管，特别是针头插入的部位尽量撑直，并保持在一个平面上。第三，推注冲胚液的力量和速度要持续而适中，过慢或停顿易使胚胎滞留在输卵管弯曲和皱襞内，影响胚胎回收率；用力过大，可能造成输卵管壁的损伤，可能使固定不牢的冲胚管脱落和冲胚液倒流。第四，冲胚时要避免冲胚的针头刺破输卵管附近的血管，把血带入冲胚液，给检胚造成困难，故冲胚管的针头稍钝些为好。

（2）子宫采胚法

该法分为导管法和冲胚管法两种。

①导管法。导管法又可分为两种：第一种方法是：术者将羊子宫暴露于创口外，肠钳（套上胶皮套）夹在子宫角分叉处，注射器吸入 37 ℃的 20～30 mL 冲胚液（一侧多的可用液 50～60 mL），用钝性针头从一侧子宫角尖端插入，推注冲胚液，将回收胚针头从肠钳钳头基部的上方扎入，冲胚液经导管收集于集液杯内。另一侧子宫角用同样方法冲洗。第二种方法是：在一侧子宫角的顶端靠近输卵管的部位用钝的针头刺开一个小口，然后由此口插入冲胚管并使之固定，冲胚管下接集胚管。在子宫角与子宫体相邻的远端将装有 37 ℃的 20～30 mL 冲胚液的注射器插入，针头后方的子宫角用手指捏紧，迅速推注冲胚液，使之经过子宫角流入集胚管。另一侧子宫角用同样方法冲洗。后法也可由 2 人配合进行。工作人员甲自子宫角近输卵管的一段插入一个连有 12 号针头的注射器，封死子宫向输卵管的通路，在工作人员乙推冲胚液的同时，甲抽拉注射器，使子宫角内形成负压，这样配合得当，冲胚液易携同子宫内的胚胎一并进入甲的注射器中。子宫采胚法对输卵管的损害甚微，尤其不涉及伞部，但其缺点是胚胎回收率较输卵管采胚法低，用液较多，检胚费时。

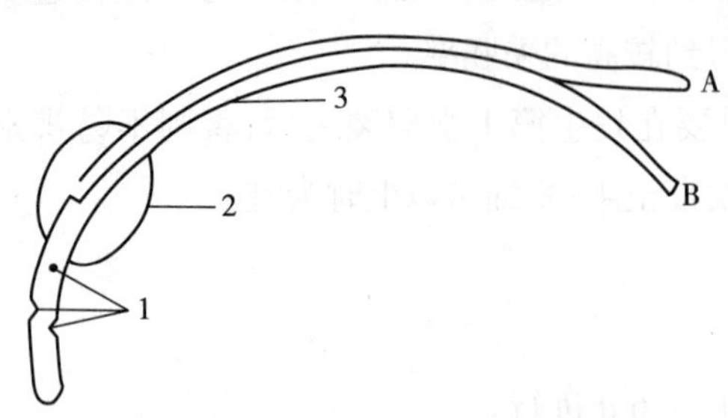

图 2.2.6　羊二路式冲胚管剖面结构

A. 气路　B. 水路　1. 进出水路　2. 气囊　3. 进出水通道

②冲胚管法。冲胚管法有两种。一种方法是：手术暴露子宫，在一侧子宫角基部扎孔，将冲胚管（二路式冲胚管剖面结构如图 2.2.6 所示）插入。用注射器注入气体 5～10 mL，使气囊在子宫角基部固定，然后由冲胚管进液孔，分次进液冲洗子宫角，每次进液 10～20

mL,一侧用液 50 ~ 60 mL,将回收液接于平皿中。用同样的方法冲洗另一侧子宫角。另一方法是:术者先在暴露的一侧子宫角基部,用止血钳或镊子等穿透子宫角壁,然后将冲胚管插入子宫角方向,根据子宫角基部内径的大小经冲胚管的气路给冲胚管充气 5 ~ 10 mL,鼓起气囊使之固定,以起到阻止冲胚液流入阴道内的作用。冲胚管末端接集胚皿。再在子宫角尖端用套管针插入子宫角腔内,拔出针芯,接上装有 37 ℃20 ~ 40 mL 冲胚液的注射器,注入冲胚液进行冲胚(注意:注射器推动时稍有阻力,匀速注入冲胚液)。集胚皿要端平,将冲胚管的水道放在集胚皿中。冲胚液注完后拔出套管针,待冲胚液将近流尽时,用拇指、食指和中指稍挤压子宫角让冲胚液尽量流尽。然后给冲胚管放气,拔出冲胚管,并将其中的冲胚液挤入集胚皿中。用同样方法冲取另一侧子宫角内的胚胎(见图 2.2.7)。然后在子宫角尖端、子宫角基部及其他部位涂上碘甘油或灭菌液状石蜡,防止粘连。把子宫送回腹腔内。

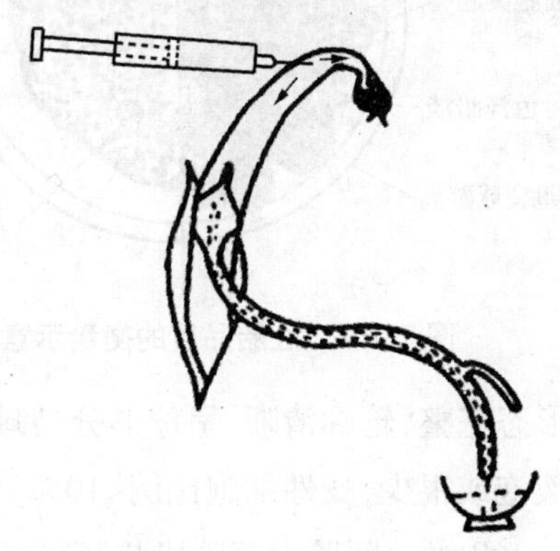

图 2.2.7 羊冲胚管法冲胚示意图

操作注意事项:第一,在子宫角尖端插入套管针或其他冲胚管时,确定确实插入子宫角腔内再注射冲胚液,以免冲胚液注入到子宫浆膜与黏膜之间,使冲胚失败;第二,冲胚管气囊大小要合适,气囊太小起不到固定和阻止冲胚液流入阴道内的作用,气囊太大会使子宫壁受压过大而损伤,并且此处的气囊易坏;第三,注入冲胚液时一定要匀速推注,阻力大时要调整套管针的位置或冲胚管的位置使之通畅。

7. 胚胎检查与鉴定

(1)胚胎检查方法

胚胎的检查和鉴定是两个不同的概念。胚胎的检查是指在立体显微镜下,从冲胚液中寻找胚胎。胚胎的鉴定则是将检查的胚胎应用各种手段对其质量和活力进行评定(或等级分类)。

为了减少体外不利因素对胚胎造成的影响,从母羊生殖道冲出来的冲胚液应保持在 37 ℃环境中,冲胚结束后将冲胚液置于 30 ℃的无菌箱中,最好在箱内检查,如果条件不具备,可在 20 ~ 25 ℃的无菌操作室内检查。为了缩短检胚时间,最好用 2 ~ 3 台立体显微镜同时检查。因冲胚液量比较大(几百毫升),全部检查花费时间太多,故采取两种方法,既不让胚胎丢失又能节省时间。一种方法是静置法:把盛冲胚液的容器在无菌室内静置 20 ~ 30 min,胚胎下沉到容器底部,然后将上面的冲胚液吸出,剩下几十毫升即可,然后将这些冲胚液倒入平皿或表面皿,在立体显微镜下检查,为防止胚胎黏到容器上,要用冲胚液冲洗容器,这部分单独倒入平皿检查。另一种方法是采用带有网格(直径小于胚胎直径)的过滤器放入

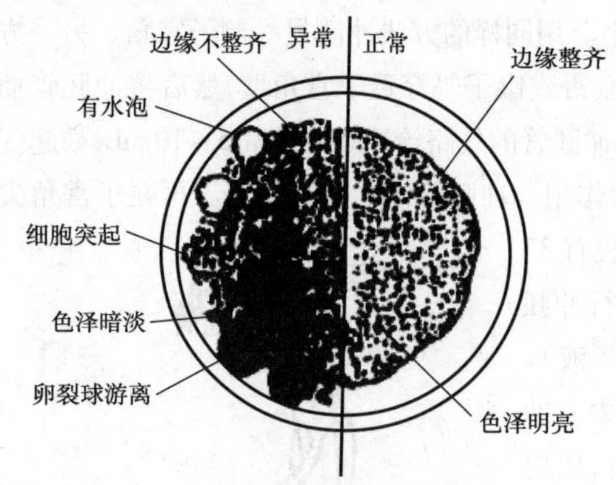

图 2.2.8 胚胎品质的衡量示意图

冲胚液中，由上往下吸出冲胚液，最后剩下几十毫升即可，为防止胚胎吸附在过滤器上，用冲胚液反复冲洗过滤器。按上述方法进行处理后，在体视镜下观察，绵羊早期胚胎的直径为 150 μm 左右。检查出的胚胎用吸胚器移入含有 20% 犊牛血清的 PBS 中进行鉴定。

胚胎一般分为 A、B、C、D 四个等级，等级示意图如图 2.2.8 所示。

①A 级。胚胎发育阶段与胚龄一致，胚胎形态完整，轮廓清晰，呈球形分裂球大小均匀，结构紧凑，色调和透明度适中，无游离的细胞液泡或很少，变性细胞比例<10%。

②B 级。胚胎发育阶段与胚龄基本一致，轮廓清晰，分裂球大小基本一致，色调和透明度及细胞密度良好，可见到一些游离的细胞和液泡，细胞占 10% ~30%。

③C 级。胚胎发育阶段与胚龄不太一致，轮廓不清晰，色调变暗。结构较松散，游离的细胞或液泡较多，变性细胞达 30% ~50%。

④D 级。有碎片的卵、细胞无组织结构，变性细胞占胚胎大部分，约 75%。

A、B、C 级胚胎为可用胚胎，D 级为不可用胚胎。

(2)胚胎的评定

移植前正确鉴定胚胎的质量，是移植能否成功的关键之一。目前鉴定胚胎质量和活力的途径主要以形态学方法为主，一般是在 50 ~80 倍的实体显微镜下或 120 ~160 倍的生物显微镜下进行综合评定，评定的主要内容是：

①卵子是否受精。未受精卵的特点是透明带内分布匀质的颗粒，无卵裂球（胚细胞）。

②透明带的规则性。即形状、厚度、有无破损等。

③胚胎的色调和透明度。

④卵裂球的致密程度，细胞大小是否有差异以及变性情况等。

⑤卵周间隙是否有游离细胞或细胞碎片。

⑥胚胎本身的发育阶段与胚胎日龄是否一致，胚胎的可见结构，如胚结（内细胞团）、滋养层细胞、囊胚腔是否明显可见。

应该指出，形态鉴定在很大程度上是凭经验进行鉴定，因此往往也带有一定的主观性。另外，细胞的形态和内在的生命力并不完全存在必然的相关性，单靠胚胎的形态不能完全说明其活力。但是由于形态鉴定胚胎方法简单易行，如果观察者经验丰富，此方法还是相当可靠的。由于形态学鉴定胚胎有上述优点，在胚胎移植实践中广泛采用。

目前胚胎鉴定的方法除形态学方法外，还有体外培养法、荧光（活体染色）法、测定代谢活性和胚胎的细胞计数等方法,但因设备投入大,测定复杂,在生产实践中应用较少。

8. **胚胎移植操作方法**

胚胎移植(ET)也叫胚胎的植入,是整个胚胎移植技术中的关键环节之一。所以,一定要按照胚胎移植的规程操作。胚胎移植操作有手术法和非手术法两种。最早采用手术法移植其妊娠率较高,近年来由于移植器械的改进和移植技术的提高。

(1)手术法胚胎移植

手术法移植分为输卵管移植和子宫移植两种。受体羊的术前准备和手术操作同供体羊。吸胚胎时,先用检胚吸管吸入一段培养液,再吸一个小气泡,然后吸取胚胎,胚胎吸取后再吸一个小气泡,最后吸一段培养液。这样,可以防止移动吸管时丢失胚胎。

①输卵管移植。将卵巢上有黄体的一侧或黄体好的一侧的输卵管引出,找到喇叭口并固定好,将吸有胚胎的移植枪头由喇叭口插入2 cm,注入胚胎。输卵管移植可直接使用检胚吸管如图2.2.9所示。按输卵管移植的方法吸取胚胎后插入喇叭口如图2.2.10所示,把胚胎送入输卵管。也可用一个截断的12号针头,接一段外径1~1.5 mm的塑料软管或硅胶管,再接在1 mL的注射器上吸取和移植胚胎。然后,把输卵管送回腹腔内。

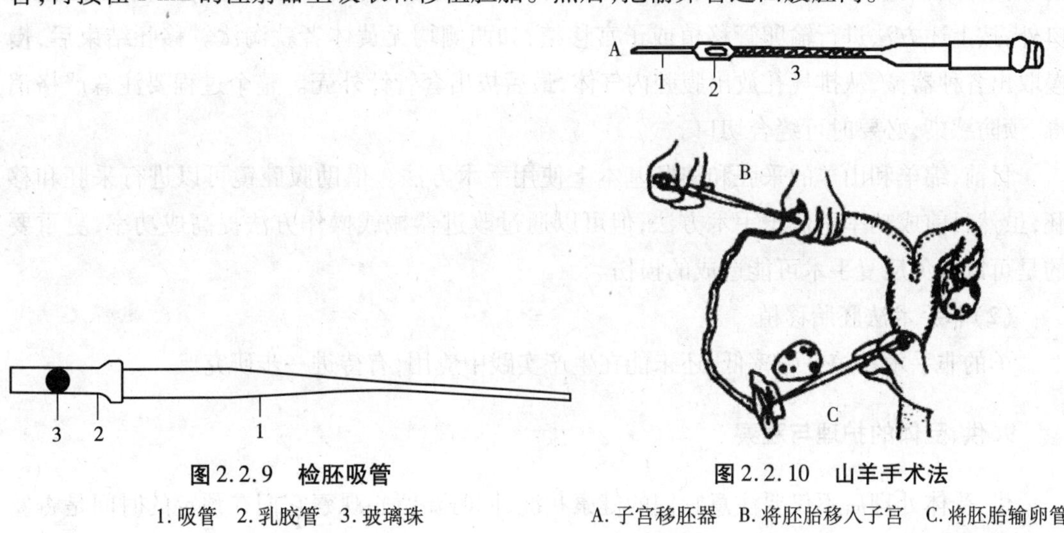

图2.2.9　检胚吸管

1.吸管　2.乳胶管　3.玻璃珠

图2.2.10　山羊手术法

A.子宫移胚器　B.将胚胎移入子宫　C.将胚胎输卵管

1.移植叶　2.硅胶管　3.吸有胚胎的移胚管

输卵管移植前要注意:输卵管前接近伞部处往往因输卵管系膜的牵连形成弯曲,不利于移胚。因此,术者应使伞部的输卵管处于较直的状态,以使牵出的输卵管部分处于输卵管系膜的正上面,术者能见到喇叭口的一侧。此时,术者将移胚管前端插入输卵管内,然后缓缓加大移胚管内的压力,把带有胚胎的保存液输入输卵管内。若移胚管内液体过多,则多量的液体进入输卵管时会引起倒流,易导致胚胎流失。输卵后一定要保持输卵时的指压,抽出移胚管。若在输卵管内放松移胚管的指压,移胚管内的负压就会将输卵管内的胚胎再吸出来。为了保证移胚确实,移胚后还要再镜检移胚管,观察是否还有胚胎的存在,若没有则说明已移入，就可将输卵管等送回腹腔。

②子宫移植（包括腹腔镜移植）。将卵巢上有黄体的一侧或黄体好的一侧的子宫角尖端固定好，用曲别针钝头等细钝性物在子宫角上 1/3 无血管处刺透子宫角壁，然后将移植枪头从针孔插入子宫腔内，摆动枪头，确认枪头在子宫腔内时，推动连接移胚管的注射器活塞注入胚胎，然后撤出移胚管，最后把子宫角送回腹腔内。

③腹腔镜手术移植。腹腔镜的主体是观察镜（望远镜和内窥镜）镜筒、光导纤维和光源系统。另外，配有组合套管和针以及送气、排气、照相、电视监测及录像系统等附件。由于内窥镜可以插入腹腔，直接观察腹腔内脏器，因此在兽医临床上常用以检查卵巢、子宫的状态，并配合其他技术，进行活体采卵、输精和胚胎移植等。羊的胚胎移植可用腹腔镜进行。对受体羊停饲 8 ~ 12 h，术前进行全身麻醉或局部麻醉，仰卧保定（应使羊头部斜向下方，后躯抬高，以便更好地暴露生殖器官）。检查术部，按外科手术方法除毛消毒，在耻骨前缘腹中线旁两侧皮肤上各做一个小切口。在一个切口内将消毒套管针穿过切口刺入腹腔，接上送气胶管后向腹腔内轻轻打气，压迫胃肠前移，拔出套管针内芯后，向导管针外壳内插入内窥镜，接上光源后即可对卵巢进行搜索观察。在另一个切口内插入手术钳或卵巢固定钳或拨棒等帮助寻找卵巢。找到卵巢后观察其上面有无黄体，有黄体者就将该侧的输卵管或子宫拉出切口外，按上述方法进行输卵管移植或子宫移植，如两侧均无黄体者就淘汰。移胚结束后，慢慢取出各种器械，从排气孔放出腹腔内气体，最后拔出套管针外壳。整个过程要注意严格消毒、预防感染，必要时可缝合切口。

目前，绵羊和山羊的采胚和移胚基本上使用手术方法。借助腹腔镜可以进行采胚和移胚，虽然目前成功率稍低于手术方法，但可以通过改进器械或操作方法提高成功率，更重要的是可以避免反复手术可能造成的损伤。

(2)非手术法胚胎移植

羊的非手术移植妊娠率低，还未能在生产实践中应用，有待进一步研究。

9. 供、受体的护理与观察

供、受体处理后不仅要注意它们的健康状况，同时要留心观察它们在预定的时间是否发情。受体若表现发情，也不要急于输精，因为有个别受体妊娠后也有发情表现，应做阴道和直肠检查确定是移植失败真发情时才能输精。如果未见发情则需进一步观察和检查，如果确定妊娠，则需要加强饲养管理和保胎防流产工作，并按预产期做好接产和仔畜护理工作。对供体，在下次发情时即可配种，如计划重复做供体，需经 2 个月左右的恢复时间。

【评估考核】

一、名词解释

1. 胚胎移植

2. 诱导排卵

3. 同期排卵

二、填空

1. 胚胎移植的理想时间应在妊娠识别发生之前，通常是在供体发情配种后____d 采集胚胎，受体也在相同时间接受胚胎移植。

2. 胚胎移植的技术程序包括：__________、__________、__________、__________、__________、__________和胚胎的移植等。

3. 受体母羊的选择，其发情时间与供体应相同或相近，一般两者发情时间差不宜超过______h。

4. 羊的手术法胚胎采集主要包括__________和__________两种方法。

5. 胚胎移植操作有________法和________法两种。

三、简答

1. 简述羊胚胎移植技术应用的意义。

2. 简述胚胎移植操作方法。

任务五　羊的其他繁殖新技术

【基本概念】

诱导双羔技术是通过遗传选择、生殖激素、胚胎移植及营养调控等途径，人为地使成年母羊排双卵、产双羔的技术。

性别控制是指通过人为地干预并按人们的愿望使雌性动物繁殖出所需性别后代的一种繁殖新技术。

体外受精就是将体内、外获得的卵母细胞，在体外（实验室）进行精卵结合的过程。

同期分娩也称人工引产，是指在母羊妊娠末期的一定时间内，人为使母羊终止妊娠，使其在比较确定的时间内分娩，产出正常的羔羊。

克隆是指不经过有性生殖的方式而直接获得与亲本具有相同遗传物质的动物后代的过程。

【教学重点】

羊的诱导双羔技术、同期分娩技术的主要操作方法和程序。

【教学目标】

1. 知识目标

- ◆ 了解诱导双羔技术、体外受精技术、性别控制技术、同期分娩技术、克隆技术、胚胎干细胞技术、转基因技术等羊的繁殖新技术基本理论知识。
- ◆ 掌握羊的诱导双羔技术、同期分娩技术的主要操作方法和程序。

2. 技能目标

- ◆ 根据羊的生产需要，掌握促使成年母羊排双卵、产双羔、进行同期分娩的调控技术，提高羊的繁殖率。

【教学内容】

一、诱导双羔技术

(一)概念

通过遗传选择、生殖激素、胚胎移植及营养调控等途径,人为地使成年母羊排双卵、产双羔的技术,称为诱导双羔。

(二)意义

羊是单胎动物且繁殖周期长,但羊的双胎率比较高,其双胎潜力还相当大。应用一胎双羔技术可提高双羔率,可成倍提高羊的繁殖力,增加后代数量;诱导双羔可相对减少基础母羊饲养只数,节省饲养管理费用,降低生产成本。

(三)方法

1. 复合促性腺激素诱导双羔

用于诱导双羔的促性腺激素主要是 FSH 和 PMSG。随着生殖激素研究的进展,PMSG、FSH 等制成的复合促性腺激素使用效果比较稳定。用促性腺激素诱导双羔,使用简便,提高双羔率效果显著。但诱导双羔也存在一些问题,一是成本高;二是作用时间短,只在一个发情期起作用。

2. 生殖激素免疫诱导双羔方法

(1)甾体(类固醇)激素免疫诱导双羔方法

从 20 世纪 70 年代初开始,澳大利亚 CSIRO 和 G laxo 公司共同花了 10 年时间研制出一种提高母羊排卵率的类固醇蛋白质制剂称为双羔素或双胎素。用性腺激素免疫的方法,调节机体生殖内分泌系统的生殖功能,使母羊多排卵、多产羔。

(2)抑制素免疫诱导双羔的方法及效果

从母羊卵泡液和公羊精液中提取抑制素主动免疫母羊,卵泡发育率、排卵率均有提高,诱发了双羔。

3. 胚胎移植诱导双羔的方法

(1)人工授精+胚胎移植法(AI+ET 法)

该法即追加 1 枚胚胎到已输精母羊体内,这种方法使用较多。

(2)移植两枚整胚

将两枚胚胎移植到受体母羊体内，提高移植妊娠率和双胎率。

(3)移植两枚半胚

近年来，随着胚胎工程技术的进展，采用胚胎分割技术，产同卵双羔成为可能。直接分割新鲜胚胎(一分为二)，裸半胚直接移植给受体。

4. 营养调控诱导双羔方法

营养对绵羊的繁殖力影响很大，尤其是配种前的营养对繁殖力影响更大，配种前体重与双羔率有密切关系，膘情和体质好的母羊，总受胎率、双羔率都比较高。

二、体外受精技术

(一)概念

体外受精就是将体内、外获得的卵母细胞，在体外(实验室)进行精卵结合的过程。由卵母细胞体外成熟、体外受精、受精卵体外培养3个关键环节构成。通过体外受精获得的后代又称为“试管动物”。

(二)意义

①克服母羊不孕，提高繁殖效率。可使由于输卵管堵塞或排卵障碍等原因不能受孕的母畜正常繁殖后代。

②扩大胚胎来源。可以利用屠宰母羊的卵巢采集卵母细胞，或者结合活体采卵技术从良种羊体内采集卵母细胞进行体外受精，从而可“工厂化”生产胚胎，为胚胎移植提供充足而廉价的胚胎。

③使羔羊提早在幼龄时繁殖后代，缩短世代间隔，加快育种进程。

④为其他动物繁殖生物技术，如克隆、转基因、性别控制等提供丰富的实验材料和必要的实验手段。

(三)方法

体外受精技术包括以下5个环节。

1. 卵母细胞的获得

卵母细胞可从屠宰母羊的卵巢中获得，也可用活体采卵法直接从活羊卵巢上获得。

2. 卵母细胞的体外成熟

将获得的未成熟卵母细胞在培养系统中进行培养使其成熟。

3. 精子与卵子的体外受精

将获得精子与成熟卵母细胞放在一起进行精卵共同孵育,使其形成受精卵。

4. 早期胚胎培养

在一定的温度、气象条件下,将受精卵在体外培养液中培养,使其发育至桑葚胚或囊胚。

5. 胚胎移植或冷冻保存

体外培养至桑葚胚或囊胚进行移植或冷冻保存后再移植。

三、性别控制技术

(一)概念

性别控制是指通过人为地干预并按人们的愿望使雌性动物繁殖出所需性别后代的一种繁殖新技术。它主要有两种途径:一是卵子在受精之前,即对精子进行分离,使之在受精之时便决定性别。二是在受精之后,即对受精后的早期胚胎进行性别鉴定,从而获得所需性别的后代。

(二)意义

①可充分发挥受性别限制的生产性状(如泌乳)和受性别影响的生产性状(如生长速度),获得最大经济效益。

②可利用性别控制技术以更高的效率繁殖出所需性别的种羊。

③可提高育种效率。对后裔测定来说,性别控制比无性别控制至少可以节省一半的时间和费用。

(三)方法

1. X 和 Y 精子分离方法

X 和 Y 精子分离方法主要有物理学分离法、免疫学分离法和流式细胞仪分离法 3 种。因前两种方法都缺乏可靠性和可重复性,目前,流式细胞仪分离法才是最科学、最可靠、准确性较高的分离精子的方法。其具体为：将预分离精液稀释，与荧光染料 Hoechst 33342 共同培养，这时染料定量与 DNA 结合。由于 X 精子比 Y 精子含有较多的 DNA，所以 X 精子放射出较强的荧光信号。放射出的信号通过仪器和计算机系统扩增，分析并分辨出 X 和 Y 精子。当含有精子的缓冲液离开激光系统时，借助于颤动的流动室将垂直流下的液柱变成微小的液滴，含有单个精子的液滴被充上正电荷或负电荷，并借助两块各自带正电和负电的偏斜板，把 X 和 Y 精子分别引导到两个收集管中。

2. 早期胚胎性别鉴定方法

早期胚胎性别鉴定方法主要有性染色质鉴定法、染色体组型鉴定法、雄性特异抗原鉴定法和分子生物学方法 4 种，在生产实践中应用的主要是分子生物学方法。分子生物学方法鉴定早期胚胎性别，又分为雄性特异 DNA 探针法、PCR 聚合酶链式反应检测法和 LAMP 环介导等温扩增法 3 种。

四、同期分娩技术

（一）概念

同期分娩也称人工引产，是指在母羊妊娠末期的一定时间内，人为使母羊终止妊娠，使其在比较确定的时间内分娩，产出正常的羔羊。针对于个体称为诱发分娩，针对于群体则称为同期分娩。

（二）意义

①可将妊娠母羊分娩时间控制在相对集中的时间内，便于进行必要的分娩监护和开展有准备的护理工作，可减少或避免新生羔羊和妊娠母羊在分娩期间的伤亡事故。

②可为母羊集中产羔和羔羊同时断奶、同期育肥、集中出栏的全进全出工厂化生产管理提供技术保障，也便于分娩母羊之间新生羔羊的调换。

③对患妊娠后期疾病（如产前产后瘫痪、妊娠毒血症、妊娠周期性阴道脱出和肛门脱出、产前不食综合征等）的危重病例或预期可能发生分娩并发症者（如怀双胎、胎儿过大等），可通过采用诱发分娩再配合其他辅助治疗措施，避免母子双亡的损失等。

④对产羔皮的羊，如湖羊和中卫山羊，对其进行诱发分娩，可提高羔皮的质量。

（三）方法

羊同期分娩通常可以采用单独使用糖皮质激素或前列腺素的方法，也可配合使用雌激素与催产素进行羊的同期分娩。

在羊妊娠期的最后 1 周内,用糖皮质激素诱发分娩。在羊妊娠的 144 d 时,每只羊注射 12 ~ 16 mg 地塞米松或倍他米松,或 2 mg 氟美松可使多数母羊在 40 ~ 60 h 内产羔。

对妊娠 141 ~ 144 d 的母羊,肌肉注射 PGF2a 15mg 或氯前列烯醇 0.1 ~ 0.2 mg,也可有效地诱发母羊在处理后 3 ~ 5 d 产羔。Romano 等(2001)对妊娠 145 d 的努比亚奶羊注射 PGF2a,结果母羊于注射后 31 ~ 33 h 产羔,于产后 1.5 ~ 2.3 h 排出胎衣,所产羔羊全部成活。

五、克隆技术

(一)概念

"克隆"一词来源于希腊语,原意为插枝,即无性繁殖的意思。动物克隆是指不经过有性生殖的方式而直接获得与亲本具有相同遗传物质的动物后代的过程。通常,将所有非受精方式繁殖所获得的动物均称为克隆动物。将产生克隆动物的方法称为克隆技术。广义上讲,克隆包括孤雌激活生殖、卵裂球分离与培养、胚胎分割以及核移植。核移植是生产克隆动物最为有效的技术。

(二)意义

①能使遗传性状优秀的个体大量增殖,大大加快羊育种进程。

②可扩大转基因动物的后代数量,提高转基因动物的效率。

③通过性别鉴定再克隆,可生产大量预知性别的动物后代。

④可用于珍稀和濒危动物的扩繁和保护。

⑤可满足动物实验和生物医学研究的特殊需要,提高实验的准确性。

以克隆技术为基础,可研究动物个体发生的核质互作关系、细胞核的分化和重编程、细胞的老化等基础问题。

(三)方法

1. 胚胎分割

胚胎分割是通过对胚胎进行显微操作,人工制造同卵双生或多生的技术。胚胎分割又分为显微操作仪分割和徒手分割两种方法。

显微操作仪分割是将待分割胚胎用吸管固定,调节操作仪旋钮,将分割针(刀)调至胚胎正上方,再调节操作仪旋钮垂直将胚胎从中央切开,一分为二,然后将无透明带的两枚裸半胚进行移植或冷冻保存,也可将裸半胚装入空透明带内再移植或冷冻保存。

徒手分割是用链霉蛋白酶软化待分割胚胎,在实体显微镜下,直接用自制分割针(刀)将胚胎一分为二。裸半胚移植和冷冻保存同显微操作仪分割。

2. 细胞核移植方法

细胞核移植分为胚胎细胞核移植和体细胞核移植两种方法,具体程序如下:

(1)核供体准备

将胚胎或体细胞制成单个胚胎细胞(卵裂球)或单个体细胞。

(2)核受体—卵母细胞的去核

将具有完整第一极体的卵母细胞的染色体连同周围胞质一起去除。

(3)注核

将单个胚细胞或体细胞注入去核的胞质质膜与透明带夹角处。

(4)卵母细胞胞质与注入核的融合

将二者在一定融合条件下进行融合,而后培养。

(5)核移植后卵母细胞的激活

将融合后的胚胎在一定条件下激活并培养。

(6)核移植胚胎培养

核移植胚胎在一定条件下进行培养,使其发育成早期胚胎,进行移植或冷冻保存。

六、胚胎干细胞技术

(一)概念

胚胎干细胞又称为ES细胞或EK细胞,是一种从早期胚胎内细胞团或胎儿原始生殖细胞经分离、体外培养、克隆等得到的具有全能性的细胞。

(二)意义

胚胎干细胞在畜牧业、基础生物学和医学上具有重要价值。

①胚胎干细胞可用于转基因动物的生产。

②胚胎干细胞可用于研究哺乳动物个体的发生与发育规律。

③胚胎干细胞可用于体外研究细胞的分化规律。

④胚胎干细胞可用于研究基因的功能。

⑤胚胎干细胞可用于治疗人类的某些疾病。

(三)方法

胚胎干细胞分离培养方法的主要环节有:

1. 选择抑制细胞分化的培养体系

培养体系要求不仅能促进胚胎细胞生长，还能抑制细胞分化。目前主要采用滋养层培养体系和条件培养体系以及培养液中添加分化抑制因子 3 种体系。

2. 早期胚胎的选择

一般选择早期囊胚或囊胚阶段的胚胎，也可选择原始生殖细胞。

3. 早期胚胎的分离、培养和传代

分离 ES 细胞的第一步是获得内细胞团(ICM)，然后把 ICM 分散成单个细胞，再放入分化抑制剂培养体系中继续培养，当出现形态均一的未分化克隆细胞时，再把它分散成单个细胞或小细胞团，移入新的培养液中传代培养。

4. ES 细胞的鉴定及保持

通过分离培养获得的 ICM 或 PGCS 细胞传至 8 ~ 12 代时，通过形态分化和细胞生物学等指标的鉴定，才能确认为 ES 细胞系，分离得到 ES 细胞以后，为克服长期培养对遗传物质的有害影响，采用常规保存或冷冻保存两种方法，以维持 ES 细胞的未分化状态。

七、转基因技术

(一)概念

转基因技术是通过人为方法导入外源 DNA 或敲除受体基因组中的一段 DNA，使羊的基因型和表型发生变化，并且这种变化能遗传给后代的一项生物技术。通过这种方法获得的羊称为转基因羊。

(二)意义

①转基因技术可把生长激素、生长因子、病毒衣壳蛋白基因等导入母羊基因组中，加速生长速度、提高饲料报酬、增强对疾病的抵抗力。

②用羊血液或乳腺作为生物反应器，来生产药用或其他珍贵蛋白质。

③借助转基因动物模型，人们有可能将分子、细胞、组织、器官及个体的发生、发育和衰老统一起来，研究基因的表达调控规律。

④转基因技术可用来制备动物疾病模型，研究人类遗传病的发生、发展规律，制定最佳治疗方案。

（三）方法

转基因技术的操作主要有以下环节。

1. 表达载体的构建

通过表达载体的结构、调控序列的选择、目标基因的分离、表达载体的组装、表达载体的扩增等完成表达载体的构建。

2. 基因转移

将已构建好的、携带外源基因的基因载体系统通过原核注射法、反转录病毒感染法、胚胎干细胞介导法、精子载体法、生殖细胞感染法、细胞核移植法等任意一种方法导入早期胚胎的基因组中。

3. 胚胎移植

将上述得到的转基因的胚胎移植到代孕母体，妊娠足月后产下转基因动物。

4. 转基因动物的检测

获得的转基因动物，从DNA整合、RNA转录、蛋白质表达3个水平上对目的基因的转移是否成功进行检测。

【评估考核】

一、名词解释

1. 诱导双羔技术
2. 性别控制技术
3. 同期分娩技术
4. 克隆技术
5. 转基因技术

二、填空

1. 用于诱导双羔的促性腺激素主要是________和__________两种。

2. 体外受精技术主要包括__________、__________、__________、__________、________5个环节。

3. 羊同期分娩通常可以采用单独使用__________激素或____________的方法，也可配合使用________与________进行羊的同期分娩。

三、简答

1. 简述羊诱导双羔技术应用的意义。

2. 简述羊同期分娩技术的操作方法。

项目三　产羔技术

【基本概念】

假死是指羔羊出生后,表现发育正常,心脏有跳动,但不呼吸。

【教学重点】

临产母羊的基本症状和接产及难产的处理方法;羔羊的断尾、去势和编号等技术的基本操作方法。

【教学目标】

1. 知识目标

- ◆ 了解母羊产羔前的准备工作,掌握临产母羊的基本症状和接产及难产的处理方法。
- ◆ 掌握母羊产后及新生羔羊的饲养管理措施及注意事项。
- ◆ 掌握羔羊的断尾、去势和编号等技术的基本操作方法。
- ◆ 掌握提高羔羊成活率的主要措施。

2. 技能目标

- ◆ 能够及时进行母羊产羔前的准备工作;掌握掌握临产母羊的基本症状,学会接产及难产处理方法。
- ◆ 能够正确进行产后母子群的饲养管理,学会羔羊的断尾、去势和编号。
- ◆ 能够正确应用各种措施,提高羔羊成活率。

【教学内容】

一、产羔前的准备工作

1. 接羔棚舍及用具的准备

产羔工作前 3 ~ 5 d,必须对接羔棚舍、运动场、饲草架、饲槽、分娩栏等进行修理和清扫,并用 3% ~5% 的碱水或 10% ~20% 的石灰乳溶液或其他消毒药品进行比较彻底的消毒,同时在圈内铺上干净的垫草。消毒后的接羔棚舍,应做到地面干燥、空气新鲜、光线充足、没有贼风。在产羔房附近,安排一暖室为出生弱羔和急救羔羊之用。产羔房要配备产羔栏,数量为母羊数的 1/10,还要分单羔栏和双羔栏。单羔栏的面积为 1 ~1.2 m^2,双羔栏的面积为 1.6 ~1.8 m^2。产羔栏主要是供临产和产后 1 ~3 d 的带羔母羊使用。产羔 3 d 以后的母羊和羔羊可放入母子栏,每栏 2 m^2 左右。

2. 饲草饲料的准备

在牧区,在接羔棚舍附近,从牧草返青时开始,在避风、向阳、靠近水源的地方用土墙、草坯或铁丝网围起来,作为产羔用草地,至少应当够产羔母羊 45 d 的放牧用为宜。有条件的羊场及农、牧民饲养户,应当为冬季产羔的母羊群准备充足的青干草、质地优良的农作物秸秆、多汁饲料和适当的精料等,对春季产羔的母羊也应准备至少可以舍饲 15 d 所需要的饲草饲料。

3. 接羔人员的准备

接羔是一项繁重而细致的工作,因此,每群产羔母羊除主管接羔的技术人员外,还必须配备一定数量的辅助人员,才能确保接羔工作的顺利进行。

4. 用具药品的准备

消毒用药品,如来苏儿液、酒精、碘酒、高锰酸钾、消毒纱布、脱脂棉以及必需药品强心剂、镇静剂、垂体后叶素,还有注射器、针头、温度计、剪刀、羊毛剪、编号用具、秤、水桶、面盆、毛巾、记录表等均应做好准备。

二、接羔

1. 临产母羊征状

母羊临产时，骨盆韧带柔软松弛，腹部下垂，尾根两侧下陷，乳房肿大，乳头下垂，阴门红肿并有黏液流出，表现行动迟缓，食欲减退和频频排尿；母羊离群，常站立墙角处，放牧时易掉队，用蹄刨地，起卧不安。如果母羊已经卧地并四肢伸直、努责和肷窝下陷，这是即将分娩的表现。

2. 接羔方法

在正常分娩时，首先剪净临产母羊乳房周围和后肢内侧的羊毛，然后用温水洗净乳房，再将母羊的尾根外阴部洗干净，用1%的来苏儿消毒。正常分娩的母羊在羊膜破裂后30 min左右羔羊便能顺利产出。胎儿正常产式为两前肢夹着头先产出，其余随后产下。当羔羊出生后将其口腔、鼻腔、耳中的黏液掏出擦净，以免因呼吸困难、吞食羊水而引起窒息或异物性肺炎。羔羊身上的黏液让母羊舔干，以增强母子亲和力。脐带以自然断裂为好。当母羊产后站起时，脐带往往自然断裂，或轻拉羔羊前肢，促使脐带自断，在脐带断端涂5%碘酒消毒。如脐带未断，在距离腹部5 ~ 8 cm处，用手指拧断，然后消毒。断脐带不要用剪刀、刀片切断，也不要结扎脐带，否则，易感染疾病。母羊分娩后1 h左右，胎衣能自然排出，接产人员必须注意胎衣是否排出。胎衣排出后应及时拿走，以免母羊吞食，养成吃羔、咬尾巴等恶癖。产后4 ~ 5 h仍不排出胎衣，应按胎衣不下进行处治。

3. 常见难产处理

初产母羊或老龄母羊有时候出现难产。例如，羊水破裂后30 min以上，仍未产出羊羔，或仅露蹄和嘴，母羊又无力努责时，就要助产；如果胎位不正，需先将胎儿露出部分送回产道，将母羊后躯抬高，送入产道，矫正胎位，随母羊努责将胎儿拉出。如胎儿过大时，将胎儿两前肢反复数次拉出和送入产道，然后一手拉前肢，一手拉头，随母羊努责缓慢向下方拉出。切忌不能用力过猛或不随努责节奏硬拉，以免拉伤产道。

4. 假死羔羊的处理

假死是指羔羊出生后，表现发育正常，心脏有跳动，但不呼吸。产出的羔羊如果出现假死的情况，应立即提起羔羊的两后肢，使其悬空倒挂，轻拍击其背、胸部；如果羔羊是因为受冻而造成假死，应立即将羔羊移入暖室并进行温水浴（38 ℃水）。

三、母子群的饲养管理

产后母羊经过阵痛和分娩,精疲力尽,机体的抵抗力降低,为使母羊尽快复原,必须加强护理。在产后1 h左右给母羊饮1~1.5 L的温水,水温25~30 ℃,忌饮冷水,可加少量食盐、红糖和麦麸。3 d内喂给质量好、易消化的饲料,减少精料喂量,以后逐渐转变为饲喂正常饲料。母羊分娩后,羔羊吃奶前,应剪去母羊乳房周围的长毛,并用温水洗涤乳房,擦干后,挤出些乳汁,帮助羔羊吸乳。注意母羊恶露排出的情况,一般在4~6 h排净恶露。检查母羊的乳房有无异常或硬块。羔羊产出后,注意羔羊的保温。在严寒地区或放牧地区出生的羔羊,应迅速擦干羔羊身体,用接羔袋背回接羔室放入母子栏内。尽快帮助羔羊吃上初乳。假如,新生羔羊体弱或找不到乳头时或母羊不认羔羊时,要设法帮助母子相认,人工另找保姆羊。对有病羔羊要尽早发现,及时治疗,给予特殊护理。对于母羊和生后3 d内的羔羊,母子均应放入接羔室的母子栏内;3 d以后转到室外母子圈,气候好时可赶到较近的优质草场上放牧;1周内,母子合群饲养。对体弱和母子不认的羊,应延长在室内母子栏内的饲养时间,直到羔羊健壮时再转群。为便于管理,母子群的羊可在母子同一体侧编上相同的临时号码。

四、断尾、去势和编号

1.断尾

羔羊的断尾主要针对肉用绵公羊同本地母绵羊的杂交羔羊、半细毛羔羊。这些羊均有一条细长尾巴,为避免粪尿污染羊毛,防止夏季苍蝇在母羊阴部产卵而感染疾病,便于母羊配种,必须断尾。断尾应在羔羊生后10 d内进行,此时尾巴较细,出血少。

(1)热断法

需要一个特制的断尾铲(厚0.5 cm,宽7 cm,高10 cm)和2块长、宽各为20 cm的木板,木板两面钉上铁皮。一块叫挡板,另一块叫垫板,断尾时衬在板凳上。挡板下方挖一个半圆形的缺口,断尾时把尾巴正压在这个半圆形的缺口里。把烧成暗红色的断尾铲稍微用力在尾巴上往下压,即将尾巴断下。切的速度不宜过快,否则,止不住血。断下尾巴后若仍出血,可用热铲再烫一烫。

(2)结扎法

其原理与结扎去势相同,即用橡皮筋在羊尾巴第3、4尾椎之间紧紧扎住,断绝血液流通,下端的尾巴10 d左右即可自行脱落。

(3)快刀法

即先用细绳捆紧尾根,断绝血液流通。然后用快刀在离尾根 4 ~ 5 cm 处切断,伤口用纱布、棉花包扎,以免引起感染和冻伤。当天下午将尾根的细绳解开,使血液流通,一般经 7 ~ 10 d 伤口即可愈合。

2. 去势

去势也称阉割,经去势的羊通常称为羯羊。去势后的公羔,性情温顺,管理方便,节省饲料,肉的膻味小,且较细嫩。最佳去势时间为 1 ~ 2 月龄,多在春、秋两季气候凉爽,天气晴朗的时候进行。

(1)刀切法

阉割刀或手术刀切开阴囊,摘除睾丸。

(2)结扎法

公羔出生 8 ~ 10 h,将睾丸挤进阴囊里,用橡皮筋或细绳紧紧地结扎在囊的上部,目的是断绝睾丸的血液供应。经 15 d 左右,阴囊及睾丸萎缩后会自动脱落。

(3)去势钳法

去势钳法是指用特制的去势钳,在阴囊上部用力紧夹,将精索夹断。睾丸逐渐萎缩。此法因不切伤口,无失血,无感染的危险。去势的最初几天,对伤口要常检查,如遇红肿发炎现象,要及时处理。同时,要注意去势羔羊的环境卫生,垫草要勤换,保持清洁干燥,防止伤口感染。

3. 编号

为了选种、选配和科学的饲养管理,羔羊需要编号。羔羊出生后 2 ~ 3 d,结合出生鉴定,即可进行个体编号,常用的方法有耳标法、刺字法、刻耳法和烙角法等。

(1)耳标法

耳标是固定在羊耳上的标牌。制作耳标的材料有铝片和塑料。根据耳标的形状分为圆形和长方形两种。耳标法习惯编号的方法是第 1 个字母表示出生年号,其后为个体号,公羔编单号,母羔编双号。在耳标背面编品种号,如中国美利奴羊用"M"代表,"Mx"代表中国美利奴羊与新疆细毛羊杂交的杂种羊。至于代表几代,可在后面加 1,2,3,分别代表一代、二代、三代。但如何编号更便于科学饲养管理,由各单位自定。

(2)刺字法

刺字是用特制的刺字钳和十字钉进行羊只个体编号。刺字编号时,先将需要编的号码在刺字钳上排列好,在耳内毛较少的部位,用碘酒消毒后,夹住耳加压,刺破耳内皮肤,在刺破的点线状的数字小孔内涂上蓝色或黑色染料,随着染料渗入皮内,而将号码固定在皮肤上,伤口愈合后可见到个体号码。刺字编号的优点是经济方便。缺点是随着羊耳的长大,字体容易模糊。因此,在刺字后,经过一段时间,需要进行检查,如不清楚则需重刺。此法不适于耳部皮肤有色的羊只。

(3)刻耳法

刻耳法是指用剪耳钳在羊耳边缘刻缺口,进行编号或标明等级。刻耳法做个体编号,在羊左右两耳的边缘刻出缺口,代表其个体编号。对各部位缺口代表的数字都有明确的规定。通常规定,左耳代表的数小,右耳代表的数大,左耳下缘一个缺口为1,两个缺口为2,上缘一个缺口为3,耳尖一个缺口为100,耳中间一个圆孔为400;右耳下缘一个缺口为10,两个缺口为20,上缘一个缺口为30,耳尖一个缺口为200,耳中间一个圆孔为800。刻的缺口不能太浅,否则,随着羔羊的生长不易识别。此法的优点是经济简便易行。缺点是羊的数量多了不适用。缺口太多容易识错,耳缘外伤也会造成缺口混淆不清。因此,刻耳法常用做种羊鉴定等级的标记。纯种羊以右耳做标记,杂种羊以左耳做标记。在耳的下缘做一个缺口代表一级,两个缺口代表二级,上缘一个缺口代表三级,上下缘各一个缺口代表四级,耳尖一个缺口代表特级。

(4)烙角法

烙角法仅限于有角的公、母羊。用烧红的钢字,把号码烙在角上。这种方法可作为辅助编号,检查时较方便。

五、提高羔羊成活率的措施

1.保温防寒

初生羔羊体温调节能力差,对外界温度变化极为敏感,因而对冬羔和春羔必须做好初生羔羊的防寒保温工作。待产室内温度不能低于5 ℃。温度低时,应设取暖设备,地面铺上柔软的干草、麦秸等,并注意检查门窗是否密闭,防止贼风侵袭,造成羔羊患病和其他不必要的损失。羔羊出生后,让母羊尽快舔干羔羊身上的黏液。初生羔羊口鼻内黏液较多时,应先用手将羔羊口腔和鼻腔内的黏液清除,以免羔羊发生窒息。

2.尽早吃到初乳

初乳是指母羊产后3～5 d内分泌的乳汁,初乳黏稠呈浅黄色,含有丰富的蛋白质(17%～23%)、脂肪(9%～16%)、矿物质等营养物质和抗体,对增强羔羊体质、抵抗疾病和排出胎粪具有重要的作用。对初生孤羔,应找保姆羊寄养,也应尽快吃到初乳。国外研究母羊初乳的代用品,如羊的冷冻自然初乳、母牛初乳及其他口服代乳品等。还有进行免疫血清注射,以增强机体抵抗力。对初生弱羔、初产母羊或护子行为不强的母羊所产羔羊,需人工辅助羔羊吃乳。

3. 人工免疫，提高抗病力

初生羔羊体温调节机能不完善，血液中缺乏免疫抗体，肠道适应性差，抗病或抗寒能力差，故1周内死亡较多。据研究，7 d内死亡的羔羊占全部死亡数的85%以上，危害较大的疾病是"三炎一痢"（即肺炎、肠胃炎、脐带炎和羔羊痢疾）。羔羊哺乳期，最容易患痢疾。预防的方法是每年秋季给母羊注射羔羊痢疾苗或"羊快疫、羊猝狙、肠毒血症、羔羊痢疾、黑疫"五联苗，产前2～3周再给母羊接种1次。这样有利于保证羔羊获得充足的母源抗体，增强羔羊抗病力，也可在羔羊出生后12 h内注射羔痢血清疫苗，或灌服土霉素0.15～0.2 g，每日1次，连服3 d，根据实际情况，制订相应的免疫程序。

4. 安排好羔羊吃乳补饲

母羊产后要和初生羔羊共同生活7 d左右，才有利于初生羔羊吮吸初乳和建立母子感情。羔羊10日龄就可以开始训练吃草料。在圈内安装羔羊补饲栏，让羔羊自由食。少给勤添，待全部羔羊都会吃料后，再改为定时、定量补料，一般羔羊每只日补喂精料50～100 g。羔羊生后7～20 d，晚上母子在一起饲养，白天羔羊留在羊舍内，母羊在羊舍附近草场上放牧，中午回羊舍喂一次奶。羔羊20日龄后，可随母羊一起放牧。在1月龄内，做好喂奶工作，特别是要确保双羔和弱羔能吃到奶。缺奶羔羊和多胎羔羊，应找保姆羊或人工喂乳。

5. 羔羊的断奶

羔羊断奶时间各地不一，一般为3月龄，最晚不超过4月龄。羔羊断奶方法有一次性断奶和逐渐断奶两种。规模羊场多采用一次性断奶方法，即将母子分开后，不再合群。母羊在较远处放牧，羔羊留在原羊舍饲养。逐渐断奶法是在预定的断奶日期前几天，把母羊赶到远离羔羊的地方，每天将母羊赶回，并逐渐减少羔羊吃奶的次数直到断奶。断奶对羔羊是一个较大的刺激，处理不当会引起羔羊的生长缓慢。因此，尽量保持羔羊原有的生活环境，饲喂原来的饲料，减少对羔羊的不良刺激和对生长发育的影响。羔羊断奶后要加强补饲，日粮的精粗比应为3∶2，高品质的饲料或优质青干草要占一定的比例。

【评估考核】

一、填空

1. 产羔工作前3～5 d，必须对接羔棚舍、运动场、饲草架、饲槽、分娩栏等进行修理和清扫，并用__________或____________或其他消毒药品进行比较彻底的消毒。

2. 产后______h仍不排出胎衣，应按胎衣不下进行处治。

3. 在正常分娩时，首先剪净临产母羊乳房周围和后肢内侧的羊毛，然后用温水洗净乳房，再将母羊的尾根外阴部洗干净，用________消毒。

4. 羔羊的断尾主要针对肉用绵公羊同本地母绵羊的杂交羔羊、半细毛羔羊，断尾的方法主要有______________、______________、____________3种。

5. 羔羊去势的方法主要有______________、______________、____________3种。

6. 羔羊编号常用的方法有________________、________________、________________和________________等。

二、简答

1. 简述提高羔羊成活率的措施？

2. 简述母羊产后母子群的饲养管理要点。

项目四　羊的育种与改良技术

【基本概念】

选种是按照预定的生产和育种目标，通过一系列的方法，从畜群中选择优良个体作为种畜的过程。

选配是根据育种目标和生产需要，为母畜选择合适的公畜，为公畜选择合适的母畜进行配种，简而言之，就是有计划的选择合适的公母畜进行配种。

【教学重点】

羊的选种、选配方法；羊的纯种繁育技术；羊的杂交改良技术。

【教学目标】

1. 知识目标

◆ 了解羊的选种方法，掌握选种时应注意的问题。
◆ 了解羊的选配技术，掌握羊的纯种繁育技术。
◆ 了解羊的杂交改良技术，掌握提高羊繁殖力的措施。

2. 技能目标

◆ 学会羊的选种、选配及杂交改良技术，能够采取正确的方法，提高羊的繁殖力。

【教学内容】

一、羊的选种技术

(一)选种方法

绵羊、山羊的选择，主要指种公羊的选择。一般从以下 4 方面着手进行：①根据个体本身的表型表现—个体表型选择;②根据个体祖先的成绩—系谱选择;③根据旁系成绩—半同胞测验成绩选择;④根据后代品质—后裔测验成绩选择。这4种方法并不是对立的,而是相辅相成,互相联系的,应根据选种单位的具体情况和不同时期所掌握的资料合理利用,以提高选择的准确性。

1. 个体表型选择

个体表型值的高低通过个体品质鉴定和生产性能测定的结果来衡量。表型选择就是在这一基础上进行的。因此,首先要掌握个体品质鉴定的方法和生产性能测定的方法。此法要求标准明确,简便易行,尤其在育种工作的初期,当缺少育种记载和后代品质资料时,是选择羊只的基本依据。个体表型选择是我国现阶段绵羊、山羊育种工作中应用最广泛的一种选择方法。表型选择的效果,取决于表型与基因型的相关程度及被选择性状遗传力的高低。

绵羊、山羊个体品质鉴定的内容和项目,随品种而异。基本原则是以被选择个体品种的代表性产品的重要经济性状为主要依据进行鉴定。具体地讲,细毛羊以毛用性状为主,肉用羊以肉用性状为主,羔裘皮羊以羔裘皮品质为主,奶用羊以产奶性状为主,毛绒山羊则以毛绒产量和质量为主。鉴定时应按各自的品种鉴定分级标准组织实施。

鉴定年龄和时间的确定,是以代表品种主要产品的性状已经充分表现,而有可能给予正确的客观的评定结果为准。细毛羊及其杂种羊通常是在1~1.5岁龄春季剪毛前进行;肉用羊在断奶、6~8月龄、周岁和2.5岁时进行;卡拉库尔羊、湖羊、济宁青山羊等羔皮品种是在羔羊出生后2日内进行;滩羊、中卫沙毛山羊等裘皮品种则应在出生后1月龄左右,当毛股自然长度达7~7.5 cm时进行;绒毛山羊品种是在1~1.5岁龄春季抓绒前进行。

鉴定方式,根据育种工作的需要可分为个体鉴定和等级鉴定两种。两者都是根据鉴定项目逐头进行,只是等级鉴定不做个体记录,依鉴定结果综合评定等级,做出等级标记,分别归入特级、一级、二级、三级和四级;个体鉴定要进行个体记录,并可根据育种工作需要增减某些项目,作为选择种羊的依据之一。

2. 系谱选择

系谱是反映个体祖先生产力和等级的重要资料,是一个十分重要的遗传信息来源。在养羊业生产实践中,常常通过系谱审查来掌握被选个体的育种价值。如果被选个体本身好,并且许多主要经济性状与亲代具有共同点,则证明遗传性稳定,可以考虑留种。当个体本身还没有表型值资料时,则可用系谱中的祖先资料来估计被选个体的育种值,从而进行早期选择。

根据系谱选择,主要考虑对被选个体影响最大的是亲代,即父母代的影响,血缘关系越远,对于代的影响越小。因此,在养羊业生产实践中,一般对祖父母代以上的祖先资料很少考虑。

3. 半同胞测验成绩选择

根据个体半同胞表型值进行选择，是利用同父异母的半同胞表型值资料来估算被选个体的育种值而进行的选择。这一方法在养羊业生产实践中更有特殊意义。第一，由于人工授精繁殖技术在养羊业中的广泛应用，同期所生的半同胞羊只数量大，资料容易获得，而且由于同年所生环境影响相同，所以结果也比较准确可靠；第二，可以进行早期选择，在被选个体无后代时即可进行。

4. 后裔测验成绩选择

后裔测验就是通过后代品质的优劣来评定种羊的育种价值。这是最直接、最可靠的选种方法，因为选种的目的是为了获得优良后代，如果被选种羊的后代好，就说明该种羊种用价值高，选种正确。后裔测验方法的不足之处是需要较长的时间，要等到种羊有了后代，并且生长到后代品质充分表现能够做出正确评定的时候。如细毛羊、绒山羊要等到后代长到周岁龄时，肉用羊要等后代长到6～8月龄时；滩羊要在出生后1月龄左右；羔皮羊在出生后3 d内。虽然如此，此法在养羊业中仍被广泛应用，特别是种羊场和规模较大且有育种任务的养羊专业户。

（二）选种时应注意的问题

1. 体质

结实的体质是保证羊只健康及充分发挥绵羊、山羊品种所固有的生产性能和抵抗不良环境条件的基础；片面追求生产性能或某些性状指标而忽视了绵羊、山羊的体质，就有可能导致不良的后果。在绵羊、山羊杂交育种过程中，随着杂交代数的增加，如果不注重选种选配和相应地改善饲养管理条件，再加上不适当的亲缘繁殖，都有可能造成杂种后代的体质纤弱，生活力下降，生产性能低和适应性差。因此，在选择绵羊、山羊时应注意选择体质结实的羊。

2. 性状的相关性

绵羊、山羊有机体是一个统一的整体，许多性状之间都存在着一定的相关性，这是绵羊、山羊有机体在长期系统发育过程中形成的。因此，性状也是遗传的。性状相关，除了遗传因素造成的外，还存在着环境因素影响所造成的相关。表型相关是个体本身性状的联系，遗传相关是上、下代的性状遗传传递，即亲代的一个性状表现与子代另一个性状表现的联系。

3. 遗传力和重复率

遗传力是重要的遗传参数之一。在养羊业中测定遗传力的方法有两种，即子亲相关法和同胞相关法。子亲相关法是通过公羊内女母相关或回归方法求出。同胞相关包括全同胞相关和半同胞相关,在羊群中同母同胞一般数目不多,而且还有年龄差异。因此,这种计算方法很少采用。遗传力是个相对值,最高为1,最低为0。遗传力接近1,表明该性状的个体间表型值的差别几乎全部是遗传潜力造成的,对这样的性状,选择表型优秀的个体,就等于把遗传上优秀的个体找了出来,表型选择就有效。遗传力低的性状,表示该性状的个体间表型值的差异受环境影响大,对这类性状只靠表型值选择无效,应采用家系选择法才能提高。遗传力值是一个群体中某一性状的特性,由于育种工作水平和饲养管理条件的差异,不同品种、不同羊群同一性状的遗传力是不同的。因此,育种工作者不能用从不同地区、不同羊场、不同品种、不同羊群和不同条件下所获得的某一性状的遗传力指标机械地代表自己的羊群。

4. 选择强度的大小

所谓选择强度即为留种的百分比例,在进行育种的羊群中,如果留种的比例小,淘汰的比例就大,则选择强度就大;而选择强度大,选择差就大;选择差大,选择进展就快。

二、羊的选配技术

(一)表型选配

表型选配即品质选配,它可分为同质选配和异质选配。

1. 同质选配

同质选配是指具有同样优良性状和特点的公、母羊之间的交配,以便使相同特点能够在后代身上得以巩固和继续提高。通常特级羊和一级羊是属于品种理想型羊只,它们之间的交配即具有同质选配的性质;或者羊群中出现优秀公羊时,为使其优良品质和突出特点能够在后代中得以保存和发展,则可选用同群中具有同样品质和优点的母羊与之交配,这也属于同质选配。例如,体大毛长的母羊选用体大毛长的公羊相配,以便使后代在体格大和羊毛长度上得到继承和发展。这就是“以优配优”的选配原则。

2. 异质选配

异质选配是指选择在主要性状上不同的公、母羊进行交配,目的在于使公、母羊所具备的不同的优良性状在后代身上得以结合,创造一个新的类型;或者是用公羊的优点纠正或克服与配母羊的缺点或不足。用特级、一级公羊配二级以下母羊即具有异质选配的性质。例如,选择体大、毛长、毛密的特、一级公羊与体小、毛短、毛密的二级母羊相配,使其后代体格增大,羊毛增长,同时羊毛密度得到继续巩固提高。在异质选配中,必须使母羊最重要的有益品质借助于公羊的优势得以补充和强化，使其缺陷和不足得以纠正和克服。这就是“公优于母”的选配原则。

（二）亲缘选配

配双方血缘关系的远近可分近交和远交两种。

近交是指亲缘关系近的个体间的交配。凡所生子代的近交系数大于0.78%者，或交配双方到其共同祖先的代数的总和不超过6代者，谓之近交；反之，则为远交。在养羊生产中，在采用亲缘选配方法时，主要是要正确和慎重地掌握和应用。

三、羊的纯种繁育技术

纯种繁育是指同一品种内公、母羊之间的繁殖和选育过程。当品种经长期选育，已具有优良特性，并已符合市场经济需要时，即应采用纯种繁育的办法。其目的在于：一是增加品种的羊只数量；二是继续提高品种质量。因此，不能把纯种繁育看成是简单的复制过程，它仍然有不断选育提高的任务。

在实施纯种繁育的过程中，为了进一步提高品种质量，在保持品种固有特性、不改变品种生产方向的前提下，可根据需要和可能，分别采用下列方法。

（一）品系繁育法

品系繁育就是根据一定的育种制度，充分利用卓越种公羊及其优秀后代，建立优质高产和遗传性稳定的畜群的一种方法。它是品种内部的结构单位，通常一个品种至少应当有4个以上的品系，才能保证品种整体质量的不断提高。

品系繁育过程，一般包括以下5个步骤和措施。

1.选择优秀的种公羊作为系祖

系祖的选择与创造是建立品系最重要的第一步。系祖应是畜群中最优秀的个体，不但一般生产性能要达到品种的一定水平，而且必须具有独特的优点。理想型系祖的产生最主要的办法是通过有计划有意识的选种选配，加强定向培育等而产生。凡准备选作为系祖的公羊，都必须通过综合评定，即本身性能、系谱审查和后裔测验，证明能将本身优良特性遗传给后代的种公羊，才能作为系祖使用。

2.品系基础群的组建

这是进行品系繁育的基础。根据羊群的现状特点和育种工作的需要，确定要建立哪些品系，如在肉用羊的育种中可考虑建立早熟体大系、肉质特优系、肉毛高产系、高繁殖力系等等。然后根据要组建的品系来组建基础群。通常采用按血缘关系和按表型特征组建品系基础群。

3. 闭锁繁育阶段

品系基础群组建起来后，不能再从群外引入公羊，而只能进行群内公、母羊的“自我繁殖”，即将基础群“封闭”起来进行繁育。其目的是通过这一阶段的繁育，使品系基础群所具备的品系特点得到进一步的巩固和发展，从而达到品系的逐步完善和成熟。

4. 品系间杂交阶段

当品系完善成熟后，可按育种需要组织品系间杂交，目的在于结合不同品系的优点，使品种整体质量得以提高。由于这时的品系都是经过较长期同质选配或近交，遗传性比较稳定，所以品系间杂交的目的一般容易达到。例如，甲品系早熟体大，乙品系繁殖力高，两者杂交，其后代就会结合它们的优点于一身。在进行品系间杂交后，应根据杂交形成的羊群新特点和育种工作的需要，再着手创建新的品系。周而复始，以期不断提高品种水平。

5. 确保良好的饲养管理条件

系祖的遗传性仅仅是一种可能性，这种可能性能否实现，还要看是否具备有使这种可能性实现的外界环境条件。因此，努力创造适宜于该品系所具有的珍贵性状和特点发育的饲养管理条件，是品系繁育能否顺利进行的重要因素。

（二）血液更新法

血液更新是指从外地（或与本场羊群无血缘关系的外场）引入同品种的优秀公羊来更新本场羊群中所使用的公羊。一般在出现近交危害、性状较稳定并难以提高、生产性能出现退化时采用此法。

（三）本品种选育法

本品种选育属于纯种繁育方法的范畴，但在我国现阶段主要用于地方优良品种的选育，它是通过品种内的选择、淘汰，加之合理地选配和科学的饲养管理等手段，达到提高整个品种质量的目的。

凡属地方优良品种都具有某一特殊的突出优良生产性能，并且往往没有合适的品种与之杂交改良，如小尾寒羊、滩羊、湖羊、高原型藏羊、中卫山羊、辽宁绒山羊、济宁青山羊等，这些品种不能期望通过杂交方式来提高其产品质量。与此同时，地方良种的另一特点是：品种内个体间、地区间的性状表型差异较大，品种类型也往往不如培育品种那样整齐一致。因此，选择提高的潜力较大，只要不间断地进行本品种选育，品种质量就会不断得到提高和完

善。根据我国各地多年来的经验,要成功地进行本品种选育,其基本的做法如下:

第一,首先要全面地调查被选育品种分布的区域及自然生态条件,品种内羊只数量、分布、生产性能、主要优缺点及其地区间的差异、羊群饲养管理、生产经营特点以及存在的主要问题等,即首先摸清品种现状,制订本品种选育计划。

第二,选育工作应以品种中心产区为基地,以被选品种的代表性产品为重点,制订科学的品种选育标准、鉴定标准和鉴定分级方法。

第三,严格按品种标准,分阶段地(一般以5年为一阶段)制定科学合理的选育目标和任务。然后,根据不同阶段的选育目标和任务拟订切实可行的选育实施方案。选育实施方案是指导选育工作的依据,其基本内容包括:种羊选择标准和选留方法、羔羊培育方法、羊群饲养管理制度、生产经营制度以及选育区内地区间、单位间的协作办法、种羊调剂办法等。

第四,为了加速选育进程和提高选育效果,凡进行本品种选育的地方良种,都应组建选育核心群或核心场。组建核心群(场)的数量和规模,要根据品种现状和选育工作需要而定。选人核心群(场)的羊只必须是该品种中最优秀的个体。核心群(场)的基本任务是为本品种选育工作培育和提供优秀种羊,主要是种公羊。

第五,为了充分调动品种产区群众对选育工作的积极性,可以考虑成立品种协会,其任务是组织和辅导选育工作,负责品种良种登记,并通过组织赛羊会、产品展销会、种羊交易会等形式,引入市场竞争机制,搞活良种羊及其产品的流通,积极促进和推动本品种选育工作的进行。

四、羊的杂交改良技术

在养羊业实践中,为了改进原有品种的品质或培育新品种,常采用杂交繁殖的方法。杂交之所以被广泛应用,就因为它是改善绵羊品质和提高绵羊生产性能的有效措施,可使我国为数众多的粗毛羊获得根本的改造,显著提高我国养羊业的经济效益。

(一)各种杂交方法的应用

杂交方法很多,其应用情况也比较复杂,现仅将养羊业中较常见和应用较广的几种方法在此简要介绍。

1. 级进杂交

级进杂交也称吸收杂交或改造杂交,它实际上就是一再用改良用品种,最初与土种羊,随后与各代杂交种羊重复杂交。各代杂种通常以含改良用品种羊血液成分来表示,如一代用1/2,二代用3/4表示等。改造杂交的目的是为了根本改变低产品种的生产性能和产品方向,如将粗毛羊改变为细毛羊、半细毛羊或其他方向的羊。

级进杂交一定要选择产品方向完全符合要求,而生产性能又比较高的品种作为改良用品种。即使如此,级进杂交的后代也并非全和改良用品种一样,而是既具有改良品种的优良品质和高生产性能,又具有被改良品种的良好适应性。

级进杂交所生的一代杂种,即使处在与原品种类似的饲养水平下,仍能表现出较好的改良效果。

2. 引入杂交

当一个品种已基本上能满足国民经济的需要,而又在某一方面还有比较严重的缺点时,可以用与生产方向一致并能改良此品种的另一品种进行杂交,叫作引入杂交。其目的只限于改良原品种某方面的缺点,而尽量保留其主要品质。改良用品种只与部分原品种母羊杂交1次,再进行1~2次回交,以获得含外血1/8~1/4的后代,用以进行自群繁育。引入杂交在养羊业中应用颇广,其成败在很大程度上决定于改良用品种的选择、杂交中的选配及幼龄羊培育条件等方面。

在作引入杂交时,选择品种和个体很重要。要选择特别好的和经过后裔测验的种公羊,要为杂种羊创造一定的饲养管理条件,并进行细致的选配。此外,还得加强原品种的选育工作,以保证供应好的回交种羊。

3. 育成杂交

育成杂交的主要目的是通过杂交培育新品种。参与杂交的绵羊品种,可以是两个,也可以是两个以上。通过育成杂交培育新品种是发展养羊业、提高绵羊生产性能的重要方法。我国原有土种羊多属粗毛羊,如何充分利用现有细毛羊、半细毛羊等纯种,开展育成杂交,培育适应当地条件的绵羊新品种,是改变我国养羊业面貌的重要途径。

(二)以细毛羊为方向的杂交改良

我国以细毛羊为方向的杂交改良和培育细毛羊新品种所使用的母本,主要是蒙古羊、西藏羊和哈萨克羊。在育成杂交中使用的父本,主要有新疆细毛羊、高加索细毛羊、前苏联美利奴羊等。在培育新品种的过程中,也有用斯塔夫罗波尔、阿尔泰、萨尔、澳洲美利奴和波尔华斯等品种进行引入杂交的。中国美利奴羊将是今后广泛使用的改良用品种。

培育细毛羊所使用的方法多为育成杂交。一般先用细毛羊品种杂交3~4代,等出现理想型公母羊后再横交固定,经长期选育而形成新品种。在育种过程中,为改进某项缺点,也经常采用引入杂交。

以细毛羊为方向的杂交改良和培育细毛羊新品种,除要求杂种羊符合细毛羊羊毛的细度和长度外,首先要求解决毛色和羊毛同质性问题。这些性状改良的效果和速度,与改良用品种与个体的选择、粗毛母羊个体的选择、杂交代数、杂种羊的选择和淘汰以及饲养管理条件都有关系。

同质毛改良速度虽受很多因素影响，但以母本被毛情况影响最大。一般来说，母本被毛粗细较匀者改良快，匀度差者改良慢。如青海藏羊羊毛纤维类型重量百分比，无髓毛、两型毛、有髓毛分别为46.9%、41.6%和11.5%；用新疆细毛羊改良时，一代杂种羊的无髓毛即达98.04%。蒙古羊羊毛，上述纤维类型的比例分别为48.59%、2.18%和49.23%，用苏联美利奴羊杂交后，其一代杂种羊无髓毛已占91.17%。

母本对后代毛色的改良速度影响也很大。用新疆细毛羊同纯白毛色的蒙古羊杂交时，一代杂种中纯白毛色者占81.75%。同头肢杂色、体杂色以及全黑、全褐色蒙古羊杂交后，一代纯白毛色者分别为40.15%、22.45%和20.83%。

根据对同质毛和毛色改良速度影响因素的分析，在挑选母本个体时应选择纯白色和被毛较均匀的个体。如果这一点无法做到，应尽量选择毛色和同质性遗传稳定的品种或个体供作杂交改良之用。此外，须严格进行杂种的选择和淘汰，并为杂种创造较好的饲养管理条件。

用细毛羊杂交改良粗毛羊时，在杂种达到同质毛和纯白毛色后，一般羊毛细度和长度也都能达到细毛羊的要求。

我国从20世纪50年代以来，已用育成杂交的方法培育出新疆细毛羊、东北细毛羊、内蒙古细毛羊、甘肃高山细毛羊、敖汉细毛羊、鄂尔多斯细毛羊、青海细毛羊、新疆军垦细毛羊、以及中国美利奴羊等新品种。

（三）以半细毛羊为方向的杂交改良

我国以半细毛羊为方向的杂交改良起步较晚，自1973年第一次全国半细毛羊会议后才大规模开展。以粗毛羊或细毛杂种羊为母本的杂交改良，主要使用了3个类型的半细毛羊公羊品种：茨盖羊被毛同质性较差，但适应能力强，适合于气候和草原植被较差的地区，在我国西北、内蒙古、四川、西藏某些海拔较高的气候寒冷的地区改良效果较好。英国长毛种羊如罗姆尼、边莱、林肯羊等品种原产于饲料条件和气候较好的地区，被毛品质好，适合在饲料条件和气候较好地区的杂交改良，用以培养羊毛细度为48～50支的半细毛羊。考力代羊要求高，在某些饲料和气候较好的地区可用于杂交改良粗毛羊或细毛杂种羊，以培育被毛细度为56～58支的半细毛羊。

我国以半细毛羊为方向的杂交改良有自己的特点，就是绝大部分母本是细毛杂种羊，今后虽然不排除用粗毛羊作母本的可能性，但无疑前者将是主要母本来源。

培育半细毛羊新品种应该注意后代对当地的适应性，因为许多早熟肉用种都是在饲料和气候条件较好的地区培育出采的，它们的被毛品质和早熟性都较好，但杂种羊对条件的要求也比较高。在条件较好的地区，用这类公羊作父本，其改良效果固然较好，但在条件较差的地区用它来杂交改良，则效果往往较差。反之，在这类地区用茨盖公羊作父本的杂交，可能会收到较好的效果。因此,在发展半细毛羊的地区进行引种要考虑引入品种的适应性。在这方面全国很多地区已作过不少引种和杂交改良试验,其结果均可借鉴。

开展半细毛羊方向育种工作的结果,已培育出一批半细毛羊新品种和品种群,如东北半细毛羊、青海半细毛羊、安徽半细毛羊、内蒙古半细毛羊等。

(四)羔皮羊的杂交改良

新疆库车羊的改良主要用卡拉库尔种公羊作级进杂交,结果杂种羊羔皮品质提高很快。20 世纪 70 年代初期,杂种羊已形成具有品质较好和遗传性较稳定的品种群。根据新疆农科院畜牧兽医研究所和库车种羊场 1971 年的鉴定,三等以上的羔皮已占 77.75%;毛卷类型中卧蚕形毛卷约占 78%。

新疆 150 团羊场,从 1961 年即开始用卡拉库尔种公羊杂交改良哈萨克和杂色细毛杂种羊,到 1972 年已有大量的四代杂种和少量的五代杂种。杂种黑毛色比例逐渐增加,三代及以后全部为黑毛色。羔皮等级随杂交代数而提高,其中一二级羔皮的比例也有所增加;三四代杂种羔,一级比例占 15.84% 和 20.18%。

五、提高羊繁殖力的措施

(一)加强选育与选配

1.种公羊选择

种公羊选择即从繁殖力高的母羊后代中选择培育公羊。要求体型外貌标准、健壮,睾丸发育良好,雄性特征明显,并通过精液质量检查,后裔鉴定等措施发现和剔除不符合要求的公羊。

2.母羊选择

羊的繁殖力是有遗传性的,不同的品种繁殖力是不同的。一般母羊第一胎产双羔,在以后的胎次中产双羔的重复率就大。例如,我国的湖羊、小尾寒羊和芬兰的兰德瑞斯羊的双羔率要比其他品种羊高很多,产羔率可达到 200% ~300%。此外,母羊产羔还与年龄有关。如绵羊在 3.5 ~7.5 岁时的蛋白质代谢过程最旺盛,一般到 4 岁前后才能达到排卵的最高峰。双羔率 2 岁左右 1 ~2 胎时较低,3 ~6 岁时最高,7 岁以后逐渐下降。所以,通过合理调整羊群结构,增加适繁母羊的比例,保持羊群中青年羊的数量,也可提高繁殖力。

(二)多胎基因的利用

引进多胎品种,用多胎品种与地方品种羊杂交,是提高繁殖力最快、最有效和最简便的方法。近年来，国内外在这方面做了大量富有成效的工作，通过引进多胎品种杂交，在提高母羊繁殖力和培育多胎高产新品种上起到了积极作用。国外利用芬兰的兰德瑞斯羊、俄罗斯的罗曼诺夫羊、澳大利亚的布鲁拉羊，国内利用小尾寒羊、湖羊等多胎品种作父系进行杂交以增加产羔数，均收到了良好的效果。

(三)加强营养

营养条件对羊的繁殖力影响很大，如改善配种期的营养条件，做到配种前后给公、母羊优质饲料，既可确保公羊精液品质又能增加母羊排卵数和受精卵数，同时，能提高受胎率和胚胎存活率。加强怀孕后期母羊的饲养管理可提高羔羊出生重及其存活率，这也是一个关键时期，不可忽视。实践表明，配种前 2 ~ 3 周提高羊群的饲养水平，可增加 10% 的一胎多羔。

(四)消灭羊的空怀和流产

1. 保证母羊优孕

种公羊品种的优劣是保证母羊优孕的基础。种公羊的蛋白质营养决定精子的密度和精子的活力。因此，要供给种公羊全价营养，特别是保证种公羊蛋白质和维生素的需要，增加饮水量，以提高公羊的射精量。对性欲不旺的种公羊，也可采用药物治疗，用地龙 10 g、淫羊藿 10 g 研末灌服疗效良好；精子少或没有精子的公羊要适当增加动物性蛋白饲料。多喂优质豆科牧草，每天补喂小米 150 ~ 200 g，均能收到较好的效果。

2. 保证母羊正常发情

多喂一些青绿饲料和青贮饲料，能促进母羊正常发情。对发情不明显或不发情的母羊，可进行人工催情：每只每次注射孕马血清 8 ~ 10 mL，注射 1 ~ 3 次；也可以注射绒毛膜促性腺激素，每只每次注射量 500 ~ 2 000 IU，根据情况注射 1 ~ 3 次。

3. 抓好试情，防止漏配

试情公羊必须性欲旺盛，具有中等以上的体格和膘情。将试情公羊的胸部涂上油色，爬跨发情母羊时，在母羊的后躯印上油色，可以识别发情的母羊；或用戴试情布和涂色粉剂的试情公羊寻找发情母羊。

4. 提高配种技术

首先，要抓住配种时机，在 1 个发情期内，配种 1 次即可。母山羊每隔 20 d 左右发情 1 次，每次发情持续期为 20 ~ 28 h，排卵时间一般在发情开始后 30 ~ 40 h。因此，配种应在发情后期抓紧进行。其次,配种时,首先要抓好试情工作,防止漏配。如果实行人工授精,必须严格执行人工授精技术的一切操作规程。对子宫有疾病的母羊,要及时治疗,待康复后再转入配种群。

5. 掌握人工催情技术

在严格搞好配种的同时,对发情不明显或不发情的母羊,可进行人工催情:每只羊每次注射孕马血清 8 ~ 10 mL,注射 1 ~ 3 次;也可以注射绒毛膜促性腺激素,每只羊每次注射 500 ~ 2 000 IU,根据情况注射 1 ~ 3 次。

6. 做好保胎工作

母羊配种前后,每天应多喂一些青绿饲料和青贮饲料。已妊娠的母羊不喂发霉变质的饲料,不在有霜雪草地上放牧,不饮带冰渣的水;放牧时不跨沟越壕,不打冷鞭,出入圈门要拦羊,防止由于拥挤而造成机械性流产;防止药物引起流产。对患病的妊娠母羊,不要投喂大量泻剂、利尿剂、子宫收缩剂或其他烈性药,以免因用药不当而引起流产。

【评估考核】

一、填空

1. 绵羊、山羊的选种,主要指种公羊的选择,一般从________、________、________和________ 4 个方面着手进行。

2. 羊的选配方法包括表型选配和________两种方法,其中表型选配即品质选配,它可分为________和________。

3. 品系繁育过程,一般包括________、________、________、________和________ 5 个步骤和措施。

4. 养羊业中较常见和应用较广的杂交方法有________、________和育成杂交 3 种方法。

二、简答

1. 简述提高羊的繁殖力的主要技术措施,重点阐述防止母羊空怀和流产的主要措施。

2. 根据我国各地多年来的经验,要成功地进行本品种选育,需要怎样的程序与措施。

■学习情境三

羊饲料加工调制技术

项目一　饲料及其分类

【基本概念】

能够被动物摄取、消化、吸收和利用,可促进动物生长或修补组织、调节动物生理过程的物质称为饲料。简而言之,能被动物采食又能提供给动物某种或多种营养的物质,称为饲料。

【教学重点】

饲料的分类及主要饲料的营养价值。

【教学目标】

1. 知识目标

◆ 了解饲料的国际、国内分类方法,初步掌握各类饲料的营养特性。

2. 技能目标

◆ 能够根据各种饲料的营养价值,准确选用所需饲料。

【教学内容】

一、饲料分类

饲料分类目前在世界各国饲料尚未完全统一,比较认同的分类方法是国际分类法,由美国学者哈理斯(L E. Harris)提出。但大多数国家则采取国际饲料分类与本国生产实际相结合的方法,或按饲料来源、或按饲喂动物对象、或按传统习惯进行分类。

(一)饲料国际分类及其编码

美国学者哈理斯根据饲料的营养特性,将饲料分成 8 大类,对每类饲料冠以相应的国际饲料编码(International Feeds Number,IFN)。并应用计算机技术建立有国际饲料数据管理系统,这一分类系统在全世界已有近 30 个国家采用或赞同。国际饲料分类法将饲料分为八大类见表 3.1.1。

表 3.1.1　饲料国际分类依据

饲料类别	饲料类名	划分饲料类别的依据		
		自然含水量	干物质中粗纤维含量	干物质中粗蛋白含量
1-00-000	粗饲料	<45.0	≥18.0	
2-00-000	青绿饲料	≥45.0		
3-00-000	青贮饲料	≥45.0		
4-00-000	能量饲料	<45.0	<18.0	<20.0
5-00-000	蛋白质饲料	<45.0	<18.0	≥20.0
6-00-000	矿物质饲料			
7-00-000	维生素饲料			
8-00-000	饲料添加剂			

(二)我国饲料分类及其编码

张子仪院士等建立了我国饲料数据库管理系统及饲料分类方法。首先在国际饲料分类法基础上将饲料分成八大类,然后结合中国传统饲料分类习惯划分为 17 个亚类。中国现行饲料分类编码见表 3.1.2。

表 3.1.2　中国现行饲料分类编码表

饲料分类名	中国饲料编码亚类序号	IFN 与 CPN 结合后可能出现的饲料类别形式
青绿植物类	01	2-01-0000
树叶类	02	1-02-0000,2-02-0000,4-02-0000,5-02-0000
青贮饲料类	03	3-03-0000
块根、块茎、瓜果类	04	2-04-0000,4-04-0000
干草类	05	1-05-0000,4-05-0000,5-05-0000
农副产品类	06	1-06-0000,4-06-0000,5-06-0000
谷实类	07	4-07-0000
糠麸类	08	4-08-0000,1-08-0000

续表

饲料分类名	中国饲料编码亚类序号	IFN 与 CPN 结合后可能出现的饲料类别形式
豆类	09	5-09-0000,4-09-0000
饼粕类	10	5-10-0000,4-10-0000,1-10-0000
糟渣类	11	1-11-0000,4-11-0000,5-11-0000
草籽树实类	12	1-12-0000,4-12-0000,5-12-0000
动物性饲料类	13	4-13-0000,5-13-0000,6-13-0000
矿物质饲料类	14	6-14-0000
维生素饲料类	15	7-15-0000
添加剂	16	5-16-0000
油脂类饲料及其他	17	4-17-0000

注：共三档7位数，第一档编码为国际饲料分类编码（1位数），第二档为中国饲料分类编码亚类号（2位数）。

二、各类饲料及其营养价值

（一）粗饲料

粗饲料主要是指自然状态下水分含量在45%以下，饲料干物质中粗纤维含量大于或等于18%的饲料。此类饲料主要包括干的饲草、农副产品（秸、壳、荚、秧、藤）、树叶、糟渣等。

本类饲料粗纤维含量高可达25%～45%；可消化营养成分含量和能量价值较低，消化能含量一般不超过10.5 MJ/kg；有机物消化率在70%以下，其主要的化学成分是难以消化的木质化和非木质化的纤维素、半纤维素。

（二）青绿饲料

青绿饲料是指天然水分含量高于60%，富含叶绿素，处于青绿状态的饲料。

本类饲料含水量高，陆生植物的水分含量在60%～90%，而水生植物可高达90～95%；蛋白质含量较高，青绿饲料中蛋白质含量丰富，蛋白质的氨基酸组成较为平衡，通常优于籽实中的蛋白质；粗纤维含量较低，青绿饲料干物质中粗纤维含量为15%～30%，无氮浸出物在40%～50%；钙、磷比例适宜，适于动物生长；维生素含量丰富，特别是胡萝卜素含量较高。

（三）青贮饲料

青贮饲料是指将牧草、饲料作物等新鲜青饲料，切短后在密封的条件下，通过原料中的乳酸菌等微生物发酵制成的，在相当长的时间内保持品质相对不变的一种饲料。

本类饲料的营养特点基本与青绿饲料相近。青贮饲料能有效的保持青绿饲料的营养特性,青贮后营养损失量仅为3~10%,而晒制干草的营养损失量可达30~50%。饲料经过青贮后能保持原料中的营养成分和青绿时的鲜嫩汁液,有效扩大饲料资源,经济而安全的保存饲料,消灭害虫及杂草,而且其干物质中各种有机物的消化率也接近于青绿饲料,在生产中已广泛应用。

(四)能量饲料

能量饲料是指饲料干物质中粗纤维含量低于18%,粗蛋白质含量低于20%,消化能含量大于10.46 MJ的饲料。这类饲料包括谷实类、糠麸类、块根块茎瓜果类、糖蜜类、动植物油脂类和乳糖等。

本类饲料无氮浸出物含量丰富、有效能值高,禾谷类籽实无氮浸出物含量一般占籽实干物质的63%~75%(燕麦为66%),是饲粮中的主要组成部分和能量来源;蛋白质含量低、且品质差,蛋白质含量为7.9%~13.9%,赖氨酸、蛋氨酸、苏氨酸和色氨酸含量低,氨基酸平衡性差;矿物质和维生素含量低、且不平衡。

(五)蛋白质饲料

蛋白质饲料是指饲料干物质中粗蛋白质含量在20%以上、粗纤维含量在18%以下的饲料,也称蛋白质补充饲料。这类饲料对于提高动物的生产能力有着十分重要的现实意义。主要有植物性蛋白质饲料、动物性蛋白质饲料、单细胞蛋白质饲料及非蛋白氮饲料。其中在生产实践中大量使用的是植物性与动物性蛋白质饲料。

本类饲料蛋白质含量高且品质较好;粗脂肪含量变化大;粗纤维含量一般不高;矿物质、维生素含量不平衡;大多数含有一些抗营养因子,影响其饲喂价值。

(六)矿物质饲料

矿物质饲料是补充动物矿物质需要的饲料。它包括人工合成的、天然单一的和多种混合的矿物质饲料,以及配合有载体或赋形剂的痕量、微量、常量元素补充料。常量矿物质饲料包括钙源性饲料、磷源性饲料、食盐以及含硫饲料和含镁饲料等。

本类饲料蛋白质含量较低,几乎不含维生素、碳水化合物和粗纤维。只能作为单一或某几种矿物质元素补充料,微量元素一般以添加剂形式供给。目前已知羊有明确需要的矿物质元素有14种,其中常量元素7种:钾、镁、硫、钙、磷、钠和氯(硫仅对奶牛和绵羊)。饲料中常不足,需要补充的有钙、磷、氯、钠4种;微量元素7种:铁、锌、铜、锰、碘、硒、钴。矿物质元素在各种动植物饲料中都有一定含量,虽多少有差别,但由于动物采食饲料的多样性,可在某种程度上满足对矿物质的需要。但在舍饲条件下或饲养高产动物时,动物对它们的需要量增多,这时就必须在动物饲粮中另行添加所需的矿物质。

（七）维生素饲料

维生素饲料是指人工合成或提纯的单一维生素或复合维生素，不包括某项维生素含量较多的天然饲料，所以又称为维生素补充物（通常被称为维生素添加剂）。

本类饲料物化性质不稳定，易氧化或易被其他物质破坏；由于原料特点和生产工艺上的不同，各类维生素含量变化较大，几乎所有的维生素都要经过特殊的加工处理和包装。为满足不同的使用要求，商品维生素常制成不同规格含量的产品。它包括3种：①纯制剂：B族维生素制剂，多是化学合成的晶体物质，其化合物含量至少为95%。如维生素B_1、维生素B_2、维生素B_6、叶酸、烟酸、泛酸钙、维生素C、维生素K_3的纯品制剂化合物纯度为95%～99%。②经包被处理的制剂：又称稳定型制剂。脂溶性维生素及维生素C极不稳定，常利用稳定物质进行包被以提高其稳定性。③稀释制剂：维生素A多由维生素A醋酸酯制成，用维生素A棕榈酸酯制成的也较多。

（八）饲料添加剂

饲料添加剂是指为了某种目的而以微小剂量添加到配合饲料中的物质的总称。饲料添加剂的使用剂量通常以mg/kg或g/t计，部分添加剂的添加量按百分含量计。

本类饲料营养成分比较单一，种类繁多，性能各异。按其作用分为营养性饲料添加剂和非营养性饲料添加剂。营养性饲料添加剂是指用于补充饲料营养成分的少量或微量物质，包括饲料级氨基酸、维生素、矿物元素等。非营养性饲料添加剂是指为保证或者改善饲料品质、提高饲料利用率而掺入饲料中的少量或微量物质。包括微生态制剂、酶制剂、羊产品品质改良剂、饲料保存剂、食欲增进剂、黏结剂、流散剂、药物饲料添加剂及其他类饲料添加剂。

【评估考核】

一、填空

1.饲料分类目前在世界各国饲料尚未完全统一。比较认同的分类方法是__________法，美国学者哈理斯提出。

2.国际饲料分类法将饲料分为八大类，分别是__________、__________、__________、__________、__________、__________、__________、__________。

3.饲料添加剂按其作用分为________添加剂和____________添加剂。

4.能量饲料是指饲料干物质中粗纤维含量低于______%，粗蛋白质含量低于______%，消化能含量大于______ MJ的饲料。这类饲料包括______类、______类、______类、糖蜜类、________类和________等。

5.目前已知羊有明确需要的矿物质元素有14种，其中常量元素7种：包括______、

______、______、______、磷、钠和氯(硫仅对奶牛和绵羊)。微量元素 7 种:包括______、______、______、______、碘、硒、钴。

二、简答

简述主要饲料的种类及其营养价值。

项目二　各类饲料加工调制技术

任务一　粗饲料加工调制技术

【基本概念】

粗饲料加工调制技术主要包括物理调制、化学调制和生物调制技术。

【教学重点】

粗饲料的物理调制、化学调制和生物调制技术。

【教学目标】

1. 知识目标

◆ 了解粗饲料的加工调制方法，初步掌握粗饲料的主要加工调制技术。

2. 技能目标

◆ 能够采用合理的加工调制技术，开发利用当地的粗饲料资源。

【教学内容】

一、物理调制技术

1. 粉碎与切短

秸秆和其他农副产品都可以用粉碎机粉碎或用铡草机切短，一般切短长度为 1 ~ 3 cm。作物秸秆在收获以后，应及时集中粉碎储存，不应露天整杆堆贮以防止营养物质损失严重。

2. 揉碎

玉米秸秆等收割后，含水量较大，次年 3 ~ 4 月份才能粉碎利用，由于自然堆放时间过长，营养成分损失严重。最好的方法是收获后及时揉碎，成丝条状饲草，揉碎后可直接饲喂，氨化、微贮贮存，或晒干贮存，以免营养成分损失。

3. 浸泡

浸泡即将农作物秸秆放在水中浸泡处理后饲喂羊。经浸泡的秸秆，质地柔软，适口性好，特别是有芒的秸秆效果更好。生产中一般先将秸秆切细后再加水浸泡并拌上精料，以提高饲料的利用率，也有将秸秆浸泡在盐水中，盐化后再饲喂。

4. 造粒

秸秆、干草、灌木等粉碎后，可用压粒机造成颗粒饲喂或保存运输。并且可以配入人工精料、添加剂制成肥羔生产、快速育肥、冬春补料等全价饲料，颗粒饲料有以下优点：第一，颗粒饲料与粉料相比，羊对其消化率能提高 10%；第二，颗粒饲料能扩大饲料资源，一些适口性差的原料都可制成颗粒饲料，如新鲜牧草、干草、秸秆、秕壳、灌木、树枝树叶、糟渣等；第三，运输贮存方便；第四，饲喂损失少，如秸秆整喂损失 50% 以上，粉碎后损失 20% 左右，但制成颗粒损失仅 1% ~ 2%。新鲜牧草经晒制、贮藏，其营养损失在 20% ~ 30%，但将其晒至含水量适当时，制成草粒，损失就少得多；第五，羊对颗粒饲料的采集利用率高，同时颗粒饲料完全杜绝了择食性，一些适口性差的的饲料也能避免羊只择食而造成浪费；第六，便于采用科学配方，使精、粗料结合的全价配合饲料能在养羊业中得到真正应用，从而达到营养全面，饲料转化率提高，节约饲料的目的；第七，颗粒饲料粉尘少，有益于人畜身体健康，饲喂方便，便于实行集约化饲养；第八，颗粒饲料是放牧羊良好的冬春补料，也是羊快速育肥、肥羔生产的理想饲料。

(1)颗粒饲料制作技术

首先,要有科学配方,例如,新鲜牧草含水量降到30% ~40%时,加入矿物质饲料,如石粉、食盐、微量元素和黏合剂后,压成颗粒饲料,可制成高蛋白维生素成型饲料。以秸秆、精饲料为主,舍饲怀孕母羊的全价饲料配方有:玉米秸80.5%、玉米1.9%、石粉0.3%、食盐0.3%、微量元素0.2%、维生素0.2%,按以上配方制成的颗粒饲料为全价饲料,饲喂怀孕母羊只采食此饲料,按时饮水,再不补加任何其他饲料,怀孕母羊即可正常生长发育。

其次,要有适宜于自己生产规模的造粒机。小型颗粒机一般投资3万~5万元即可生产,适于小型养殖户。专门生产颗粒饲料的饲料厂和大型养殖户需大型颗粒机。

(2)制作工艺

将各类饲料粉碎混合、拌湿(加水8% ~15%),在没有高压蒸汽情况下,拌湿后还要加黏合剂,黏合剂有糖蜜、淀粉、糊精和盐水等,还有我区的特产,如膨润土、高岭土和白陶土等,造颗粒饲料黏合效果很好,特别是白蒿籽更是制造颗粒的优质黏合剂。用量为膨润土2%,蒿籽粉0.5%。如有高压蒸汽则不必加黏合剂。搅拌好的原料加入制粒机即可。如新鲜牧草,需晒至含水量30% ~40%时,切碎后加入其他添加剂送造粒机制粒。

5.热喷

热喷是将物料(秸秆、饼粕和鸡粪等)装入饲料热喷机内,向机内通入热饱和蒸汽,经过一定时间后使物料受高压热力的处理,然后对物料突然降压,迫使物料从机内喷爆于大气中,从而改变其结构和某些化学成分,并经消毒、除臭,使物料变为更有价值的饲料的加工过程。饲料热喷技术是由特殊的热喷装置及其特有工艺流程来完成的。

(1)热喷装置的构造及工艺流程

原料经铡草机切碎,装入贮料罐内,经进料漏斗,被分批装入安装在地下的压力罐内。将其密封后通入0.5~1.0 MPa(兆帕)低中压蒸汽(蒸汽由锅炉提供并由进气阀控制),维持一段时间(1~30 min)后,控制排料阀,进行减压喷放,秸秆经排料管进入泄力罐。喷放出的秸秆可直接饲喂或压制成型。

(2)热喷的效果

热喷后由于秸秆的物理性质发生了变化,其全株采食率由50%提高到90%以上,消化率提高了50%以上。

物理加工方法仅能有限提高粗饲料的消化率和采食量,不能增加、提高其营养价值;但因其加工操作简单,成本低,在生产中较为常用。

二、化学调制技术

化学调制技术包括碱化、氨化和酸处理。

1. 碱化处理

碱化是通过碱类物质的氢氧根离子打断木质素与半纤维素之间的酯键，使60% ~80%的木质素溶于碱中，把镶嵌在木质素-半纤维素复合物中的纤维素释放出来。

(1)石灰水处理法

在离畜舍较近的地方建一个水泥池，其大小据需要而定。将配成的1%生石灰水溶液，充分熟化和沉淀后，用上层澄清的石灰乳液处理秸秆。

具体方法：每100 kg秸秆，需3 kg生石灰，加水300 L，将石灰乳均匀喷洒在切短或粉碎的秸秆上，堆放在水泥地面上，经1 ~2 d后可直接饲喂牲畜，也可将切短或粉碎的秸秆放入缸等容器中，加入石灰乳至全部淹没秸秆，秸秆上压以石块，以保证秸秆全部浸在石灰乳中，经过一昼夜后，取出沥去残存液即可直接饲喂羊。

这种方法成本低，生石灰来源广，方法简便，效果明显。

(2)氢氧化钠处理

氢氧化钠处理也称氢氧化钠浸润法。一般需要建池、配制溶液、浸润、滴沥、后熟的过程。

具体方法：建造一个浸润池，一般为用砖与水泥砌成的地下或地面的池子，池子大小根据秸秆数量而定。将要处理的秸秆放入含1.5% NaOH浸泡溶液的浸润池中，注意应让浸泡液完全浸没秸秆，一般浸润0.5 ~1 h。然后，将秸秆捞出放入浸润池的上方滴沥0.5 ~2 h。再将滴沥完的秸秆进行储存"后熟"，在常温下一般后熟3 ~6 d的时间。

氢氧化钠处理后的秸秆其营养价值几乎与生长早期刈割的青草或中等质量的青干草相等，但碱化后秸秆的蛋白质将会减少。

2. 秸秆氨化处理

秸秆氨化处理即在秸秆中加入一定比例的氨水、无水氨(液氨)或尿素溶液进行封闭处理，以提高秸秆的消化率和饲用价值的处理方法。经过氨化处理的粗饲料称为氨化饲料。氨化饲料主要适用于牛、羊等反刍动物。堆垛法秸秆氨化处理的方法如下：

(1)清场和堆垛

整理场地，铲挖成锅底形坑，便于积蓄氨水，防止外流。铺上厚度为0.2 mm以上的塑料薄膜，将秸秆放于其上。积垛时，在塑料薄膜的四周要留出80 cm的边，作折叠压封用。若用氨水处理的秸秆，可一次垛到顶，方形的垛，顶部呈馒头状，长方形的垛，顶部呈脊形。若用无水氨处理的秸秆，要随堆垛随填夹塑料注氨管。若用尿素溶液处理，要分层堆，每层厚度约50 cm，并且垛一层喷洒一层尿素溶液。

(2)注入氨或喷洒尿素溶液

氨水的注入量与浓度有关，不同浓度的氨水其用量也不同，见表3.2.1。

表 3.2.1 不同浓度氨水的注氨量(%)

名 称	氨浓度	注氨量 (占麦秸重)	相当于氨	含氮量	相当粗蛋白质
无氨水	100	3	3	2.47	15.44
1.5%氨水*	1.5	100	1.5	1.24	7.72
19%氨水*	19	12	2.28	1.88	11.73
20%氨水*	20	10	2	1.65	10.29
20%氨水□	20	12	2.4	1.98	12.35

注:有*者为经常使用浓度。

(3)密闭氨化

注入氨或喷洒尿素溶液后,可将塑料薄膜顺风打开盖在秸秆垛上,尽量排除里面的空气,四周可用湿土抹严。防漏气或被风吹雨淋,最后要用绳子捆好,压上重物。

(4)氨化的时间

氨水与秸秆中有机物质发生化学反应的速度与温度有很大的关系,温度高,反应速度加快;温度低,速度则慢。氨化的时间见表 3.2.2。

表 3.2.2 不同温度条件下氨化所需的时间

外界温度(℃)	30 以上	20~30	10~20	0~10
需要天数(d)	5~7	7~14	14~28	28~56

(5)放氨

氨化好的秸秆,开垛后有强烈的刺激性气味,牲畜不能吃,所以要充分放净氨味,待秸秆呈糊香味时,方可给牲畜食用。掀开遮盖物,日晒风吹,让氨气跑掉。

3.酸处理

使用硫酸、盐酸、磷酸和甲酸处理秸秆饲料称为酸处理。其原理和碱化处理相同,用酸破坏木质素与多糖(纤维素、半纤维素)链间的酯键结构,以提高饲料的消化率。但酸处理成本太高,在生产上很少应用。

化学加工法能提高反刍动物对粗饲料的消化率、采食量、适口性,也能因所用化学处理剂的不同而不同程度提高粗饲料的营养价值。氨化处理已在生产中普遍应用。

三、生物调制技术

利用乳酸菌、纤维分解菌、酵母菌等一些有益微生物和酶在适宜的条件下,使其生长繁殖,分解饲料中难以被羊消化利用的纤维素和木质素,同时可增加一些菌体蛋白质、维生素及对羊有益的物质,软化饲料,改善味道,提高适口性和营养价值。

1. 自然发酵

将草粉与水按 1∶1 比例搅拌均匀,冬天最好用 50 ℃温水,可在地面堆积,水泥池中压实和装缸压实进行发酵,地面堆积需用塑料薄膜包好,3 d 后即可完成发酵。发酵的饲料具有酸香、酒香味,如饲喂成年羊每只补加尿素 6 g,每次喂完剩余的一些发酵草粉加入下次发酵料中,不仅大大加快了发酵速度,还可减少因动物采食不尽造成的饲草料浪费。

2. 加精料发酵

100 kg 草粉中加 3 kg 麦麸、2 kg 玉米面,也可加 1 kg 尿素,或不加尿素,然后按自然发酵方法发酵。由于微生物生长需要丰富的碳水化合物,而且麸皮含淀粉酶,能促使淀粉转变为麦芽糖,促进微生物大量繁殖,2 ~ 3 d 可完成发酵,这种发酵效果非常好。

3. 秸杆快速发酵剂发酵

秸杆快速发酵剂可在 12 h 内完成发酵,缩短发酵时间。每 100 kg 草粉加 1 kg 发酵剂,加入 80 kg 水,按以上的方法即可完成发酵。

4. 人工瘤胃发酵

根据牛、羊瘤胃特点,模拟牛、羊瘤胃内的主要生理条件,即温度恒定为 38 ~ 40 ℃,pH 值为 6 ~ 8 的厌氧环境,保证必要的氮、碳和矿物质营养,采用人工仿生制作的方法。处理后的粗饲料质地明显呈"软、黏、烂",汁液增多。

(1)一般制作方法

先采用导管法或永久瘤胃瘘管法从屠宰牛、羊瘤胃中直接获得瘤胃液。瘤胃液要保存在 40 ℃的真空干燥箱内,将瘤胃内容物粉碎,一般 600 g 瘤胃内容物可制得 100 g 菌种。再准备各种作物秸秆、秕壳粉碎待用。然后,进行保温,实际中保温方法常有 3 种:

①暖缸自然保温法。在装发酵料的大缸周围和底部,填装 150 mm 厚的秕谷、糠麸、木屑等踏实,在四周用土坯或砖砌起围墙,缸口处用土坯或砖铺平抹好,上面盖上草帘等物保温。

②加热保温法。北方可在缸下部,修建火道或烟道,利用烧火的余热进行保温,为使受热均匀,可加火门调节。

③室内保温法。利用固定的房屋,建造火墙、火炉、土暖气等方法,使室温保持在 35 ~ 40 ℃。最后,堆积或装缸,压实封闭 36 h,即可饲用。

(2)利用机械发酵制作

目前我国已有机械化或半机械化的发酵装置,每缸一次可制作 1 500 kg 的发酵饲料。

调制前，先将粗饲料在碱池中浸泡 24 h，发酵过程中的搅拌、出料控制，均由机械操作，大大减轻了劳动强度，适宜大、中型牧场利用。

另外，制作瘤胃发酵饲料时，可添加其他营养物质。发酵的碳源由粗饲料本身提供，不足时再加；氮源可添加尿素；加入碱性缓冲剂及酸性磷酸盐类，也可用草木灰替代碱。

5. 秸秆微贮

秸秆微贮就是在农作物秸秆粉中加入微生物高效活菌种，放于密封容器中贮藏，经一定厌氧发酵过程，使作物秸秆变成具有酸香味，羊喜食，并能长期保存的饲料。

制作方法如下：

第一步，按每吨草粉取秸秆发酵活干菌 3 g，青贮秸秆 1.5 g 加入 2 kg 水中，加蔗糖 20 g，在常温下放置 1 ~ 2 h，使菌种复活。

第二步，配制菌液，配制 1% 的食盐水（12 kg 食盐加入 1 200 L 水中），将复活菌液倒入盐水中搅匀备用，此量可微贮 1 000 kg 草粉。

第三步，将秸秆粉碎揉碎（长为 2 ~ 5 cm）。

第四步，装填，将秸秆逐层装入微贮窖或池内，每层 20 ~ 30 cm，喷洒一次盐菌水，然后压实。逐层装填，直至草粉菌液全部用完，上面覆盖塑料薄膜，薄膜上放 20 cm 草，覆土 20 cm 密封，为了加快发酵，也可加入草粉重量 0.5% ~1% 的玉米面或麸皮。

第五步，发酵期内经常检查，防止漏水进气。微贮适宜温度为 10 ~ 40 ℃，经 30 d 发酵后即可饲用。

【评估考核】

一、填空

1. 粗饲料加工调制技术主要包括________、________和________技术。

2. 粗饲料的物理加工调制技术主要包括________、________、________、________、________等。

3. 粗饲料的化学调制技术包括________、________和________。

4. 粗饲料的生物调制技术主要包括________、________、________、________、________等。

二、简答

1. 简述粗饲料的石灰水处理法。

2. 简述粗饲料的生物调制技术的原理及主要方法。

任务二　青干草、草粉、草块调制技术

【基本概念】

青绿饲料,常加工调制为青干草、草粉和草块。

【教学重点】

青干草、草粉和草块的主要加工调制技术。

【教学目标】

1. 知识目标

◆ 了解青干草的特点和调制原理,掌握青干草的加工调制技术。

◆ 了解草粉的优点及原料种类,掌握草粉的加工调制技术。

◆ 了解草块加工的条件,初步掌握草块加工的工艺及评价标准。

2. 技能目标

◆ 能够根据当地的青绿饲料资源,加工调制生产所需的青干草、草粉或草块。

【教学内容】

一、青干草调制技术

(一)青干草的特点

1. 养分保存好

品质优良的青干草,色绿芳香,富含胡萝卜素,保留较多的叶片,质地柔软。据资料报道,人工干燥法制成的优质青干草,可保存90% ~93%的养分,营养价值高,可提供一定的净能,满足牲畜的营养需要。

2. 适口性好，消化率高

优质青干草经合理贮藏、堆积发酵后发出芳香草味，适口性好，羊爱吃，消化率也有一定提高。

3. 使用方便

良好的管理可使青干草贮藏多年。特别是在寒冷地区，由于冬、春季节长，气温较低，作物生长期短，青绿饲料生产受限制。青干草可常年使用，取用方便，营养保存较完善，尤其对种畜和幼畜更为重要。

（二）调制原理

调制干草的目的就是要迅速排除牧草中的水分，干燥到能够贮藏的程度。堆贮的干草要求含水量为14%～17%，超过17%容易霉败变质。青草在自然条件下干燥时所发生的生物化学变化可分为两个阶段。

1. 牧草饥饿代谢阶段

刈割后的鲜草，细胞尚未死亡，继续进行着呼吸和蒸腾作用，水分逐渐挥发减少，当水分减少到40%～50%时，呼吸作用停止。当牧草细胞进行呼吸作用时，可使牧草体内一部分可溶性碳水化合物被消耗，同时，蛋白质水解产生氨化物，这个阶段因受温度、湿度的影响，使水分蒸腾的时间长短不一。干燥得越快，呼吸作用停止越早，营养物质损失也较少。

2. 牧草成分分解阶段

呼吸作用停止后，牧草细胞已死亡，但牧草表面的水分继续蒸发。光照易破坏牧草中的胡萝卜素和叶绿素。在这一阶段中，牧草水分降到14%～17%的速度越快，养分损失就越少。

3. 青干草成分的损失

青绿饲草在饥饿代谢和成分分解阶段，有一部分养分损失。在调制和储存过程中，机械作用、阳光照射、搂草、翻草、搬运、堆垛等都会造成养分的损失，尤其机械作用使得部分嫩枝、叶脱落，一般叶片损失20%～30%，嫩枝损失6%～10%。豆科牧草的茎较粗壮，干燥不均匀，叶片损失比禾本科严重。所以，因叶片脱落而造成的养分损失远比重量损失的比例大得多。当苜蓿损失叶片占全重的12%时，其蛋白质的损失量占蛋白总量的40%。机械作用造成的养分损失不仅与牧草的种类有关，且与干燥技术有关。试验证明，刈割后立即小堆干燥，干物质损失仅占1.0%，以草垄干燥损失占4%～6%，平铺干燥的干物质损失可达

10%～40%。阳光直射使牧草的胡萝卜素、叶绿素、维生素C遭受破坏,但维生素D明显增加,这是由于牧草内的麦角固醇经阳光照射后变为维生素D。

刈割后的牧草如受到雨水淋湿,会使牧草中的易溶性化合物,如矿物质、水溶性糖和部分蛋白质严重损失;淋湿可使无机物损失67%,其中,磷损失达30%,碳酸钠损失65%,损失的部位主要在叶片上。

(三)调制方法

1. 自然干燥法

自然干燥法不需要特殊的设备,在很大程度上受天气条件的限制,是目前国内常用的干燥方法。自然干燥可分为地面干燥法和草架干燥法。

(1)地面干燥法

牧草刈割后在地面干燥6～7 h,当含水量降至40%～50%时,用搂草机搂成草条继续干燥4～5 h,并根据气候条件和牧草的含水量进行翻晒,使牧草水分降到35%～40%,此时牧草的叶片尚未脱落,再用集草器集成0.5～1 m高的草堆,经1.5～2 d就可调制成含水分为15%～18%的干草。牧草全株的总含水量在35%～40%以下时,牧草叶片开始脱落,为保存营养价值较高的叶片,搂草和集草作业应在牧草水分不低于35%～40%时进行。在干旱地区调制干草时由于气温较高、空气干燥,牧草的干燥速度较快,刈割与搂草作业可同时进行。

(2)草架干燥法

在牧草收割时由于多雨或潮湿天气,地面晾晒调制干草不易成功时,需采用专门制造的干草架进行干草调制。干草架主要有独木架、三角架、铁丝长架等。方法是将刈割后的牧草在地面干燥0.5～1 d后再移在草架上,遇到降雨时也可直接在草架上干燥,将牧草自上而下置于草架上,草架需有一定倾斜度以利采光和排水,最下一层牧草应高出地面以利通风,草架干燥虽花费一定物力,但制成的干草品质较好,养分损失比地面干燥减少5%～10%。

2. 人工干燥法

人工干燥法在20世纪六七十年发展迅速,其特点是可减少牧草自然干燥过程营养物质的损失,使牧草保持较高的营养价值。人工干燥主要有常温鼓风干燥法和高温快速干燥法。

(1)常温鼓风干燥法

常温鼓风干燥法可提高牧草的干燥速度。在堆贮场和干草棚中安装常温鼓风机,通过鼓风机强制吹入空气,达到干燥的目的。

(2)高温快速干燥法

高温快速干燥法是将牧草切碎置于烘干机中,通过高温空气使牧草迅速干燥的方法。干燥时间的长短,由烘干机的型号及牧草的含水量而定。有的烘干机入口温度为75～260

℃，出口温度为 60～260 ℃。虽然烘干机中温度很高，但牧草在烘干机中的温度很少超过 30～35 ℃。这种干燥方法养分损失很小，如早期刈割的紫花苜蓿制成的干草粉含粗蛋白 20%，含胡萝卜素 200～400 mg/kg，含纤维素 24% 以下。

3. 干草捆的制作

牧草干燥到一定程度后可用打捆机进行打捆，以减少牧草所占的体积和运输过程中的损失，便于运输和贮存，并能保持干草的芳香气味和色泽。根据打捆机的种类不同可分为方形捆和圆形捆：方形草捆有长方形小捆和大捆，小捆易于搬运，总重为 14～68 kg；长方形大捆总重为 0.82～0.91 t，需要重型装卸机或铲车进行装卸。柱形草捆由大圆柱形打捆机打成 600～800 kg 重的大圆柱形草捆，草捆长 1～1.7 m，直径 1～1.8 m；圆柱形草捆可在田间存放较长时间，可在排水良好的地方成行排列，使空气易于流通，但不宜堆放过高，一般不超过 3 个草捆高度，圆柱形草捆可在田间饲喂，也可运往圈舍饲喂。

为保证干草的质量，在打捆时必须掌握收草的适宜含水量。为防止贮藏时发霉变质，一般打捆时牧草的含水量应为 15%～20%；在喷入防腐剂丙酸时，打捆牧草的含水量可高达 30%，可有效防止叶片和花序等柔嫩部分折断而造成机械损失。

4. 干草的贮藏

干草的贮藏必须采取正确而可靠的方法进行，才能减少营养物质的损失和浪费。如果贮存不当会造成干草的发霉变质，降低饲用价值，失去干草调制的目的。同时，若贮藏不当还易引起火灾。

（1）散干草的堆藏

当调制的干草水分含量达 15%～18% 时即可贮藏。干草体积大，多采用露天堆垛的贮藏方法，堆成圆形或长方形草垛，草垛的大小视干草的数量而定。堆垛时应选择地势高而干燥的地方，草垛下层用树干、秸秆等作底，厚度不少于 25 cm，应避免干草与地面接触，并在草垛周围挖排水沟。堆草时要一层一层地进行压紧，特别是草垛的中部和顶部更需压紧、压实。

散干草的堆藏虽然经济，但易遭日晒、雨淋、风吹等不良条件的影响，不仅损失营养成分，还可能使干草霉烂变质。据试验，干草在露天堆放，营养物质损失高达 23%～30%，胡萝卜素损失可达 30% 以上。干草垛贮藏一年后，草垛侧面变质的厚度达 10 cm，垛顶变质厚度达 25 cm，基部变质厚度达 50 cm。因此，适当增加草垛高度可减少干草堆藏中的损失。

（2）干草捆的贮藏

干草捆的体积小、质量大，便于运输，也便于贮藏。草垛的大小依干草量的大小而定。调制的干草，除在露天堆垛贮存外，还可贮藏在专用的仓库或干草棚内。简单的干草棚只设支柱和顶棚，四周无墙，成本低，干草在草棚中贮存损失小，营养物质损失 1%～2%，胡萝卜素损失 18%～19%。干草应贮存在畜舍附近，以方便取运饲喂。

5. 干草品质鉴定

干草的品质好坏应根据干草的营养成分来评定，即通过测定干草中水分、干物质、粗蛋白、粗脂肪、粗纤维、无氮浸出物、粗灰分、维生素和矿物质含量以及各种营养物质的消化率来进行评价。在生产实践中，由于条件的限制，只能采用感官判断，判断干草的物理性质和含水量对干草进行品质鉴定和分级。

(1)颜色气味

干草的颜色是反映干草品质优劣的重要标志。优质干草呈绿色，绿色越深，其营养物质损失就越小，所含可溶性营养物质、胡萝卜素及其他维生素越多。适时刈制的干草都具有浓厚的芳香气味。干草如有霉味或焦灼味，说明其品质不佳。

(2)叶片含量

干草中叶片的营养价值较高，所含的矿物质、蛋白质比茎秆中多1~1.5倍，胡萝卜素多10~15倍，纤维素少1~2倍，消化率高40%。干草中的叶量越多，其品质越好。鉴定时，取一束干草，看叶量多少来确定干草品质的好坏。禾本科牧草的叶片不易脱落，豆科牧草的叶片极易脱落；优质豆科牧草干草中叶量应占干草总量的50%以上。

(3)牧草发育时期

适时刈割调制是决定干草品质的重要因素，始花期或始花以前刈割，干草中的花蕾、花序、叶片、嫩枝条较多，茎秆柔软，适口性好，品质佳。若刈割过迟，干草中叶量少、枯老枝条多、茎秆坚硬、适口性和消化率均下降，品质变劣。

(4)牧草组分

干草中各种牧草所占的比例也是影响干草品质的重要因素。一般来说，豆科牧草所占比例越高，干草品质越好，杂草数量越多，品质越差。

(5)含水量

干草的含水量应为15%~18%，含水量过高不宜贮藏。测定时，将干草束用手握紧或搓揉时无干裂声，干草拧成草辫松开时干草束散开缓慢，且不完全散开，弯曲茎上部不易折断为适宜含水量；当紧握干草束时发出破裂声，松手后迅速散开，茎易折断，说明干草较干燥，易造成机械损伤；当紧握干草束后松开，干草不散开，说明草质柔软，含水量高，易造成草垛发热或发毒，草质较差。

6. 干草的饲喂

青干草是冬、春季草食羊的主要饲料。良好的干草所含营养物质能满足牲畜的维持营养需要并略有增重，但在生产中，极少以干草作为单一饲料，一般用部分秸秆或青贮料代替青干草，再补充部分精饲料，以降低饲料成本。为避免粪便污染和浪费，干草通常放在草架上让牲畜自由采食。目前，常用的方法是把干草切短至3 cm左右或粉碎成草粉进行饲喂，以提高干草的利用率和采食量。用草粉饲喂羊，不要粉碎得太细，并需在饲喂时添加一定量的长草，以便使羊进行正常反刍。

二、草粉调制技术

草粉即主要把豆科、禾本科饲草的青草经人工或机械干燥后粉碎而成。对于用藁秆及其他农作物副产品的加工粉，可根据原料性质分别称为麦秸粉、玉米蕊粉、豆衣粉等。

（一）加工草粉的好处

①可以提高饲草的消化率，增强适口性。

②调制良好的草粉，含有丰富的蛋白质、矿物质和各种维生素。

③用优质草粉代替部分精料，可使饲料中的营养完善。

④可以提高干草的利用率，如草木樨、沙打旺、羊柴等茎秆粗大，羊不易采食，但加工成草粉后，羊就可以充分利用。

⑤饲喂草粉可以提高羊的生产性能，例如用苜蓿粉饲喂幼畜，可促进生长发育，喂鸡鸭等家禽可提高产蛋率10%～20%。

（二）加工草粉的原料

农村、牧区在大搞草地建设、种草养畜中，栽培优良饲草的面积逐年在扩大，这为加工草粉提供了大量的原料。

制做草粉的原料主要有：

①豆科饲草——苜蓿、草木栖、沙打旺、羊柴、红豆草、野豌豆、箭筈豌豆、锦鸡儿、紫云英、小冠花、山厘豆、胡枝子、银合欢、百脉根、大翼豆、扁宿豆、柱花草、三叶草等。

②禾本科饲草——冰草、无芒雀麦、多年生黑麦草、多花黑麦草、猫尾草、狗尾草、鸡脚草、狐芳、狗牙根、披碱草、羊草、野黑麦、鹅观草、苏丹草、新麦草等。

③其他如杨树叶、榆树叶、槐树叶、柳树叶等均可制作粉料。

豆科饲草比禾本科饲草加工的草粉，其蛋白质高50%～100%以上，钙、磷等含量相差更多，见表3.2.3。

表3.2.3　豆科草粉中维生素A、粗蛋白质、钙、磷含量

草粉(kg)	维生素A(国际单位)	粗蛋白质(%)	钙(%)	磷(%)
苜蓿	75 000	16.3	1.496	0.241
三叶草	60 000	10.22	1.160	0.210
猫尾草	35 000	7.4	0.293	0.170

豆科和禾本科草粉中维生素 A、粗蛋白质、钙、磷等含量,如果用野生牧草做草粉,其营养价值更高。

(三)做草粉用干草的刈割时期及晒制方法

做草粉用的饲草刈割的适宜时期是:豆科饲草在孕蕾期至开花初期;禾本科饲草在抽穗初期。刈割如果迟于上述时间,则茎秆粗硬,纤维增多,蛋白质含量下降。

准备做草粉用的饲草,刈割后在地面平晒的时间越短越好,而后集成小垛进行风干,避免阳光直接射入破坏干草中的维生素,直至小垛内的饲草阴干成风干状态后,即可集成大垛,备作草粉之用。此环节很重要,只有好质量的干草才能加工出好质量的草粉来,否则相反。

(四)草粉加工

草粉的加工过程要求较高的机械化程度。

1. 原料与刈割

加工优质青草粉的原料,主要是高产优质的豆科牧草,如紫花苜蓿、沙打旺、草木樨、三叶草、红豆草、野豌豆及豆科和禾本科的混播牧草等。木质化程度较高(大于 10%)和粗纤维含量高于 33% 的高大粗硬牧草不适宜加工草粉。草粉的质量与原料刈割时期有关,以在营养价值最高时进行刈割为原则。多用机械收获,同时完成收割、切碎等工序。对茎秆较粗的牧草,要进行压扁以利于干燥。机械收获不受天气条件的影响,能保存牧草固有的品质。

2. 刈后晾晒

刚收获的原料水分含量约为 80%,蒸发这些水分需要耗费较多的能量。因此当天气晴朗时,翻晒风干 4~6 h,使原料含水量降低到 50% 左右,可降低人工干燥燃料消耗 2/3,且胡萝卜素的损失量较小。

3. 高温干燥

将切碎的牧草,置于牧草烘干机中,通过高温空气,使牧草的含水量迅速由 80% 下降到 15% 以下。干燥时间的长短,因烘干机的种类而异。虽然烘干机中的温度很高,但牧草本身的温度一般不超过 30~35 ℃,所以牧草营养成分损失较少。牧草干燥后,为了减少草粉在贮存过程中的营养损失和便于运输,常把草粉加工成颗粒饲料。

4. 豆科牧草的茎叶分离

为防止豆科牧草干制过程中叶片的损失,可采用茎叶分离的加工技术,将茎叶分离后,叶作为单胃动物的蛋白质、维生素饲料,而茎可作为反刍动物的粗饲料或作为半干青贮的原料。

加工工艺过程(以紫花苜蓿为例)如下:

(1)刈割切短

适时收割的紫花苜楷,含水量80%左右,茎的含水量比叶高2% ~3%。为使紫花苜蓿易与热风接触,加快干燥,将紫花苜蓿切短为10 cm左右。

(2)烘干

用100 ℃热风烘干10 min左右,使紫花苜蓿呈半干燥状态。此时牧草总体含水量为37%左右,叶、茎的含水量分别为15%和50%左右。

(3)茎叶分离

将半干燥的紫花苜蓿用脱叶设备或谷物脱粒机,将叶和茎分开。要求干燥与脱叶作业连续进行,否则会因放置一段时间后,茎的含水量高和吸湿,叶片含水量再次提高,造成脱叶困难。

(五)加工草粉的要求与保存、饲喂方法

①粉碎干草时,应仔细挑出霉烂腐败的干草、毒草以及其他有害夹杂物。

②草粉饲喂的对象不同,要求粉碎的细度也不同,如果饲喂牛、马、羊,用的草粉可粗些;饲喂仔猪、雏鸡用的草粉,其细度不应超过1 mm;架子猪、肥猪、母猪等用的草粉,其细度可在2 mm左右。

③草粉可以散堆,一般采用密闭塔贮,同时应加少许稳定剂(如占草粉0.02%的乙氧基喹),也可用黑色纸带包装,若用仓库贮藏,则仓库内壁应刷成暗色,目的是使草粉中的胡萝卜素不受光线照射而氧化损失。因草粉易受潮而损失营养,所以在2 ~4 ℃低温条件下保存,放在干燥、通风良好的仓库内。

④目前,草粉主要用于为多种羊生产配合饲料,草粉在配合饲料中的用量达60% ~80%,可以大量的代替多种精饲料。优质草粉的营养价值接近于精饲料,每千克含约0.8个饲料单位、120 g左右可消化蛋白质;调制时营养物质损失不超过5% ~10%。同时草粉加工成颗粒饲料后,可以进行较长时间的贮存,据试验,贮存8个月后,蛋白质损失不超过2.2% ~7.0%,脂肪不超过2.5% ~6.1%,维生素不超过2.1% ~9.3%;而普通干草的蛋白质损失则高达43%。

⑤草粉最好与其他混合精料拌喂。

⑥草粉的补喂量,每日羊1.5 ~2 kg。

将青干草加工成草粉,从保存营养角度看,其营养成分损失较少。

三、草块调制技术

草块指将秸秆或牧草先经切碎或揉搓后,经特制的机器压制成高密度块状饲料。适于喂反刍动物。

1. 加工的基本工艺条件

(1)原料的长度

原料在压制前必须切碎到一定长度,一般为 3 ~5 cm,以适应反刍动物的生理消化特点。

(2)原料的湿度

水是秸秆原料的主要黏合剂,因此在压制前原料必须保持一定的湿度,一般相对湿度控制在 20% 以内,最佳为 16% ~18%。湿度过高或过低均影响压块成型。

(3)压力和温度

为使秸秆原料相互黏结在一起,在压制时应具备 20 ~30 t/cm^2 的瞬间压力;通过摩擦挤压在膜腔内原料达到 90 ~130 ℃高温;原料必须在膜腔内滞留 12 ~15 s,保证饲料草块成型的稳定性和达到较适宜的密度。

(4)添加附料装置

为保证饲料营养质量,要具备准确计量、均匀供给的营养和非营养添加剂的添加系统。

(5)冷却和干燥

刚压制的压块饲料出口温度一般为 45 ~60 ℃,其湿度略低于压制前的原料湿度,为保证产品含水量 14% 以下,必须迅速使产品冷却降温,除湿干燥。

2. 压块饲料的生产工艺流程

秸秆的干燥→干秸秆机械处理[压裂切碎或揉碎]→供料至混料机→添加营养和非营养性添加剂→混合调质→压制成型→冷却除湿[降温干燥]→计量包装→成品。

3. 压块质量评价

较好的草块应表面光滑、平整,无大于 5 mm 的裂痕,以保证在装运过程中能保持形状;整体尺寸比例合适,以保其具有一定的强度;纤维长度适宜,压块单体密度为 500 ~1 000 kg/m^3;堆积密度为 400 ~700 kg/m^3。

草块制作一般需有一定的加工设备、严格的制作工艺和较大的投资,故不适于养殖户制作,但有利于产业化加工调制和商品化的流通。

【评估考核】

一、填空

1. 堆贮的干草要求含水量__________%,超过________%容易霉败变质。

2. 青草在自然条件下干燥时所发生的生物化学变化可分为______和______两个阶段。

3. 青干草的加工可分为________和人工干燥两种方法,其中人工干燥主要有_________法和__________法。

二、简答

1. 简述对干草进行品质鉴定和分级的方法和标准。

2. 简述加工草粉的要求与保存、饲喂方法。

任务三　青贮饲料调制技术

【基本概念】

青贮饲料是将含水率为65% ~75%的青绿饲料经切碎后,在密闭缺氧的条件下,通过厌氧乳酸菌的发酵作用,抑制各种杂菌的繁殖,而得到的一种粗饲料。

【教学重点】

青贮饲料的制作原理及加工调制方法。

【教学目标】

1. 知识目标

- ◆ 了解制作青贮饲料的原料,掌握青贮饲料的制作原理。
- ◆ 了解青贮饲料的设备,掌握青贮饲料的加工调制工艺。

2. 技能目标

- ◆ 能够充分利用当地的饲料资源,制作优质的青贮饲料。

【教学内容】

一、青贮原理

利用乳酸菌对原料进行厌氧发酵,产生乳酸。当酸度降到pH值4.0左右时,包括乳酸菌在内的所有微生物停止活动,且原料养分不再继续分解或消耗,从而长期将原料保存下来。

二、青贮设备

(一)地下式和半地下式青贮设备

在地下水位较高的地方,采用半地下式。生产中多采用地下式。贮量少的,多用圆形青贮窖；而贮量多时，以长方形沟状的青贮壕为好。在地下水位高的地区，采用半地下式青贮窖，窖底须高出地下水位 0.5 m 以上。

地下式青贮窖或壕等全部位于地下，其深度应按地下水位的高低来决定，一般不超过 3 m 为宜。地下式青贮设备适用于地下水位低和土质坚实的地区，窖壕的底面与地下水位至少要保持 0.5 m 的距离以免底部出水，一般青贮窖深 2.5 ~ 3 m，侧壁呈现坡形，外有排水沟或安装排水管。

半地下式青贮窖或壕的部分位于地下，一部分又位于地上。若地下部分较浅，可利用挖出的湿黏土或用土坯、砖、石等材料向上垒砌 1 ~ 1.7 m 高的壁。在砌成的壁上所有的孔隙都应用灰泥封严，外面要用土培好。用黏土堆砌的窖或壕壁厚度一般不应小于 0.7 m，以免漏气。这种临时性的半地下式设备比较省工、经济，如制成永久性的设备，可在壁的表面抹上水泥。

圆柱状的青贮窖形似一口井，窖的直径与窖深之比为 1 : 1.5 ~ 1 : 2。

（二）地上式青贮设备

地上式青贮设备如青贮塔，适用于在地势低洼，地下水位较高的地方采用。塔的高度应根据条件而定，如有自动装料的青贮切碎机，可以建高达 7 ~ 10 m，甚至更高的青贮塔。一般青贮塔建在距离畜舍较近处，并在朝畜舍方向的塔壁，由下而上每隔 1 ~ 1.5 m 的地方留一个窗口，便于取料。塔壁必须坚固不透气，可用钢筋加固。

三、青贮饲料调制

（一）一般青贮饲料调制方法

一般青贮饲料调制包括原料选择、切碎、装填、压实、密封和管护 6 个步骤。

1. 原料选择

作为制作青贮饲料的原料很多，主要有以下 4 类：

一是禾本科粮食作物及秸秆。包括大麦、小麦、水稻、全株玉米、高粱、玉米秸、高粱秸等。

二是禾本科牧草。如黑麦草、无芒雀麦、羊草、苏丹草等。

三是豆科牧草。如苜蓿、三叶草、草木樨、沙打旺等。豆科牧草不能单独青贮，必须和禾本科牧草或粮食作物混贮，混贮比例是：一份豆科牧草，二份禾本科牧草或粮食作物。

四是蔬菜。如甘蓝、胡萝卜、胡萝卜缨、白菜叶、红薯藤等。这种青贮原料一般含水量大，需要凉晒或加含水量较少的原料，如糠麸、干草粉、干秸秆等。

2. 青贮原料收割期

适时收割,不但可以从单位面积上获得最大的营养物质产量,而且水分和可溶性碳水化合物含量适当,有利于乳酸菌繁殖,易制成优质青贮料。一般宁早勿迟,随收随贮。以下是5类(种)青贮原料的收获期:

①全株玉米。指果穗和秸秆一起用来制作青贮料。适宜的收割期是玉米果穗长到乳熟后期或腊熟前期较好。一般比玉米籽实成熟早10~15 d。

②玉米秸秆。在不影响玉米籽实质量的前提下,收割越早越好。一般每亩产量1.5~2.0 t。

③禾本科牧草或农作物。在孕穗至抽穗期收割青贮。

④红薯藤。在霜前或收薯前数天收割青贮。

⑤豆科牧草。在初花期收割。

3. 青贮原料的含水率要求与调节

青贮原料适宜的含水率为65%~75%。

(1)含水率的检测方法

用手紧握切碎的原料,若有水往下滴,其含水率在80%以上;若指缝中有汁液渗出,其含水率约为70%;若指缝中无汁液渗出,但松开手后看到手上水分很明显,其含水率约为60%;若手上有水分(反光),其含水率约为50%。

(2)含水率的调节

含水率过高时,可将原料凉晒一下或加适量干草等,使含水率达到要求。含水率不足时,计算出应加量,用清水喷洒均匀加入。

4. 切碎

为了便于青贮时压实以排除原料空隙中的空气,使原料中含糖汁液渗出,湿润原料表面,有利于乳酸菌的迅速繁殖和发酵,提高青贮料的质量,便于羊采食,要适度切碎青贮原料。

原料的切碎,常使用青贮联合收割机、青贮料切碎机,也可用滚筒式铡草机。根据原料的不同,把机器调节到粗切和细切的部位。原料的切碎程度按饲喂羊的种类和原料的不同质地来确定,对牛、羊等反刍动物,把禾本科牧草、豆科牧草及叶菜类等原料,一般切成2~5 cm长,玉米和向日葵等粗茎植物,切成0.5~2 cm长。一般含水量多,质地细软的原料可以切得长一些,含水量少质地较粗的原料可以切得短一些。

5. 装填

青贮原料应随切碎、随装填。青贮原料的填装,即要快速,又要压实。一旦开始装填,应尽快装填完毕，以避免原料在装满和密封之前腐败。

在把青贮原料装填之前，要对已经用过的青贮设施清理干净。一旦开始装填，就要求迅速进行，以避免原料腐败变质。一般说来，一个青贮设施，要在 2 ~ 5 d 内装满。装填时间越短越好。

装填前，可在青贮窖或青贮壕底，铺一层 10 ~ 15 cm 厚的切短秸秆或软草，以便吸收青贮汁液。窖壁四周铺一层塑料薄膜，以加强密封性，避免漏气和渗水。青贮料装填时，原料切碎机最好设置在青贮设备旁边，还应尽量避免切碎原料的暴晒。原料装入圆形青贮设备时要一层一层地铺平，一层一层踩实，大约每装填 30 cm 厚踩实一遍；装入青贮壕时可酌情分成几段，顺序装填，边装填边压实。应将原料装至高出窖或壕沿 30 ~ 60 cm，然后再封窖，这样原料塌陷后，能与窖口一样高，可以充分利用窖的容积。

6. 压实

青贮料要压得越紧实越好，特别要注意靠近墙角的地方，不能留有空隙。小型的青贮窖由人工踩实；大型的青贮窖宜用履带式拖拉机来压实，足够的压实是保证青贮料质量的关键。在拖拉机漏压或压不到的地方，一定要上人踩实。越压实越易造成厌氧环境，越有利于乳酸菌活动和繁殖。在压实过程中，不要带进泥土、油垢和铁钉、铁丝等，以免污染青贮原料，避免牛、羊食后造成瘤胃穿孔。根据窖的大小、劳动力和机械装备等具体情况，尽量做到边装窖、边踩实，及时封窖。

7. 密封

青贮料装满后，须及时密封和覆盖，目的是造成设备内的厌氧状态，抑制好氧菌的发酵。一般应将原料装至高出窖面 1 m 左右，在原料的上面盖一层 10 ~ 20 cm 切短的秸秆或牧草，覆上塑料薄膜后，再覆上 30 ~50 cm 厚的土，踩踏成馒头形或屋脊形，以免雨水流入窖内。

8. 管护

在封严覆土后，要注意后期管护，要在四周挖好排水沟，防止雨水渗入；要注意覆土层变化，发现流失、下陷或裂纹及时加土修补；尤其要注意鼠害，投放鼠药的时候要防止羊误食，发现老鼠盗洞要及时填补。杜绝透气并防止雨水渗入。在四周约 1 m 处挖排水沟。在我国南方多雨地区，应在青贮窖或壕上搭棚。最好能在青贮窖、青贮壕或青贮堆周围设置围栏，以防牲畜践踏，踩破覆盖物。这样经过 30 ~60 d，就可开窖使用。

（二）特种青贮饲料的调制

1. 低水分青贮法

低水分青贮法也称为半干青贮，与一般的青贮方法不同之处，在于它要求原料的含水量可降低到40%～50%。收割后的原料含水量减少的速度要快，要求青贮原料切碎的程度较一般青贮法的应短些，切成2 cm长为好。

低水分青贮的生产工序与一般青贮的调制方法基本相同，不同之处在于低水分青贮含干物质多，发酵过程慢，对糖分的要求不很严格。因此，低水分青贮法可以扩大青贮原料的范围，用一般方法不易青贮的原料（如豆科牧草）都可采用此法，但低水分青贮，必须在高度厌氧环境下进行。国外多采用钢制的圆筒立式青贮塔（半干青贮塔），一般附有抽真空设备，此种结构密闭性能好，厌氧条件理想。用这种密闭式青贮塔调制半干青贮，其干物质的损失仅为5%，是当前世界上保存青贮饲料最好的一种设备，国外已有定型的产品出售。

半干包膜青贮也是低水分青贮，其特点是制作方便，成本低，发酵效果好，损失少，可长时间保存，而在体外消化率及饲用方面同传统窖贮等无显著差异，这种青贮方法目前已实现完全机械化操作。此种方法较适合紫花苜蓿为主的豆科牧草。在紫花苜蓿盛花期时用联合收割机将苜蓿割成行，当水分降到50%～60%时，用集草车运回，将苜蓿草先在捆草机上用塑料丝捆成圆柱形，再用裹包机进行裹包，外缠塑料膜3层最佳。将包好草捆放置到远离牲畜的地方，定期检查，发现破洞及时补好。裹包好的草捆至少要放上30 d后才能饲用。裹包青贮便于贮运，可形成商品生产，可调剂苜蓿常年供应。

2. 混合青贮法

混合青贮法即高水分青贮法，适用于蔬菜类、根茎类及水生植物等含水量高的原料，其青贮方法如下：

①青贮前，若条件允许可以将原料适当晾晒一下，以除去过多的水分。

②可以与含水量较少的原料如糠麸、干草粉、干甜菜等混贮，以调节水分高低，并提高青贮原料的含糖量。

③在装填原料之前，最好在青贮设备底部铺垫一层厚的稻壳、谷壳或碎软的干草，以吸收渗出的汁液。也可建造底部有出水口的青贮设备来进行青贮，并在底部铺上一层稻壳、谷壳之类，使多余的水分能顺利地排出，但须注意排水后应及时密封。

常用的混贮有：玉米秸与苜蓿按3∶1左右的比例混贮；玉米秸与甘薯块切碎加10%左右的谷糠混贮；甘薯藤与花生秧按2∶1左右的比例混贮；菜叶、野草中加入适量的谷壳混贮等。

3. 添加剂青贮法

此法除了在原料中加入外加添加剂外，其余方法均与一般青贮方法相同，但应注意所添加的添加剂一定要混合均匀。

【评估考核】

一、填空

1. 青贮饲料是将含水率为________%的青绿饲料经切碎后，在密闭缺氧的条件下，通过________的发酵作用，抑制各种杂菌的繁殖，而得到的一种粗饲料。

2. 圆柱状的青贮窖形似一口井，窖的直径与窖深之比为________。

3. 一般青贮饲料调制包括________、________、________、________、密封和管护6个步骤。

二、简答

简述青贮饲料的制作工艺流程。

任务四 籽实饲料的加工调制技术

【基本概念】

籽实类饲料主要包括玉米、小麦、大麦、燕麦、高粱等。

【教学重点】

籽实类饲料的物理、生物调制技术和去毒处理技术。

【教学目标】

1. 知识目标

◆ 了解籽实类饲料原料的种类,掌握籽实类饲料的物理和生物调制技术。

◆ 了解高粱籽、棉籽饼粕、菜籽饼粕的营养价值,掌握其脱毒处理技术。

2. 技能目标

◆ 能够充分利用当地的籽实类饲料资源,学会其加工调制和脱毒处理技术。

【教学内容】

一、物理调制技术

(一)粉碎与磨碎

粉碎是籽实饲料最普通的加工方法,也最简便、经济。粉碎可以提高一些小而硬的籽实的消化率,但不宜太细,反刍羊不喜欢太细的粉状饲料。反刍羊粉状饲料大小一般为 1 ~ 2 mm,但须注意含脂量高的饲料(如玉米、燕麦等)磨碎后不宜长期保存。

(二)压扁

1. 干碾压

干碾压相当于粗略的粉碎,颗粒大小可以有很大的不同。羊对采取这种方式加工的饲料所形成的物理性状有较大的吸引力。

2. 蒸汽加压

蒸汽压片和加压蒸煮是20世纪60年代以来,国外较广泛采用的籽实料加工方法。把籽实在碾压前通上3~5 min的蒸汽,较干碾所产生的粉尘少,但饲喂效果与干碾无大差异。后来又把通汽时间延长至15~30 min,把籽实水分提高到18%~20%,然后压成片状,则提高了牛的采食率。在干燥籽实饲料中加16 ℃的水,通过热蒸汽加温至120 ℃左右,然后压成片状,冷却后再配合各种添加剂即成压扁饲料。

该方法处理后的籽实饲料提高了消化率和能量利用率,同时营养齐全,适口性好,可以单独饲喂羊。

(三)热处理

1. 蒸煮

豆类饲料含有胰蛋白酶抑制素,影响了羊对蛋白质的消化。另外,豆类饲料还含有豆腥味,影响适口性。加热处理能改善黄豆的特性和适口性,但加热时间不宜过长,一般为130 ℃,蒸煮不超过20 min。

2. 干热处理

欧美发明了饲料微波干热处理技术。谷物经过微波处理后饲喂动物,其消化能值、动物生长速度和饲料转化率都有显著提高。这种方法是将谷类经过波长4~6 μm红外线照射,使其中淀粉粒膨胀,易被酶消化,因而其消化率提高。经此法处理后,玉米消化能值提高4.5%,大麦消化能值提高6.5%。90 s的微波热处理,可使大豆中抑制蛋氨酸、半胱氨酸的酶失去活性,从而提高其蛋白质的利用率。

3. 膨化制粒

膨化制粒膨化过程中,籽实的水分变成蒸汽,引起籽实爆裂,使籽实淀粉的利用率提高,但使饲料的密度降低,因此一般应在喂前再行碾压,以提高其密度。

制粒是采用机械(如颗粒机)将籽实饲料制成颗粒料。羊比较喜欢饲料的这一物理形态,并由于制粒还增加了饲料密度,降低了灰尘。

4. 焙炒

焙炒可以提高籽实饲料的适口性。试验表明,焙炒玉米可提高牛的日增重和饲料利用率。对于豆类,焙炒或其他热处理可以破坏其对热不稳定的生长抑制因子,并有助于提高蛋白质的利用率。焙炒可以使饲料中的淀粉部分转化为糊精而产生香味,用作诱食饲料。

二、生物调制技术

(一)发芽

籽实发芽的目的在于补充饲料中维生素的不足。籽实的发芽是一种复杂的质变过程。籽实萌发过程中,部分糖类物质被消耗,储存的蛋白质转变为氨基酸,许多代谢酶以及维生素大量增加。例如,1 kg 大麦在发芽前几乎不含胡萝卜素,发芽后(芽长 8.5 cm 左右)可产生 73 ~93 mg 胡萝卜素,核黄素含量由 1.1 mg 增加到 8.7 mg,蛋氨酸含量增加 2 倍,赖氨酸含量增加 3 倍,但无氮浸出物减少。

谷粒发芽的方法:将谷粒清洗去杂后放入缸内,用 30 ~40 ℃温水浸泡一昼夜,必要时可换水 1 ~2 次。等谷粒充分膨胀后即捞出,摊在能滤水的容器内,厚度不超过 5 cm,温度一般保持在 15 ~25 ℃,过高易烧坏,过低则发芽缓慢。在催芽过程中,每天早、晚用 15 ℃清水冲洗一次,这样经过 3 ~5 d 即可发芽。在开始发芽但尚未盘根期间,最好将其翻转 1 ~2 次。一般经过 6 ~7 d,芽长 3 ~6 cm 时即可饲喂。

大麦发芽的方法:将准备发芽的大麦用 15 ~16 ℃清水浸泡 1 d,然后把水倒掉,将籽实放在盆或其他容器内,上面盖一湿布,保持 15 ℃。3 d 后出根须,用清水冲洗,移入发芽盘中,保持 15 ~20 ℃室温。经 6 ~8 d 芽的长度达 6 ~8 cm 即可切碎饲喂。

(二)糖化

糖化是利用谷实和麦芽中淀粉酶作用,将饲料中淀粉转化为麦芽糖的过程。例如,玉米、大麦、高梁等都含 70% 左右的淀粉,而低分子的糖分仅为 0.5% ~0.2%。经糖化后,其中低分子糖含量可提高到 8% ~12%,并能产生少量的乳酸,从而改善了饲料的适口性,提高了消化率。

糖化饲料的方法是:将粉碎的谷料装入木桶内,按 1∶2 ~1∶2.5 的比例加入 80 ~85 ℃水,充分搅拌成糊状,使木桶内的温度保持在 60 ℃左右。在谷料表层撒上一层厚约 5 cm 的干料面,盖上木板即可。糖化时间需 3 ~4 h。为加快糖化,可加入适量(约占干料重的 2%)麦芽曲(大麦或燕麦经过 3 ~4 d 发芽后干制磨粉而成,其中富含糖化酶)。糖化饲料储存时间最好不要超过 10 ~14 h,存放过久或用具不洁,易引起饲料酸败变质。

(三)发酵

籽实饲料的发酵是通过微生物的作用增加饲料中的 B 族维生素和各种酶、醇等芳香刺激性物质,从而提高饲料适口性和营养价值,原料要求为富含碳水化合物的籽实,豆类不宜发酵。

发酵方法：每 100 kg 粉碎的籽实加酵母 0.5～1.0 kg。先用温水将酵母稀释，在 150～200 kg（30～40 ℃）的温水中边搅拌边倒入 100 kg 的饲料搅拌均匀，以后每 30 min 搅拌一次，经 6～9 h 发酵完成。发酵箱内的饲料厚度以 30 cm 为宜，温度为 20～27 ℃，并要求有良好的通风条件。

三、去毒处理技术

（一）高粱籽粒去毒

高粱籽粒中含有有毒物质单宁，高粱的茎叶中含有生氰糖苷，羊直接采食后可引起出血性与溃疡性胃肠炎，发生腹痛、腹泻等。脱毒处理方法有：

1. 机械脱毒

单宁存在于籽实的种皮，用机械加工脱去外皮，可除去大部分单宁。

2. 水浸或煮沸

用冷水浸泡 2 h 或用开水煮沸 5 min，可脱去约 70% 的单宁，对于高粱茎叶采取此方法也可将生氰糖苷水解为氢氰酸，进而加热挥发而脱毒。

3. 碱液处理

用 20% NaOH 溶液在 70 ℃下处理 6 min，除去籽实外壳后，将脱壳的籽粒在 60 ℃温水内，边搅拌边溢流 30 min，可完全除去单宁。

4. 氨化法

将高粱籽实置于塑料袋中，加入 NH_4OH（含 30% NH_3），封存 7 d（低压法）；或在 80 Pa 高压条件下用 NH_3 对高粱处理 1 h。

（二）棉籽饼粕去毒

棉籽饼粕是棉籽经压榨浸油后的残留物，是我国仅次于大豆饼粕的一种重要的蛋白质资源。由于其含有游离棉酚等有害成分，在利用上受到一定的限制，如果不经去毒处理，饲喂羊均可引起中毒，中毒潜伏期长。

1. 化学去毒法

在棉籽饼中加入某种化学药剂，使棉酚破坏或变成结合状态。

(1)硫酸亚铁浸泡法

将粉碎后的棉籽饼用1%的硫酸亚铁溶液浸泡1 d左右,硫酸亚铁溶液的用量为棉籽饼重的5倍,泡后倒去处理液,再用清水浸泡2次,可直接与其他混合料搅拌饲喂。如果将棉籽饼和菜籽饼按1∶2比例混合使用,不仅可提高蛋白质的利用率,还可降低两者的毒性。此法具有效果好、成本低、简便易行的优点,是目前国内外通用的棉籽饼粕去毒法。

(2)碱处理法

在饼粕中加入烧碱(苛性钠)或纯碱(碳酸钠)的水溶液、石灰乳等,加热蒸炒,使饼粕中游离棉酚破坏或成为结合状态,也可将饼粕用碱水浸泡,再用清水淘洗后饲喂。此法可使饼粕中部分蛋白质和无氮浸出物溶解与流失,从而降低饼粕的营养价值。

2. 加热处理

把粉碎后的棉籽饼放入旺火上煮沸2 h,能使毒性大大降低,倒掉处理液再用清水浸泡2~3次即可使用,也可用焙炒等加热处理,使棉酚与蛋白质结合而去毒。

3. 微生物发酵去毒法

将棉籽饼与其他饲料混合,加入发酵粉,然后加水拌匀装入密闭容器中贮存至产生酒香味即可。此方法仍处于试验阶段。

(三)菜籽饼粕去毒

菜籽饼粕是油菜籽经机械压榨或溶剂浸提制油后的残留物,也是一种常用的优质蛋白质饲料,但由于其含有芥酸、硫葡萄糖苷、单宁等有毒物质,则影响了其在羊饲料中的应用。硫葡萄糖苷本身无毒,但其水解产物异硫氰酸酯、恶唑烷硫酮、硫氰酸酯和腈则对羊都会产生毒害作用。菜籽饼粕常见的脱毒方法如下:

1. 坑埋法

把菜籽饼粕按1∶1比例加水,拌匀后按500~700 kg/m^{3}埋于地下坑内。坑的大小可视原料多少而定,挖好坑后,坑底及四周用塑料膜铺好,然后将菜籽饼粕埋入坑内,上面用塑料膜盖好,并封土20 cm。经60 d的自然发酵后脱毒率可达94%。地下水位低且气候干燥的地区较适宜。

2. 水浸洗法

把菜籽饼粕放在水缸里,按饼粕重量的5倍加入清水,在36 h的浸泡过程中,换水5次,脱毒率可达90%。此方法简便易行,但水溶性营养物质损失较多。

3. 微生物脱毒法

用筛选出的菌株对菜籽饼进行固态发酵，脱毒率可达74%～100%。在工厂化生产条件下脱毒粕的异硫氰酸酯和恶唑烷硫酮的总含量在0.75%以下，产品可以安全使用，改善了饼粕的适口性，很有发展前途。

4. 热喷脱毒法

将原料装入热喷罐内，密封后通入蒸汽，在约0.2 MPa压力下，维持30 min～1 h，再加空气至1 MPa，骤然减压，将物料喷放至捕集器内，经干燥后包装即为成品。用热喷设备处理菜籽饼粕可以达到测不出毒素的效果，由于处理时间短，营养成分损失小，可改善饲料适口性，提高消化率。

5. 醇类水溶液处理法

醇类（多用乙醇和异丙醇）水溶液可提取出饼粕中的硫葡萄糖苷和多酚化合物，还能抑制饼粕中酶的活性。此法的缺点是耗用溶剂较多，饼粕中醇溶性物质（如醇溶性蛋白质）损失较多。

6. 化学物质处理法

该方法可采用碱、氨、硫酸亚铁等处理。碱处理法可破坏硫葡萄糖苷和绝大部分的芥子碱；氨处理法同时进行加热，氨可与硫葡萄糖苷反应，生成无毒的硫脲；硫酸亚铁处理法，铁离子可与硫葡萄糖苷及其降解产物分别形成螯合物，使其失去毒性。

【评估考核】

一、填空

1. 籽实类饲料的物理调制技术主要包括__________、__________、__________等。

2. 籽实类饲料的生物调制技术主要包括__________、__________、__________等。

3. 高粱籽粒中含有有毒物质______，高粱的茎叶中含有______，羊直接采食后可引起出血性与溃疡性胃肠炎，发生腹痛、腹泻等。

二、简答

简述菜籽饼粕的脱毒处理技术。

任务五　配合饲料生产

【基本概念】

配合饲料是根据动物的营养需要、动物消化生理特点及饲料的营养特点,应用动物营养学、饲料学等最新现代科技成果,运用科学配方设计技术制定饲料配方,并采用先进加工工艺生产。

【教学重点】

饲料配合的基本方法;配合饲料的种类;羊生产常用的饲料配方。

【教学目标】

1. 知识目标

◆ 了解配合饲料的优越性,掌握饲料配合的基本方法。
◆ 了解配合饲料的分类,掌握羊生产常用的饲料配方。

2. 技能目标

◆ 学会饲料配合的基本方法,能根据生产需要进行初步的饲料配方设计。

【教学内容】

为了合理利用各种饲料原料,提高饲料养分的利用率、饲料产品的综合性能、饲料的加工性能和保存时间等,有必要将各种饲料进行合理搭配,以便充分发挥各种单一饲料的优点、弥补其不足,解决单一饲料原料普遍存在的营养不平衡、不能满足动物的营养需要、饲养效果差的问题。因此,配合饲料便成为集约化饲养、饲料工业化生产的必然选择。

一、配合饲料的优越性

1. 最大限度地发挥羊的生产潜力,提高经济效益

配合饲料是根据动物的营养需要、动物消化生理特点及饲料的营养特点,应用动物营养

学、饲料学等最新现代科技成果，运用科学配方设计技术制定饲料配方，并采用先进加工工艺生产。它避免了单一饲料营养物质不平衡而造成的饲料浪费，使饲料中各种营养物质比例适当，能够充分满足不同种类动物的营养需要。同时，也能够科学合理地选用各种饲料添加剂，减少了动物各类疾病的发生，从而最大限度地发挥动物的生产潜力，使动物生长快，产品产量高，饲料成本低，饲料消耗少，饲养周期短，提高饲料转化率和经济效益。发展和推广使用配合饲料，是现代养殖业实现高产、优质、低消耗、高效益的必经之路。

2. 充分合理高效地利用饲料资源，节约粮食

工业化生产配合饲料能充分利用人类可食用的谷物或人类不能直接利用的农副产品、牧草及其他饲料资源，如榨油工业、粮食加工业、屠宰业、发酵酿造业、制药业等的下脚料。企业可以大批量购入或直接进口质优价廉的饲料原料，促进饲料资源的开发，节约粮食，降低饲料成本，同时，有助于维持生态平衡，保护环境。

3. 具有预防动物疾病和保健助长的作用，保证饲用安全

配合饲料通常是采用现代化的成套设备，经过特定的加工工艺生产的。由于机械的强力搅拌，能把配合饲料中百万分之几含量的微量成分混合均匀，加之完善的原料和成品检测手段及质量控制体系，能够保证饲用的安全性，具有预防疾病、保健助长的作用。

4. 可减少养殖业的劳动支出和设备投资，利用方便

由专门的生产企业集中生产配合饲料，节省了养殖企业或养殖户的大量设备和劳动支出。因此，简化了养殖者的生产劳动，节省了畜牧场劳动力与设备的投入。

5. 工业化生产配合饲料产品，质量有保证

配合饲料应用面广，商品性强，规格明确，能够保证质量。

二、饲料配合的基本方法

1. 代数法

代数法即用二元一次方程来计算饲料配方。此法的特点是：方法简单，适用于饲料原料种类少的情况，而饲料种类多时，计算较为复杂。

例 3-1：有含粗蛋白质 8.7% 的玉米，含粗蛋白质 43% 的豆粕，配制含粗蛋白质 16% 的混合饲料。

计算方法步骤如下：

设:需玉米为 $x\%$,需豆粕 $y\%$,则

$$x + y = 100$$

$$0.087x + 0.43y = 16$$

解方程组,得:$x = 78.9 \quad y = 21.1$

因此,配制含粗蛋白质16%的混合饲料配方为:

玉米78.9%;豆粕21.1%

2. 对角线法

对角线法又称四角法、四边法、方形法。此法适用于饲料种类及营养指标少的情况。如将两种养分浓度不同的饲料混合,欲得到含有所需养分浓度的配合饲料时,用此法最为便捷。

例3-2:利用CP含量为40%的浓缩饲料与能量饲料玉米(含CP为8.5%)混合,为体重20~35 kg的生长肥育羔羊配制CP为18%的饲粮1 000 kg。

(1)算出两种饲料在配合中料中应占的比例。

玉　米　　8.5　　22

　　　　　　18

浓缩性　　40　　9.5

玉　米　$\dfrac{22}{22 + 9.5} \times 100\% = 70\%$

浓缩料　$\dfrac{9.5}{22 + 9.5} \times 100\% = 30\%$

(2)两种饲料用量。

玉　米 = 1 000(kg) × 70% = 700(kg)

浓缩料 = 1 000(kg) × 30% = 300(kg)

分别称取玉米700 kg和浓缩料300 kg,充分混合均匀,即为所需配合饲料。

3. 试差法

试差法是一种实用的饲料配方方法,对于没有学习过饲料配方的人员很容易学习,并且不受饲料原料种类和营养指标数量的限制。在手工计算的情况下,如饲料原料种类多、考虑的营养指标多,则设计饲料配方会很费时费力。在有现成的电脑运算模块的情况下,只要了解饲料原料主要特性并且合理利用饲养标准,就可在短时间内配制出实用、廉价、效果理想的饲料配方。这种方法简单易行,不受场地、设备的限制,在生产中较为常用。

例3-3:以毛用和毛肉兼用、体重为50 kg的泌乳绵羊(泌乳头6~8周)为例,用试差法说明日粮配合的方法和步骤。

①查饲养标准，找出羊的营养需要量，见表3.2.4。

表3.2.4 体重50 kg泌乳绵羊泌乳期（泌乳头6～8周）的营养需要

代谢能（MJ）	可消化粗蛋白质（g）	食盐（g）	钙（g）	磷（g）	镁（g）	硫（g）	铁（mg）	铜（mg）	锌（mg）	钴（mg）	锰（mg）	碘（mg）
20	200	17	11.7	7.8	1.6	6.8	110	18	110	1.08	110	0.85

②查饲料营养成分及营养价值表将所选用的饲料及其成分含量列于表3.2.5和表3.2.6。

表3.2.5 饲料营养成分表

成　分	干物质（%）	代谢能（MJ/kg）	可消化粗蛋白质（g）	钙（%）	磷（%）
苜蓿干草	90.0	8.32	138	1.31	0.34
野干草	91.4	7.15	37	0.37	0.18
青贮玉米	23.0	1.80	16	0.18	0.05
玉米	88.4	12.62	65	0.04	0.21
大豆饼	90.6	13.08	366	0.32	0.50
磷酸氢钙				23.2	18.0

表3.2.6 微量元素矿物质原料规格及含量表

原　料	分子式	元素含量（%）	纯度（%）
硫酸亚铁	$FeSO_4 \cdot 7H_2O$	Fe:20.1;S:12.0	98.5
硫酸铜	$CuSO_4 \cdot 5H_2O$	Cu:25.5;S:12.82	96.0
硫酸镁	$MgSO_4 \cdot 7H_2O$	Mg:9.87;S:12.99	99.5
硫酸锰	$MnSO_4 \cdot H_2O$	Mn:32.5;S:18.94	98.0
硫酸锌	$ZnSO_4 \cdot 7H_2O$	Zn:22.7;S:11.14	99.0
硫酸钴	$CoSO_4 \cdot 5H_2O$	Co:24.06;S:11.14	98.0
碘化钾	KI	I:76.40	98.0
硫酸钠	Na_2SO_4	S:22.53	

③选青粗饲料配制基础日粮。按照日粮配合原则，首先用青粗饲料配制基础日粮。每天应喂给青粗饲料（风干基础）占体重的3.0%，体重50 kg的羊应喂50×3.0%＝1.5 kg，其中干草占1/3，可用0.1 kg苜蓿干草和0.4 kg野干草满足，剩余的1 kg可用3 kg青贮饲料满

足(1 kg 干草相当于 3 kg 青贮饲料),然后根据表 3.2.6 计算各种成分的含量,见表 3.2.7。

表 3.2.7　基础日粮配合表

项　目	代谢能(MJ/kg)	可消化粗蛋白质(g)	钙(%)	磷(%)
0.1 kg 苜蓿干草	0.1×8.32=0.832	0.1×138=13.8	100×1.31%=1.31	100×0.34%=0.34
0.4 kg 野干草	0.4×7.15=2.86	0.4×37=14.8	400×0.37%=1.48	400×0.18%=0.72
3 kg 青贮玉米	3×1.80=5.40	3×16=48	3 000×0.18%=5.4	3 000×0.05%=1.5
合　计	9.09	76.6	8.19	2.56
平衡情况(±)	20-9.09=+10.91	200-76.60=+123.40	11.7-8.19=+3.51	7.8-2.56=+5.24

④调整能量含量。用精料补充基础日粮的营养不足,首先考虑能量,提供能量的最佳饲料是玉米。玉米含代谢能 12.62 MJ/kg,能量还差 10.91 MJ,可用 10.91÷12.62≈0.86 kg 玉米满足能量需要。调整后的含量见表 3.2.8。

表 3.2.8　能量含量表

项　目	代谢能(MJ/kg)	可消化粗蛋白质(g)	钙(%)	磷(%)
0.86 kg 玉米	0.8×12.62=10.85	0.86×65=55.90	860×0.04%=0.35	860×0.21%=1.80
平衡情况(±)	10.91-10.85=+0.06	123.4-55.90=+67.50	3.53-0.35=+3.18	5.24-1.80=+3.44

⑤调整蛋白质含量。用 0.86 kg 玉米满足能量需要后,可消化粗蛋白质还差 67.50 g,可用含能量和蛋白质均丰富的豆饼代替部分玉米补足尚缺的蛋白质。每千克豆饼和玉米分别含可消化粗蛋白质 366 g 和 65 g。若用 1 kg 豆饼代替 1 kg 玉米,可增加蛋白质 366-65=301 g,现缺 67.50 g,可用 67.50÷301≈0.22 kg 豆饼代替 0.22 kg 玉米。调整后的含量见表 3.2.9。

表 3.2.9　蛋白质配合表

项　目	代谢能(MJ/kg)	可消化粗蛋白质(g)	钙(%)	磷(%)
0.22 kg 大豆饼	366×0.22=80.52	13.08×0.22=2.88	220×0.32%=0.70	220×0.50%=1.10
0.64 kg 玉米	65×0.64=41.60	12.62×0.64=8.08	640×0.04%=0.26	640×0.21%=1.34
合　计	122.12	10.96	0.96	2.44
平衡情况(±)	123.4-122.12=+1.28	10.91-10.96=-0.05	3.51-0.96=+2.55	5.24-2.44=+2.80

⑥调整矿物质含量。由表3.2.9可知，代谢能和可消化蛋白质基本满足，钙缺2.55 g，磷缺2.80 g，可选用磷酸氢钙（含钙23.2%、磷18.0%）来补充，用量为2.55÷23.2% =10.99 g，凑成整数可用11 g，那么由11 g磷酸氢钙可提供钙2.55 g，磷2.16 g，磷稍欠缺，可增2 g磷酸氢钙。即：总量13 g磷酸氢钙，可提供钙3.02 g，磷2.34 g。食盐按需要量补加17 g。

⑦微量元素原料添加量的计算。组成基础日粮中微量元素含量忽略不计，根据表3.2.4，计算各种微量矿物质商品原料添加量，见表3.2.10。

表3.2.10 微量矿物质商品原料添加量

项目	铁	铜	锌	镁	钴	锰	碘
标准规定量（mg）	110	18	110	1 600	1.08	110	0.85
需纯原料量（mg）	547.26	70.59	484.59	16 210.73	4.48	338.46	1.11
需商品原料量（mg）	555.59	73.53	489.47	16 292.19	4.58	345.36	1.13

说明 需纯原料量（mg）= 标准规定量÷元素含量；需商品原料量（mg）= 纯原料量÷纯度

由以上原料提供硫2.30 g，羊需要6.8 g，尚缺4.5 g，由含硫22.53%的硫酸钠补充，需4.5÷22.53% =19.97 g。

⑧全面调整后的日粮组成及营养水平。全面调整后泌乳绵羊饲料配方，见表3.2.11。

表3.2.11 泌乳绵羊饲料配方

饲料组成		营养水平	
苜蓿干草	0.1 kg	代谢能	20.05 MJ
野干草	0.4 kg	可消化粗蛋白质	198.05 MJ
青贮玉米	3 kg	钙	12.17 g
玉米	0.64 kg	磷	7.34 g
豆饼	0.22 kg	铁	110 mg
磷酸氢钙	13 g	铜	18 mg
硫酸亚铁	555.59 mg	锌	110 mg
硫酸铜	73.53 kg	锰	110 mg
硫酸锌	489.47 mg	钴	1.08 mg
硫酸锰	345.36 mg	碘	0.85 mg
硫酸钴	4.85 mg	镁	1.6 g
碘化钾	1.13 mg	硫	6.8 g
硫酸镁	16.30 g	食盐	17 g
硫酸钠	19.97 g		
食盐	17 g		

由表3.2.11可以看出,精料占日粮风干基础总量的38%,青粗饲料占62%,干物质含量约占体重的4%,钙磷比为1.66∶1,基本符合要求。一般当粗饲料占日粮的50%以上时,可基本满足羊对维生素的需要。

4.计算机配方法

随着计算机的普及应用,有关饲料配方设计的线性规划与目标规划法软件已经广泛运用于生产中。这类软件基于运筹学所提供的计算各类配方的数学方法,通过计算机操作和运行,能够在满足多项营养需要指标的同时,给出最低成本配方。其中,线性规划法是目前比较成熟和应用较广的计算机配合方法。这一方法采用运筹学的有关数学原理进行饲料配方优化设计,将饲料配方中的有关因素和限制条件转化为线性数学函数,求解一定约束条件下的目标值(最小值或最大值)。

三、配合饲料种类

(一)按营养成分分类

按照所含的营养成分,配合饲料可分为以下4类。

1.添加剂预混合饲料

为了把微量的饲料添加剂均匀混合到配合饲料中,方便用户使用,将一种或多种微量的添加剂原料(各种维生素、微量元素、合成氨基酸和非营养性添加剂,如药物添加剂等)与稀释剂或载体按一定配比均匀混合而成的产品,称为添加剂预混合饲料,简称预混料。通常要求其预混料、浓缩料、精料补充料与全价配合饲料的相互关系在配合饲料中添加0.01%~5%,一般按最终配合饲料产品的总需求为依据设计,因其含有的微量活性组分是配合饲料饲用效果的决定因素,常称其为配合饲料的核心。

预混合饲料又可分为单项预混合饲料和复合预混合饲料两种。

①单项预混合饲料是指由单一添加剂原料或同一种类的多种饲料添加剂与载体或稀释剂配制而成的均匀混合物,生产中常将单一的维生素、单一的微量元素(硒、碘、钴等)、多种维生素、多种微量元素各自先进行初级预混分别制成单项预混料。

②复合预混合饲料是指按配方和实际要求将各种不同种类的饲料添加剂与载体或稀释剂混合制成的匀质混合物。如微量元素、维生素及其他成分混合在一起的预混料。

2.浓缩饲料

浓缩饲料是由添加剂预混合饲料、蛋白质饲料和常量矿物质饲料(钙、磷和食盐)配制而成的配合饲料。浓缩饲料含营养成分的浓度很高，某些成分为全价配合饲料的2.5～5倍，但必须按一定比例与能量饲料混合后，才能构成全价配合饲料或精料补充饲料。一般在全价配合饲料中占20%～40%的比例。

3. 全价配合饲料

全价配合饲料由能量饲料（占60%～80%）和浓缩饲料配合而成。它能全面满足动物的营养需要，并可直接用来饲喂动物。全价配合饲料中的“全价”只是相对的，配合饲料所含养分及其比例越符合动物营养需要，越能最大限度地发挥动物生产潜力及经济效益，此种配合饲料全价性也越好。

4. 精料补充饲料

精料补充饲料主要由能量饲料、蛋白质饲料和矿物质饲料等组成的一种配合饲料，用于牛、羊等，旨在补充青粗料中养分的不足。

另外，在我国许多农村地区动物饲料中经常使用混合饲料，它是由某些饲料原料经过简单加工混合而成，为初级配合饲料，主要考虑能量、蛋白质、钙、磷等营养指标。混合饲料可直接用于饲喂动物，但饲养效果不够理想。

（二）按饲料形状分类

根据饲料形状不同，配合饲料可分为粉料、颗粒饲料、破碎料、压扁饲料、膨化饲料等。

1. 粉料

粉料一般是将原料磨成粉状后，根据饲养标准的要求加上添加剂预混料均匀混合而成。粉料是配合饲料最常用的形式，各种配合饲料都可制成粉料形式。其优点是：生产加工工艺简单，加工成本较低，动物采食均匀，应用广泛；其缺点是：生产时粉尘大，损失较大，加工、贮藏和运输等过程中养分易受外界环境的干扰而失活，易引起动物挑食，造成浪费，此外利用粉料喂动物，对青饲料或糟渣饲料不能充分利用。粉料的粒度应根据动物种类、年龄等不同而有差异。

2. 颗粒饲料

颗粒饲料是指以粉料为基础经过蒸汽软化加压处理而制成的颗粒状配合饲料，多为圆柱状。其优点是：饲料容重大，适口性好，可提高动物采食量，避免动物挑食，减少粉料在运输、喂料时的浪费，缩小饲料体积，便于保管，保证了饲料营养的全价性，饲料利用率高；其缺点是：加工过程中由于加热加压处理，部分维生素、酶等的活性受到影响。主要适用于幼龄动物、肉用型动物饲料和鱼的饵料。颗粒饲料的直径与动物种类和年龄有关。

3. 破碎料

破碎料是指将生产好的颗粒饲料经过破碎机加工的饲料。一般使用磨辊式破碎机破碎成2～4 mm大小的碎粒,破碎料是颗粒饲料的一种特殊形式。这类饲料的主要优点是为了解决生产小动物颗粒饲料时费工、费时、费电、产量低等问题,它具有颗粒饲料的各种优点,适于饲喂各种周龄的雏鸡及小动物。

4. 膨化饲料

膨化饲料又称漂浮饲料,是指把粉状的配合饲料加水、加温变成糊状,使其在通过挤压机的喷嘴时,在10～20 s内突然加热到120～180 ℃,通过高压喷嘴挤压干燥,使饲料膨胀、发泡成饼干状,再加工成适当大小的饲料。其优点是:适口性好,易于消化吸收,是幼龄动物的良好开食饲料。

5. 压扁饲料

压扁饲料是指将籽实饲料(玉米、大麦、高粱)去皮(反刍动物可不去皮),加入16%的水,通过蒸汽加热到120 ℃左右,用压扁机压制成扁片状,然后冷却干燥处理,即制成压扁饲料。压扁饲料的优点是:由于加热时压扁饲料中一部分淀粉糊化,动物能很好地消化吸收,压扁后饲料表面积增大,消化液可充分浸透且消化酶充分作用。因此,能提高饲料的消化率和能量利用效率。压扁饲料可单独饲喂动物,应用广泛,使用方便,效果良好。

四、羊常用饲料配方

(一)种羊混合精料配方

1. 种公羊混合精料配方及营养成分

(1)参考配方

玉米53%、麸皮7%、豆粕20%、棉籽饼10%、鱼粉8%、食盐1%、石粉1%。

(2)饲喂方法

在整个配种期内,种公羊的饲养都要保持相对较高的饲养水平,日粮中的粗蛋白含量应达到16%～18%。

非配种期公羊每天每只的混合精料喂量为0.8～1.0 kg,分两次饲喂。

配种期混合精料的喂量为1.2～1.4 kg,分3～4次饲喂。在配种期内,有一段时间母羊的发情比较集中,这是种公羊的配种盛期。对配种任务繁重的优秀种公羊,每天的混合精料的饲喂量要调整为1.5~2 kg,并在日粮中增加部分动物性蛋白质饲料,如鸡蛋、肉骨粉、蚕蛹粉等,以保持种公羊良好的精液品质。

精粗料比为3∶7(非配种期)或4∶6(配种期)。粗饲料的给量为1.6~2.2 kg(草粉1.4 kg),另加胡萝卜0.5~1.5 kg,分2~3次供给,同时供应充足饮水。

2. 种母羊混合精料配方及营养成分

(1)参考配方

玉米60%、麸皮8%、棉籽饼16%、豆粕12%、食盐1%、磷酸氢钙3%。

(2)饲喂方法

舍饲种母羊的日粮混合精料喂量为0.5~0.7 kg,每天两次,粗饲料喂量为1.6~1.7 kg(草粉1.2 kg),日喂4次,饮水不限。

(二)羔羊混合精料配方及营养成分

1. 参考配方

20~60日龄颗粒饲料:玉米45%、麸皮6%、向日葵饼18%、苜蓿粉30%、微量元素添加剂0.5%、食盐0.5%。

60日龄后颗粒饲料配方:玉米50%、麸皮20%、向日葵饼或亚麻饼20%、饲用酵母8%、食盐2%。

放牧补饲精料配方:玉米30%、麸皮25%、菜籽饼20%、棉籽饼20%、矿物质3%、食盐2%。

2. 饲喂方法

羔羊混合精料的喂量随年龄的增长而增强,20日龄到1月龄每只羔羊的日喂量为50~70 g,1~2月龄为100~150 g,以后视其生长情况逐月增加50 g。粗饲料为自由采食,饮水不限。

(三)舍饲肥育羊混合精料配方

1. 舍饲肥育羊混合精料配方

(1)参考配方

玉米22.5%、草粉22%、棉籽饼或菜籽粕20%、麸皮17%、花生饼10.3%、饲料酵母6.9%、食盐0.7%、尿素0.3%、添加剂0.3%,混合均匀即可。

(2)饲喂方法

前20 d日均每只喂料350 g,中20 d日均每只喂料400 g,后20 d日均每只喂料450 g,粗料不限量。

2. 舍饲强度肥育羊混合精料配方

(1)参考配方

参考配方见表3.2.12。

表3.2.12 肥育羊精料参考配方

肥育期	玉米	麸皮	棉籽饼或菜籽饼	骨粉	羊用添加剂	食盐
前20 d	48%	21%	30%	1%	20 g	5~10 g
中20 d	55%	20%	24%	1%	20 g	5~10 g
后20 d	65%	14%	20%	1%	20 g	10 g

(2)饲喂方法

肥育的前20 d,每只每天供给精料0.5~0.6 kg。育肥的中20 d,每只每天供给精料0.7~0.8 kg。肥育的后20 d,每只每天供给精料0.9~1.0 kg。

五、配合饲料质量检测

(一)配合饲料质量检测的基本内容

1. 原料检测

原料检测主要是判断原料的真伪,测定其有效成分的含量,判断原料质量是否合格,或作为饲料配方设计的依据。

2. 质量检测

质量检测主要测定原料加工过程中的粉碎粒度、配合饲料混合均匀度、颗粒饲料的硬度和粉化率指标以及加工成品的感官形状、水分含量、有效成分含量等进行检测化验。

(二)质量检测化验的基本方法

1. 感官鉴定

感官鉴定通过感官来鉴别原料和饲料产品的形状、色泽、味道、结块、杂质等。好的原料和产品应该色泽一致，无发霉变质、结块和异味。

2. 物理检测

物理检测即通过物理的方法对饲料的容重、密度、粒度、混合均匀度和颗粒饲料的硬度、粉化率等进行检测，以判断饲料原料或产品是否搀假，水分含量是否正常，产品加工质量是否达到要求。

3. 化学分析

化学分析法是饲料检测的主要方法，它主要利用饲料原料或产品的某些特性，通过化学试剂与其发生特定的反应，用来鉴别饲料原料或产品的质量及真伪检测及其水分和有效成分含量的定量分析法。

4. 显微检测

显微检测是指借助显微镜对饲料的外部色泽和形态（用体视显微镜）以及内部结构（用生物显微镜）特征进行观察，并通过与正常样品进行比较从而判断饲料原料或产品的质量是否正常，特别是掺假情况。

将上述方法结合起来运用，基本上能保证对饲料原料或产品进行综合评定，准确判断其质量的优劣。

（三）配合饲料质量检测的步骤

质量检测化验的步骤主要包括采样、制样和分析 3 个步骤。

1. 采样

（1）采样基本原则

①代表性。原始样本应尽量从大批配合饲料中，按照不同的部位即深度和广度来采取，保证每一小部分的成分与其全部的成分完全相同。

②典型性。采样时采样点和采样部位要能反映所要了解的情况，要针对所要达到的目的，采集能充分说明这一目的的典型配合饲料样品。

③随机性。所有采样方案都是以产品批的随机抽样为基础的，即每一批中的每一个单位样本均有被抽取的同等机会，而不加以人为主观因素。

④防污染。采集过程中要防止样品之间及包装容器对样品的污染，特别要注意影响分析成分的污染物质，如微量元素等。

（2）常用采样方法

①散装产品采样方法。成品饲料根据堆型和体积大小分区设点，按货堆高度分层采样。

在货堆的不同方位选若干个采样区，按区设点，各区分别设中心、四角五个点，货堆边缘的点设在距边缘约 50 cm 处。先上后下逐点采样，各点采样数量一致。

半成品在各出料口（混料口）根据采样量的需要，间隔采样。

②袋装采样方法。A. 采样包数：5 ~ 10 包逐包采样；10 包以上选取 10 包采样；5 包以下不采。采样包的选取可在仓库的不同方位（饲料包堆垛的侧立面、顶层表面）选若干个采样区。各区分别设中心、四角五个点，也可按照梅花状、棋盘式、三角形式选点取样。采样包边缘的点设在距边缘约 50 cm 处。B. 采样：将取样器槽口朝下，从包的一角水平斜向插向包的对角，然后转动取样器至槽口朝上取出，每包采样次数一致。必要时或可拆包采取。

③成品出料口采样方法。在出料口采样，每 10 袋或间隔 2 min，用取样铲采样。

2. 制样

(1) 样品的缩分

①四分法。一般来说对于均匀性的物品，即单相颗粒、粉末状的配合饲料可用“四分法”来缩减原始样本，制得送检样本。其方法是：将样品倒在清洁、光滑、平坦的桌面或光面硬纸上，充分混匀后将样品摊成平面正方形，然后用铲子、小刀等工具从中划 1 个“十”字或以对角线划分成 4 个三角形，取出其中 2 个对角三角形的样品，将剩余的两份，混合均匀，再分成 4 等份，重复上述过程，直至剩余样本数量满足送检（或测定）所需数量为止。

②正方形法。将样品摊平成长方形，划若干正方形，取其中 1 个或几个作为正样或副样，常用于缩分制样的最后阶段。

(2) 样品的处置

①样品的包装与签封。制得的样品应及时送检，如不能及时送检，则要包装签封待检。

样品应采用不能与其发生物化反应的材料包装，内衬用塑料袋，外加布袋或牛皮纸袋。样品装袋后，将印有采样人印章或签名的标签，放在样品袋内，扎紧以防松散。再贴上加盖有采样单位和被检单位公章以及采样人印章的封条，最后用塑料袋封好，置冷暗处保存。

②采样记录。制样后要及时记录样品名称、规格型号、批号、产地、采样基数、采样部位、采样人、采样日期、生产厂家名称及详细通讯地址等内容。

③样品的交接。制得的样品应由专人妥善保存并尽快送达指定地点。注意防潮、防损和防丢失。

3. 分析

制得的饲料样品应及时检测分析，为生产提供科学数据。检测分析的指标根据检验目的、饲料性质、生产实际需要确定，它主要对配合饲料的质量、有效成分含量、微生物及有害物等进行检测。

【评估考核】

一、填空

1. 饲料配合的基本方法包括________、________、________、________等。

2. 配合饲料质量检测化验的步骤主要包括________、________和________3个步骤。

3. 配合饲料质量检测化验是制样的方法有________和________两种。

4. 按照所含的营养成分，配合饲料可分为________、________、________和________4类。

5. 根据饲料形状不同，配合饲料可分为________、________、________、________和________等。

6. 配合饲料质量检测的基本内容包括________和________。

7. 配合饲料质量检测化验的基本方法包括________、________、________、________。

二、简答

1. 简述配合饲料质量检测的基本内容、方法和步骤。

2. 如果你是一个牧场主，选用饲料时，你会考虑哪些问题？如何选择饲料？所选饲料使用时应注意哪些问题？

■学习情境四

羊的高效饲养管理技术

项目一　毛用羊的高效饲养技术

任务一　羊的生物学特性

【基本概念】

羊的生物学特性是指羊在长期的自然选择和人工选择中所形成的特有的本能、特征和特性。

【教学重点】

羊的生物学特性、消化生理特点及羊的营养需要。

【教学目标】

1. 知识目标

◆ 了解羊的生活习性和消化器官特点，掌握羊的消化生理特点和羊的营养需要。

2. 技能目标

◆ 能够根据羊的外貌特征选择优秀毛用羊个体。

◆ 掌握羊的生活习性、消化生理特点及羊的营养需要，能够在生产上做到科学的利用羊的生物学特性，合理的组织羊群的生产管理，提高羊的生产效率。

【教学内容】

一、羊的生活习性

(一)合群性强

羊的群居行为很强,在羊群中建立起来的群体结构,主要通过头羊和群体内的优胜序列来加以维系。一般来说,山羊的合群性高于绵羊,粗毛羊的合群性高于细毛羊和肉用羊;夏、秋季节的合群性高于冬、春季节。在生产中,我们要科学地利用羊的合群性,组织大群放牧的生产管理,注意混群时要有适当的过渡期,以防造成生产上的应激。

(二)食物谱广和采食能力强

羊素有“清道夫”之称。羊嘴尖,唇薄齿利,上唇中央有一纵沟,运用灵活,下颚门齿向外有一定的倾斜度,所以善于啃食很短的牧草。据试验,在半荒漠草场上。有66%的植物种类为牛所不能利用,而绵、山羊不能利用的植物种类则仅38%,故在生产上可以进行牛、羊混牧,即不能放牧马、牛的短草牧场可以放羊。

另外,绵羊和山羊采食特点有明显不同,山羊喜登高,善跳跃,后肢能站立,可直上直下60°的陡坡,故山羊的采食范围可达崇山峻岭、悬崖峭壁、高处的幼嫩枝叶;而绵羊则需斜向作“之”字形游走,只能采食地面上或低处的杂草与枝叶。

(三)嗅觉灵敏

羊的嗅觉比视觉和听觉更灵敏,其具体表现有靠嗅觉识别羔羊,在生产中利用这一点寄养羔羊多会成功;靠嗅觉辨别植物或枝叶种类,采食无毒适于消化的牧草;靠嗅觉辨别饮水的清洁度,羊喜欢饮用清洁的水,拒饮污水、脏水等。

(四)神经活动

山羊性情机警灵敏,活泼好动,记忆力强;而绵羊则性情温顺,胆小易惊,反应迟钝,易受惊吓而出现“炸群”。山羊喜角斗,角斗形式有正向互相顶撞和跳起倾斜相撞两种;绵羊则只有正向相撞一种。因此,有“精山羊,疲绵羊”之说。

(五)适应能力

羊的适应能力主要包括耐粗、耐渴、耐热、耐寒、抗病、抗灾度荒等方面。在适应能力上,一般来说山羊优于绵羊。耐粗饲方面,绵羊和山羊都有很强的耐粗饲能力,其中,山羊耐粗能力更强，除能采食各种杂草外，还能啃食一定数量的草根树皮，对粗纤维的消化率比绵羊高出3.7%；耐渴方面，羊的耐渴性较强，缺水时可几天乃至几十天不饮水；耐热方面，由于汗腺不发达，绵羊的耐热能力较山羊差，且细毛羊较粗毛羊差。故在炎热的夏季绵羊常有“扎窝子”等现象，而山羊却很少发生；耐寒方面，绵羊高于山羊，粗毛羊高于细毛羊及其杂种羊；抗病力方面，只要饲养管理得当，一般全年较少发病。

另外，山羊的抗病能力强于绵羊，较少感染寄生虫病和腐蹄病，粗毛羊抗病能力强于细毛羊及其杂种羊；抗灾荒能力，是指羊只对恶劣饲料条件的忍耐力。各种羊的抗灾能力相差很大，一般是山羊抗灾荒能力强于绵羊，粗毛羊抗灾荒能力强于细毛羊，母羊抗灾荒能力强于公羊。

二、羊的消化器官特点

(一)口部采食器官

羊的颜面细长，嘴尖，唇薄齿利，上唇中央有一中央纵沟，运用灵活，下颚门齿向外有一定的倾斜度，对采食地面低草和灌木枝叶很有利，对草籽的咀嚼也很充分。因此，羊只善于啃食很短的牧草。

(二)食道沟及食道沟反射

食道沟始于贲门，延伸至网胃—瓣胃口，是食道的延续。当它关闭合拢时便形成一个由食道至瓣胃的管状结构，称为食道沟。在哺乳期的羊只，食道沟可以通过吮乳汁而出现闭合，称食道沟反射，使乳汁直接进入瓣胃和真胃，以防羊乳进入瘤胃或网胃而引起细菌发酵和消化道疾病。一般情况下，哺乳结束的育成羊和成年羊食道沟反射逐渐消失。

(三)羊的复胃

羊的胃由4个部分组成，即瘤胃、网胃、瓣胃和皱胃，占据腹腔的绝大部分空间。前3个胃无腺体组织分布，不分泌胃液，主要起贮存食物、水和发酵分解粗纤维的作用，一般统称为前胃；皱胃内有腺体分布，可分泌胃液，称为后胃。

1.瘤胃

瘤胃俗称“草包”，体积最大，容积约23.4 L，占整个胃容量的79%。瘤胃内大量的微生物繁殖，是细菌发酵饲料的主要场所，有“发酵罐”之称。瘤胃是由肌肉囊组成，通过蠕动使食团按规律流动，其主要功能是贮藏在较短时间采食的未经充分咀嚼而咽下的大量牧草，待休息时反刍。

2. 网胃

网胃也称“蜂巢胃”，内壁如蜂巢状，其容积为 2.0 L，占整个胃容量的 7%，靠近瘤胃，功能同瘤胃。网胃是吸入水分的贮存库，同时能帮助食团呃逆和排出胃内的发酵气体（嗳气）。网胃体积最小，约占总胃的 5%。网胃位于瘤胃背囊的前下方，位置较低。因此，金属异物（如铁钉、铁丝等）被吞入胃内时，易留存在网胃，引起创伤性网胃炎。网胃的前面紧贴着肺，而肺与心包的距离又很近，金属异物还可穿过膈刺入心包继发创伤性心包炎。所以，在饲养管理上要特别注意，严防金属异物混入饲料。

3. 瓣胃

因为瓣胃黏膜形成新月状的瓣叶，也称“百叶肚”。它位于瘤胃右侧面，网胃的内侧面，初生羔羊食道沟起着将乳汁自食管输往瓣胃和皱胃的通道作用。对于成年羊，瓣胃如同一个过滤器，通过收缩把食物稀软部分送入皱胃，把粗糙部分留瓣叶间，在此大量吸收水和酸。

4. 皱胃

皱胃也称“真胃”，容积约 3.3 L，其内有消化腺，可以分泌胃液，主要是盐酸和胃蛋白酶。皱胃是连接瓣胃和小肠的管状器官，是菌体蛋白质和过瘤胃蛋白质被消化的部位，对其主要进行化学性消化，其功能与非反刍家畜单胃的功能基本相同。

（四）羊的肠道

羊的小肠细长曲折，长度约为 25 m，大肠比小肠短，约为 8.5 m，整个肠道的长度相当于体长的 26～27 倍；而牛的小肠长度约为体长的 20 倍，马的小肠长度约为体长的 12 倍，这表明羊的消化吸收食能力很强。在小肠内主要是在各种消化酶的作用下进行化学性消化，大肠内主要是在大肠微生物和少量酶作用下继续部分消化并吸收食物中的水分，最终没有被消化的食物残渣形成粪便排出体外。

三、羊的消化生理特点

（一）唾液及唾液分泌

羊的唾液主要由腮腺、颌下腺和舌下腺分泌的无色透明，具有润湿饲料、溶解食物、杀菌和保护口腔的作用。唾液呈弱碱性，尤其腮腺分泌的唾液 pH 值高达 8.1，这是由于唾液当中含有大量的碳酸氢盐和磷酸盐，故可中和瘤胃发酵产生的有机酸，以维持瘤胃内的酸碱平衡。羊的唾液中不含有唾液淀粉酶，但在哺乳阶段分泌的唾液中含有一种独特的脂肪酶，以利于对乳脂的消化。羊唾液中含的有机物主要是黏蛋白，其他无机物主要有 K、Na、Ca、Mg 等的氯化物。另外，还含有尿素，唾液是瘤胃—肝脏氮素循环中的尿素回到瘤胃的主要途径。

（二）反刍

反刍动物将采食的富含粗纤维的草料，在休息时呃逆到口腔，经过重新咀嚼，并混入唾液再吞咽下去的过程称为反刍。反刍由逆呕、重咀嚼、再混合唾液和再吞咽 4 个过程组成。羔羊约在出生后 40 d 开始出现反刍行为，如果哺乳期早期补饲得当可提早出现反刍行为。多在食后 1 ~2 h 开始反刍，反刍到一定时间后(40 ~50 min)又开始吃草。反刍姿势多为侧卧式，少数为站立式。在放牧条件下，反刍时间与采食时间的比值为 0.8 : 1；舍饲条件下，二者的时间比例为 1.6 : 1。饲料的物理性质和瘤胃中挥发性脂肪酸(VFA)是影响反刍的主要因素，如果反刍行为停止则预示着疾病的发生。

（三）瘤胃微生物的作用

1. 发酵与嗳气

羊的瘤胃—网胃中寄居着大量的细菌和原虫。据测定，每 mL 瘤胃内容物的微生物数量为 1 010 ~1 011 个，这些微生物不断地发酵着进入瘤胃中的饲料营养物质，产生挥发性脂肪酸(VFA)及各种气体(如 CO_2、CH_4、H_2S、NH_3、CO 等)。瘤胃的发酵类型对羊来说有特殊的地位，丙酸发酵不产生甲烷，可以向羊提供较多的有效能量，提高饲料利用率，所以要尽量提高瘤胃丙酸比例。通过增加谷物类精料、粗料破碎、压粒、日粮中添加瘤胃素等，就可调节瘤胃发酵，提高丙酸比例，向羊体供给更多的有效能，促进羊体生长。

嗳气是一种反射动作，瘤胃发酵产生的大量气体只有通过不断地嗳气动作被驱入食管才能排出体外，并预防胀气；一旦发生胀气应及时机械放气或灌药止酵，否则，会引起窒息死亡。

2. 粗饲料的利用和碳水化合物的消化

碳水化合物是自然界分布极广的一种有机物质，是植物性饲料的主要组成部分，含量可占其干物质的 50% ~80%。饲料中的碳水化合物在瘤胃微生物及酶的作用下，逐级分解，产生大量的 VFA 等，作为能源或合成体脂及乳脂肪的原料。饲喂不同种类及数量的饲料对牛瘤胃液中 VFA 的总量及比例有明显的影响。

3. 饲料中蛋白质和非蛋白氮的利用

饲料中的蛋白质在瘤胃微生物的作用下，降解为多肽及氨基酸，其中的一些氨基酸一步降解为有机酸、NH_3 及 CO_2；而饲料中的非蛋白氮，如尿素、铵盐等能够被分解产生氨。所生成的氨和游离氨基酸以及一些小分子的多肽在能源供应充足和具有一定数量蛋白质的条件下，可通过瘤胃微生物作用合成微生物蛋白质，而且瘤胃内的微生物可合成10种必需氨基酸，因此，通过瘤胃微生物的作用提高了含氮饲料的营养价值。另外，这些微生物蛋白质是在到达真胃及十二指肠以后，它们的菌细胞蛋白质才被羊消化和吸收。根据试验，由瘤胃转移到真胃的蛋白质82%属于细菌蛋白质。羊体所获得的蛋白质与日粮中的蛋白质品质关系不大。

正因如此，在羊的饲料中均匀加入一定浓度的非蛋白氮，如尿素、铵盐等，增加瘤胃中氨的浓度，有利于微生物蛋白质的合成。同时，可节约饲料蛋白质，降低饲料成本，提高经济效益。

4. 脂类合成和氢化作用

瘤胃微生物不但能够合成脂肪酸，而且还能够氢化不饱和脂肪酸成为饱和脂肪酸，提高羊体脂肪硬度。

5. 维生素的合成

瘤胃微生物可以合成维生素B和维生素K。青贮饲料、青草及胡萝卜等正常供应的情况下，日粮中不需要添加合成的维生素。但脂肪性维生素A、维生素D、维生素E必须从饲料中供给和满足，维生素C虽然被瘤胃微生物破坏，但又可以在肝脏中合成。羊体要合成适当数量的维生素 B_{12}，必需供给足够数量的钴。

四、羊的营养需要

（一）能量

饲粮的能量水平是影响生产力的重要因素之一。能量不足，会导致幼龄羊生长缓慢，母羊繁殖率下降，泌乳期缩短，羊毛生长缓慢、毛纤维直径变细等；能量过高，对生产和健康同样不利。因此，合理的能量水平，对保证羊体健康，提高生产力，降低饲料消耗具有重要作用。

1. 维持

NRC（1985）确定的绵羊每日维持能量（NE）需要为：[56 W 0.75]×4.186 8 kJ（W为体重）。

2. 生长

NRC(1985)认为,不同绵羊品种,空腹重20~50 kg 的生长发育期绵羊,每千克空腹增重需要热值,轻型体重羔羊为12.56~16.75 MJ/kg,重型体重羔羊为23.03~31.40 MJ/kg。在生产上,计算增重所需要的热值,需要将空腹重换算为活重,即空腹重乘以1.195。同品种活重相同时,公羊每千克增重需要的热值是母羊的0.82倍。

3. 妊娠

青年妊娠母羊能量需要量包括维持净能(NE)、本身生长增重、胎儿增重及妊娠产物的饲料量;成年妊娠母羊不生长,能量需要量仅包括NE和胎儿增重及妊娠产物的饲料量。在妊娠期的后6周,胎儿增重快,对能量需要量大。怀单羔羊的妊娠母羊的能量总需要量为维持需要量1.5倍,怀双羔羊的母羊为维持需要量两倍。

4. 泌乳

泌乳包括维持和产乳需要。羔羊在哺乳期增重与母乳的需要量之比为1:5。绵羊在产后12周泌乳期内,有65%~83%的代谢能(ME)转化为奶能,带双羔母羊比带单羔母羊的转化率高。

(二)蛋白质

蛋白质是机体必需的组成成分,不但组成各种组织、器官,而且也是体内酶、激素、抗体及肉、皮、毛等产品的主要成分。蛋白质的营养作用是碳水化合物、脂肪等营养物质所不能替代的,而且机体内的蛋白质经6~7个月就有半数被新型蛋白质所替代,因此,日粮当中要注意提供适当水平的蛋白质营养素,不能过高或过低。过高时,多余的蛋白质在肝脏、血液及肌肉内贮存,或经脱氨作用转化为脂肪贮存起来,以备不足之需。另外,当碳水化合物和脂肪等主要供能物质不足时,蛋白质可以替代碳水化合物和脂肪产热供能,但用蛋白质产热供能是不经济的。当饲料中蛋白质供应不足时,会造成羊消化机能减退,生长缓慢,体重减轻,发育受阻,抗病力减弱,严重缺乏时甚至引起死亡。在绵羊瘤胃消化功能正常情况下,NRC(1985)采用析因法求出蛋白质需要量,其计算公式如下:

粗蛋白需要量(g/d)=(PD+MFP+EUP+DL+Wool)/NPV

式中:PD为蛋白质贮留量;MFP为粪中代谢蛋白质;EUP为尿中内源蛋白质;DL为皮肤脱落蛋白质;Wool为羊毛内的粗蛋白质;NPV为蛋白质净效率。PD(g/d):怀单羔母羊妊娠初期为2.95 g/d、妊娠最后4周为16.75 g/d,多胎母羊按比例增加;泌乳母羊的泌乳量,成年母羊哺乳单羔按1.74 kg/d、双羔2.60 kg/d、青年母羊按成年母羊的75%计算,而乳中粗蛋白质按47.875 g/d计算。

MFP(g/d):假定每 kg 干物质采食量为 33.44 g(NRC,1984)。

EUP(g/d):0.146 75×体重(kg)+3.375(ARC,1980)。

DL(g/d):0.112 5 W 0.75(W 为体重)。

Wool(g/d):成年母羊和公羊假定为 6.8 g(每年污毛产量以 4.0 kg 计),羔羊毛粗蛋白质含量(g/d)可以用[3+(0.1×无毛被羊体内蛋白质)]计算。

NPV:0.561 是由真消化率 0.85×生物学价值 1.66 而来。

(三)脂肪

羊体内的脂肪主要由饲料中碳水化合物在瘤胃内发酵产生的挥发性脂肪酸合成而来,但羊体不能直接合成亚麻油酸、次亚麻油酸和花生油酸 3 种不饱和脂肪酸,必须从饲料中获得。若日粮中缺乏这些脂肪酸,羔羊生长发育缓慢,皮肤干燥,被毛粗直,有时易患维生素 A、维生素 D 和维生素 E 缺乏症。豆科作物籽实、玉米糠及稻糠等均含有较多脂肪,是羊日粮中脂肪的重要来源,一般羊日粮中不必添加脂肪。

(四)矿物质

1. 钙(Ca)和磷(P)

钙和磷是羊体内含量很多的矿物质,是骨骼和牙齿的主要成分,约有 99% 的钙和 80% 的磷存在于骨骼和牙齿中。钙是细胞和组织液的重要成分,磷是核酸、磷脂和磷蛋白的组成成分。羊的日粮中钙、磷比例比(1.5~2):1 为宜。日粮中缺乏钙或钙、磷比例不当时,羊食欲减退、消瘦、生长发育不良,幼畜患佝偻病,成年羊患软骨症或骨质疏松易折断;磷缺乏时,羊出现异食癖,如吃羊毛、砖块、泥土等。

2. 钠(Na)和氯(Cl)

钠和氯与消化机能有关,也是维持渗透压和酸碱平衡的重要离子,并参与水的代谢。植物性饲料含钠、氯较少,且青粗饲料中含钾多,钾能促进钠的排出,为此羊不但需要经常补盐,而且对放牧饲养的羊和以粗饲料为主的羊要多补一些食盐。一般按日粮干物质的 0.15% ~0.25% 或混合精料的 0.5% ~1% 补给。

3. 铁(Fe)

铁主要存在于羊的肝脏和血液中,是血红素和许多氧化呼吸酶的成分。饲料中缺铁时,羊易患贫血症,羔羊尤为敏感。供铁过量会引起磷的利用率降低,导致软骨症。

4. 铜(Cu)

铜与铁的代谢关系密切,是许多氧化酶的组成成分,参与造血过程,促进血红素的合成。

当机体缺铜时,会减少铁的利用,造成贫血、消瘦、骨质疏松、皮毛粗硬、毛品质下降等。日粮中铜过量会引起中毒,尤其是羔羊对过量铜耐受力较差。一般饲料中含铜较多,但缺铜地区土壤生长的植物含铜量较低,容易引起铜缺乏症。

5. 锌(Zn)

锌是构成动物体内多种酶的重要成分,可参与脱氧核糖核酸的代谢作用,能影响性腺活动和提高性激素活动,还可防止皮肤干裂和角质化。日粮中缺乏锌时,羔羊生长缓慢,皮肤不完全角化,可见脱毛和皮炎,公羊睾丸发育不良。日粮高钙易引起缺锌。

6. 锰(Mn)

锰对羊的生长、繁殖和造血都有重要作用,为多种酶的激活剂,能影响体内一系列营养物质的代谢。严重缺锰时,羔羊生长缓慢,骨组织损伤,形成弯曲,骨折和繁殖困难。

7. 硫(S)

硫是蛋氨酸、胱氨酸、半胱氨酸等含硫氨基酸的组成成分,硫对体蛋白合成、激素、被毛以及碳水化合物代谢有重要作用。羊瘤胃中微生物能利用无机硫和非蛋白氮合成含硫氨基酸,日粮干物质中氮比例以(5~10):1为宜。因此在喂尿素的同时,可日补硫酸铜10 g,使之占日粮干物质的0.25%,这样可有效提高产毛量,增加羊毛强度和长度。

8. 钴(Co)

钴是维生素 B_{12} 的组成成分,如果饲料缺钴会影响维生素 B_{12} 的合成,土壤中缺钴地区当每 kg 饲草干物质含钴量低于0.07 mg时,应补钴。

9. 硒(Se)

硒是谷胱甘肽过氧化酶的组成成分。这种酶有抗氧化作用,能把过氧化脂类还原,防止毒素在体内蓄积。缺硒可引起白肌病,羔羊更敏感,在缺硒地区要补硒。

(五)维生素

成年羊瘤胃微生物能合成B族维生素、维生素C及维生素K,这些维生素除哺乳期羔羊外一般不会缺乏。但在羊的日粮中要注意供给足够的维生素A、维生素D和维生素E。

1. 维生素A

维生素A能促进机体上皮细胞的正常生长,维持呼吸道、消化道和生殖系统黏膜的健康水平,保障正常视力。缺乏维生素A时,羊采食量下降,生长停滞、消瘦,出现干眼症或夜盲症;母羊受胎率低,易流产或产死胎;公羊性欲低,射精量少。

2. 维生素 D

维生素 D 可以增加肠道对钙、磷的吸收。缺维生素 D 时会影响钙、磷代谢,食欲不振,体质虚弱,四肢强直,被毛粗糙;羔羊易患佝偻病;成年羊骨质疏松、关节变形,易患软骨病。

3. 维生素 E

维生素 E 又称生育酚、抗不育维生素,在机体内起催化和抗氧化作用。缺乏维生素 E 时,羔羊易患白肌病;公羊睾丸发育不良,精液品质差;母羊受胎率降低,流产或死胎。一般羔羊每 kg 日粮干物质中维生素 E 不应低于 15 IU,成年羊一般日粮所含维生素 E 可满足需要。

4. 维生素 B 和维生素 K

瘤胃机能正常时,能利用微生物合成 B 族维生素和维生素 K。羔羊在瘤胃发育正常以前,瘤胃微生物区系尚未建立,日粮中需要添加维生素 B 和维生素 K。

(六)水

水是羊体重要组成成分之一。有时不把水作为营养物质,这种看法是片面的。水分是饲料消化、吸收、营养物质代谢、排泄及体温调节等生理活动所必需的物质,是羊生命活动不可缺少的。一般水分可占体重的 60% ~70% 。当体内水分损失 5% 时,羊有严重的渴感,食欲废绝;丧失 10% 的水分时,代谢紊乱,生理过程遭到破坏;损失 20% 时,可引起死亡。需水量因体重、气温、日粮及饲养方式不同而异,一般采食 1 kg 干物质需水 3 ~5 kg。每日应让羊自由饮水 2 次或 3 次。

五、毛用羊的外貌特征

(一)体型特点

毛用羊一般头、颈较长,鬐甲高而窄,胸长而深,但宽度不足,背腰部平直但没有肉用羊宽,腹围较大,后躯发育不如肉用羊,四肢相对较长。超细毛羊和细毛羊大多公羊有角,母羊无角;半细毛羊大多公、母羊均无角;粗毛羊公、母羊均有角。

(二)被毛覆盖

理想型的超细毛羊、细毛羊和半细毛羊头毛一般着生至两眼连线,并有一定长度,呈毛丛结构，似帽状；前肢被毛着生至腕关节，后肢被毛着生至飞节。粗毛羊头毛短而少，四肢被毛覆盖不良。

超细毛羊、细毛羊和半细毛羊生产同质细毛，其被毛由粗细、长短及其他品质较一致的同一类型毛纤维组成。羊毛细度超细毛羊为70支纱以上，平均直径小于等于18 μm；细毛羊为60～70支纱，平均直径为18.1～25 μm；半细毛羊为32～58支纱，平均直径25.1～67 μm。毛纤维弯曲明显、整齐，被毛密度大，产毛量高，油汗多，杂质少。粗毛羊生产异质毛，其被毛由粗细、长短及其他品质不一致的不同类型毛纤维组成。毛纤维弯曲不明显，被毛密度小，产毛量低，油汗少，羊毛工艺性能差。

（三）颈部及皮肤褶皱

超细毛羊和细毛羊颈部一般有1～3个发达或不发达的皮肤褶皱，体躯也有较小的皮肤褶皱，皮肤松软；半细毛羊较差；粗毛羊体躯无明显皮肤褶皱。

【评估考核】

一、填空

1. 羊的生活习性主要由________、________、________、________和________几方面。

2. 成年羊瘤胃微生物能合成________、________及________3种维生素，这些维生素除哺乳期羔羊外一般不会缺乏。但在羊的日粮中要注意供给足够的________、________和________3种维生素。

二、简答

简述羊的消化生理特点。

任务二 羊的放牧饲养

【基本概念】

季节轮牧是根据四季牧场的划分，按季节轮渡放牧。

小区轮牧是指在划定季节牧场的基础上，根据牧草的生长、草地生产力、羊群的营养需要和寄生虫侵袭动态等，将牧地划分为若干个小区，羊群按一定的顺序在小区内进行轮回放牧。

【教学重点】

放牧羊群的合理组织，四季放牧的技术要点及科学补饲。

【教学目标】

1. 知识目标

◆ 了解牧场的四季规划，掌握合理组织放牧羊群的方式。

◆ 掌握四季放牧的技术要点，做到科学补饲。

2. 技能目标

◆ 能够对四季牧场进行科学的规划，合理的组织羊群的放牧方式，利用四季放牧技术要点，进行科学放牧，提高羊群生产效率。

【教学内容】

一、四季牧场的规划

（一）春季牧场

春季是冷季进入暖季的交替时期，牧草开始萌发，气候多变，气温不稳定。因此，春季牧场应选择在气候较温暖，雪融较早，牧草最先萌发，离冬房较近的平川、盆地或浅丘草场。

(二)夏季牧场

我国夏季气温较高,降水量较多,牧草丰茂,含水量较高,炎热潮湿的气候对羊体健康不利。夏季放牧场应选择气候凉爽、蚊蝇少、牧草丰茂、有利于增加羊只采食量的高山地区。

(三)秋季牧场

秋季气候适宜,牧草结籽,营养价值高,是绵羊、山羊放牧抓膘的最佳时期。牧地的选择和利用,可先由山岗到山腰,再到山底,最后放牧到平滩地。此外,秋季还可利用割草后的再生草地和农作物收割后的茬子地放牧抓膘。

(四)冬季牧场

冬季严寒,牧草枯黄,营养价值低,此时育成羊处于生长发育阶段,妊娠母羊正处在妊娠后期或产冬羔期。因此,冬季牧场应选择背风向阳、地势较低的暖和低地和丘陵的阳坡。

二、放牧组织及方式

合理组织羊群是科学放牧饲养绵羊、山羊的重要措施之一。组织好羊群有利于羊只的选留和淘汰,可合理地利用和保护草场,经济地使用劳动力和设备,不断提高羊群生产力。组织放牧羊应根据羊只的数量、羊别(绵羊与山羊)、品种、性别、年龄、体质强弱和放牧场的地形地貌而定。羊数量较多时,同一品种可分为种公羊群、试情公羊群、成年母羊群、育成公羊群、育成母羊群、羯羊群和育种母羊核心群等。在成年母羊群和育成母羊群中,还可按等级组成等级羊群。羊数量较少时,不宜组成太多的羊群,应将种公羊单独组群(非种用公羊应去势),母羊可分成繁殖母羊群和淘汰母羊群。为确保种公羊群、育种核心群、繁殖母羊群安全越冬度春,每年秋末冬初,应根据冬季放牧场的载畜能力、饲草饲料贮备情况和羊的营养需要,对老龄、瘦弱及品质较差的羊只进行淘汰,确定羊的饲养量,做到以草定畜。

我国放牧羊群的规模受放牧场地的影响而差别较大。繁殖母羊群牧区以 250 ~ 500 只、半农半牧区以 100 ~ 150 只、山区以 50 ~ 100 只、农区以 30 ~ 50 只为宜;育成公羊群和育成母羊群可适当增加;核心母羊群可适当减少;成年种公羊群以 20 ~ 30 只、后备种公羊群以 40 ~ 60 只为宜。

1. 季节轮牧

季节轮牧是根据四季牧场的划分,按季节轮渡放牧。这是我国牧区目前普遍采用的放牧方式,能较合理地利用草场,提高放牧效果。为了防止草场退化,可定期安排休闲牧地,以利于牧草恢复生机。

2. 小区轮牧

小区轮牧是指在划定季节牧场的基础上,根据牧草的生长、草地生产力、羊群的营养需要和寄生虫侵袭动态等,将牧地划分为若干个小区,羊群按一定的顺序在小区内进行轮回放牧。

此方式是一种先进的放牧方式,其优点有三:一是能合理地利用和保护草场,提高草场载畜量。根据新疆紫泥泉种羊场试验,小区轮牧比传统放牧方式每只绵羊可节约草场 1 500 m^2 左右。二是小区轮牧将羊群控制在小区范围内,减少了游走所消耗的热能,增重加快,与传统放牧方式相比,春、夏、秋、冬季的平均日增重可分别提高 13.42%、16.45%、52.53% 和 100%。三是能控制内寄生虫感染,羊体内寄生虫卵随粪便排出需经 6 d 发育成幼虫才可感染羊群,所以羊群只要在某一小区放牧时间限制在 6 d 以内,就可减少内寄生虫的感染。

小区轮牧技术是在季节性牧地还是在长年牧地实施,可根据养羊单位的具体条件而定,一般是先粗后细,逐步完善。其具体做法按以下步骤进行。

(1)划定草场,确定载畜量

根据草场类型、面积及产草量,划定草场;再结合羊的日采食量和放牧时间,确定载畜量。

(2)划分小区

根据放牧羊群的数量和放牧时间以及牧草的再生速度,划分每个小区的面积或轮牧一次的小区数。轮牧一次一般划定为 6 ~ 8 个小区,羊群每隔 3 ~ 6 d 轮换一个小区。

(3)确定放牧周期

全部小区放牧一次所需要的时间即为放牧周期。其计算方法是:放牧周期(天)= 每小区放牧天数×小区数。放牧周期的确定,主要取决于牧草再生速度,而牧草的再生速度又受水热条件、草原类型和土壤类型等因素的影响。在我国北部地区,不同草原类型的牧草生长期内,一般的放牧周期是:干旱草原 30 ~ 40 d,湿润草原 30 d,高山草原 35 ~ 45 d,半荒漠和荒漠草原 30 d。不同放牧季节所确定的放牧周期不尽一致,应视具体情况而定。

(4)确定放牧频率

放牧频率是指在一个放牧季节内,每个小区轮回放牧的次数。放牧频率与放牧周期关系密切,主要取决于草原类型和牧草再生速度。在我国北方地区不同草原类型的放牧频率是:干旱草原 2 ~ 3 次,湿润草原 2 ~ 4 次,森林草原 3 ~ 5 次,高山草原 2 ~ 3 次,荒漠和半荒漠草原 1 ~ 2 次。

(5)放牧方法

参与小区轮牧的羊群,按计划在小区依次逐区轮回放牧;同时,要保证小区按计划依次休闲,如图 4.1.1 所示。

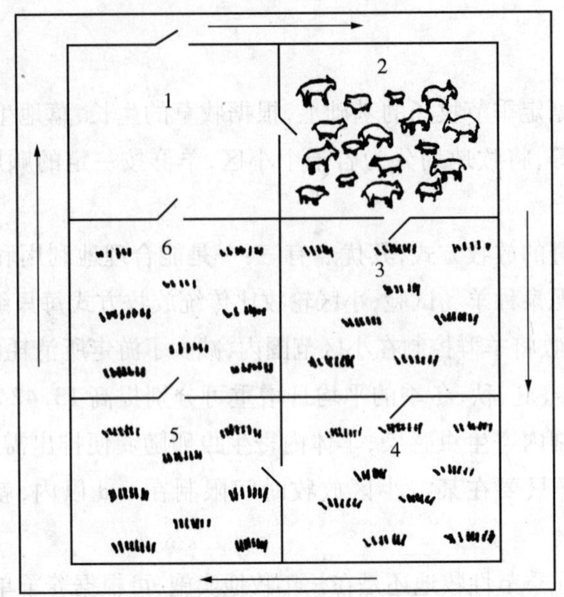

图 4.1.1　小区轮牧技术示意图

1. 刚放牧过的小区　2. 正在放牧的小区　3,4. 待牧的小区

5,6. 休闲的小区（A. Speedy,1979）

三、放牧加补饲技术

（一）放牧羊群的队形与控制

为了控制羊群游走、休息和采食时间，使羊群多采食、少走路，以利于抓膘，在放牧羊群时，应通过一定的队形控制羊群。羊群的放牧队形名称甚多，其基本队形主要有“一条鞭”和“满天星”两种。放牧队形应根据地形、草场品质、季节和天气情况而灵活应用。

1. 一条鞭

“一条鞭”是指羊群放牧时排列成“一”字形的横队。羊群横队里一般有 1~3 层。放牧员在羊群前面控制羊群前进的速度，使羊群缓缓前进，并随时命令离队的羊只归队，如有助手可在羊群后面防止少数羊只掉队。出牧初期是羊采食高峰期，应控制住带头羊，放慢前进速度；当放牧一段时间后，羊快吃饱时，前进的速度可适当快一点；待到大部分羊只吃饱后，羊群出现站立不采食或躺卧休息时，放牧员在羊群左右走动，不让羊群前进；羊群休息和反刍结束，再继续放牧。此种放牧队形，适用于牧地比较平坦、植被比较均匀的中等牧场。春季采用这种队形，可防止羊群“跑青”。

2. 满天星

“满天星”是指放牧员将羊群控制在牧地的一定范围内，让羊只自由散开采食，当羊群采食一定时间后，再移动更换牧地。散开面积的大小，主要取决于牧草的密度。牧草密度大、产量高的牧地，羊群散开面积小；反之，则羊群散开面积大。此种队形，适用于任何地形和草原类型的放牧地。对牧草优良、产草量高的优良牧场或牧草稀疏、覆盖不均匀的牧场均可采用。

总之，不管采用何种放牧队形，放牧员都应做到“三勤”（腿勤、眼勤、嘴勤）、“四稳”（出牧稳、放牧稳、收牧稳、饮水稳）、“四看”（看地形、看草场、看水源、看天气），宁为羊群多磨嘴，不让羊群多跑腿，保证羊一日三饱。否则，羊走路多，采食少，不利于抓膘。

（二）四季放牧技术要点

春季气候逐渐转暖，草场逐渐转青，是羊群由补饲逐渐转入全放牧的过渡时期。初春时，羊只经过漫长的冬季，膘情差，体质弱，产冬羔母羊仍处于哺乳期，加上气候不稳定，易出现“春乏”现象。这时，牧草刚萌发，羊看到一片青，却难以采食到草，常疲于跑青找草，增加体力消耗，导致瘦弱羊只死亡；再则，啃食牧草过早，将降低牧草再生能力，破坏植被，降低产草量。因此，初春时放牧要求控制羊群，挡住强羊，看好弱羊，防止“跑青”。在牧地选择上，应选阴坡或枯草高的牧地放牧，使羊看不见青草，只在草根部分有青草，羊只可将青草、干草一起采食。此期一般为两周时间。待牧草长高后，可逐渐转到返青早、开阔向阳的牧地放牧。到晚春，青草鲜嫩，草已长高可转入抢青，勤换牧地（2～3 d），以促进羊群复壮。春季对瘦弱羊只，可单独组群，适当予以照顾，对带羔母羊及待产母羊，留在羊舍附近较好的草场放牧，若遇天气骤变，以便迅速赶回羊舍。

注意天气预报，以避免风雪袭击。妊娠母羊放牧的前进速度宜慢，不跳沟，不惊吓，出入圈舍不拥挤，以利于羊群保胎。在羊舍附近划出草场，以备大风雪天或产羔期利用。

四、补饲定额

我国广大牧区，冷季长达6～8个月，气候严寒，牧草枯黄、品质下降。以放牧为主的绵羊、山羊，全靠放牧采食，不能满足营养需要。因此，应贮备足够的饲草、饲料用于冷季补饲。这是提高养羊业生产水平的重要措施之一。

在冷季枯草期，根据羊群放牧采食状况，适时开始补饲。补饲量从少到多，直至翌年牧草返青、放牧采食能满足营养需要时为止。补饲定额和时间因各地条件不同而异。在同一地区，根据羊体营养需要，一般种公羊和妊娠后期母羊应多补饲一些。我国东北地区细毛羊和西北地区肉羊及其高代杂种羊一年中的补饲参考定额见表4.1.1和表4.1.2。

表 4.1.1 我国东北地区的细毛羊补饲定额

场 名	羊 别	补 饲	补饲定额(kg/只·年)				备 注
		天数	粗饲料	青贮	块根	精料	
双辽种羊场	种公羊	365	250	200	100	180	农牧交错地区
	成年母羊	150	200	150	50	50	
	育成公羊	150	230	300	80	50	
	育成母羊	150	155	50	50	50	
	哺乳羔羊	100	40	40	60	20	
银浪种羊场	种公羊	365	380	50	50	230	牧区
	成年母羊	200	300	100	50	50	
	育成公羊	210	250	50	50	50	
	育成母羊	210	250	50	50	40	
	哺乳羔羊	100	50	—	—	20	

表 4.1.2 西北地区肉羊及其高代杂种羊补饲定额

羊 别	补饲定额(kg/只·年)		
	混合精料	玉米青贮	青干草
种公羊	180 ~ 360	180 ~ 270	180 ~ 360
成年母羊	30 ~ 60	180 ~ 270	90 ~ 210
育成公羊	60 ~ 100	60 ~ 180	90 ~ 180
育成母羊	30 ~ 45	60 ~ 180	90 ~ 180
羔 羊	15 ~ 30	—	30 ~ 60

【评估考核】

一、填空

1. 羊群的放牧队形名称甚多，其基本队形主要有“________”和“________”两种。
2. 牧场放牧的组织形式主要由__________和__________两种形式。

二、简答

简述小区轮牧技术的具体做法。

任务三　各类羊群的饲养管理技术

【基本概念】

育成羊是指羔羊断乳后到第一次配种的幼龄羊,多在4～18月龄。

【教学重点】

种公羊、繁殖母羊、育成羊和羔羊的饲养管理要点。

【教学目标】

1.知识目标

◆ 了解种公羊选择的基本要求,掌握种公羊饲养管理要点。

◆ 了解繁殖母羊饲养管理的阶段划分,掌握每个阶段的饲养管理要点。

◆ 掌握育成羊和羔羊的饲养管理要点。

2.技能目标

◆ 能够正确选择优秀种公羊,做到科学利用种公羊;能够熟练掌握各类羊的饲养管理技术要点,组织毛用羊的生产。

【教学内容】

一、种公羊的饲养管理

种公羊的基本要求是体质结实,不肥不瘦,精力充沛,性欲旺盛,精液品质好。种公羊精液的数量和品质,取决于日粮的全价性和饲养管理的科学性和合理性。据研究,种公羊1次射精量1 mL,需要可消化蛋白质50 g。在饲养上,应根据饲养标准配合日粮,选择优质的天然或人工草场放牧。补饲日粮应富含蛋白质、维生素和矿物质,品质优良、易消化、体积较小和适口性好等。在管理上,可采取单独组群饲养,并保证有足够的运动量。实践证明,种公羊最好的饲养方式是放牧加补饲。种公羊的饲养管理可分为配种期和非配种期两个阶段。

在我国的西北地区，体重 100 ~ 130 kg 种公羊的配种期日粮，如在 2000—2004 年间，甘肃省永昌肉用种羊场，配种期种公羊每日每只采精 2 ~ 3 次，每天青干草（苜蓿、红豆草、冰草、青玉米苗及野杂草晒制而成）自由采食，补饲混合精料 0.7 ~ 1 kg，鸡蛋 2 ~ 3 枚和豆奶粉 200 g。混合精料组成是：玉米 54%，豆类 16%（配种期增加到 30%），饼（粕）12%，麸皮 15%，食盐 2%，骨粉 1%。

饲养管理日程为种公羊在配种前 1 个月开始采精，检查精液品质。开始采精时，1 周采精 1 次，以后 1 周 2 次，以后 2 天 1 次。到配种时，每天采精 1 ~ 2 次，成年公羊每日采精最多可达 3 ~ 4 次。

多次采精者，两次采精间隔时间至少为 2 h。对精液密度较低的公羊，可增加动物性蛋白质和胡萝卜的喂量；对精于活力较差的公羊，需要增加运动量。当放牧运动量不足时，每天早上可酌情定时、定距离和定速度增加运动量。种公羊饲养管理日程，因地而异。以甘肃省永昌肉用种羊场 2000—2003 年间，种公羊配种期的饲养管理日程为例，介绍如下：

6:00—8:00 驱赶运动，距离 3 000 ~ 4 000 m；

8:00—9:00 喂料（混合精料占日粮的 1/2，鸡蛋 1 ~ 2 枚）；

9:00—11:00 采精；

11:00—14:00 自由采食青干草、饮水；

14:00—15:00 圈内休息；

15:00—17:00 采精；

17:00—18:00 喂料（混合精料占日粮的 1/2，鸡蛋 1 ~ 2 枚）；

18:00—20:00 自由采食青干草、饮水；

20:00 以后圈内休息。

种公羊在非配种期，虽然没有配种任务，但仍不能忽视饲养管理工作。除放牧采食外，应补给足够的能量、蛋白质、维生素和矿物质饲料。以甘肃省永昌肉用种羊场的种公羊非配种期的饲养管理日程为例，在冬、春季节，每天每羊饲喂玉米青贮 2 kg，混合精料 0.5 ~ 0.7 kg，青苜蓿干草 1 ~ 2 kg。在天气好时坚持适当的放牧和运动。

负责管理种公羊的人员，应当是年富力强、身体健康、工作认真负责、具有丰富的绵羊、山羊放牧饲养管理经验者；同时，管理种公羊的人员，非特殊情况时要保持相对稳定，切忌经常更换。

二、繁殖母羊的饲养管理

对繁殖母羊，要求长年保持良好的饲养管理条件，以完成配种、妊娠、哺乳和提高生产性能等任务。繁殖母羊的饲养管理，可分为空怀期、妊娠期和泌乳期 3 个阶段。

(一)空怀期的饲养管理

空怀期的饲养管理,其主要任务是恢复体况。由于各地产羔季节安排的不同,母羊的空怀期长短各异,如在年产羔一胎的情况下,母羊的空怀期一般为7个月。在此期间牧草繁茂,营养丰富,应注重放牧,经过两个月抓膘可增重10~15 kg,为配种做好准备。

(二)妊娠期的饲养管理

母羊妊娠期分为前期(3个月)和后期(2个月)。

1.妊娠前期

胎儿发育较慢,所增重量仅占羔羊初生重的10%。此间,牧草尚未枯黄,通过加强放牧能基本满足母羊的营养需要;随着牧草的枯黄,除放牧外,必须补饲,每只日补饲优质干草1~2 kg或青贮饲料1~2 kg。

2.妊娠后期

胎儿生长发育快,所增重量占羔羊初生重的90%,营养物质的需要量明显增加。据研究,妊娠后期的母羊和胎儿一般增重7~8 kg,能量代谢比空怀母羊提高15%~20%。此期正值严冬枯草期,如果缺乏补饲条件,胎儿发育不良,母羊产后缺奶,羔羊成活率低。因此,加强对妊娠后期母羊的饲养管理,保证其营养物质的需要,对胎儿毛囊的形成、羔羊出生后的发育和生产性能的提高都有利。在我国西北地区,妊娠后期的肉用高代杂种母羊和纯种母羊,日补饲精料0.5~0.8 kg,优质干草1.5~2 kg,青贮饲料1~2 kg,禁喂发霉变质和冰冻饲料。在管理上,仍须坚持放牧,每天放牧游走距离5 km以上。母羊临产前1周左右,不得远牧,以便分娩时能回到羊舍;但不要把临近分娩的母羊整天关在羊舍内。在放牧时,做到慢赶、不打、不惊吓、不跳沟、不走冰滑地和出入圈不拥挤。饮水时应注意饮用清洁水,早晨空腹不饮冷水,忌饮冰冻水,以防流产。

(三)哺乳期的饲养管理

母羊哺乳期可分为哺乳前期(1.5~2个月)和哺乳后期(1.5~2个月)。母羊的补饲重点应在哺乳前期。

1.哺乳前期

母乳是羔羊主要的营养物质来源,尤其是出生后15~20 d内,几乎是唯一的营养物质。应保证给以母羊全价饲料,以提高产乳量;否则,母羊泌乳力下降,影响羔羊发育。

2. 哺乳后期

母羊泌乳力下降，加之羔羊已逐步具有了采食植物性饲料的能力；此时，羔羊依靠母乳已不能满足其营养需要，需加强对羔羊补料。哺乳后期母羊除放牧采食外，也可酌情补饲。

三、育成羊的饲养管理

育成羊是指羔羊断乳后到第一次配种的幼龄羊，多在4～18月龄。羔羊断奶后5～10个月生长很快，毛肉兼用和肉毛兼用品种公、母羊增重可达15～30 kg，营养物质需要较多。若此时营养供应不足，则会出现四肢高、体狭窄而浅、体重小、剪毛量低等问题。育成羊的饲养管理，应按性别单独组群。夏季主要是抓好放牧，安排较好的草场，放牧时控制羊群，放牧距离不能太远。羔羊断奶时，不要同时断料，在断奶组群放牧后，仍需继续补喂一段时间的饲料。在冬、春季节，除放牧采食外，还应适当补饲干草、青贮饲料、块根块茎饲料、食盐和饮水。补饲量应根据品种和各地的具体条件而定。

四、羔羊的饲养管理

羔羊主要指断奶前处于哺乳期间的羊只。目前，我国羔羊多采用2～3月龄断奶。有的国家对羔羊采用早期断奶，即在出生后1周左右断奶，然后用代乳品进行人工哺乳；还有的采用出生后45～50 d断奶，断奶后饲喂植物性饲料，或在优质人工草地上放牧。

羔羊出生后，应尽早吃到初乳。初乳中含有丰富的蛋白质（17%～23%）、脂肪（9%～16%）、矿物质等营养物质和抗体，对增强羔羊体质、抵抗疾病和排出胎粪具有重要的作用。据研究，初生羔羊不吃初乳，将导致生产性能下降，死亡率增加。

在羔羊1月龄内，要确保双羔和弱羔能吃到奶。对初生孤羔、缺奶羔羊和多胎羔羊，在保证吃到初乳的基础上，应找保姆羊寄养或人工哺乳，可用牛奶、山羊奶、绵羊奶、奶粉和代乳品等。人工哺乳务必做到清洁卫生，定时、定量和定温（35～39 ℃），哺乳工具用奶瓶或饮奶槽，但要定期消毒，保持清洁，否则易患消化道疾病。对初生弱羔、初产母羊或护仔行为不强的母羊所产羔羊，需人工辅助羔羊吃乳。母羊和初生羔羊要共同生活7 d左右，才有利于初生羔羊吮吸初乳和建立母子感情。羔羊10日龄就可开始训练吃草料，以刺激消化器官发育，促进心肺功能健全。在圈内安装羔羊补饲栏（仅能让羔羊进去）让羔羊自由采食，少给勤添；待全部羔羊都会吃料后，再改为定时、定量补料，每只日补喂精料50～100 g。羔羊出生后7～20 d，晚上母、子在一起，白天羔羊留在羊舍内，母羊在羊舍附近草场上放牧，中午回羊舍喂1次奶。为了便于“对奶”，可在母、子体侧编上相同的临时编号，每天母羊放牧归来，必须仔细地对奶。羔羊20日龄后，可随母羊一道放牧。

羔羊1月龄后,逐渐转变为以采食为主,除哺乳、放牧采食外,可补给一定量的草料。例如,细毛羊和半细毛羊,1~2月龄每天喂2次,补精料150 g;3~4月龄,每天喂2~3次,补精料200 g。饲料要多样化,最好有玉米、豆饼、麦麸3种以上的混合饲料和优质干草以及苜蓿、青割牧草等优质饲料。胡萝卜切碎,最好与精料混合饲喂羔羊,饲喂甜菜每天不能超过50 g,否则会引起腹泻,继发胃肠病。羊舍内设置足够的水槽和盐槽,也可在精料中混入0.5%~1%的食盐和2.5%~3%的矿物质饲喂。

羔羊断奶一般不超过4月龄。羔羊断奶后,有利于母羊恢复体况,准备配种,也能锻炼羔羊的独立生活能力。羔羊断奶多采用一次性断奶方法,即将母、子分开后,不再合群。母羊在较远处放牧,羔羊留在原羊舍饲养。母子隔离4~5 d,断奶成功。羔羊断奶后按性别、体质强弱分群放牧饲养。

【评估考核】

一、名词解释

育成羊

二、填空

1. 种公羊的基本要求是__________,__________,__________,__________,精液品质好等。

2. 实践证明,种公羊最好的饲养方式是__________。种公羊的饲养管理可分为______和________两个阶段。

3. 母羊哺乳期可分为__________期和__________期。母羊的补饲重点应在__________期。

4. 羔羊主要指断奶前处于哺乳期间的羊只。目前,我国羔羊多采用______月龄断奶。

5. 繁殖母羊的饲养管理,可分为__________、__________和__________3个阶段。

三、简答

简述繁殖母羊的饲养管理要点。

任务四　绵羊的日常管理

【基本概念】

药浴法是外治法之一，即用药液或含有药液水洗浴全身或局部的一种方法。

【教学重点】

剪毛、药浴、防疫、驱虫及修蹄等绵羊日常管理要点。

【教学目标】

1. 知识目标

◆ 了解绵羊的剪毛、药浴、防疫、驱虫及修蹄等日常管理要点，掌握药浴药液的配制及注意事项。

2. 技能目标

◆ 能够熟练地对绵羊进行剪毛、药浴、防疫、驱虫及修蹄等操作，会配制常用的药浴药液。

【教学内容】

一、剪毛

（一）剪毛的时间

细毛羊和半细毛羊一般每年剪毛一次，粗毛羊可剪毛两次。剪毛时间主要取决于当地的气候条件和羊的体况。北方牧区和西南高寒山区通常在5月中、下旬剪毛，而在气候较温暖的地区，可在4月中、下旬剪毛。在生产上，一般按羯羊、公羊、育成羊和带羔羊的顺序来安排剪毛。患有疥癣、痘疹的病羊留在最后剪。

剪毛时，将羊保定后，先从体侧到后腿剪开一条缝隙，顺此向背部逐渐推进（从后向前剪)。一侧剪完后,将羊体翻转,由背向腹剪毛(以便形成完整的套毛),最后剪下头颈部、腹部和四肢下部的羊毛。套毛去边后,单独打包。边角毛、头腿毛和腹毛装在一起,作为等外毛处理,如图 4.1.2 所示,图 4.1.3 为绵羊机器剪毛示意图。

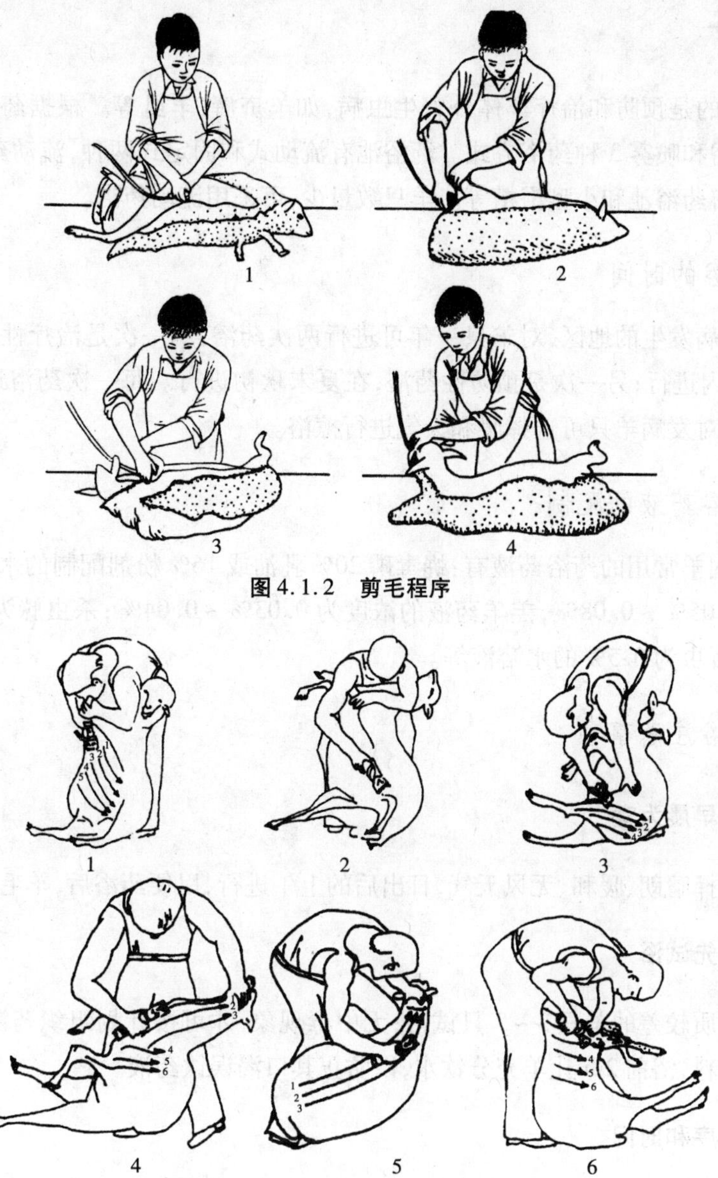

图 4.1.2 剪毛程序

图 4.1.3 绵羊机器剪毛示意图

(二)剪毛时的注意事项

剪毛应在干净、平坦的场地进行。羊毛留茬高度为 0.3 ~0.5 cm,尽可能减少皮肤损伤,若毛茬因技术原因而过高,切记不要重剪;剪毛前绵羊应空腹 12 h,以免翻转羊体时造成肠扭转。剪毛1周后,尽可能避开降温下雨天气,以免羊只感冒造成损失;对种公羊和核心群母羊,应做好剪毛量和剪毛后体重的测定和记录工作。

二、药浴

药浴的目的是预防和治疗羊体外寄生虫病,如羊疥癣、羊虱等。根据药液利用方式,可分为池浴、淋浴和喷雾3种药浴方式。药浴池有流动式和固定式两种,流动药浴池又分为流动药浴车、帆布药浴池和小型浴槽等。羊只数量少,可采用流动药浴。

(一)药浴的时间

在有疥癣病发生的地区,对羊只一年可进行两次药浴:第一次是治疗性药浴,在春季剪毛后7~10 d内进行;另一次是预防性药浴,在夏末秋初进行。每一次药浴最好间隔7 d重复1次。冬季对发病羊只可选择暖和天气进行擦浴。

(二)药浴药液的配制

目前,我国羊常用的药浴药液有:蝇毒磷20%乳油或16%粉剂配制的水溶液,成年羊药液的浓度为0.05%~0.08%,羔羊药液的浓度为0.03%~0.04%;杀虫脒为0.1%~0.2%的水溶液;敌百虫为0.5%的水溶液等。

(三)药浴注意事项

1.时同以早晨为宜

药浴应选择晴朗、暖和、无风天气,日出后的上午进行,以便药浴后,羊毛在中午能干燥。

2.药浴应先试浴

先选用品质较差的羊只3~5只试浴;无中毒现象,才可按计划组织药浴。临药浴前羊停止放牧和喂料,浴前2 h让羊充分饮水,以防止其口渴误饮药液。

3.药浴顺序和时间

先浴健康羊,后浴病羊,有外伤的羊只暂不药浴。药液应浸满全身,尤其是头部,采用槽浴可用浴杈将羊头部压入药液内2次,但需注意羊只不得呛水,以免引起中毒。药浴持续时间,治疗为2~3 min,预防为1 min。

4.药浴后在阴凉处休息

药浴后,要先休息1~2 h再放牧,但如遇风雨应及时赶回羊舍,以防感冒。

5. **注意人员防护和环境保护**

药浴期间,工作人员应配戴口罩和橡皮手套,以防中毒。药浴结束后,药液不能任意倾倒,以防牲畜误食中毒和污染环境。

此外,羊群若有牧羊犬,也应一并药浴。

三、防疫

怀孕母羊产前 20 ~ 30 d,羔羊痢疾菌苗皮下注射 2 mL,10 d 后再注射 3 mL。2 月底,羊三联苗无论成羊、羔羊每只肌注 5 mL。3 月上旬羊痘苗每只 0.5 mL。3 月中旬口蹄疫苗每只 1 头份。9 月上旬、中旬布氏杆菌、炭疽苗按说明防疫。9 月下旬再注射一次羊三联苗。

四、驱虫

羊体的寄生虫有数十种,根据当地寄生虫病的流行情况,每年应定期驱虫。羊易感染的寄生虫病有羊鼻蝇疽病、羊捻转胃虫病、羊结节虫病、羊肝片吸虫病、羊绦虫病、羊肺丝虫病、羊多头蚴病、羊毛圆线虫病等。常用的驱虫药物有敌百虫与硫双二氯酚(别丁)、咪唑类药物、驱虫净、虫可星等。一般在每年春、秋两季选用合适的驱虫药,按说明要求进行驱虫。驱虫后 10 d 内的粪便应统一收集,进行无害化处理。

五、修蹄

羊的蹄形不正或蹄形过长,将造成行走不便,影响放牧或发生蹄病,严重时会使羊跛行。因此,每年至少要给羊修蹄两次。修蹄时间一般在夏、秋季节,此时蹄质软,易修剪。修蹄时,应先用蹄剪或蹄刀,去掉蹄部污垢,把过长的蹄壳削去,再将蹄底的边沿修整到和蹄底一样齐平,修到蹄底可见淡红色时为止,并使羊蹄成椭圆形。

【评估考核】

一、填空

1. 细毛羊和半细毛羊一般每年剪毛一次,北方牧区和西南高寒山区通常在__________剪毛,而在气候较温暖的地区,可在__________剪毛。

2. 剪毛应在干净、平坦的场地进行。羊毛留茬高度为______ cm,尽可能减少皮肤损伤。

3. 目前,我国羊常用的药浴药液有__________乳油或__________的水溶液,成年羊药液的浓度为＿＿＿＿＿＿，羔羊药液的浓度为＿＿＿＿＿＿。

二、简答

1. 剪毛时应注意哪些问题？

2. 毛用羊药浴在何时进行，药浴前后需注意哪些事项？

项目二　肉用羊的高效饲养技术

任务一　肉用羊的外貌特征和鉴定

【基本概念】

屠宰率指胴体重加内脏脂肪(包括大网膜和肠系膜脂肪)和脂尾重,与羊屠宰前活重(宰前空腹24 h)之比。

适繁母羊比率主要反映羊群中适繁母羊的比例。适繁母羊多指10月龄(山羊)以上和1.5岁(绵羊)以上的母羊。

【教学重点】

根据肉用羊的外貌特征,进行个体品质鉴定的方法;肉用羊生产性能的测定指标。

【教学目标】

1. 知识目标

◆ 了解羊的外貌各部位名称,掌握体尺测量部位和基本的测量方法。

◆ 了解羊的牙齿更换、磨损,掌握根据牙齿的更换、磨损变化鉴别年龄的方法。

◆ 理解肉用羊的外貌特征,掌握肉用羊的个体品质鉴定方法。

◆ 熟练掌握评定肉羊产肉力、繁殖力的主要指标。

2. 技能目标

◆ 能够熟练识别羊的外貌各部位名称,学会体尺测量部位和基本的测量方法。

◆ 能够根据牙齿的更换、磨损变化鉴别羊的年龄。

◆ 能够根据肉用羊的外貌特征、生产力指标，进行个体品质鉴定，科学地选择优质的肉用羊。

【教学内容】

一、羊体外貌部位名称

羊的体型外貌在一定程度上能反映出生产力水平的高低，为区别、记载每只羊的外貌特征，就必须识别羊的外貌部位名称，如图 4.2.1 所示。

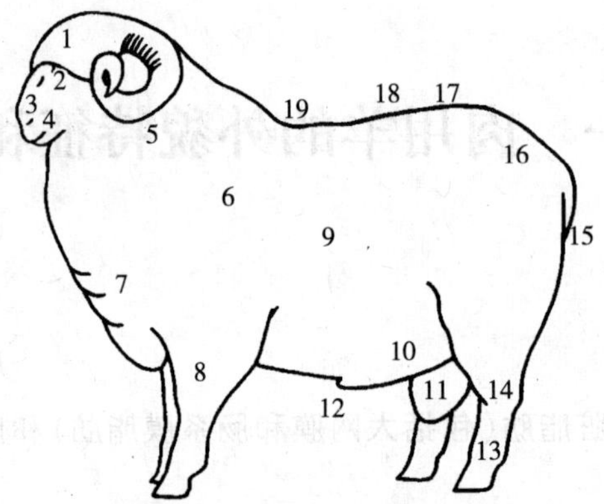

图 4.2.1　羊体外貌各部位名称

1. 头　2. 眼　3. 鼻　4. 嘴　5. 颈　6. 肩　7. 胸　8. 前肢　9. 体侧　10. 腹部　11. 阴囊　12. 阴筒　13. 后股　14. 飞节　15. 尾　16. 臀　17. 腰　18. 背　19. 鬐甲

二、体尺测量

测量体尺用于确定羊的生长发育情况。测量时，场地要平坦，站立姿势要端正。常用测量工具有测杖、卷尺和圆形测定器。测定项目根据目的而定，但必须熟悉主要的测量部位和基本的测量方法。

（一）体高

由羊只鬐甲最高点至地面的垂直距离。

（二）体长

体长即体斜长，由羊只肩端最前缘至坐骨结节后缘的距离。

(三)胸围

胸围即由肩胛骨后缘绕胸一周的长度。

(四)管围

管围即左前肢管骨最细处的水平周径。

(五)十字部高

十字部高是由十字部至地面的垂直距离。

(六)腰角宽

腰角宽即两侧腰角外缘间距离。

三、羊的年龄鉴别

(一)乳齿和永久齿的数目

幼年羊乳齿共20枚,乳齿较小,颜色较白。乳齿长到一定时间后开始脱落,之后再长出的牙齿叫永久齿,共32枚。永久齿较乳齿大,颜色略发黄。

(二)牙齿更换、磨损与年龄变化

羊没有上门齿,有下门齿8枚,臼齿24枚,分别长在上下两边牙床上。中间的一对门齿叫切齿,从两切齿外侧依次向外形成内中间齿、外中间齿和隅齿。1岁前,羊的门齿为乳齿,永久齿没有长出;1~1.5岁时,乳齿的切齿更换为永久齿,称为“对牙”;2~2.5岁时,内中间乳齿更换为永久齿,并充分发育称为“四牙”;3~3.5岁时,外中间乳齿更换为永久齿,称为“六牙”;4~4.5岁时,乳隅齿更换为永久齿,此时全部门齿已更换整齐,称为“齐口”;5岁时,牙齿磨损,齿尖变平;6岁时,齿龈凹陷,有的开始松动;7岁时,门齿变短,齿间隙加大;8岁时,牙齿有脱落现象。

四、肉用羊的外貌特征

肉羊的体型外貌评定是以品种和肉用类型特征为主要根据而进行的。就肉用型绵、山羊来说,其外形结构和体躯部位应具备以下特征。

（一）整体结构

体格大小和体重达到品种的月（年）龄标准，躯体粗圆，长宽比例协调，各部结合良好；臀、后腿和尾部丰满，其他产肉部位肌肉分布广而多；骨骼较细，皮薄而富有弹性，被毛着生良好且富有光泽；具有本品种的典型特征。

（二）头、颈部

按品种要求，口方、眼大而明亮，头型较大，额宽丰满，耳纤细、灵活。颈部较粗，颈肩结合良好。

（三）前躯

肩丰满、紧凑、厚实，前胸宽而丰满。前肢直立结实，腿短且间距宽，管部细致。

（四）中躯

正胸宽、深，胸围大。背腰宽而平，长度适中，肌肉丰满。肋骨开张良好，长而紧密。腹底成直线，腰荐结合良好。

（五）后躯

臀部长、平、宽而开展，大腿肌肉丰满，后裆开阔，小腿肥厚。后肢短、直而细致，肢势端正。

（六）生殖器官与乳房

生殖器官发育正常，无机能障碍；乳房明显，乳头粗细、长短适中。

五、肉用羊的生产性能

肉用羊体大、早熟、生长快、肉质好、繁殖力高。幼龄羊的平均日增重和饲料利用率高，出栏体重大，饲养周期短；产肉能力强，屠宰率高，肌肉细嫩多汁，脂肪分布均匀；四季发情，配种年龄早，每胎产羔数多，产羔频率高。

（一）评定肉羊产肉力的主要指标

1. 屠宰率

屠宰率是指胴体重加内脏脂肪（包括大网膜和肠系膜脂肪）和脂尾重，与羊屠宰前活重

(宰前空腹 24 h)之比。

$$屠宰率=\frac{胴体重+内脏脂肪+脂尾重}{屠宰前活重}\times100\%$$

胴体重是指屠宰放血后剥去毛皮、去头、内脏及前肢腕关节和后肢关节以下部分,整个躯体(包括肾脏及其周围脂肪)静止 30 min 后的重量。

2. 胴体净肉率

$$胴体净肉率=\frac{胴体重+骨重}{胴体重}\times100\%$$

3. 肉骨比

$$胴体净肉率=\frac{胴体净肉重}{胴体骨重}\times100\%$$

4. 眼肌面积

眼肌面积即倒数第一和第二肋骨间脊椎上的背最长肌的横切面积,因为它与产肉量呈正相关。测量方法:先用硫酸纸绘出横切面的轮廓,再用求积仪计算面积。如无求积仪,可量出眼肌的高度和宽度,用下列公式估测

$$眼肌面积(cm^2)=眼肌高度(cm)\times眼肌宽(cm)\times0.7$$

5. 胴体品质

胴体品质主要根据瘦肉的多少及色、脂肪含量、肉的鲜嫩度、多汁性与味道等特性来评定。上等品质的羔羊肉,应该是质地坚实而细嫩味美,膻味轻,颜色鲜艳,结缔组织少,肉呈大理石状,背脂分布均匀而不过厚,脂肪色白、坚实。

6. 平均日增重

$$平均日增重=\frac{肥育期末重-肥育期初重}{肥育期所用日数}\times100\%$$

7. 饲料利用率

$$饲料利用率=\frac{肥育期内消耗的饲料总量}{肥育期末重-肥育期初重}\times100\%$$

8. 出栏率

$$出栏率=\frac{本年度出栏羊只数}{年初羊只数}\times100\%$$

(二)评定肉羊繁殖力的主要指标

1. 适繁母羊比率

适繁母羊比率主要反映羊群中适繁母羊的比例。适繁母羊多指10月龄(山羊)以上和1.5岁(绵羊)以上的母羊。

$$\text{适繁母羊比率}=\frac{\text{本年度末适繁母羊数}}{\text{本年度末羊群总数}}\times 100\%$$

2. 空怀率

$$\text{空怀率}=\frac{\text{繁母羊数}-\text{受胎母羊数}}{\text{繁母羊数}}\times 100\%$$

3. 受胎率

$$\text{受胎率}=\frac{\text{受胎母羊数}}{\text{已配母羊数}}\times 100\%$$

4. 产羔率

$$\text{产羔率}=\frac{\text{出生活羔羊数}}{\text{适繁母羊数}}\times 100\%$$

5. 成活率

$$\text{成活率}=\frac{\text{断奶成活羔羊数}}{\text{出生活羔羊数}}\times 100\%$$

6. 繁殖率

$$\text{繁殖率}=\frac{\text{出生活羔羊数}}{\text{适繁母羊数}}\times 100\%$$

7. 繁殖成活率

$$\text{繁殖成活率}=\frac{\text{断奶成活羔羊数}}{\text{适繁母羊数}}\times 100\%$$

六、肉用羊的个体品质鉴定

肉用羊的个体品质鉴定包括体型外貌、生长发育和生产性能的评定。其中体型外貌鉴定主要按身体各部位的表现和重要性,规定一个满分标准,不够标准的适当扣分,最后将各项评分相加计算总分,再按外貌评分等级标准给被选个体定出等级。生长发育和生产性能鉴定主要按测定项目的量化结果,对照品种等级标准,确定个体等级,最后完成对羊只的综合鉴定。下面以南江黄羊为例介绍其鉴定标准。

(一)体型外貌

表4.2.1列出了南江黄羊的外貌评分标准。表4.2.2列出了南江黄羊的外貌评分等级标准。

表4.2.1　南江黄羊的外貌鉴定评分标准

项目		评定标准	评分	
			公	母
外貌	毛色	被毛黄褐色,富有光泽,有明显或不明显的黑色背线	14	14
	外形	体躯近似圆桶形,公羊雄壮,母羊清秀	6	6
	头	头大小适中,额宽平或平直,鼻微拱,耳长大或微垂,眼大有神,有角或无角	12	12
体躯各部	颈	公羊粗短,母羊中等,与肩结合良好	6	6
	前躯	胸部深广,肋骨开张,鬐甲高平	6	6
	中躯	背腰平直,腹部发育良好,且较紧凑	6	6
	后躯	荐宽,尻丰满、倾斜适度,母羊乳房犁形,发育良好	12	12
	四肢	粗直端正,蹄质坚实,圆形	18	18
发育情况	外生殖器	发育良好,双睾对称,母羊外阴正常	6	4
	羊体发育	肌肉充实,膘情中上	6	6
	整体结构	各部位结构匀称、紧凑,体质较结实	8	10
总计			100	100

表4.2.2　外貌评分等级标准

性别	特级	一级	二级	三级
公羊	95	85	80	75
母羊	95	85	70	60

（二）生长发育评定

生长发育评定分2月龄、6月龄、12月龄和成年4个阶段进行。表4.2.3列出了一级羊最低的体重、体尺标准。

①特级:2、6、12月龄公羊体重占成年公羊体重的20%、40%、60%以上,母羊体重占30%、50%、70%以上,以及公、母羊体重均高于一级15%以上,公、母羊体尺分别占成年羊的65%、75%和85%,并且公羊高于一级8%,母羊高于5%以上者为特级。

②一级:符合表4.2.2评分标准者。

③二级:体重分别低于一级8%~10%、体尺分别相应低于一级3%~5%之内者。

④三级:体重分别相应低于一级8%~10%、体尺分别相应低于一级3%~5%以上者。

表4.2.3　一级羊最低评分标准

年　龄	体重(kg)		体长(cm)		体高(cm)		胸围(cm)	
	公	母	公	母	公	母	公	母
2月龄	11	10	46	46	45	44	51	50
6月龄	25	20	56	53	55	51	64	59
周　岁	35	28	63	60	61	57	72	67
成　年	62	42	77	68	72	65	90	79

（三）生产性能评定

母羊繁殖成绩评定标准见表4.2.4

表4.2.4　繁殖性能评定标准

项　目	特　级	一　级	二　级	三　级
年产胎数	2.0	1.8	1.5	1.2以上
胎产羔数	2.5	2.0	1.5	1.2以上

对于公羊连续两个繁殖季节配种30只经产可繁母羊,以母羊产羔率达220%为特级,200%为一级,180%为二级,150%为三级。后备公、母羊的繁殖性能由系谱审查,参考同胞旁系资料评定。

【评估考核】

一、名词解释

1.屠宰率

2. 胴体重
3. 胴体净肉率
4. 繁殖率
5. 繁殖成活率

二、填空

1. 羊的体高是由________至________的垂直距离。体长即体斜长，由______至______的距离。

2. 羊的生长发育评定分______月龄、______月龄、______月龄和成年4个阶段进行。

3. 适繁母羊多指______月龄(山羊)以上和________岁(绵羊)以上的母羊。

三、简答

1. 试述肉用羊的体型外貌特征。
2. 肉羊的的生产性能有哪些特点?
3. 举例说明肉羊个体品质鉴定方法。

任务二　肉用羊的育肥技术

【基本概念】

舍饲育肥是根据肉羊生长发育规律，按照羊的饲养标准和饲料营养价值，配制育肥日粮，并完全在舍内喂、饮、运动的一种育肥方式。

【教学重点】

肉用羊的育肥方式；羔羊和成年羊在育肥期的饲养管理要点。

【教学目标】

1. 知识目标

◆ 了解肉用羊的育肥方式，掌握不同育肥方式的饲养管理要点。
◆ 了解羔羊育肥期及育肥强度的确定，掌握羔羊育肥期的饲养管理要点。
◆ 了解成年羊育肥方式，掌握其日粮配方及饲养管理要点。
◆ 了解国外肥羔生产技术。

2. 技能目标

◆ 能够根据各类肉羊的饲养管理技术要点，组织肉用羊的生产。
◆ 学会尿素在肉羊生产中的应用技术，能够对育肥羊进行科学的日粮配合。

【教学内容】

一、肉用羊的育肥方式

肉羊生产多用杂交的方式，产生具有杂种优势的杂种羊；或者利用本地的粗毛羊、细毛羊或半细毛羊等进行育肥，方式有放牧育肥、舍饲育肥和混合育肥。至于到底采取何种方式进行育肥，要根据当地牧草资源状况、羊源种类与质量、肉羊生产者的技术水平、肉羊场的基础设施等条件来确定。

(一)放牧育肥

放牧育肥是利用天然草场、人工草场或秋茬地放牧抓膘的一种育肥方式,生产成本低,应用较普遍。在安排得当时,能获得理想的效益。

1.选好放牧草场,分区合理利用

根据羊的种类和数量,充分利用夏、秋季天然草场,选择地势平坦、牧草茂盛的放牧地。幼龄羊适于在豆科牧草较多的草场放牧育肥;成年羊适于在禾本科较多的草场放牧育肥。

为了合理利用草场和保护牧草的再生能力,放牧地应按地形划分成若干小区,实行分区轮牧。每个小区放牧4~6 d后移到另一个小区放牧,使羊群能经常吃到鲜嫩的牧草和枝叶,同时也使牧草和灌木有再生的机会,有利于提高产草量和利用率。

2.加强放牧管理,提高育肥效果

放牧育肥的羊只,应按品种、年龄、性别、放牧的条件分群,保证育肥羊在牧地上采食到足够的青草量,一般羔羊可达4~5 kg以上,大羊可达7~8 kg以上。放牧时,尽可能延长放牧时间,早出牧,晚归牧,必要时进行夜牧,就地休息,保证饮水,每天放牧时间应达10~12 h以上。放牧方法上讲究一个“稳”字,少走冤枉路,多吃草,避免狂奔。这种育肥方法成本较低,效益相对较高,一般经过夏、秋季节,育肥羔羊体重可增加10~20 kg。

为提高放牧育肥效果,养羊生产上应安排母羊产冬羔和早春羔,这样羔羊断奶后,正值青春期,可充分利用夏、秋季的牧草资源,适时育肥和出栏。

(二)舍饲育肥

舍饲育肥是根据肉羊生长发育规律,按照羊的饲养标准和饲料营养价值,配制育肥日粮,并完全在舍内喂、饮、运动的一种育肥方式。饲料的投入相对较高,但羊的增重快,胴体大,出栏早,经济效益高,便于按照市场的需要进行规模化。工厂化的肉羊生产。适合在放牧地少的地区或饲料资源丰富的农区使用。

1.合理利用育肥饲料

舍饲育肥羊的饲料主要由青、粗饲料、农副业加工副产品和各种精料组成,如干草、青草、树叶、作物秸秆,各种糠、糟、渣、油饼、作物籽实等。粗饲料需经加工调制,精料需制成混合料,按肥育标准饲喂。

一般舍饲育肥羊的混合精料可占到日粮的45%~60%,随着育肥强度的加大,精料比例应逐渐升高。注意不要过食精料。

2. 添加剂在肉羊生产中的应用

羊的育肥添加剂包括营养性添加剂和非营养性添加剂，其功能是补充或平衡饲料营养成分，提高饲料适口性和利用率，促进羊的生长发育，改善代谢机能，预防疾病等，正确使用饲料添加剂，可提高羊育肥的经济效益。

(1)尿素的利用

每 kg 尿素的含氮量相当于 2.6 ~ 2.9 kg 粗蛋白质或 6 ~ 7 kg 豆饼的含氮量。尿素喂羊应注意下列事项：

①严格控制喂量。尿素不能替代日粮中的全部蛋白质，只是在日粮蛋白质不足时才喂，喂量可按羊体重的 0.02% ~0.05% 计算。

②合理饲喂。喂尿素应由少到多，逐渐增加到规定喂量，一般每日 2 ~ 3 次，喂后不能马上饮水，切忌单纯饮用或直接喂饲，必须配合易消化的精料喂饲；饲喂尿素不能空腹饲喂或时停时喂，连续饲喂效果才好；也不能和生豆类饲料混合饲喂，因生豆饼含有脲酶，对尿素分解很快，易使羊中毒。

③尿素中毒。若饲喂方法不当或喂量过大，造成羊尿素中毒，可静脉注射 10% ~25% 葡萄糖，每次 100 ~ 200 mL。或灌服食醋 0.5 ~ 1 L 来急救。

(2)瘤胃素

瘤胃素又名莫能菌素，是链霉菌发酵产生的抗生素。其功能是控制和提高瘤胃发酵效率，从而提高增重速度及饲料转化率。

瘤胃素的添加量一般为每 kg 日粮干物质中添加 25 ~ 30 mg，要均匀地混合在饲料中，最初喂量可低些，以后逐渐增加。

(3)羊育肥复合饲料添加剂

它是由微量元素（铁、铜、锰、锌、硒等）、瘤胃代谢调节剂、生长促进剂及对有害微生物抑制物质组成，适于生长期和育肥期间饲喂，用量每天每只羊 2.5 ~ 3.3 g，混入饲料中饲喂。

(4)杆菌肽锌

杆菌肽锌是抑菌促生长剂，对畜禽都有促生长作用，有利于养分在肠道内的消化吸收，提升饲料利用率，提高增重。羔羊用量每 kg 混合料中添加 10 ~ 20 mg（42 ~ 84 万单位），在饲料中混合均匀饲喂。

（三）混合育肥

混合育肥是放牧与补饲相结合的育肥方式，既能利用夏、秋牧草生长旺季，进行放牧育肥；又可利用各种农副产品和少许精料，进行补饲和后期催肥。这种方式比单纯依靠放牧育肥效果要好，适合全国各地的肉羊育肥生产条件。

放牧兼补饲的育肥可采用两种途径：一种途径是在整个育肥期，自始至终每天均放牧并补饲一定数量的混合精料和其他饲料。要求前期以放牧为主,舍饲为辅,少量补料,后期以舍饲为主,多量补料,适当就近放牧采食。另一种途径是前期安排在牧草生长旺季全天放牧,后期进入秋末冬初转入舍饲催肥,可依据饲养标准配合营养丰富的育肥日粮,强度育肥30~40 d,出栏上市。我国肉羊生产中,常对一些老残羊和瘦弱羊,在秋末集中1~2个月舍饲育肥,可充分利用粮食加工副产品或少许精料补饲催肥,费用少,经济效益高。

二、羔羊育肥技术

现代羊肉生产的主流是羔羊肉,尤其是肥羔肉。随着我国肉羊产业的发展和人们生活、经济条件的改善,羔羊肉的生产将是羊的育肥重点。

(一)育肥期及育肥强度的确定

羔羊在生长期间,由于各部位的各种组织在生长发育阶段代谢率不同,体内主要组织的比例也有不同的变化。通常早熟肉用品种羊在生长最初3个月内骨骼的发育最快,此后变慢、变粗;4~6个月龄时,肌肉组织发育最快;以后几个月脂肪组织的增长加快,到1岁时肌肉和脂肪的增长速度几乎相等。

1.肥羔生产

按照羔羊的生长发育规律,周岁以内尤其是4~6月龄以前的羔羊,生长速度很快,平均日增重一般可达200~300 g。如果从羔羊2~4月龄开始,采用强度育肥的方法,育肥期50~60 d,其育肥期内的平均日增重能达到或超过原有水平;这样羔羊长到4~6月龄时,体重可达成年羊体重的50%以上,出栏早,屠宰率高,胴体重大,肉质好,深受市场欢迎。

2.羔羊肉生产

对于2~4月龄平均日增重达不到200 g的羔羊;须等体重达25 kg以上,至少是20 kg以上,才能转入育肥,即进行羔羊肉生产。

这种方式须等羔羊断奶后,才能进行育肥且育肥期较长(90~120 d),一般分为前、后两期育肥,前期育肥强度不宜过大,后期(羔羊体重30 kg以上)进行强度育肥,一般在羔羊生后10~12月龄就能达到上市体重和出栏要求。

羔羊断奶后育肥是羊肉生产的主要方式,因为断奶后的羔羊除小部分选留到后备群外,大部分要进行出售处理。一般来讲,对体重小或体况差的进行适度育肥,对体重大或体况好的进行强度育肥。

(二)羔羊育肥期的饲养管理

对进行羔羊肉生产的育肥羔羊,适合采用能量较高、保持一定蛋白质水平和矿物质含量的混合精料来育肥。育肥期可分为预饲期(10～15 d)、正式育肥期和出栏3个阶段。

育肥前应做好饲草(料)的收集、储备和加工调制,圈舍场地的维修、清扫、消毒和设备的配置等工作。预饲期应完成对羊只的健康检查、防疫、驱虫、去势、称重、健胃、分群、饲料过渡等项目的执行。正式育肥期主要按照饲料标准配合育肥日粮,进行投喂。合理安排饲喂、放牧、饮水、运动、消毒等生产环节。采用正确饲喂方法,避免羊只的拥挤和挣食,尤其防止弱羊采不到饲料,保证饮水充足、清洁卫生。出栏阶段主要是根据品种和育肥强度,确定出栏体重和出栏时间,应根据市场需要、价格、增重速度和饲养管理等综合因素确定。

三、成年羊育肥技术

成年羊育肥时应按品种、体重和预期增重等主要指标确定育肥方式和日粮标准。育肥方式可根据羊只来源和牧草生长季节来选择,目前主要的育肥方式有放牧与补饲混合型和颗粒饲料型两种。但无论采用何种育肥方式,放牧是降低成本和利用天然饲草饲料资源的有效方法,也适用于成年羊快速育肥。

(一)育肥方式

1.放牧-补饲型

夏季,成年羊以放牧育肥为主,其日采食青绿饲料可达5～6 kg,精料0.4～0.5 kg,合计折成干物质1.6～1.9 kg,可消化蛋白质150～170 g,育肥日增重在140 g左右。秋季,主要选择淘汰老母羊和瘦弱羊为育肥羊,育肥期一般在60～80 d,将羊先转入秋场或农田茬子地放牧,待膘情好转后,再转入舍饲育肥;选择体躯较大、健康无病、牙齿良好的羊育肥。此种育肥方式的典型日配方如下:

配方一:禾本科干草0.5 kg,青贮玉米4.0 kg,碎谷粒0.5 kg。此配方日粮中含干物质40.60%,粗蛋白质4.12%,钙0.24%,磷0.11%,代谢能17.974 MJ。

配方二:禾本科干草1.0 kg,青贮玉米0.5 g,碎谷粒0.7 kg。此配方日粮中含干物质84.55%,粗蛋白质7.59%,钙0.60%,磷0.26%,代谢能14.379 MJ。

配方三:青贮玉米4.0 kg,碎谷粒0.5 kg,尿素10 g,秸秆0.5 kg。此配方日粮中含干物质40.72%,粗蛋白质3.49%,钙0.19%,磷0.09%,代谢能7.263 MJ。

配方四:禾本科干草0.5 kg,青贮玉米3.0 kg,碎谷粒0.4 kg,多汁饲料0.8 kg。此配方日粮中含干物质40.64%,粗蛋白质3.83%,钙0.22%,磷0.10%,代谢能15.884 MJ。

2.颗粒饲料型

颗粒饲料型适用于有饲料加工条件的地区和饲养的肉用成年羊或羯羊。颗粒饲料中,秸秆和干草粉可占55%～60%，精料35%～40%。现推荐两个典型日粮配方，供参考。

配方一：草粉35.0%，秸秆44.5%，精料20.0%，磷酸氢钙0.5%。此配方每千克饲料中含干物质86%，粗蛋白质7.2%，钙0.48%，磷0.24%，代谢能6.897 MJ。

配方二：禾本科草粉30.0%，秸秆44.5%，精料25.0%，磷酸氢钙0.5%。此配方每千克饲料中含干物质86%，粗蛋白7.4%，钙0.49%，磷0.25%，代谢能7.106 MJ。

（二）饲养管理要点

1. 选羊与分群

选择膘情中等、身体健康、牙齿好的羊只育肥，淘汰膘情很好和极差的羊。挑选出来的羊应按体重大小和体质状况分群，一般把相近情况的羊放在同一群育肥，避免因强弱争食造成较大的个体差异。

2. 入圈前的准备

对待育肥羊只注射肠毒血症三联苗和驱虫，同时，在圈内设置足够的水槽和料槽，并进行环境（羊舍及运动场）清洁与消毒。

3. 选择最优配方配制日粮

选好日粮配方后严格按比例称量配制日粮。为提高育肥效益，应充分利用天然牧草、秸秆、树叶、农副产品及各种下脚料，扩大饲料来源。合理利用尿素及各种添加剂（如育肥素、喹乙醇、玉米赤霉醇等）。

4. 安排合理的饲喂制度

成年羊只日粮的日喂量依配方不同而有差异，一般为2.5～2.7 kg。每天投料2次，日喂量的分配与调整以饲槽内基本不剩为标准。喂颗粒饲料时，最好采用自动饲槽投料，雨天不宜在敞圈饲喂，午后应适当喂些青干草（每只0.25 kg），以利于成年羊反刍。

四、国外肥羔生产技术

（一）开展经济杂交

各国均选择适合本国条件的优秀品种，研究出最佳杂交组合方案，实行三、四个品种的杂交，把高繁殖性能、高泌乳性能和高产肉性能有机地结合起来，保持高度的杂种优势，组织商品肉羊生产。在英国，根据不同地区的海拔、气候和农业生产的特点，对肉羊生产进行了合理地分工。高山地区，由于冬季寒冷，气候恶劣，主要以饲养粗毛型的绵羊为主；丘陵地区，以饲养长毛型和杂交型绵羊及其杂交后代为主；在低地及农区，以饲养肉用绵羊品种及商品肥羔为主，使全国的养羊业形成了一条既紧密联系又相互补充的产业链，极大地提高了生产效益。

（二）密集繁殖、早期断奶

1. 实现母羊全年均衡产羔

充分利用多胎绵羊品种或采用现代繁殖技术调节母羊的繁殖周期，缩短产羔间隔，增加产羔数，实现母羊全年均衡产羔。在不同的地区，根据不同的气候条件、品种及市场需求，实行母羊1年2产、2年3产或3年5产的繁殖配种制度，或对母羊实行分组配种繁殖，2个月左右一批，全年每个季节都有羔羊生产。

2. 早期断奶

早期断奶的时间一般采用两种：第一，生后1周断奶，用代乳品进行人工育羔；第二，生后7周左右断奶，断奶后就可以全部饲喂植物性饲料或放牧。在美国、俄罗斯等国家采取羔羊超早期（1～3日龄）或早期（30～45日龄）断奶。澳大利亚大多数地区推行6～10周龄断奶，在干旱时期牧草枯萎时，羔羊在4周龄时就断奶。早期断奶还要考虑到羔羊的活重。法国认为羔羊活重比出生重大2倍时断奶为宜，羔羊的断奶时间通常为28日龄，既可以降低羔羊人工哺育的成本，又有利于羔羊的生长发育，具有较高的实用价值。英国认为只要羔羊活重达到11～12 kg就可以断奶。而超早期断奶羔羊必须用人工乳（脱脂乳、脂肪、磷脂、微量元素、矿物质、维生素、氨基酸、抗生素配制而成）或代乳粉（按羊奶成分配制而成）进行哺育。

（三）同期发情、早期配种、诱发分娩

同期发情、早期配种、诱发分娩，这些技术是现代羔羊生产中重要的繁殖技术，对于肥羔专业化、工厂化整批生产更是不可缺少的一环。利用激素使母羊发情同期化，可使配种时间集中，有利于羊群抓膘，节约劳动力。最重要的是利于发挥人工授精的优点，扩大优秀种公羊的利用，使羔羊年龄整齐，便于管理。

近年来，许多国家开始采用母羊在发育良好的条件下，6～8月龄早期配种。这样使母羊初配年龄提前数月或1年，从而延长了母羊使用年限，缩短了世代间隔，提高了终生繁殖力。

在母羊妊娠末期，一般到140日龄后，用激素诱发提前分娩，使产羔时间集中，有利于大规模批量生产与周转，方便管理。诱发分娩的方法有：傍晚注射糖皮质激素或类固醇激素，

12 h 后即有 70% 母羊分娩；或预产前用雌二醇苯甲酸盐、前列腺素等，90% 母羊在用药后 48 h 内产羔。

(四)人工控制环境条件

采用最佳环境参数按市场需要组织生产。一些国家采用现代化羊舍，对温度、湿度和光照等采用自动控制技术，使羊的生产、繁殖基本不受自然气候环境变化的影响。饲养管理的机械化、自动化程度高，尽量减少人、羊直接接触。同时，肉羊的配制严格按照生产要求和不同类型羊的营养需要和饲养标准组织生产。在许多国家，主产优质人工草场的建设，围栏分区放牧是肉羊生产管理的重要内容，大部分人工草地实现了饲喂和饮水的自动化，劳动生产率显著提高。

(五)工厂化生产

工厂化生产系指在人工控制的环境下，不受自然条件和季节的限制，一年四季可以按人们的要求与市场需要进行规模大、高度集中、流程紧密连接、生产周期短及操作高度机械化、自动化的养羊生产。试验证明，3 月龄肉用羊羔体重可达 1 周岁羊的 50%，6 月龄可达 75%。从生长所需要的营养物质来看，饲料报酬随月龄增长而降低。例如，1 月龄、2 月龄、3 月龄羔羊，每增长 1 kg 体重，所需要的饲料分别为 1.8 kg、4 kg 及 5 kg；可消化蛋白质分别为 225 g、450 g 及 600 g。在一些羊业发达的国家，都在繁育早熟肉用羊的基础上建立专业化肥羔企业，进行肥羔生产，而且具有明显的区域性专业化分工。

(六)专业化生产

专业化的肥羔企业规模很大，每批可育肥上万只，甚至数万只的羔羊。有的肥羔企业本就是一个大型的高度机械化的工厂，内设若干育肥羊舍，还有颗粒饲料与混合饲料工车间、剪毛间、兽医室等。用于生产肥羔的羊，多是一些早熟的肉用品种及其杂种羔羊。在羊的选育中都特别注意提高早熟性和产羔率。

【评估考核】

一、名词解释

1. 舍饲育肥
2. 工厂化生产

二、填空

1. 肉用羊的育肥方式主要有＿＿＿＿＿＿、＿＿＿＿＿＿和＿＿＿＿＿＿3 种。

2. 尿素不能替代日粮中的全部蛋白质，只是在日粮蛋白质不足时才喂，喂量可按羊体重的__________计算。

3. 羊的育肥添加剂包括________添加剂和________添加剂，其功能是补充或平衡饲料营养成分，提高饲料适口性和利用率，促进羊的生长发育，改善代谢机能，预防疾病等。

4. 育肥方式可根据羊只来源和牧草生长季节来选择，目前主要的育肥方式有__________型和__________型两种。

三、简答

1. 简述国外肥羔生产技术。

2. 结合当地肉羊生产实际，提出肉羊生产的具体措施和产业化经营策略。

项目三　山羊高效益饲养技术

任务一　奶山羊饲养管理技术

【基本概念】

奶山羊是乳用品种的山羊，经过高度选育繁殖的优良品种，产奶量很高。羊奶营养全面，是适合饮用和现代乳品工业的重要原料。

【教学重点】

奶山羊的饲养方式及各阶段的饲养管理要点。

【教学目标】

1. 知识目标

◆ 了解奶山羊的特点及影响奶山羊产奶性能的因素。

◆ 掌握奶山羊的饲养方式及各阶段的饲养管理要点。

2. 技能目标

◆ 能够根据影响奶山羊产奶性能的因素，学会提高奶山羊产奶性能的关键饲养管理技术。

◆ 学会奶山羊人工挤奶操作规程和方法。

【教学内容】

一、影响奶山羊产奶性能的因素

(一)奶山羊的特点

奶山羊生产是我国奶业生产的重要组成部分,在经济发展中有不可替代的作用。近年来,由于奶品市场需求增长很快,奶山羊生产作为畜牧业中具有较强活力的产业,越来越被人们重视,并呈现不断发展的趋势。

1. 奶山羊的饲料转化率高

在畜牧生产中,产奶的饲料转化率是最高的。奶山羊自身将能量转化成奶的效率比转化成肉的效率高 3 ~6 倍,前者为 24% ,后者为 4.7% ~6.7% 。

2. 奶山羊的生产能力强

奶山羊一个泌乳期的产奶量相当于其体重的 10 ~15 倍,终身的产奶量相当于其体重的 80 ~120 倍,终身可产羔 25 只以上,其生产能力在羊类中最高。

3. 奶山羊的饲养效益高

按一只奶山羊年产 800 kg 鲜奶,平均产羔 2 只计算,可实现纯收入 2 000 元以上。一家农户若饲养 20 只奶山羊,即可实现纯收入 4.0 万元。因此,奶山羊养殖是一个很好的致富项目。奶山羊在完成正常产奶、产羔,超过利用年限,肉、皮、毛均可加工成商品上市,可见饲养奶山羊的效益是很高的。

(二)奶山羊的泌乳规律

奶山羊的泌乳规律,包括奶山羊终身泌乳规律和每个产奶周期的泌乳规律两个方面。

从奶山羊的终身泌乳来看,第 1 胎产奶量相对较低,第 2、3、4 胎产奶量上升,而以第 3、4 胎产奶量最高,第 5 胎产奶量开始下降,第 2、5 胎均占最高胎次第 3 胎产奶量的 90% ,第 6 胎下降至 80% ,第 7、8 胎下降更大。因此,奶山羊一般利用年限为 6 ~8 胎,优秀高产羊可利用 8 胎以上,中低产羊利用 6 胎。在 1 ~4 胎时,要考虑发育和产奶,适当提高饲养标准。5 胎以后只考虑产羔产奶,饲养标准比前 3 胎可低一些。

从奶山羊的单个产奶周期来看,母羊产后 1 周所产乳为初乳,产奶量不高,第二周产奶略有上升,产羔 2 周以后,由于催乳素的作用,产奶量上升很快。一个月后,可达到产奶高峰,可以延续至 120 d。120 d 以后产奶量开始下降,180 d 以后下降加快,210 d 以后下降更明显。在泌乳高峰期,母羊每天产奶所消耗的营养物质很多,高产羊泌乳高峰期营养入不敷出,主要靠干奶期储存的营养和消耗本身的营养来补充,奶山羊膘情往往下降很快。

(三)影响奶山羊产奶性能的因素

1. 遗传因素

(1)品种

品种不同,产奶量不同。如莎能奶山羊产奶量最高,其世界纪录是一个产奶周期产奶 3 080 kg;而土根堡奶山羊一个产奶周期产奶 2 610.5 kg,两者有较大的差距。在国内,西农莎能奶山羊产奶量最高,平均一个泌乳周期产奶 800 kg 以上。品种的影响,实质上是遗传品质上的差异。

(2)品系

同一品种不同品系间的奶山羊,其生产性能也不同。不同品系间的差异主要表现在不同种公羊后代之间的差异。

(3)个体

同一品种同一品系的奶山羊,个体之间的生产性能也不是完全一样的。凡生长发育好、乳房硕大,挤奶前后乳房体积显著变化,消化机能强的个体,泌乳性能亦强;反之,则产奶性能低。

2. 生理因素

(1)年龄与胎次

奶山羊的产奶量,随着年龄与胎次的变化而产生规律性的变化。青年羊产奶量低,壮年羊产奶量高,老年羊产奶量又低下来。第 1 胎产奶量是成年羊的 70% ~80%。3 ~5 岁 2 ~4 胎产奶量逐渐上升,第 3 胎达到高峰,第 4 胎维持高峰,其后产奶量随胎次的增加而逐渐减少,乳脂率随胎次的增加而逐渐下降。

(2)初配年龄

一般母羊在 8 ~10 月龄,体重 32 kg,达到成年体重的 60% ~70%,为最佳配种年龄和体重。奶山羊母羊初配年龄不能过早,也不能过晚。配种过早,因尚未达到体成熟,会影响生长发育,使终生产奶的能力受影响而影响产奶性能;配种过迟,发情周期紊乱,准胎难,繁殖机能衰退,会加大饲养成本。

(3)产仔间隔

产仔间隔,必须保证 1 年 1 胎;否则,终身产奶量降低。

(4)泌乳期

在一个泌乳周期中，母羊的产奶量也是规律性变化。在产后1个月内泌乳量处上升阶段。第二、三个月达到高峰，以后逐月下降。其中产奶高峰维持时间越长，产奶就越多。

(5)干奶期

若不适时干奶，或者干奶期不能够得到良好的饲养管理，不仅会影响下一个泌乳期的产奶量，而且会影响胎儿的发育。

(6)乳房的发育

乳房是产奶的器官。其乳房的大小与产奶性能呈正相关。因此，在选择奶山羊产奶性能这一性状时，要特别注意乳房的容积、形状和质地。产奶性能高的乳房应是向前突出，向后延伸，充满于两股之间。乳房质地要柔软而有弹性，挤奶前充分膨胀，挤奶后显著缩小。

(7)配种和产羔季节

奶山羊具有季节性发情的特点。奶山羊一般是秋季发情，若不能按时配种和怀孕，错过季节，造成空怀，就会严重影响产奶量。配种季节同时影响产羔季节；不同的产羔季节，对奶山羊的产奶量影响很大。一般在饲草条件好的情况下，以冬末春初产羔为宜。此时，羔羊和母羊均能充分利用良好的条件，羔羊生长发育好，母羊产奶量高。在我国黄河中下游地区，每年以8～10月份配种，来年1～3月份产羔为好。

3.环境因素

(1)外界环境

适宜的外界环境是奶山羊高产的条件。奶山羊喜欢干燥，害怕潮湿。其最适宜的温度为4.4～15℃。高于28℃或低于0℃，都会引起产奶量下降。

(2)饲养管理

奶山羊泌乳性能的发挥与饲养管理水平关系十分密切。满足奶山羊对各种营养物质的要求，是保证其高产的物质基础。产前、产后、泌乳高峰期的饲养管理及正确熟练的挤奶技术，适当的挤奶次数，必要的按摩乳房，经常刷拭羊体，定期修蹄等，都对保障奶山羊的健康，提高产奶性能有明显的好处。

(3)疾病

健康的机体是奶山羊高产的保证。饲养管理失常，很容易引起奶山羊疾病。疾病会影响奶山羊的健康、发育、采食、消化，不仅会造成产奶量下降，而且还会影响消费者的健康。所以，一定要搞好奶山羊疾病的防治。

（四）提高奶山羊产奶性能的关键技术

奶山羊产奶是一个复杂的生理过程，受环境、遗传、生理等诸多因素的影响。应根据当地生态环境的具体情况来选择适宜发展的奶山羊品种，对于土种或杂种羊，应选择适宜的优

良纯种羊进行级进杂交、改良,逐步提高其生产水平。提高奶山羊产奶性能的关键技术如下:

1. 选择适宜的生态环境

选择适宜奶山羊生长繁殖的生态环境,是提高奶山羊产奶性能的重要措施。在建造奶山羊饲养场或者饲养奶山羊时,必须选择和创造干燥、凉爽、温暖而不湿热的环境条件,提供新鲜、清洁的饮水,加上半放牧半舍饲的饲养管理方式。其中,切忌低温潮湿和高温潮湿的环境,要注意保持栏圈干燥,以利于发挥奶山羊的生产潜力。

2. 搞好品种改良工作

品种的生产性能是由遗传因素决定的。通过品种改良,巩固发展优秀遗传性状,不断提高奶山羊的生产性能,是提高奶山羊的产奶性能的根本方法。奶山羊育种工作主要通过本品种选育和级进杂交两种方法。在品种内部提纯选优,严格选种选配,巩固和提高优良基因的频率。对于杂种羊或地方品种,应根据实际情况选择适宜的优良纯种公羊与其母羊进行级进杂交,逐代增加其高产奶基因比例,提高生产性能。

3. 解决好饲草饲料问题

奶山羊所产羊奶中所有的成分都是通过饲草饲料转化而来的。饲草饲料的种类、品质、加工方法对提高奶山羊的产奶性能发挥着十分重要的作用。在青贮饲料方面,应搞好种植、收割、调制、储藏和利用,尤其是要及时收获青野草和重视秸秆的收获和调制工作。在精饲料方面,应积极搞好精饲料的种植、收购和储藏工作,广开蛋白质饲料新来源,推广应用配合饲料,提高精饲料中的蛋白质含量。充分满足奶山羊生长发育、怀孕和产奶的营养需要,发挥其生产潜能,达到提高产奶性能的目的。

4. 加强饲养管理工作

奶山羊的饲养管理是一项精细的工作,每一个环节都不能忽视。根据奶山羊的生物学特点,采用正确的饲养方式和饲喂技术,才能提高奶山羊的产奶性能。

5. 加强疫病防治工作

羊只饲养要做到夏季防暑防蚊,冬季防寒灭癣,春、秋季按时驱虫,四季注意保健。羔羊期要注意预防感冒、肺炎、羔羊痢疾、传染性结膜角膜炎、传染性口膜炎(羔羊口疮)、白肌病,去角、去势时防止发生破伤风。断奶羊和成年羊要注射羊快疫、猝狙、羔羊痢疾、肠毒血三联四防苗。母羊要预防乳房炎、难产和妊娠毒血症。各种羊都要定期检查和预防布氏杆菌病、结核病、干酪样淋巴结炎(伪结核病)和山羊关节炎—脑炎。秋季要预防脑脊髓丝虫病,放牧开始和结束都要驱除体内外寄生虫。

6. 调整母羊群

为了节约开支，提高产奶量，羊群要保持合理的结构。在断奶之后、泌乳峰期之后和配种后期，应及时淘汰老、弱、病、残的不良个体和空怀而不产奶的羊只。

7. 提高母羊的繁殖力

母羊繁殖力是影响奶山羊产奶性能及其饲养效率的重要因素。影响繁殖力的因素主要有品种、营养、年龄和气候环境等。应根据这些影响因素采取相应的措施提高繁殖力。实际生产中常包括两个方面：一是提高母羊生育后代的能力；二是提高羔羊的成活率。

二、奶山羊的饲养管理

（一）奶山羊的饲养方式

1. 放牧

放牧是一种比较粗放的饲养方式，多在地广人稀的天然草场和丘陵山区采用，全年放牧，很少补饲。奶山羊的生长、产奶受自然条件、季节和牧草盛衰的影响较大，管理粗放，省力省钱，此种饲养方式适用于低产羊及公羔育肥，饲养规模为60～200只。此种方式不利于提高产奶量，且常会发生草、羊矛盾，需要与草场改良、储草过冬和精料补饲相结合，才能长期稳定发展并收到良好的经济效益。

2. 半放牧半舍饲

半放牧半舍饲是奶山羊较适宜的一种饲养方式。农户将种田与养羊相结合，平原与山区自然环境相结合，饲养规模为60～100只，特别适合青年羊的培育和种公羊非配种期的饲养。羊舍建在交通方便的地方，泌乳母羊早晚挤奶，补饲精料和干草，中间放牧。此种饲养方式，羊只不仅可以得到全面的营养和充足的运动，也节省饲料开支，但放牧地不宜过远，否则，会因母羊体力消耗太大而影响产奶。

3. 舍饲

在城郊和农业发达而土地资源有限的地区经常采用舍饲饲养方式。舍饲饲养方式常与集约化生产相结合，羊群规模较大，存栏数量受市场价格、资金、饲料资源、管理技术水平的影响，一般在100只以上。饲养羊只为高产品种，有较好的羊舍、集约饲养，管理现代化、机械化程度高，但投资大，羊只运动受限制，饲养费工，饲养管理技术要求较高。

（二）奶山羊各阶段的饲养管理

“三分本质，七分喂养”，科学合理的饲养管理，对于保证奶山羊群健康，提高其繁殖和产奶性能，充分发掘遗传潜力，促进育种工作顺利开展，具有十分重要的意义。

1. 羔羊的培育

羔羊培育的好坏，会影响奶山羊的体质、体型、主要器官的发育和功能，最终影响其生产力。羔羊的培育分为胚胎期和哺乳期。

（1）胚胎期的培育

胎儿在母体内生活的时间是150 d，主要通过母体获得营养。羔羊在胚胎期的前3个月生长发育的速度缓慢，主要形成心、肺、肝脏、胃等器官，要求营养全价，而数量的多少是次要的。母羊的日粮只要能满足产奶的需要，胎儿的发育就能得到保证。妊娠后2个月，胎儿主要是生成骨骼、肌肉、皮毛、血液，而且生长发育的速度越接近分娩期发育越快，70% ~80%的重量是在这一阶段增长的；此阶段营养需求大，胎儿的生长发育需要吸收大量蛋白质、矿物质、维生素。因此，这一阶段饲料的投放不仅是品质优良、全价的问题，更需要数量的充足，来保证胎儿生长发育的需要。

无论胚胎前期还是后期，都要有优质的青草或青干草，来保障妊娠母羊日粮的全价性。饲喂过多的精料对胎儿生长发育不利，要想获得健壮的羔羊，对于妊娠期的母羊尤其是妊娠后期要提供充足的含大量的粗蛋白、矿物质和维生素的饲草饲料。羔羊的胎儿期缺钙不利于骨骼的生成和发育，会使其出生后的消化器官发育不健全，胃肠疾病增多。所以，妊娠期母羊精料中应添加2.0%的骨粉。

（2）哺乳期的培育

哺乳期是指从羔羊出生到断奶这一阶段，羔羊的哺乳期一般为2 ~3个月，这一阶段是羊一生中生长发育速度最快的时期，它在3个月内体重增长7 ~8倍。饲养管理方法的不同对羔羊的生长发育、体质类型影响很大，如羔羊神经反应迟钝、适应性差、抗病力弱、消化机能发育不完善等，都与哺乳期的培育有关。因此，羔羊阶段的哺乳和护理工作非常重要。

哺乳期羔羊的培育分为初乳期（出生到第6 d）、常乳期（7 ~60 d）和由奶到草料的过渡期（61 ~90 d）。

①初乳期。从羔羊出生到第6 d为初乳期。母羊产后1 ~6 d的乳称为初乳。初乳是羔羊出生后唯一的全价天然食品。初乳营养价值全面、丰富，容易被消化吸收；初乳中含有溶菌酶和抗体，不利于病原菌的繁殖，具有舒肠健胃的作用，且含有大量的镁盐，能促使羔羊体内胎粪的提早排出，具有轻泻作用。因此，应让羔羊尽量早吃、多吃初乳，才能确保增重快、体质强、发病少、成活率高。对初生羔羊，最好让羔羊随母羊自然哺乳，6 d后再改为人工哺

乳。如出生后需人工哺育初乳，宜于出生后20~30 min开始，1 d内的初乳喂量，至少应为其体重的1/5。体重3 kg的羔羊，第一天喂乳0.6~0.7 kg，到出生后第6日龄逐渐增至0.8~1.0 kg。日喂初乳不宜少于4次，此时羔羊日增重可达200~220 g。

为了防止关节炎—脑炎病的传染，羔羊出生后必须进行人工哺乳，其喂给初乳的温度以34~40 ℃为宜，而加热温度以55 ℃为宜，温度过高初乳会发生凝固。

②常乳期。羔羊生后7 d进入哺喂常乳阶段。这一阶段，奶是羔羊的主要食物。从初生到45 d，羔羊的体尺增长最快，从出生到75 d，羔羊的体重增长最快，尤以30~75 d生长最快，这与母羊的泌乳高峰期30~70 d是极其吻合的。因此，在饲养方面，应保证供给充足的营养。建议应用表4.3.1羔羊哺乳方案。

表4.3.1　羔羊哺乳方案

日　龄	日增重（g）	期末体重（kg）	哺乳次数	全乳量			青干草		混合精料		青草或块茎类量	
				一次（g）	昼夜（g）	全期（kg）	昼夜（g）	全期（kg）	昼夜（g）	全期（kg）	昼夜（g）	全期（kg）
1~5	出生重	4.0	自由哺乳									
6~10	150	4.7	4	220	880	4.4						
11~20	150	6.2	4	250	1 000	10.0	60	0.6				
21~30	155	7.8	4	300	1 200	12.0	80	0.8	30	0.3	50	0.5
31~40	155	9.4	4	350	1 400	14.0	100	1.0	60	0.6	80	0.8
41~50	160	11.0	4	350	1 400	14.0	120	1.2	90	0.9	100	1.0
51~60	160	12.6	3	300	900	9.0	150	1.5	120	1.2	150	1.5
61~70	155	14.1	3	300	900	9.0	200	2.0	150	1.5	200	2.0
71~80	150	15.6	2	250	500	5.0	240	2.4	180	1.8	250	2.5
81~90	140	17.0	1	220	200	2.0	240	2.4	220	2.2	300	3.0
合计		17.1				79.4		11.9		8.5		11.3

常乳期羔羊哺乳分为随母哺乳和人工哺乳。随母哺乳是让羔羊跟随母羊自由哺食母乳直至断奶，这种方法有利于羔羊健康，可避免消化系统疾病，节省人力，然而母羊的产奶量无法统计，羔羊的食入量也不能确定，有时也有传染母羊疾病的危险，此法一般适合分散饲养。

人工哺乳可有效提高奶山羊的泌乳性能，适宜在羊群规模较大的羊场或养羊大户应用。人工哺乳时，首先，应进行调教，哺乳工具可用奶瓶、哺乳器和碗盆等。调整时，先让羔羊饥饿半天,一手抱羊,另一手食指伸入碗中诱导羔羊吮吸。然后,逐渐将手指移开,练习数次就可学会。要注意防止羔羊将奶吸入鼻内,羊一受呛就不愿再吃。奶的温度以 38 ~ 42 ℃为宜,温度过低,易引起拉稀;温度过高,会烫伤口腔黏膜。喂奶时,要按羔羊的年龄、体重、强弱分群饲养,并做到定时、定量、定温、定质。饲喂的奶必须新鲜,加热时应用热水浴。人工哺乳,从 10 d 起增加奶量,25 ~ 50 d 奶量最高,50 d 后逐渐减少喂量。10 d 后的羔羊应开始诱食饲草,可将幼嫩的优质青干草捆成小把悬吊于圈中,让羔羊自由采食。在羔羊出生 20 d 后开始诱食精料,可将精料放入饲槽,并诱导羔羊舔食,反复数次即可教会。在羔羊出生 45 d 后,将从食奶为主过渡到食草为主,为了尽量减少断奶应激反应,要想办法让羔羊早日学会吃料。

③奶与草料过渡期。羔羊生后 60 ~ 90 d,该阶段的食物从奶、草并重过渡到草料为主,要注意日粮的能量、蛋白质营养水平和全价性,日粮中可消化蛋白质以 16% ~20% 为佳,可消化总养分以 74% 为宜。后期奶量不断减少,以优良干草与精料为主,全奶仅作蛋白补充饲料。培育的羔羊应发育良好,外貌清秀,棱角明显,腹部突出,母羔已显出雌性形象。

④饮水。在冬季应饮清洁温水。天气暖和时可饮新鲜自来水。为了防止白肌病的发生,出生后 5 ~6 d 的羔羊注射亚硒酸钠,断奶的羔羊在转群或出售前要全部驱虫,以利于生长发育,避免对新环境的污染。

2. 青年羊的饲养管理

青年羊是指从羔羊断奶到配种前的羊。羊的青年阶段正处在生长发育比较强烈的阶段,其体重、躯干、宽度、深度和长度都迅速增长。做好本阶段的饲养管理,对促进生长发育,适时配种产羔与提高产奶量都有重要意义。

饲喂优质青干草和充足运动有利于青年羊消化器官的发育,培育成的羊骨架大,肌肉薄,腹大而深,采食量大,消化力强。乳用体型明显。如果营养跟不上,便会影响生长发育,形成腿高、腿细、胸窄浅、后躯短的体型,并严重影响体重、采食量和终生泌乳能力。半放牧半舍饲是培育青年羊最理想的饲养方式,在有放牧条件的地区,最好进行放牧和补饲。断奶后至 8 月龄,每天在吃足优质干草的基础上,补饲混合精料 250 ~ 300 g,其中可消化粗蛋白质的含量不应低于 15% 。18 月龄配种的母羊,每日给精料 400 ~ 500 g,如果草的质量好,可适当减少精料喂量。青年母羊一般满 8 ~ 10 月龄,体重达到 35 kg 以上即可参加配种。青年公羊的生长速度比青年母羊快,应多喂一些精料。运动对青年公羊更为重要,不仅有利于生长发育,而且可以防止形成草腹和恶癖。青年公羊在 10 月龄以上,体重达到 40 kg 以上方可进行配种。

3. 泌乳羊的饲养管理

奶山羊的泌乳期依照泌乳规律可分为 4 个阶段,即泌乳初期、泌乳高峰期、泌乳中期和泌乳末期。各个时期的饲养管理不尽相同。

(1)泌乳初期

母羊产羔后20 d内为泌乳初期，也称恢复期。由于母羊刚分娩，体质虚弱，腹部空虚且消化功能较差，生殖器官尚未恢复，泌乳及血液循环系统功能不很正常，部分羊乳房、四肢和腹下水肿还未消失。因此，此期饲养目的是尽快恢复母羊的食欲和体力，减少体重损失，确保母羊泌乳量稳定上升。产后应禁止母羊吞食胎衣，产后5～6 d应饲喂易消化饲料，如优质青干草，饮用温盐水小米或麸皮汤，并给以少量的精料。6 d后，逐渐增加青贮饲料或多汁饲料，14 d后精料增加到正常的喂量。精料的增加，应根据母羊的体况、食欲、乳房膨胀程度、消化能力等具体情况而定，防止突然过量导致腹泻和胃肠功能紊乱。日粮中粗蛋白质含量以12%～14%为宜，具体含量要根据粗饲料中粗蛋白质的含量灵活运用，粗纤维的含量以16%～18%为宜，干物质采食量按体重的3%～4%供给。

(2)泌乳高峰期

母羊产后20～120 d为泌乳高峰期，其中又以产后40～70 d产奶量最高，大约占全泌乳期产奶量的50%，这个时期母羊的饲养管理水平对泌乳能力的发挥起关键性作用。母羊产后20 d，体质逐渐恢复，泌乳量不断上升，体内蓄积的营养不断流失，体重明显下降，应特别注意增加饲喂次数及喂量，营养要全面，并给以催奶饲料。催奶从产后20 d开始，在原来精料量(0.5～0.75 kg)的基础上，每天增加50～80 g精料，只要奶量不断上升，就继续增加，当增加到每千克奶给0.35～0.40 kg精料，奶量不升时，就要停止加料，并维持该料量5～7 d，然后按泌乳羊饲养标准供给。此时要前边看食欲(是否旺盛)，中间看奶量(是否继续上升)，后边看粪便(是否拉软粪)，要时刻保持羊只旺盛食欲，并防止消化不良。

高产母羊的泌乳高峰期出现较早，而采食高峰出现较晚，为了防止泌乳高峰期营养亏损，要求饲料的适口性要好、体积小、营养高、种类多、易消化。要增加饲喂次数，定时定量，少给勤添。增加多汁饲料和豆浆，保证充足饮水，自由采食优质干草和食盐。

(3)泌乳中期

母羊产后120～210 d为泌乳中期，该期泌乳量逐渐下降，在饲养上要调配好日粮，尽量避免饲料、饲养方法及工作日程的改变，多给一些青绿多汁饲料，保证清洁的饮水，缓慢减料，加喂粥料，加强运动，按摩乳房，精细管理，尽可能地使高产奶量稳定保持一个较长时期。

(4)泌乳末期

母羊产后210 d至干奶(9～11月份)为泌乳末期，由于气候、饲料的影响，尤其是发情与怀孕的影响，产奶量显著下降，饲养上要想法使产奶量下降得慢一些。在泌乳高峰期精料的增加，是在奶量上升之前，而此期精料的减少，是在奶量下降之后，以减缓奶量下降速度。

4. 干乳羊的饲养管理

母羊经过10个月的泌乳和5个月的怀孕,营养消耗很大,为了使其有恢复和补充的机会,应停止产奶,停止产奶的这段时间称干奶期。母羊在干奶期应得到充足的蛋白质、矿物质和维生素,使母羊乳腺组织得到恢复,保证胎儿发育,为下一轮泌乳储备营养。

干奶期的长短取决于母羊的体质、产奶量高低、泌乳胎次干奶期母羊饲养等。

干奶期可分为干奶前期和干奶后期。

(1)干奶前期的饲养管理

此期间青贮饲料和多汁饲料不宜饲喂过多,以免引起早产。营养良好的母羊应喂给优质粗饲料和少量精料,营养不良的母羊除优质饲草外,要加喂一定量混合精料。此外,还应补充含磷、钙丰富的矿物质饲料。

(2)干奶后期的饲养管理

奶羊干奶后期胎儿发育较快,需要更多的营养,同时为满足分娩后泌乳需要,干奶后期应加强饲养,饲喂营养价值较高的饲料。精料喂量应逐渐增加,青干草应自由采食,多喂青绿饲料。

母羊分娩前1周左右,应适当减少精料和多汁饲料。干奶后应加强运动,防止顶仗,拥挤,注意保胎护羔。

(三)奶山羊的一般管理技术

1. 挤奶

挤奶是奶山羊泌乳期的一项日常性管理工作,技术要求高,劳动强度大。挤奶技术的好坏,不仅影响产奶量,而且会因操作不当而造成羊乳房疾病。挤奶包括机器挤奶和人工挤奶两种方法。

(1)机器挤奶

欧美奶山羊业发达国家普遍采用机器挤奶的方法,奶山羊场一般都配有不同规格的挤奶间,挤奶间的构造比较简单,配置8~12个挤奶杯,挤奶台距地面约1 m,以挤奶员操作方便为宜。挤奶机的关键部件为挤奶杯,其设计是根据奶山羊的泌乳特点和乳头构造等确定的。发育良好的乳房围度为37~38 cm。乳头长短要适中,过小不利于操作。乳头距挤奶台面的距离应在20 cm以上,否则,容易造成羊奶污染。奶山羊机器挤奶的速度很快,3~5 min即可完成,前2 min内的挤奶量大约为产奶量的85%。目前的奶山羊挤奶机,每小时可挤100~200只。

(2)人工挤奶

我国的奶山羊集约化生产程度不高,以小型羊场或农户饲养为主,均采用人工挤奶的

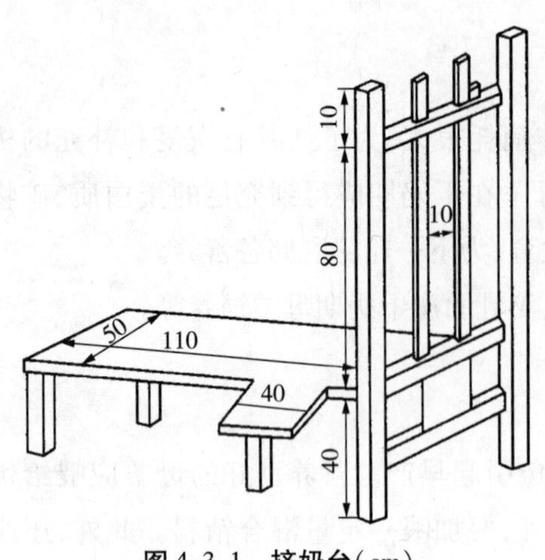

图4.3.1 挤奶台(cm)

方式。

①奶室及其设备。饲养奶山羊较多的羊场，应有专门的挤奶室，设在羊舍一端，室内要清洁卫生，光线明亮，无尘土飞扬。设有专门的挤奶台如图4.3.1所示。台面距地面40 cm，台宽50 cm，台长110 cm，前面颈枷总高为1.3 m，颈枷前方设有饲槽，台面右侧前方有方凳，为挤奶员操作时的座位。另外，需配备挤奶桶、热水桶、盛奶桶、台秤、毛巾、桌凳和记录表格等。

②挤奶操作规程和方法。为了便于操作和有利于奶品卫生，奶羊在产羔后应将其乳房周围的毛剪去，挤奶人员的手指甲应经常修秃，工作服要常洗换。挤奶员对待奶羊要耐心、和善，挤奶室要保持安静，切忌吵闹、惊扰。每次挤奶应按以下程序进行：

A. 挤奶羊的保定。将羊牵上挤奶台（已习惯挤奶的母羊，会自动走上挤奶台），然后再用颈枷或绳子固定。在挤奶台前方的食槽内撒上一些混合精料，使其安静采食，方便挤奶。

B. 擦洗和按摩乳房。挤奶羊保定以后，用清洁毛巾在45～50 ℃的温水中浸湿，擦洗乳房两三遍，再用干毛巾擦干，然后按摩乳房，即两手托住乳房，先左右对揉，后由上而下按摩，动作要轻快柔，促使羊的乳房变得充盈而有弹性。

C. 正确挤奶。在擦洗按摩乳房之后应立即挤奶，不要拖延。常用的人工挤奶方法有压榨法（拳握法）和滑榨法（指挤法），压榨法符合奶山羊的生理和乳房发育特点。具体操作时先用拇指和食指握紧乳头基部，防止乳汁回流，手的位置不动，然后用中指、无名指和小指依次向手心收握，把奶挤出。挤奶时要用力均匀，动作轻快，使羊有舒适感。挤奶时要用两只手分别握住两个乳头，两只手不要同时挤压或放松，要1只放松，1只挤压，交替进行。对于奶眼紧、奶流小的乳头，在挤奶前用手指轻轻捻动乳头尖，使括约肌松弛，以便乳汁排出。乳头过长的，手应握在乳头下端，乳头下部应与拳头相齐或稍露出乳头（见图4.3.2）。滑榨法挤奶时，用拇指、食指和中指三指指尖捏住乳头，从上向下滑动，将乳汁挤出（见图4.3.3）。无论使用哪种方法，挤奶的最后，应再次按摩乳房，以便将乳汁挤净。此外，挤奶时要求保持挤奶室安静清洁，挤奶员要经常修剪指甲，避免损伤乳房。对奶羊态度要温和，每天挤奶2次。如日产奶在5 kg以上，挤奶3次。每次挤奶前，最初几把奶不要。挤奶结束后，要及时称重并做好记录，必须做到准确、完整，以保证资料的可靠性。

D. 过滤和消毒。羊奶称重后经4层纱布过滤，之后装入盛奶瓶，及时送往收奶站或经消毒处理后短期保存。消毒方法一般采用低温巴氏消毒，即将羊奶加热（最好是间接加热）至60～65 ℃，并保持30 min，可以起到灭菌和保鲜的作用。

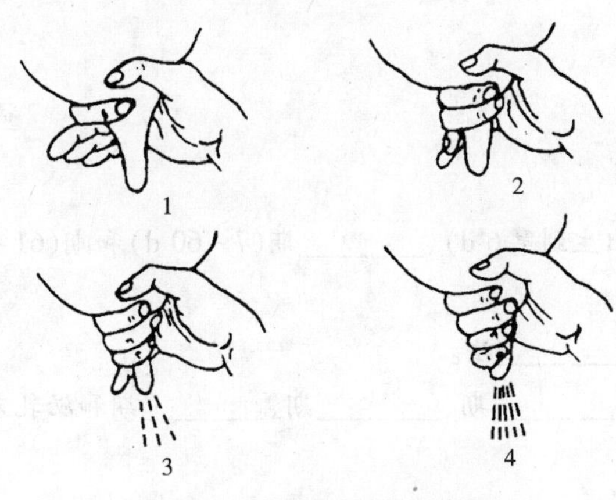

图 4.3.2　压榨法挤奶示意图

注:图中数字表示挤奶动作的顺序

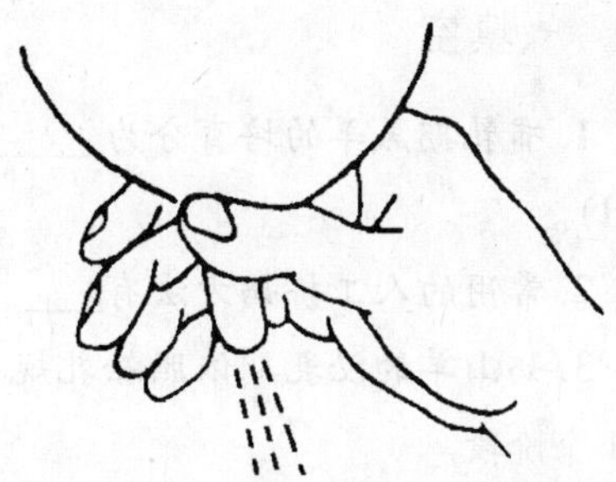

图 4.3.3　滑榨法挤奶示意图

E. 清扫。挤奶完毕后,须将挤奶时的地面、挤奶台、饲槽、清洁用具、毛巾、奶桶等清洗、刷洗干净。毛巾等可煮沸消毒后晾干,以备下次挤奶时使用。

2. 刷拭

奶羊每天都应刷拭,以保持被毛光顺,皮肤清洁,促进新陈代谢和皮肤健康。刷拭最好用硬的鬃刷或草刷,不可用铁篦。刷拭要彻底、周到,从前到后、从上到下,一刷挨一刷依次地刷,每刷要先逆毛后顺毛,每天刷一两次。通过刷拭还可以使羊温顺,愿意和人接近。刷拭应在饲喂、挤奶后进行,以免污染饲料和奶品。对于粪尿或产后瘀血污染的后躯,应用温水洗涤,再用毛巾擦干。在温暖地区,夏季可选择晴朗天气,将奶羊赶到河边或水池内洗澡。

3. 修蹄

舍饲山羊,蹄子磨损小,若不定时修剪,会长得太长而变形,影响行动,甚至造成四肢发病。因此,一般每季修蹄一次。修蹄应在雨后进行。修蹄前,让羊在潮湿地面上活动 4 h 左右,当蹄角质变软时进行。修蹄时需要将羊固定好,先用果树剪将生长过长的蹄尖剪掉,然后用修蹄弯刀将蹄底的边缘修整到和蹄底一样平齐,再修到蹄底可见淡红色血管为止,千万不可修剪过度,以防出血。整形后的羊蹄,蹄底平整,形状方圆,站立端正。变形蹄须经多次剪修,逐步矫正蹄形,绝不可一次修剪过度,造成损伤,如图 4.3.4 所示。

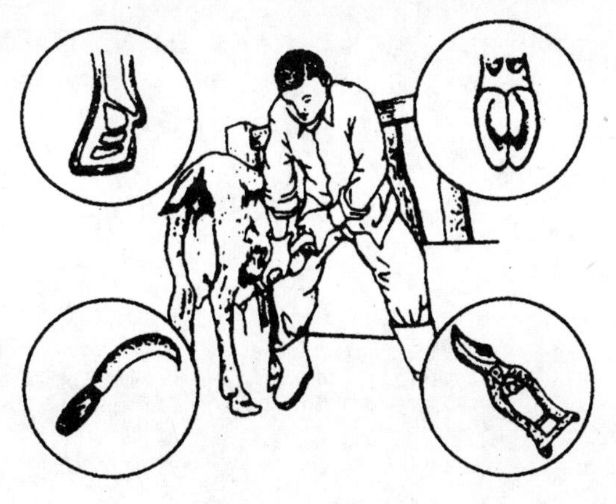

图 4.3.4　羊的修蹄

【评估考核】

一、填空

1. 哺乳期羔羊的培育分为________期(出生到第6 d)、________期(7～60 d)和期(61～90 d)。

2. 常用的人工挤奶方法有________法和________法。

3. 奶山羊的泌乳期依照泌乳规律可分为________期、________期、________期和泌乳末期4个阶段。

二、简答

1. 联系实际,简述影响奶山羊产奶性能的因素。

2. 简述奶山羊各阶段的饲养管理要点。

3. 简述提高奶山羊产奶性能的关键技术。

任务二　绒山羊饲养管理技术

【基本概念】

山羊绒是着生在山羊皮肤长毛纤维周围无髓且直径较小的绒毛纤维，它是由绒山羊的次级毛囊生成的。

【教学重点】

山羊绒的分类定级及品质鉴定；绒山羊的饲养管理要点。

【教学目标】

1. 知识目标

◆ 了解山羊绒的生长生理，掌握影响山羊绒毛生长和山羊绒毛品质的因素。

◆ 了解绒山羊的饲养方式，掌握饲养管理要点。

◆ 绒山羊的整群编号、梳绒、肥育等常规工作，能够根据山羊绒的特点进行分类定级及品质鉴定。

2. 技能目标

◆ 能够根据影响山羊绒毛生长和山羊绒毛品质的因素，科学地进行绒山羊各阶段饲养管理。

◆ 能够熟练进行绒山羊的整群编号、梳绒、肥育等常规工作。

◆ 能够解决奶山羊和绒山羊饲养管理过程中碰到的各种问题，组织山羊生产。

【教学内容】

山羊绒被誉为纤维宝石，它洁白如玉，轻盈如云，其制品以其柔软温暖、高雅靓丽而著称于世，备受消费者青睐。受地理分布、气候条件和生态环境的影响，世界的山羊绒资源十分有限，其发展空间也较为狭窄。据业内专家预测，山羊绒作为高档精纺工业的原料，在未来的几十年时间里将一直是供不应求的紧俏商品。我国是山羊绒生产大国，具有世界领先的品种优势，山羊绒生产所使用的品种均来自于具有自主知识产权的地方品种，年产山羊绒约

1.5 万 t,山羊绒产量和国际贸易量均占世界总量的60%左右。

一、山羊绒的生长与品质

(一)山羊绒的生长

山羊绒是着生在山羊皮肤长毛纤维周围无髓且直径较小的绒毛纤维,它是由绒山羊的次级毛囊生成的。毛囊由位于皮肤内包围于毛根外的毛根鞘和结缔组织鞘构成。绒山羊的毛囊根据发生时间和结构特点,分为初级毛囊和次级毛囊。两种毛囊的直径大小、在皮肤中的着生深度、生长的纤维种类和附属结构都不相同。

1. 初级毛囊

初级毛囊在皮肤中着生的深度大,深入真皮网状层,直径粗,生长有髓毛两型毛或无髓毛,伴有一对较大的皮脂腺、汗腺和竖毛肌。初级毛囊以60°~70°深入皮内,大多数可穿过乳头层,抵达网状层深度的60%~80%。毛囊下部多为弯曲,有的弯曲成接近直角,有的弯曲呈鱼钩形。

2. 次级毛囊

次级毛囊在皮肤中着生在真皮乳头层,直径小,生长山羊绒,只伴有小型皮脂腺,无竖毛肌和汗腺。毛囊底部常成为乳头层和网状层的天然界限。

3. 毛囊群

初级毛囊和次级毛囊在皮肤内有规则地分布,周围由结缔组织环绕或部分环绕形成毛囊群,呈椭圆形。毛囊群间的分隔在真皮近表皮处明显,在真皮深层不明显,初级毛囊排列有一定规律,多分布于毛群的同一侧,相邻毛囊群也呈有规则地形成一排,各毛囊群间结缔组织分隔明显。一个毛囊群由一个或几个初级毛囊与若干个次级毛囊组成,由一个初级毛囊与若干个次级毛囊组成的毛囊群叫一毛群,其余以此类推。

4. 次级毛囊的发育和活动周期

绒山羊的次级毛囊在羔羊出生前就已开始生长。次级毛囊的活动周期长达10~11个月,毛囊球细胞的有丝分裂在春季时较低,随着日照时间的增加其有丝分裂逐渐加强。夏至前后达到最高峰,而后下降;秋季再次上升,冬季下降,最冷时停止。在上一产绒周期绒毛脱落之前,次级毛囊就开始活动,其进行频繁的有丝分裂是在重建毛囊。新生细胞用于生成新的内外根鞘,增加毛囊长度,而不是生成新绒纤维。

5. 绒纤维生长

受次级毛囊活动周期的影响，绒纤维的生长具有明显的季节性。我国的绒山羊品种一般在每年的6月下旬至8月初开始长出皮肤表面；此后，生长速度逐步加快，到9月份时达到最高峰；此后，生长速度逐渐趋缓，到翌年的1月下旬停止生长，进入休止期；到4月中旬后开始脱离皮肤表面，此时梳绒最为适宜。

(二)影响山羊绒毛生长的因素

1. 遗传因素

不同绒山羊品种的遗传特性是绒毛生长最主要的影响因素，它在次级毛囊的发育和活动、绒毛生长周期的长度以及生长强度方面起到最重要的决定作用。例如，辽宁绒山羊的羔羊出生时次级毛囊成熟20%左右，甚至有些品种的羔羊在出生时皮肤上就带有绒毛。而一些国外的绒山羊品种在出生后20 d时次级毛囊才开始生长。辽宁绒山羊的长绒周期通常比其他品种长1.5 ~2 个月；新近选育出的常年长绒型新品系，打破了绒山羊季节性长绒的一般规律；绒毛常年生长，而且有很多个体在一个次级毛囊着生2根绒纤维，在世界众多绒山羊品种中是绝无仅有的，这些差异主要是遗传因素造成的。

2. 生态地理因素

在生态地理因素中，纬度、经度和海拔主要决定地区水热条件的水平地带规律和垂直地带性规律。这3个重要生态因素决定着不同地区的气候环境和水、热、光照和植被类型，在这些因素的长期综合作用下，决定了分布在特定地区绒山羊绒毛生长的环境条件。尤其是温度条件对绒毛生长的影响最为重要。早在1854年，威尔逊(Wilson)就指出："动物绒毛含量与温度成反比，而粗毛含量与温度成正比"，这就是著名的威尔逊法则。我国北方绒山羊生长密厚绒毛，而南方亚热带的马山羊只长很短的粗毛，分布在热带广东湛江的雷州山羊只长粗毛不生绒毛。光照对羊绒生长影响的机理是通过对体内生理状况的改变和对内分泌系统的调节而起作用，在非长绒季节，通过人工改变光照环境的手段，也可不同程度地诱发山羊长绒。

3. 营养因素

绒山羊与绵羊相比，营养的供给水平对毛绒生长的影响既有相同之处，又有特异之点。其相同之处在于如营养的供给水平不能满足其维持需要，则将显著地影响羊毛或羊绒的生长；而在满足维持需要的基础上，进一步提高营养水平，对绵羊而言将显著地提高羊毛的产量；对绒山羊而言，供给略高于维持需要的能量和相应的蛋白质，即可满足正常绒毛生长的需要，过高的营养水平并不能显著地增加绒的生长，而只能增加粗毛的生长。此外，绒山羊在胎儿期和育成期，如营养匮乏，会导致次级毛囊发育受阻，将影响终身绒毛生长。

4. 生理因素

性别、年龄和生理状态是影响绒毛生长的主要生理因素。一般而言，成年公羊的绒毛生长要优于成年母羊，去势后的羯羊要优于未经去势的公羊，妊娠母羊要优于空怀母羊，怀单羔的母羊要优于怀双羔的母羊，而周岁的育成母羊和公羊相差不大。育成羊的绒毛生长强度通常是成年羊的65%左右，而2岁的后备羊通常是成年羊的80%左右。3～5岁是绒山羊绒毛生长强度最旺盛的时期，6岁以后逐渐下降。此外，由于疾病、应激、流产、采精过度等因素所造成的生理伤害都能直接影响绒毛的正常生长。

（三）山羊绒的分类和分等

1. 山羊绒的分类

山羊绒通常按颜色可分为白、紫、青、红4类，其中白绒易着色，所以最为珍贵，仅占世界羊绒产量的30%（中国的山羊绒中白绒占50%以上）；其次是紫绒；最少为青绒和红绒，不到5%。从物理性状来看，紫绒最细，青绒次之，白绒略粗，白绒最长；青绒比紫绒粗而长，但强力不如紫绒。

2. 山羊绒的分等

山羊绒纤维直径（即细度）是反映其品质的主要指标，是衡量山羊绒价值的重要性状。中国纤维检验局于2000年制定了中国山羊绒国家标准GB 18267—2000，规定的检测项目中列入了商品原绒检测要求，并规定了按纤维直径定型，在纤维直径内按长度定等的具体分类分级办法，并以品质特点为参考指标（见表4.3.2）。

表4.3.2　中国山羊原绒分等级表

<table>
<tr><th>型号</th><th>平均直径(μm)</th><th>等级</th><th>手扯度(mm)</th><th>品质特征</th></tr>
<tr><td rowspan="2">特细型</td><td rowspan="2">≤14.5</td><td>一</td><td>≥40</td><td rowspan="2">自然颜色，光泽明亮而柔和，手感光滑细腻。纤维强力和弹性好，含有微量易于脱落的皮屑</td></tr>
<tr><td>二</td><td><40</td></tr>
<tr><td rowspan="4">细型</td><td></td><td>一</td><td>≥43</td><td rowspan="4">自然颜色，光泽明亮，手感柔软。纤维强力和弹性好。含有少量易于脱落的皮屑</td></tr>
<tr><td>>14.5</td><td>二</td><td>≥40</td></tr>
<tr><td><16.0</td><td>三</td><td>≥33</td></tr>
<tr><td></td><td>四</td><td><33</td></tr>
</table>

续表

型号	平均直径(μm)	等级	手扯度(mm)	品质特征
粗型	≥16	一	≥46	自然颜色好,光泽好,手感好。纤维有弹性,强力好。含有少量易于脱落的皮屑
		二	<47	

总而言之,对山羊绒总的质量要求是:颜色洁白、绒细而长、富有弹性、强力好、手感柔软细腻、净绒率或含绒率高。

(四)影响山羊绒毛品质的因素

1.杂交改良

由于不同品种绒毛品质的遗传特性的差异,在进行品种间杂交的过程中,尤其是在绒毛品质差异较大的品种间进行杂交改良时,往往会导致杂交后代绒毛品质的改变。例如,用高产的白绒山羊品种改良杂色的低产绒山羊品种,改良二代的白羔可达80%以上,绒长可提高1~2 cm,净绒率可提高8%~15%。同时,绒纤维直径也相应地增加0.5~1.0 μm。

2.生态环境

与所有家畜相比,山羊对各种生态环境具有更为广泛的适应能力。在多种生态环境中,对绒山羊绒毛细度长度以及光泽、弹性、白度的影响主要是通过气候因子和植被类型的变化而发生作用。同一品种长期饲养在不同的地域生态条件下,绒毛品质也在逐渐地发生改变。大量的研究观察表明,将原始培育在半湿润半干旱地区的高产品种迁移到干旱地区,在同样的营养水平和饲养管理制度下,绒毛的纤维直径有逐渐降低的趋势。将原始培育在温暖地区的品种引进到寒冷地区,绒毛长度逐代增长。

3.饲养制度

饲养制度直接关系到绒山羊的营养水平和生存环境。一般而言,与放牧制度相比,在舍饲和半舍饲条件下,由于绒山羊的营养供应比较均衡、生存环境比较舒适,致使绒毛长度增加,同根羊绒纤维细度比较均匀,但是绒的直径也略有增粗。

4.性别和年龄

我国的绒山羊品种公、母羊的绒纤维直径都存在差异,这种差异基本上是来自营养和环境的共同影响。越是培育程度高,营养条件好的品种公羊羊绒直径和长度略高于母羊;选育程度低、补饲条件差的品种母羊的羊绒直径略大于公羊,但羊绒长度基本相似。我国的大部分绒山羊品种的羊绒直径和长度在不同的年龄间存在较大差异,其中成年羊的羊绒直径通常比2岁羊粗1.0～1.5 μm，比周岁羊粗1.5～2.0 μm，但绒纤维长度也随之相应地增加1～2 cm。成年羊在5～6岁后，绒纤维直径和长度略有下降，初步认为与其生理代谢机能减弱有关。

5. 性状间的相关

大量的统计分析结果表明，几乎所有的绒山羊品种绒毛品质性状间都存在显著的正向相关关系。内蒙古绒山羊绒长与绒细的表型相关系数为0.17，遗传相关系数为0.56；辽宁绒山羊绒长与绒细的表型相关系数为0.19，遗传相关系数为0.67。通过对全国10个品种所有绒山羊母羊的羊绒长度和直径的相关性分析，两者的相关系数为0.274。羊绒长度的增加会使产绒量增加，两者的表型相关系数为0.26，遗传相关为0.91。所以在我国绒山羊发展中，对于羊绒纤维直径、长度和产绒量必须科学认识和正确对待产量和品质之间的相关关系。

二、绒山羊的饲养管理

（一）饲养方式

1. 放牧饲养

放牧饲养方式的主要特征是以牧草为主要饲料来源，饲养方式以天然放牧为主，饲养规模主要取决于草场面积和草场质量，并在很大程度上依赖降水量的多少。我国的内蒙古、青海、甘肃、新疆和西藏等省区的牧区均属于此种类型。放牧饲养模式的突出特点是管理比较粗放，生产水平低下，但经营投资少，饲养管理成本低。

2. 半放牧半舍饲饲养

半放牧半舍饲饲养以天然牧草和农副产物为主要饲料来源，在青草季节和农田收获后进行放牧采食。饲养方式多以散在的庭养方式为主，生产规模主要取决于天然牧地资源和农副产物资源的多少。半放牧半舍饲饲养类型广泛分布在我国的广大农区。

3. 全舍饲饲养

全舍饲饲养生产方式的主要特征是将绒山羊饲养业作为一种专门化的工厂式的生产，山羊所获得生活和生产物质完全靠人工喂养，吃的大多是加工过的草料，自由饮水，管理水平高，并采用完善的兽医防疫措施，经营者投入大。饲养方式以集中的批量饲养方式为主，生产规模主要取决于饲料的价格和市场的需求。全舍饲饲养生产方式仅适用于以生产和销售优良种羊为目的的绒山羊生产，主要分布在我国绒山羊主产区的良种繁育场。

4. 绒山羊舍饲的必要性

对绒山羊进行舍饲，除了有助于恢复植被，保护环境，促进地方经济长期健康可持续发展外，对绒山羊生产本身而言还具有下述益处。

(1)有利于提高畜群的生产水平

舍饲后，由于饲养方式的转变，通过实施规范化饲养管理制度，可充分发掘羊只个体的生产潜力，保证其正常的生长发育，从而可有效地避免由于冬、春季节放牧、营养供应不足所导致的掉膘瘦削、生长受阻、绒毛丢失等现象发生。

(2)有利于提高畜群的繁殖力

在舍饲过程中，可方便地根据繁殖母羊的体况，有针对性地实施分群饲养，并可及时观察和掌握母羊的发情、受配、妊娠、产羔、哺乳等具体情况，发现问题可随时解决，由此可较大幅度地提高羔羊繁殖成活率。

(3)有利于传染病和寄生虫病防制

舍饲的畜群由于最大限度地减少了与外界环境的接触，从而杜绝了畜群染病机会及相互间疫病传染。因此，可充分保证对畜群常见多发传染病及寄生虫病的有效防治，提高畜群健康水平。

(4)有利于开展杂交改良和育种

在放牧条件下，山羊的繁殖实质上是一种自发的随机行为，生产者很难予以干涉和控制。但在舍饲制度下，饲养者可轻易地把握畜群的繁殖行为，并可方便地进行人工授精或人工辅助交配，从而达到有目标、有计划地开展选种选配，建立完善的繁殖和育种记录。

(5)有利于种植业结构调整，提高农副产物利用效率

实行舍饲后，必将有力地推进农村种植业结构的调整，促进退耕还草、还牧，促进专门化的饲草饲料供应基地和效益型、兼用型草地建设。同时，也有助于秸秆等农副产物的加工和利用，提高转化效率和利用效果。

5. 完全舍饲存在的问题

绒山羊舍饲成本要高于自然放牧，特别是以山羊绒和山羊肉为主要商品产出的舍饲经营所带来的收益不能完全或大部分相抵因舍饲所增加的支出，导致无利或亏损，这就意味着该项措施目前尚不完善，不具有广泛的推广应用价值。舍饲制度完全改变了山羊采食多样化、善走喜牧、好干恶湿等生物学特性。迄今为止，绒山羊长期完全舍饲后对其生长发育、生产繁殖及生理各项主要指标的影响尚无全面、完整、系统和具有说服力的试验结果，而其经济效果更缺乏科学可信的客观评价。

根据著名的威尔逊生态法则，将绒山羊完全改成舍饲，意味着给绒山羊提供了一个饲草

饲料基本保证，并且遮风避雨，相对保温的生存生产环境，那么，就相当于把绒山羊从寒冷地区引到温暖地区。从短期看，似乎问题不大；但从长期来看，必然导致绒毛生长减慢，密度下降，羊绒产量减少，羊绒细度变粗，绒质将会发生明显的不良变化，不仅羊绒细度增粗，而且羊绒丝光明显减少，弹性下降，缺乏山羊绒所应具有的柔软程度，手感发干、发硬。此外，由于羊只长期完全舍饲，还会因运动减少、采食量下降、营养不均衡、圈舍潮湿等引发羔羊体弱、母羊体质下降、繁殖障碍和肢蹄病。

6. 舍饲饲养须解决的几个关键问题

(1)提高畜群质量

提高羊只个体的单产水平是保证绒山羊舍饲成功最关键的技术措施。提高个体的单产水平最有效的方法是引进优质高效的种羊，通过人工授精、胚胎移植、一胎多产等繁殖技术，提高优秀种羊的利用效率，加大改良力度，为实现绒山羊高效化生产奠定良种基础。

(2)调整畜群结构

调整畜群结构，及时淘汰老、弱、病、残、低产及患有繁殖机能障碍的羊只，畜群中2～4岁可繁母羊比例应占基础母羊的70%以上，并且加强对繁殖性状的选择，提高畜群的繁殖性能和更新速率。

(3)实施短期快速育肥

采用先进实用的山羊育肥技术，对计划淘汰的羊只实施短期快速优饲育肥，对当年生的羯羊力争在12月龄前出栏。对选留后的淘汰母羊也应在短期优饲后及时出栏，以最大限度地减少舍饲饲养量。

(4)加强精粗饲料的调制及加工利用技术的应用

绒山羊舍饲最大的成本在于饲料的支出，合理的饲料搭配可有效地降低饲料消耗。冬、春季节舍饲期以粗、精饲料为主，青贮饲料为辅；并因地制宜地结合当地饲草、饲料资源条件，搞好粗饲料的加工调制，以保证舍饲羊所需饲料常年稳定、经济有效地供应。

(5)根据当地饲料资源制订稳妥的饲养计划

根据绒山羊营养需要特点，平均每只羊每日须消化能量5.6 MJ、粗蛋白60～80 g，干物质0.6～1.2 kg。按此计算，每666.7 m^2(或每亩)中等肥力耕地的生物学产量仅能饲养2只左右的绒山羊。因此，必须根据当地可能提供的饲料资源来确定绒山羊的饲养数量。否则，大量从外地购入饲料，由于运输成本的增加，必将大幅度增加羊只的饲养成本。

(6)加强科学管理

根据国内外最近研究结果，普遍认为绒山羊产绒的营养需要特点与绵羊产毛截然不同。在满足正常的生长、发育、繁殖或维持需要的前提下，增加更多的营养并不能显著地提高产绒量，而只能使绒细度明显增粗。因此，首先，适量的营养供给水平不仅是科学的，而且是经济的；其次，要注重兽医卫生保健，由于常年舍饲所导致的对山羊游走好牧等生活习性的改变，如果饲料、通风、运动及防疫等相应措施不配套，极易使羊只罹患生殖系统、呼吸系统、运动系统、消化系统及寄生虫等疾病。所以，必须加强科学管理，防患于未然。

（二）舍饲条件下种公羊管理要点

1.做好种公羊的体检工作

通过检查配种预备期的种公羊是否健康，选留体格健壮、膘情好的种公羊备用；检查种公羊蹄部是否平整，若蹄过长或不平整要进行修蹄；若蹄弱，须适当补充钙、维生素和微量元素以达到配种要求；检查种公羊是否患有寄生虫病或其他疾病，并及时治疗。检查种公羊精液品质，每周2次，做好记录。对精液密度差（中等以下）、活力低（0.4以下）的种公羊应加强运动和营养，若经过2周的加强管理，精液品质仍未有提高则要考虑弃用此羊。

2.配种期日粮

精料（玉米、豆粕、骨粉等）1.25～1.5 kg/（只·d），精料具体比例为：玉米73%、饼粕类25%、骨粉1%、食盐1%、微量元素和多种维生素按标准添加。另外，可根据具体情况每天补饲鸡蛋4～6枚；粗料（种公羊所食粗料要营养丰富，含能量、粗蛋白较多），具体有：苜蓿草、羊草、杂花草、地瓜秧、各种树叶、秸秆等。种公羊每天每只需粗料1～1.5 kg，其中苜蓿草应占30%～40%。青绿饲料：枯草期每天每只应补充胡萝卜、萝卜0.3～0.5 kg，有条件可以补充青贮饲料0.5～0.75 kg。在青草期应以青草为主，每天每只3～4 kg。

3.非配种期种公羊管理

非配种期指的是配种结束后的恢复期。该期要加强饲养管理，尽快恢复体况，达到中上等膘情，保持种公羊的健康，每天要保持上、下午各运动1次，每次1 h。每天喂草3次，饮水2次，喂料2次。非配种期日粮为：精料0.5～0.7 kg，粗料1～1.5 kg（其中优质牧草如苜蓿草等应占20%～30%），食盐10～15 g，矿物质、维生素、微量元素按需要添加。配种结束恢复到配种前状况需要20～30 d，此时，仍按配种期日粮要求，逐渐过渡到非配种期日粮。

（三）舍饲条件下繁殖母羊的饲养管理

1.空怀期的饲养管理要点

①尽可能羔羊实行早期断乳、分群，以减轻母羊负担。

②加强营养，补偿哺乳消耗，其参考日粮为：混合精料0.2～0.3 kg、干草0.3～0.5 kg、秸秆等自由采食；对体质较差、体况瘦弱的羊要适当增加混合精料的补给，使母羊在配种前达7～8成膘，要把握好膘情，切忌过肥。

③配种前 20 ~ 30 d 采取短期优饲，增加优质干草、混合精料给量，同时加强运动，促进母羊集中发情，可以提高双羔率 5% ~10%。

④对母羊全群体内、外寄生虫进行驱虫，布氏杆菌检疫，在配种前 3 周注射口蹄疫疫苗。

2. 妊娠期母羊饲养管理要点

妊娠期前 3 个月的参考日粮为：优质干草 0.5 kg，混合精料 0.2 ~ 0.3 kg，秸秆等自由采食，钙、磷、维生素、微量元素按营养标准供给，自由舔盐。妊娠期后 2 个月，胎儿生长迅速，增重为出生重的 80% ~85%。此时，胎儿需要的营养物质大量增加，母羊的日粮也需要增加，精料要增加 30% ~40%，钙、磷要增加 1 倍以上，同时添加维生素 A、维生素 D、维生素 E、维生素 B_{12} 来满足需要。饲喂一定比例的青贮饲料或萝卜、胡萝卜等青绿多汁饲料对泌乳准备十分有益。其参考日粮为：优质干草 0.5 ~ 0.7 kg、混合精料 0.3 ~ 0.4 kg、秸秆等自由采食，钙、磷、维生素、微量元素按营养标准供给，自由舔盐。

在管理上要抓好以下 5 点：第一，保证充分运动，保证胎儿健康发育，产羔不易难产，每天上、下午各运动 1 次，每次运动 1.5 h，路程在 2 km 以上；第二，饲草、饲料一定要优良，切忌饲喂发霉、变质饲料，否则，易造成母羊流产；第三，做好防流保胎，每天密切注意羊只状态，饲草、饲料要保持相对稳定，且不可经常突然变化，以免产生应激反应造成流产，赶羊出、入圈要平稳，抓羊、堵羊和其他操作要轻，羊圈面积要适宜，每只羊在 2 ~ 2.5 m^2 为宜，防止过于拥挤或争斗而产生的顶伤、挤伤等机械伤害而造成流产；第四，饮水要充足，切忌饮冰渣水、变质水或污染水，可在水槽中撒些玉米面、豆面以增加羊只饮欲；第五，做好防寒工作，秋、冬季节气温逐渐下降，一定要封闭好羊舍的门、窗和排风洞等防止贼风，以降低能量消耗。

3. 哺乳期母羊饲养管理要点

绒山羊哺乳期一般为 3 ~ 4 个月，前 2 个月为哺乳前期，后 2 个月为哺乳后期。哺乳前期的饲养管理主要是恢复产羔母羊体质，满足羔羊哺乳需要。具体要求：第一，对于羔羊，在其出生至 20 d 母乳是其唯一的营养来源。要保证羔羊哺乳定时，每天 3、4 次。此时羔羊生长速度快，每天增重在 90 ~ 120 g，要保证母乳充足。第二，加强母羊运动，有助于增进血液循环，增强母羊体质和泌乳能力。每天必须保证母羊 2 h 以上的运动。第三，该时期母羊营养消耗较大，既要恢复体况，又要分泌乳汁，此时要增加粗蛋白、青绿多汁饲料的供应。日粮可参照妊娠后期日粮标准，另外，增加苜蓿草 0.25 kg、青贮料 0.25 kg 或 0.15 kg 的混合精料。第四，对双羔或多羔母羊应给予单独补饲，保证羔羊哺乳。第五，注意哺乳卫生，防止发生乳房炎。

（四）育成公、母羊的饲养管理

1. 饲养

羔羊断乳分群后，要按公、母羊体重、质量进行重新组群，每群 60～120 只，安排专人饲养管理。育成前期（5～8 月龄），生长发育较快，生长强度大，但瘤胃容积有限且机能并不完善，对粗饲料利用能力较弱。这一阶段饲养的好坏，是影响绒山羊的体格大小、体型和成年后生产性能的重要阶段。该阶段日粮以精料为主，结合放牧或补饲优质干草和青绿多汁饲料，日粮的粗纤维含量以 15%～20% 为宜。在生产实际中，有条件的地方，每天每只可补饲混合精料 0.25 kg，每天早晨在放牧前应将全天供给精料的一半量进行饲喂；同时，补给一些胡萝卜条、萝卜条、地瓜丝等多汁饲料。育成后期（9～18 月龄），生长强度逐渐下降，瘤胃机能基本完善，可以采食大量牧草和其他粗饲料。同时，根据牧草质量和数量情况，适当补饲一定数量的混合精料和优质干草，满足其营养需要，使其体重迅速增加，体质健壮。

2. 防病

育成羊在刚组群时，由于断乳、母子隔离，往往会造成羊只应激而导致全群性感冒。根据辽宁省辽宁绒山羊原种场的经验，新组群羊全群注射二氟沙星或青霉素、病毒灵、安痛定等药物，连续用药 2 d，每天早、晚各 1 次即可，有很好的预防作用。

3. 放牧

放牧应就近选择新草场，中途应让羊只回来饮水；以后逐渐由近到远，逐步锻炼。同时预防毒草中毒，不到低洼潮湿的地方放牧，以免感染寄生虫。晚上归牧后先饮水，然后将另一半精料补饲，同时，要在羊槽内放一些嫩草或优质干草，让其自由采食。

4. 驱虫

5 月龄体内驱虫 1 次，以后每 6 个月驱虫 1 次。体表寄生虫根据情况进行驱虫。

5. 配种

育成公、母羊在育成期即有性行为，达到性成熟，一般情况下此时不应配种。配种过早会影响羊的成长和后期发育。育成母羊过早配种易造成流产、难产等情况，产生繁殖系统疾病，影响以后的繁殖。如果配种，必须认真加强饲养管理工作，发现问题及时解决，育成羊参加配种公羊 10 月龄以上，体重 30 kg 以上；母羊 8 月龄以上，体重 20 kg 以上。配种时应选择体重相当的公、母羊进行交配。饲养场最好选择人工辅助配种。农户应防止多个或体重大的公羊对其混交乱配，以免对母羊造成不必要的伤害。发情配种时应将其同配种公羊隔离饲养，直至配种结束。

（五）后备公、母羊的饲养管理

后备羊是指19～30月龄的羊。该时期羊生长迅速，各种生理、生产性状基本成熟，公羊比母羊要稍晚一些。该阶段仍需要较高的饲养水平，应视草场的具体情况来确定补饲量。一般情况下，每天每只补饲混合精料0.25 kg、优质干草0.25～0.5 kg，以便使其生产性能充分表现，为选种打下良好基础。对后备公羊，饲养场组成30～60只一群，安排有经验的放牧员特殊放牧饲养。农户在有发情母羊的情况下，必须把后备公羊与成年公羊分开，防止争斗造成伤害。对后备公羊要做好调教工作，保持人与羊亲近，为配种打下良好基础。随着年龄的增长，母羊需要的营养也逐渐增加，应视草场情况适当补饲。配种前要进行短期优饲，以便集中发情配种，产羔集中，饲养管理方便。后备母羊是第一次参加配种，若用人工授精，要用小口开膣器，输精部位不宜过深；若不易找到子宫颈口，可在阴道深度输精，且勿对子宫造成伤害。后备母羊在妊娠中、后期易发生流产，要尽可能减少各种应激。若发现有流产征兆，可用黄体酮等药物控制。后备母羊妊娠后，要加强饲养管理，加强运动。后备母羊妊娠后进出圈舍、放牧时要控制羊群，避免拥挤或急驱猛赶。补饲、饮水要防止滑倒。严禁饲喂发霉变质的饲草饲料，不饮冰渣水，以防流产、死胎等情况发生。后备母羊产羔时，由于是初产羊，应做好接羔护羔工作。对母性差的母羊，要进行调教以便养成良好的习惯。

（六）绒山羊的一般管理技术

1. 整群与编号

羊只的整群一般在一个生产年度结束后进行，即羔羊断乳后进行，通常在9月份。具体操作是：羔羊达4月龄断乳后组成育成公、母羊群，上一年度的育成羊转成后备羊，后备羊转入成年羊群。每年都要对羊群进行整顿，对生产性能差有繁殖障碍的、年老的、有特殊疾病的羊只进行淘汰，及时补充同类羊只。每年每群的淘汰率应保持在15%～20%，以保证羊群的正常生产。对于同类羊只难以组群的，应选择生产性能、年龄、体质等相近的羊组成一群，以利于生产和育种。

羊群结构比例为：成年公羊20～30只/群、后备公羊30～40只/群、育成公羊50～60只/群；成年母羊50～60只/群、后备母羊60～70只/群、育成母羊60～70只/群。成年公羊应占羊只总数的15%；后备母羊、育成母羊应占羊群总数的20%以便羊只能够得到更新换代。

羊的编号便于识别，记录系谱、生长发育和生产性能等，是育种工作选种选配的基础。传统的编号方法有耳标法、剪耳法、刺墨法和烙角法，现在多采用耳标法。

2. 梳绒

脱绒是绒山羊固有的生物学特性，季节性很强，只有在脱绒季节才能梳绒。

(1) 梳绒时间

绒山羊每年梳绒一次，当绒毛根部与皮肤脱离时（俗称“起浮”），梳绒最为适宜，一般在4—5月份进行。绒山羊脱绒有一定的规律：从羊体位上来看，前躯先于后躯脱绒；从羊的年龄和性别来看，年龄大的比年龄小的先脱绒，母羊比公羊先脱绒；从不同生理时期来看，哺乳羊比妊娠羊先脱绒，妊娠羊比空怀羊先脱绒；从营养状况来看，膘情好的比膘情差的先脱绒；个别病羊由于用药也容易早脱绒。总之，个体之间由于饲养水平、个体差异等不同，脱绒时间有所不同，应根据具体情况来定梳绒时间。

(2) 梳绒工具

梳绒用的钢丝梳子分两种：一种是稀梳，由8～10根钢丝组成，钢丝间距为1～1.5 cm；另一种是密梳，由12～14根钢丝组成，钢丝间距为0.5～1.0 cm。钢丝直径均为0.3 cm，梳子前端弯成钩状，磨成秃圆形，顶端要整齐，钢丝之间由一个中间一排均匀的略大于钢丝直径圆眼的整钢片连接，钢片可平行滑动，使之梳绒时保持钢丝平行。

(3) 梳绒方法

梳绒前1周要培训好梳绒人员，检修梳绒工具，准备好梳绒场所，进行清扫、消毒，备好梳绒记录。梳绒时先用剪子将羊毛打梢（不要剪掉绒尖），然后将羊角用绳子拴住，随之将羊侧卧在干净地方，其贴地面的前肢和后肢绑在一起，梳绒者将脚插入其中（以防羊只翻身，发生肠捻转）。首先用稀梳顺毛方向，轻轻地由上至下把羊身上沾带的碎草、粪块及污垢清理掉。然后用梳子从头部梳起，一只手在梳子上面稍下压帮助另一只手梳绒。手劲要均匀，并轻快有力地弹打在绒丛上，不要平梳，以免梳顺耙不挂绒。一般梳子与羊体表面呈30°～45°，距离要短，顺毛沿颈、肩、背、腰、股、腹等部位依次进行梳绒。梳子上的绒积存到一定数量后，将羊绒从梳子上退下来（1梳子可积绒50～100 g），放入干净的桶中。这样，羊绒紧缩成片，易包装不丢失。稀梳抓梳完后，再用密梳逆毛抓梳一遍至梳净为止。一侧梳好后再梳另一侧，并做好梳绒记录。因起伏程度不同，有的羊只一次很难梳净，过1周左右再梳绒1次。对羔羊、育成羊和个别比较难梳绒的个体采取剪绒。剪绒的方法有手工剪和机械剪两种。剪绒时将羊保定，一般从尾根部或四肢开始剪，这样利于操作。每只羊每次梳绒后要及时填写梳绒记录。

(4) 注意事项

要选晴天梳绒，梳绒前后避免雨淋，预防感冒。羊只梳绒前要禁食12～18 h。梳绒时要轻而稳，贴近皮肤，快而均匀，切忌过猛，以防伤耙（皮肤脱离肌肉，损伤绒毛囊，受伤后将不再生长绒毛）。羊的后背十字部位最易伤耙，梳该部位绒时应加倍小心。注意保定羊的头部，避免机械性创伤；对妊娠羊只动作要轻，以防流产，最好产羔后梳绒；对无法梳绒的个体可用长剪紧贴皮肤将绒毛剪下。春羔一般在当年6月上旬剪绒毛为宜。冬羔一般在翌年7月份才开始脱绒，该季节因气候炎热，不利于机体散热，易造成皮肤病，且不便体表驱虫，对生长发育有不良影响，应在5月中旬剪下绒毛为宜。育成羊只大多数脱绒较晚，特别是绒毛密度好、产绒量高的个体脱绒时间更晚，如果硬梳不但损伤绒毛囊，还易损伤羊只，因此，也应在5月上旬将绒毛剪下。有的羊只因趴卧，腿、腹部绒毛粘连在一起无法梳绒，只能采取类似于绵羊剪毛的方法将绒毛一并剪下，对于这类羊只剪绒后应单独饲养一段时间，以防被其他羊顶伤。对患有皮肤病的羊只要单独梳绒，耙子用后要消毒，以防传染；对体弱羊只也应单独梳绒。梳绒时要注意羊只的眼部、耳部安全，还应保护好乳房、包皮等器官，扯坏的地方，要涂碘酒消毒，必要时作缝合处理。放倒羊时要按一个方向，即从哪侧放倒，就从哪侧立起，以防羊只大翻身出现肠捻转、臌气而导致猝死。梳绒后要注意羊舍温度，以防羊只感冒。随时观察羊只有无异样，如发现精神不振、不食草，应检查是否伤耙或其他原因，以便及时诊治。

3. 羯羊育肥

去势的羊称为羯羊。羯羊育肥的目的就是将不能作种的公羊去势，在较短的时间内进行育肥，以换取最大的经济效益。

（1）选择育肥羊

选择不宜作种用的5～6月龄公羔在早秋去势，经4～6个月的育肥至翌年的3～4月份抓绒以后出售或屠宰。这样既保障了绒的价值，又保证了增重。去势的公羊较未去势的公羊可增加产绒量30%～40%，增加体重10%～20%，可获较高经济效益，正常情况下每只羊可赢利100～200元。

（2）育肥方法

育肥方法分为放牧育肥和短期优饲育肥，放牧育肥在牧区较为普遍，而在农区则通常采用短期优饲育肥方法。短期优饲育肥所需营养要全面，能量水平要高。粗饲料可利用农区丰富的玉米秸秆、豆秸、麦秸、地瓜秧、各种树叶、蒿草等，优质牧草如苜蓿草、三叶草、杂花草等；糟渣类如白酒糟、豆腐渣、甜菜渣等。精料如玉米、豆粕、棉籽粕等。精、粗料的比例一般为（60%～70%）：（40%～30%）。建议日粮：粗料0.5～0.7 kg，苜蓿草0.2～0.3 kg，混合精料0.3～0.5 kg。混合精料推荐配方：①玉米55%，麸皮15%，棉籽粕20%，豆粕8%，食盐1%，维生素、矿物质、微量元素1%（具体数量按照说明）。②玉米40%，酒糟20%，棉籽粕20%，豆粕8%，麸皮10%，食盐1%，维生素、矿物质、微量元素1%。

（3）育肥羯羊的管理

羯羊育肥时，在组成育肥群后，应立即进行预防注射和体内、外寄生虫驱虫。在北方地区羯羊的育肥期通常是在深秋、冬季进行，所以要注意防寒保温，应保证圈内温度在10 ℃以上，以减少维持需要，以利于育肥羊增重。

【评估考核】

一、填空

1. 绒山羊的毛囊根据发生时间和结构特点，分为________和________两种。

2. 山羊绒通常按颜色可分为______、______、______、______4 类，其中______绒易着色，所以最为珍贵，仅占世界羊绒产量的 30%。

3. 羊的编号便于识别，记录系谱、生长发育和生产性能等，是育种工作选种选配的基础。传统的编号方法有______、______法、______法和______法，现在多采用______法。

二、简答

1. 试述奶山羊挤奶时应注意的事项。
2. 提高奶山羊产奶性能的关键措施是什么？
3. 影响羊绒品质的因素主要有哪些？
4. 我国绒山羊饲养的方式有哪几种？各有何利弊？
5. 舍饲条件下，绒山羊种公羊、妊娠母羊饲养管理的技术要点是什么？
6. 试述奶山羊饲养管理的一般技术。
7. 梳绒时应掌握好哪些技术环节？

项目四　羊产品无公害生产技术

任务一　无公害羊肉生产加工技术

【基本概念】

无公害羊产品是指产地环境、生产过程和产品质量符合国家有关标准和规范的要求，经认证合格获得认证证书并允许使用无公害农产品标志的羊肉、羊乳、羊肠等产品及其加工制品。

【教学重点】

无公害羊肉生产的技术规范。

【教学目标】

1. 知识目标

◆ 了解无公害食品、绿色食品和有机食品的基本概念，掌握无公害羊肉生产的技术规范。

2. 技能目标

◆ 能够利用无公害羊肉生产的技术规范指导实际生产。

【教学内容】

无公害食品、绿色食品和有机食品都是符合一定标准、经认证的安全食品，三者皆关注环境保护和食品安全，追求可持续发展，均实施从土地到餐桌的全过程质量监控体系。三类食品的标准水平、认证体系、生产方式、管理机构以及内涵有所不同，特别是有机食品更强调从种植、养殖到加工、包装、储藏、运输和销售各个环节实施全程质量监控。无公害食品是保障国民食品安全的基准线，绿色食品是中国所特有的安全、环保食品，国际上普遍认可的是有机食品。目前在我国开发和生产这三类羊产品，具有广阔的发展空间和条件，能够满足不同层次消费者的需要。为了保护和改善生态环境，适应新形势下农业和农村经济结构的战略性调整的需要，全面推进“无公害食品行动计划”和“三绿工程”的实施，加速养羊业向科学化、规范化、标准化和无公害生产方向发展，保证羊肉、羊奶等产品的卫生质量和食用安全，满足人们对优质、安全羊产品的需求，则需在羊生产及其产品加工中，从产地环境、羊的饲养、饲料安全、兽医防疫、兽药使用以及羊肉羊奶加工、包装、标志、储存和运输十大环节着手，大力发展绵羊、山羊的无公害生产及其产品的加工。

一、基本概念

(一)羊的无公害生产

绵羊、山羊的无公害生产是现代养羊业发展的必然趋势，其特点是规范化、标准化、高效集约化，其产品优质、安全、无公害。在生产中要求必须从产地环境质量控制到羊只的卫生、饲料安全、饲养管理、兽医防疫、兽药使用以及疾病防制等方面，均要遵循无公害农产品生产的国家标准或有关行业标准的要求。其产地必须得到省级农业行政主管部门的认定，获得无公害农产品产地认定证书，其产品必须经认证合格，方可使用“无公害农产品”标志。

(二)无公害羊产品

无公害羊产品是指产地环境、生产过程和产品质量符合国家有关标准和规范的要求，经认证合格获得认证证书并允许使用无公害农产品标志的羊肉、羊乳、羊肠等产品及其加工制品。其特点在于产地必须具备良好的生态环境；对产品实行全程质量监控；生产过程中必须科学合理地使用限定的兽药、饲料药物添加剂，禁止使用对人体和环境造成危害的化学物质；产品中微生物和有毒有害物质含量必须在国家法律、法规以及国家或有关行业标准规定的安全允许范围内；对产地和产品实行认证管理。

二、产地环境要求

(一)养殖场基本要求

羊场、养羊企业应选择在生态环境条件良好，不受工业“三废”及农业、城镇生产、生活、医疗废弃物污染的区域，避开风景名胜、人口密集区和水源防护区等环境敏感区，符合环境保护、兽医防疫要求，并有可持续发展生产能力的区域。羊场的生产区和生活区要严格分开，防止交叉污染。羊舍应通风、采光良好，空气中有毒有害气体含量应符合《畜禽场环境质量标准》NY/T 388 的规定。

（二）产地环境质量要求

1. 空气质量

羊场、养羊企业的空气环境质量应符合《农产品安全质量无公害畜禽肉产地环境要求》GB/T 18407 规定的空气质量要求。

2. 水质要求

羊场、养羊企业应具有清洁无污染的水源，羊只饮用水质必须符合《无公害食品畜禽饮用水水质》NY 5027 规定的要求。

3. 养殖废弃物的处理

为了防止养殖废弃物的污染，羊场和养羊企业必须设有废弃物处理设施。养殖污染防治应遵循《畜禽养殖污染防治管理办法》和《畜禽养殖业污染防治技术规范》等有关规定。废弃物处理应遵循无害化、资源化的原则，污染物及恶臭污染物的排放应符合《粪便无害化卫生标准》、《恶臭污染物排放标准》、《畜禽养殖业污染物排放标准》、《污水综合排放标准》的规定要求。病、死羊尸体及其产品的无害化处理按《畜禽病害肉尸及其产品无害化处理规程》的规定执行，防止污染环境。

三、生产技术

在羊的无公害生产中，应坚持“自养自繁”的原则，采用“全进全出”的生产管理模式，禁止其他畜禽进入羊场内。加强羊只饲养管理，减少疾病发生，尽量不用药物。

（一）羊只引入

羊场、养羊企业引进种羊时，要严格执行《种畜禽管理条例》，应从达到无公害标准的羊场购入，严禁从疫区购入羊只，引进羊只、胚胎、卵，并按照《种畜禽调运检疫技术规范》严格检疫，购入的羊只应在隔离场（区）饲养观察 30 d 以上，确认为健康者方可转入生产群。

(二)饲料与饲料添加剂

1. 饲料原料

具有该品种应有的色、气味、味道和形态特征,无发霉、变质、结块及异臭、异味,青绿饲料、干粗饲料不应发霉、变质。有毒、有害物质及微生物允许限量应符合《饲料卫生标准》GB 13078 的规定。不应在羊的饲料中使用除蛋、乳制品外的动物源性饲料,也不得使用各种抗生素滤渣。

2. 饲料添加剂

饲料中使用的饲料添加剂,应是农业部允许使用的饲料添加剂品种目录中所规定的品种和取得批准文号的新饲料添加剂品种。饲料中使用的饲料添加剂产品应是取得饲料添加剂产品生产许可证企业生产的、具有产品批准文号的产品。有毒、有害物质应符合《饲料卫生标准》的规定。

3. 配合饲料、浓缩饲料、精料补充料和添加剂

预混合饲料感官要求色泽一致,无霉变、结块及异臭、异味。有毒有害物质及微生物允许限量应符合《饲料卫生标准》的规定。配合饲料、浓缩饲料、精料补充料和添加剂预混合饲料中的饲料药物添加剂使用应遵守《饲料药物添加剂使用规范》。饲料中不得添加《禁止在饲料和动物饮水中使用的药物品种目录》中规定的违禁药物。

(三)饲养管理

羊的饲养管理按《无公害食品肉羊饲养管理准则》等规定执行,禁止饲喂发霉和变质的饲料以及动物源性骨肉粉。使用抗生素添加剂时,严格按照《饲料和饲料添加剂管理条例》的规定执行休药期。禁止在羊体内埋植或者在饲料中添加镇静剂、激素类等违禁药物。对放牧羊群,应实行轮牧和休牧制度。

(四)兽医防疫

羊场、养羊企业在疫病的预防、监测、控制和扑灭等方面的兽医防疫措施应遵循《动物防疫法》、《无公害食品肉羊饲养兽医防疫准则》。

1. 疫病预防

羊场应搞好环境卫生,加强羊的饲养管理,坚持“自繁自养”的措施;必须引进羊只时,应从非疫区引进,并有动物检疫合格证;制订免疫计划和免疫程序,使用适宜的疫苗和免疫方

法，有选择地进行疫病的预防接种；羊只从生产到出售，要做好收购检疫、产地检疫、运输检疫、入场检疫和屠宰检疫；制订消毒制度，定期对周围环境、羊舍、器具进行消毒。

2. 疫病的控制和扑灭

发生疫病时，应及时采取有效措施，加强控制，防止疫病扩散和蔓延。病死或淘汰羊的尸体按《畜禽病害肉尸及其产品无害化处理规程》GB 16548 进行无害化处理。

3. 疫病监测

羊场应积极配合当地畜牧兽医行政管理部门制订疫病监测方案。常规监测的疾病包括口蹄疫、羊痘、蓝舌病、炭疽、布氏杆菌病。还应根据当地实际情况，选择其他必要的疫病进行监测。

（五）兽药使用

预防、治疗和诊断羊病所用的疫（菌）苗、抗菌药和抗寄生虫药等兽药以及消毒用药，应遵守《无公害食品肉羊饲养兽药使用准则》NY 5148 的规定。尽量不使用药物，如必须使用时，则须符合《中华人民共和国兽药典》、《中华人民共和国兽药规范》、《兽药质量标准》、《兽用生物制品质量标准》、《进口兽药质量标准》的相关规定。所用兽药必须来自具有兽药生产许可证和产品批准文号的生产企业，或者具有进口兽药许可证的供应商。所用兽药的标签应符合《兽药管理条例》的规定。

1. 允许使用的兽药

（1）消毒防腐剂

允许使用消毒防腐剂对饲养环境、厩舍和器具进行消毒，并应符合《无公害食品肉羊饲养管理准则》的规定。

（2）疫（菌）苗

优先使用符合《兽用生物制品质量标准》、《进口兽药质量标准》的疫（菌）苗预防羊的疾病。

（3）中兽药

允许使用《中华人民共和国兽药典》（二部）及《中华人民共和国兽药规范》（二部）收载的用于羊的兽用中药材、中药成方制剂。

（4）微生态制剂

允许使用国家畜牧兽医行政管理部门批准的微生态制剂。

（5）抗菌药和抗寄生虫药

允许使用《无公害食品肉羊饲养兽药使用准则》规定的抗菌药和抗寄生虫药，并应严格遵守规定的作用与用途、用法与用量、休药期及注意事项。

(6)其他兽药

允许使用钙、磷、硒、钾等补充药，酸碱平衡药，体液补充药，电解质补充药，营养药，血容量补充药，抗贫血药，维生素类药，吸附药，泻药，润滑剂，酸化剂，局部止血药，收敛药和助消化药。

2. 禁用的药物

禁止使用未经国家畜牧兽医行政管理部门批准的兽药和已经被淘汰的兽药及《食品动物禁用的兽药及其他化合物清单》中的药物。

3. 保存记录

建立并保存免疫程序记录和全部用药记录。治疗用药记录包括羊的编号、发病时间及症状、药物名称(商品名、有效成分、生产单位)、给药途径、给药剂量、疗程和治疗时间等；预防或促生长混饲用药记录包括药品名称(商品名、有效成分、生产单位及批号)、给药剂量和疗程等。

(六)卫生消毒

羊场、养羊企业必须建立消毒制度，按规定经常、定期和随时对羊场环境、羊舍、仓库、用具、车间、设备、工作衣帽与鞋、病羊的排泄物与分泌物等进行消毒，尤其是发生疫病之后，都必须彻底消毒。消毒用药必须安全、高效、低毒和低残留，符合《无公害食品肉饲养兽药使用准则》的规定。

1. 消毒制度

(1)环境消毒

羊舍周围环境定期用2%火碱液或撒生石灰消毒。羊场周围及场内污水池、排粪坑、下水道出口，每月用漂白粉消毒1次。在羊场、羊舍入口设消毒池，并定期更换消毒液。

(2)羊舍消毒

羊群进行羊舍调换或每批羊只出栏后，要彻底清扫羊舍，采用喷雾等方法进行严格消毒。

(3)用具消毒

定期对分娩栏、补料槽、饲料车、料桶等饲养用具进行消毒。

(4)带羊消毒

定期进行环境带羊消毒，减少环境中的病原体。

(5)人员消毒

所有人员进入生产区通道和羊舍，要更换工作服和工作鞋，并经紫外线照射 5 min 进行消毒。

2. 消毒方法

(1)喷雾消毒

用规定浓度的次氯酸盐、过氧乙酸、有机碘混合物、新洁尔灭、煤酚等，对羊舍、带羊环境、羊场道路和周围以及进入场区的车辆进行消毒。

(2)喷洒消毒

在羊舍周围、入口、产房和羊床下面撒生石灰或火碱液进行消毒。

(3)浸液消毒

用规定浓度的新洁尔灭有机碘混合物或爆酚的水溶液，洗手、洗工作服或胶靴。

(4)熏蒸消毒

用甲醛等对饲养器具在密闭的室内或容器内进行熏蒸。

(5)火焰消毒

用喷灯对羊只经常出入的地方、产房、培育舍，每年进行 1 ~2 次火焰瞬间喷射消毒。

(6)紫外线消毒

人员入口处设紫外线灯照射至少 5 min。

四、加工技术

加工无公害羊肉的屠宰场和肉类加工企业的设计与设施、卫生管理、加工的工艺、成品储藏和运输应遵守《食品企业通用卫生规范》GB 14881，《肉类加工厂卫生规范》GB 12694 和《畜类屠宰加工通用技术条件》GB/T 17237 的有关规定。在活羊屠宰加工中采用 GMP（良好生产规范）、HACCP（危害分析与关键控制点）、SCP（卫生控制程序）和 SSOP（卫生标准操作程序）等食品安全控制体系指导生产。

（一）工厂卫生规范

羊肉的屠宰场（厂）、肉类加工企业必须远离垃圾场、畜牧场、医院及其他公共场所和排放“三废”的工业企业。工厂的设计与设施、卫生管理、加工工艺、成品储藏和运输的卫生要求，应符合《肉类加工厂卫生规范》的规定要求。

（二）原料要求

屠宰前的活羊必须来自非疫区的肉羊无公害生产基地，其饲养规程符合肉羊无公害饲养系列标准 NY 5148,NY 5149,NY 5150 和 NY/T 5151 的要求,健康良好,并有产地检疫与宰前检验合格证,经宰前休息管理停饲(断食)管理,准予屠宰。

(三)生产用水

屠宰、加工、分割过程中需要的生产性用水应符合《无公害食品畜禽产品加工用水水质》NY 5028、GB/T 5750 和《生活杂用水水质标准》的规定。

(四)屠宰加工卫生

肉羊的屠宰加工基本程序是送宰→淋浴致昏→刺杀放血→剥皮与去头蹄→开膛和净膛→胴体修整→盖章→冷却等。屠宰加工应符合《鲜、冻胴体羊肉》GB 9961 的规定,严格实施卫生监督与卫生检验。

(五)羊肉的分割

羊肉应按《无公害羊肉》NY 5147 的规定进行分割与剔骨。分割方法有冷分割和热分割:冷分割与剔骨是将羊胴体冷却后再进行分割和剔骨,要求分割间的温度不得高于 15 ℃;热分割与剔骨是屠宰、分割连续进行,从活羊放血到分割完毕进入冷却间,应控制在 1.5 ~2 h,分割间温度不得超过 20 ℃。

(六)包装

无公害食品羊肉的包装应采用无污染、易降解的包装材料,并应符合《食品包装用聚乙烯成型品卫生标准》GB 9687 和《食品包装用原纸卫生标准》GB 11680 的规定。

(七)标志

在每只羊胴体的臀部盖兽医验讫和等级印戳,字迹必须清晰整齐。获得批准使用"无公害农产品"标志的羊肉,允许使用无公害农产品标志。

(八)储存

无公害食品羊肉及其产品的储存场所应清洁卫生,不得与有毒、有害、有异味、易挥发、易腐蚀的物品混存混放。冷却羊肉应吊挂在温度-1 ~0 ℃、相对湿度 75% ~84% 的冷却间,胴体之间的距离保持在 3 ~5 cm。冻羊肉应储存在-18 ℃以下、相对湿度 95% ~100% 的冷藏间,库温每昼夜升降幅度不得超过 1 ℃,产品保质期为 8 ~10 个月。

五、质量认证与管理

无公害食品的认证工作主要由农业部、国家质量监督检验检疫总局负责,各省(市)成立相关认证认可机构,实行产地认定和产品认证。无公害食品羊肉的生产管理应当符合下列条件:生产过程符合无公害羊产品生产技术的标准要求;有完善的质量控制措施以及完整的生产和销售记录档案;有相应的专业技术和管理人员。生产中严格按规定使用农业投入品,禁止使用国家禁用和淘汰的农业投入品和食品添加剂。

省级农业行政主管部门根据《无公害农产品管理办法》的规定,负责组织实施本辖区内羊产品产地的认定工作。认定程序如下:

1. 申报

申请无公害羊产品产地认定的单位或者个人(即申请人)首先向所在地县级农业行政主管部门提交认定书面申请。

2. 初审

县级农业行政主管部门自收到申请之日起,在10个工作日内对申请材料进行初审,对符合要求者上报省级农业行政主管部门;不符合要求的,应当书面通知申请人。

3. 审核、现场检查和环境检测

省级农业行政主管部门自收到推荐意见和有关材料之日起,在10个工作日内对有关材料进行审核。对符合要求的,组织有关人员对产地环境、区域围、生产规模、质量控制措施、生产计划等进行现场检查。符合要求的,应当通知申请人委托具有资质资格的检测机构,对产地环境进行检测,出具产地环境检测报告。审核、现场检查、环境检测不符合要求的,应当书面通知申请人。

4. 认定

符合要求的,由省级农业行政主管部门颁发无公害农产品产地认定证书,并上报农业部和国家认证认可监督管理委员会备案。不符合要求的,应当书面通知申请人。

5. 标志管理

农业部、国家认证认可监督管理委员会联合制定了《无公害农产品标志管理办法》,凡获得无公害农产品认证证书的羊场、养羊企业、屠宰加工企业等单位和个人,均可以向认证机构申请无公害农产品标志。获得批准使用“无公害农产品”标志的羊肉,允许在其产品或包装上加贴无公害农产品标志。

【评估考核】

一、名词解释

无公害羊产品

二、填空

1. 在羊的无公害生产中,应坚持"________"的原则,采用"________"的生产管理模式,禁止其他畜禽进入羊场内。

2. 冻羊肉应储存在______℃以下、相对湿度______%的冷藏间,库温每昼夜升降幅度不得超过______℃,产品保质期为______个月。

三、简答

简述省级农业行政主管部门根据《无公害农产品管理办法》的规定,组织实施本辖区内羊产品产地的认定程序。

任务二　绿色羊肉生产技术

【基本概念】

绿色羊肉是指遵循可持续发展原则，按照绿色食品标准生产，经专门机构认定，许可使用绿色食品标志的无污染、安全、优质、营养的羊肉。

【教学重点】

绿色羊肉生产技术规范。

【教学目标】

1. 知识目标

◆ 了解绿色羊肉生产的概念，掌握绿色羊肉生产技术规范。

2. 技能目标

◆ 能够利用绿色羊肉生产的技术规范指导实际生产。

【教学内容】

随着社会的进步和人们生活水平的提高，食品的营养价值和安全问题得到世人的关注，无公害、绿色、有机食品已经成为发达国家消费的主流。近年来，在世界农产品贸易中，由我国食品安全问题引发的贸易摩擦接连不断，由此造成巨大经济损失。在国内，绿色食品作为中国所特有的安全、环保食品，越来越受到人们的重视，逐渐走进了千家万户。

一、基本概念

绿色羊肉是指遵循可持续发展原则，按照绿色食品标准生产，经专门机构认定，许可使用绿色食品标志的无污染、安全、优质、营养的羊肉。其原料中各种有害物质的残留量符合有关标准，生产加工中不使用任何有害化学合成物质，按特定的操作规程生产、加工，产品质量及包装经检验符合特定产品标准。绿色羊肉产品分为AA级和A级，在AA级绿色羊肉生产中禁止使用任何化学合成生产资料、基因工程技术和胚胎移植技术；在A级绿色食品羊肉生产中限量使用限定的化学合成的生产资料，严格遵守使用方法、使用剂量、使用次数、兽药休药期和废弃期的规定。

二、生产方法

根据绿色食品质量要求，绿色羊肉生产主要有以下3种方法。

（一）自然放牧生产法

在空气、土壤、水源等未受污染，其环境指数达标的地区，羊只采用自然放牧，采食未受污染的天然牧草或人工牧草所生产的羊肉。

（二）休药期生产法

这种方法是采用常规饲养和休药期饲养两个阶段完成羊肉生产过程。前期采用常规饲养法，对饲料要求不太严格，也可以使用部分药物。后期则采用休药期饲养，保证饲料无药物残留，无公害物质污染，以确保羊肉质量符合绿色羊肉要求。

（三）生物学方法

在环境指标达标的地区建立肉羊饲养场，选择肉用性能好，适宜本地饲养的肉羊，在整个饲养过程中，全面利用绿色饲料喂羊，将生物制剂作为羊只的促生长剂和防病、治病药物，使羊肉的生产周期缩短，羊肉产量和质量得到明显改进与提高，这也是今后绿色羊肉生产的主要方法。

三、基本要求和技术

（一）环境条件要求

羊场、养羊企业以及生产绿色牧草、饲料基地，必须选择在无污染和生态环境良好的地区。产地应远离工矿区和公路铁路干线，避开工业和城市污染源的影响，防止人类生产和活动产生的污染对产地的影响，以保证绿色食品最终产品的无污染、安全可靠，而且生产基地应具有可持续发展的生产能力。

产地的空气环境、牧草灌溉水、养殖用水和土壤环境中各项污染物的含量不能超过《绿色食品产地环境质量标准》NY/T 391 中规定的浓度限值。

(二)羊的绿色生产技术

1. 育肥羊选择

选择肉质好、生长健壮、抗病能力强、适应当地生态条件的优良品种，可以引进种羊与当地品种进行经济杂交，以优良杂交组合的后代进行育肥。须购入时应到绿色食品畜禽繁育场购买，不可从疫区引入，种用和生产用羊应来自符合下列要求的养殖场：位于无疫病区，装运前至少3个月内无口蹄疫，装运前至少30 d内没有发生过动物防疫法规定的一、二、三类病，应来自无布鲁氏杆菌病的羊群，应是在原产场出生或至少在原产场饲养6个月以上的羊只。引进的羊只应隔离观察15 d以上，证实无病后才可混群饲养。

2. 饲料与饲料添加剂

饲料原料应种植在环境无污染的地区，避免施用化学肥料和各种合成农药。要求人们根据不同品种饲料的生物学特性，及时收割、晾晒、妥善储存，不得有发霉、变质、结块等现象。按照羊的饲养标准配制饲料，做到营养全面，各营养素间相互平衡。所使用的饲料和饲料添加剂等生产资料必须符合饲料卫生标准、各种饲料原料标准、饲料产品标准和饲料添加剂标准的有关规定。所用饲料添加剂和添加剂预混合饲料必须来自于有生产许可证的企业，并且具有企业、行业或国家标准产品批准文号。同时生产A级绿色羊肉的饲料不应使用转基因方法生产的饲料原料、以哺乳类动物为原料的动物性饲料产品、工业合成的油脂、畜禽粪便等。饲料添加剂必须是《允许使用的饲料添加剂品种目录》中所列的饲料添加剂和允许进口的饲料添加剂品种。营养性饲料添加剂的使用量应符合NY/T 14，NY/T 33，NY/T 34，NY/T 65中所规定的营养需要量及营养安全幅度。禁止使用任何药物性饲料添加剂以及激素类、安眠药类药品。

3. 羊场规划和布局

养羊场应建在无疫病区，远离交通要道、公共场所、居民区、学校、医院和水源，地势较平坦，具有一定的坡度。严格执行生产区和生活区相隔离的原则，人员、动物和物资运转应采取单一流向，以防止污染和疫病传播。羊场的污水、污物处理应符合国家环保要求，环境卫生质量应达到《畜禽场环境质量标准》NY/T 388规定的标准。

4. 羊场的设施设备

构建厂房的材料，特别是羊舍及其设备应对羊无害，易于清洗和消毒。房舍的隔离、加热和通风设施，应保证空气流通、防尘、温度和空气相对湿度适宜。羊舍应具有适宜的光照，并和气候条件相适应，光照可采用自然光或人工光照，时间应和自然光照时间大致相同，维持在上午9时至下午5时。此外,光线应具有足够的强度,以便对羊只实施检查。羊舍地面应平整防滑,以防对羊只造成伤害。舍内的垫草,应洁净、干燥、无毒,经常更换。使用漏缝地板的羊舍,也应充分考虑上述保护性措施。饲喂和饮水设备建造应合理,材料坚固、无毒无害,易于清洗消毒。

羊场应备有良好的清洗消毒设施,防止疫病传播,并对羊场及其相应设施进行定期清洗消毒;应具备良好的防害虫,如昆虫和啮齿动物等的防护设施;具备有效的粪便和污水处理系统,保证环境卫生质量达到NY/T 388规定的标准。

5. 肉羊饲养管理要点

(1)饲养密度

任何养羊场,对群养的生长育成羊和断奶羔羊,其饲养密度应能保证动物自由地平躺、休息和站立为宜。

(2)卫生条件

羊只的饲料应考虑到年龄、体重、行为和生理需求,保证其健康成长,维持其正常生理功能。2周龄以上的羊只应提供足够的清洁饮水,或通过饮用其他液体食物保证其日常需水要求。

(3)日常检查

对于群饲和舍饲羊,饲养人员每天对所有的羊只进行检查,所有疑似发病或受伤的羊应立即进行治疗,对疑似传染病的羊只,应立即隔离,并通知主管部门,将疫病确诊所需标本样品送往指定实验室进行检验,一旦确诊,应立即报告当地畜牧兽医行政管理部门。

(4)清洗消毒

羊场应备有良好的清洗消毒设施,防止疫病传播,并对羊场及其相应设施等进行定期清洗消毒,以防交叉感染和病原微生物积聚。粪、尿和饲料残渣应经常清除,以防异味以及苍蝇和啮齿动物滋生。

6. 疫病监控

羊场应坚持采用国家畜牧兽医行政管理部门规定的疾病监测方案,并接受当地畜牧兽医行政管理部门的监督。

7. 合理使用兽药

羊病以预防为主,治疗用药时,优先使用符合绿色食品生产资料的兽药产品,必须遵守《绿色食品兽药使用准则》NY/T 472的规定。允许使用消毒防腐剂对饲养环境、羊舍和器具进行消毒,但不准对动物直接施用,不能使用酚类消毒剂。允许使用疫(菌)苗预防羊病,活疫(菌)苗应无外源病原污染,灭活疫(菌)苗的佐剂未被羊完全吸收前,该羊产品不能作为绿色食品。允许使用《绿色食品兽药使用准则》规定的可用于羊的抗菌药和抗寄生虫药，使用中还必须严格遵守规定的使用与用途、给药途径、使用剂量、疗程、休药期，产品中的兽药残留限量应符合《动物性食品中兽药最高残留限量》规定。

四、初加工技术

（一）工厂卫生规范

肉羊屠宰场或肉类加工企业、羊肉分割厂和冷库的厂址选择与建筑布局、厂房设备卫生、卫生管理和个人卫生应符合《绿色食品动物卫生准则》规定的卫生要求。

（二）屠宰加工卫生要求

肉羊的电麻致昏、刺杀放血、剥皮、编号、开膛与净膛、冲洗胸腔与腹腔、整修与复检、副产品整理等屠宰过程的卫生要求和检验方法应按《绿色食品动物卫生准则》实施。羊肉产品应符合羊肉卫生标准 GB 2708，不得检出大肠杆菌 0157、李氏杆菌、布氏杆菌、肉毒梭菌、炭疽杆菌、结核分支杆菌；农药、兽药残留量应符合绿色食品标准 NY/T 393 和 NY/T 472 的要求；重金属残留量应执行 GB 15199，GB 15200，GB 15201，GB 2762，GB 4810，GB 14935 和 GB 13106 的规定要求。

（三）鲜肉分割卫生

分割肉的原料应经兽医卫生检验合格后，置于温度低于 7 ℃的条件下冷却。分割间的温度不得超过 12 ℃，经分割与剔骨，再修割与修整，然后冷却。

（四）鲜肉储藏与运输

鲜肉入库时，应有兽医检验合格章，无血、无毛、无污染，不带头、蹄，符合内外销要求，否则不得入库。羊肉经冷却 20～24 h、肉温达到 0～4 ℃，冷冻 20 h、肉温达到-12～-15 ℃，方能转库储藏。

五、质量认证与管理

养羊单位提出认证申请，由中国绿色食品发展中心（CGFDC）按照农业部颁布的《绿色食品标志管理办法》，组织省级绿色食品管理部门对该羊场或养羊企业和其原料产地进行环境监测评价后，CGFDC 会同权威环境保护机构进行审核，为合格者颁发绿色食品标志使用证书及编号，并报国家商标局备案，经国家工商行政管理局批准注册，其商标专用权受《商标法》保护。

【评估考核】

一、名词解释

绿色羊肉

二、填空

1. 绿色羊肉产品分为________级和________级。

2. 根据绿色食品质量要求，绿色羊肉生产主要有________、________和________3种方法。

三、简答

简述绿色羊肉产品生产技术规范。

任务三　有机羊肉生产技术

【基本概念】

有机羊肉指来自有机农业生产体系，根据有机农业生产的规范生产加工，并经独立的认证机构认证的农产品及其加工产品等。

【教学重点】

有机羊肉生产技术规范。

【教学目标】

1. 知识目标

◆ 了解有机羊肉生产的概念，掌握有机羊肉生产技术规范。

2. 技能目标

◆ 能够利用有机羊肉生产的技术规范指导实际生产。

【教学内容】

有机羊肉作为高品质、纯天然、无污染、安全的健康食品，是国际上通行的环保生态食品，已成为发达国家的消费主流。在国内，随着社会的进步、生产力的发展和人们生活水平的提高，有机羊肉越来越受到人们的重视，逐渐走进了千家万户。

一、基本概念

有机羊肉指来自有机农业生产体系，根据有机农业生产的规范生产加工，并经独立的认证机构认证的农产品及其加工产品等。有机羊肉的原料必须来自已建立的有机农业生产体系，产品在整个生产过程中严格遵循有机食品的加工、包装、储藏、运输标准，不使用任何化学合成的农药、化肥、促生长剂、兽药、食品添加剂、防腐剂等物质，不采用辐照处理，也不在有机羊肉生产和流通过程中使用基因工程生物及其产品。有完善的质量控制和跟踪审查体系,必须符合国家食品卫生标准和有机食品技术规范要求;有完整的生产和销售记录档案,必须通过独立的有机食品认证机构认证且使用有机食品标志。

二、产地环境要求

(一)生产基地的选择

有机羊场以及牧草和饲料生产基地应选择没有污染源的区域,无水土流失、风蚀及其他环境问题,远离交通要道、旅游景点、公共场所、居民区、学校和医院。并要经过转换期和有机食品基地生产认证,方可从事有机食品生产。有机生产与非有机生产体系之间应有界限明确的过渡地带即缓冲带,用来防止受到邻近地区传来的禁用物质的污染。

(二)环境质量要求

有机羊场和有机羊肉的产地环境空气质量应符合《环境空气质量标准》GB 3095 一级标准的有关规定;羊的饮用水、有机牧草和饲料的灌溉用水的水质应分别符合生活饮用水卫生标准和《农田灌溉水质标准》GB 5084 的有关规定;种植有机牧草、饲料的土壤应耕性良好、无污染,土壤环境质量必须符合《土壤环境质量标准》GB 15618 的规定。

三、生产技术

(一)转换期

转换期是指从开始有机管理至获得有机认证之间的时间。牧草、饲料生产基地必须符合有机农场的要求,一年生牧草的转换期一般不少于 24 个月,多年生作物的转换期一般不少于 36 个月,新开荒地或撂荒多年的土地也要经过至少 12 个月。肉羊的转换期应该达到 4 个月左右。

(二)羊只引入

1. 购入常规羊只的条件

当羊场、养羊企业不能买到有机绵羊、山羊时,允许购进常规羊只,羔羊应出生不超过 6 周,且已断奶。

2. 购入常规羊只的数量

羊场每年引入的常规羊只不能超过有机食品发展中心(OFDC)认证的同种成年羊数量

的10%。在特定情况下，颁证委员会可以允许引入的常规羊只超过10%，任何情况下不得超过40%，而且引入的常规羊只必须经过相应的转换期。

3. 种羊

可从任何地方引入种公、母羊，但是引入后必须按照有机方式饲养。

4. 基因工程产品

所有引入羊都不能受到来自基因工程产品的污染，包括涉及基因工程的育种材料、药物、代谢调节剂和生物调节剂、饲料和饲料添加剂。

（三）饲料与饲料添加剂

1. 饲料

绵羊、山羊应以OFDC认证的或OFDC认可的其他认证机构认证的有机饲料和草料饲养，其中至少50%的饲料必须来自本农场或相邻农场。在有机饲料供应短缺时，颁证委员会可以允许羊场购买常规饲料和草料。饲喂常规饲料时必须详细记载，并且要事先征得OFDC的许可。常规饲料消费量在全年消费量中所占比例不得超过10%（以干物质计），日最高摄食常规饲料量不超过每日总饲料量的25%。保证羊只每天都能得到基本满足其基础营养需要的粗饲料。

2. 饲料添加剂

允许使用《OFDC有机认证标准》规定的天然矿物和微量元素及其他天然添加剂。禁止使用人工合成的生长促进剂（包括用于促进生长的抗生素、激素和微量元素）、合成的开胃剂、防腐剂（作为加工助剂时例外）、合成的色素、尿素、动物粪便（未经加工或经过加工的）、经化学溶剂提取的或添加了化学试剂的饲料、纯氨基酸、基因工程生物或其产品，禁止给反刍动物饲喂动物副产品。

3. 配合饲料

所有主要的配料必须获得OFDC认证。配合饲料中的配料加上添加的矿质元素和维生素不能低于95%，添加的矿质元素和维生素可以来自天然或合成产物，但不能含有禁止使用的添加剂或保护剂，饲料营养必须满足羊只的营养需求和饲养目标，能够满足羊的各生命阶段的营养需求。

(四)饲养管理

1. 环境要求

羊的圈舍、围栏等饲养环境必须满足羊的生理和行为需要,应当有足够的活动空间和休息场所,足够的垫料、饮水和饲料,空气流通,自然光照充足;避免过度的太阳照射及难以忍受的温度、风和雨的影响,避免使用对人或羊的健康明显有害的建筑材料和设备;必要时可以用人工照明来延长光照时间,但一般每天不得超过16 h。

2. 饲养方式

在适当的季节,必须对所有羊只进行户外放养。禁止采用羊无法接触土地的饲养方式和完全圈养、舍养、拴养、笼养等限制羊的自然行为的饲养方式。羊不能单独饲养,在不影响羊只健康的条件下同一圈舍至少要饲养2只羊。成年公羊、试验用羊、病羊及妊娠后期的母羊可以例外。

3. 饲养数量

必须保证饲养的羊的数量不超过本羊场和其合作养殖范围的最大载畜量,要充分考虑饲料生产能力、羊只健康和对环境的影响。如果因过度放牧导致对环境的不利影响,则不能获得认证。

4. 粪便处理

必须保证羊粪便的储存设施有足够的容量,以免羊粪通过直接排放、地表径流或土壤渗漏污染水体,定期清理羊的粪便。

(五)疾病防治

1. 防治原则

选择适合本地生态条件的品种,供给优质配合饲料,选择合适的饲养育肥方式,加强肉羊的日常管理和季节管理,提高羊的抗病能力和抗逆性,保证羊只健康。

2. 卫生消毒

允许在饲养场所使用《OFDC有机认证标准》所限定的清洁剂和消毒剂,严格按照使用标准和方法使用,消毒处理时,应将羊迁出处理区。

3. 兽药使用

限制使用常规兽药，必须要对病羊使用常规兽药时，则须经过该药物降解期（半衰期）的二倍时间之后，这些羊及其产品才能作为有机产品出售。禁止滥用抗生素、抗寄生虫药和其他生长促进剂，禁止使用激素控制羊的生殖行为（如诱导发情、同期发情、超数排卵）。

4. 预防免疫

当羊场有发生疫病的危险而又不能用其他方法控制时，允许采用预防接种技术，预防免疫必须按照科学的免疫程序和要求进行。

5. 标记与档案记录

对于接受过常规兽药治疗的羊只应逐个标记，饲养者必须对所用药物以及疾病诊断结果、剂量、给药方式、给药时间、药物降解期进行记录。

四、屠宰加工技术

（一）运输

羊在运输过程中必须清楚地标记，当用车辆运输时，运到屠宰场的时间不应超过 8 h，时间过长时必须供给羊只饲料和水，要提供适当的条件，使羊只能够承受运输造成的应激，提供适宜的温度和相对湿度及缓解应激的休息时间，禁止在运输前和运输过程中对动物使用镇静剂或兴奋剂。

（二）屠宰

屠宰的有机肉羊必须来自有机羊场，有机肉羊必须在国家卫生防疫部门批准的屠宰场宰杀，且应与常规羊只分别屠宰，屠宰后应分别存放并清楚标记，禁止在羊只失去知觉之前进行捆绑、悬吊和屠宰。

（三）其他要求

羊在装卸、运输、待宰和屠宰期间必须有专人负责照料；在运输和屠宰羊的过程中提供必要的条件，以减少应激，减少因装载和卸载、混合不同群体或性别的羊等因素造成的不良影响；运输和屠宰羊的操作应平静而温和，禁止使用电棒及类似设备驱赶羊。

（四）有机羊肉加工技术

有机羊肉加工的主要原料必须来自有机生产体系，加工用水水质必须达到相关标准，加工过程对环境的影响应最小化，排放的废弃物必须达到相应标准；食品配料必须是 OFDC 认可的有机原料，允许使用《食品添加剂使用卫生标准》GB 2760 中规定的天然色素、香料和添加剂以及《OFDC 有机认证标准》附录 F 和附录 G 所列的添加剂和加工助剂。

有机羊肉加工应制订正式的卫生管理计划，该计划要符合国家或地方卫生管理法规，内、外部设施、加工和包装设备、职工的卫生等应有相应的卫生保障；应该配备专用设备，如果不得不与常规加工共用设备，则必须在常规加工结束后进行彻底清洗，并不得有清洗剂残留；加工工艺必须尽量保持有机食品的营养成分和产品的完整性。可以使用机械方法、冷冻、加热、微波等处理方法及微生物发酵工艺；提倡使用天然材料制成的包装材料，允许使用符合国家食品卫生标准要求的其他包装材料，包装应简单、实用。

五、质量认证与管理

在国际市场上销售的有机羊肉需要经过 IFOAM 授权的有机食品认证机构的认证，并加贴有机食品标志。在国内，凡符合我国有机产品发展中心（简称 OFDC）《OFDC 有机认证标准》的羊肉产品均可申请认证，经 OFDC 颁证委员会审核同意颁证后，授予该标志使用权。取得有机食品认证证书的单位或个人，在限定的范围内可以在其有机羊肉认证证书规定产品的标签、包装、广告、说明书上使用有机食品标志。

【评估考核】

一、名词解释

有机羊肉

二、填空

1. 肉羊的转换期应该达到______个月左右。

2. 当羊场、养羊企业不能买到有机羊时，允许购进常规羊只，羔羊应出生不超过______周，且已断奶。

3. 羊场每年引入的常规羊只不能超过有机食品发展中心（OFDC）认证的同种成年羊数量的______%。

4. 取得有机食品认证证书的单位或个人，在限定的范围内可以在其有机羊肉认证证书规定产品的________、________、______、________上使用有机食品标志。

三、简答

简述有机羊肉产品生产技术规范。

项目五 羊的产品及初加工技术

任务一 乳品初加工

【基本概念】

乳品是哺乳动物为哺育其幼仔由乳腺分泌的一种白色或稍带微黄色的液体,是为人类提供营养的重要畜产品。

【教学重点】

乳品的物理性状及初加工技术。

【教学目标】

1. 知识目标

◆ 了解乳品的理化性状,掌握乳品的初加工和检测技术。

2. 技能目标

◆ 能够利用所学知识,进行乳品质量的检测与验收。

【教学内容】

一、乳品的营养价值及化学成分

乳品是哺乳动物为哺育其幼仔由乳腺分泌的一种白色或稍带微黄色的液体,是为人类提供营养的重要畜产品。由于乳品中含有全面的营养物质,且比例合适,是老少皆宜的营养佳品,深受消费者的喜爱。羊鲜乳与各种家畜鲜乳成分对比见表4.5.1。

表4.5.1 羊鲜乳与各种家畜鲜乳成分对比(%)

成分＼畜种	牛	山羊	绵羊	水牛	牦牛	骆驼	马
水分	87.5	86.4	81.6	81.3	82.0	85.0	89.0
干物质	12.5	13.6	18.4	18.7	18.0	15.0	11.0
脂肪	3.8	4.3	7.2	8.7	6.5	5.4	1.5
总蛋白质	3.3	4.0	5.7	4.3	5.0	3.8	2.0
酪蛋白	2.7	3.0	4.5	3.5	3.8	2.9	1.3
乳清蛋白	0.6	1.0	1.2	0.8	1.2	0.9	0.7
乳糖	4.7	4.5	4.6	4.9	5.6	5.1	7.2
灰分	0.7	0.8	0.9	0.8	0.9	0.7	0.3
能量(J/L)	3 054	3 264	4 686	5 355	4 393	3 849	2 301

①乳中的蛋白质在营养上具有极重要的意义,它能直接参与蛋白质代谢,并在一定程度上作为能量来源,1 g乳蛋白质在机体内的发热量为17.15 kJ。乳蛋白质的吸收率为96%,所含的氨基酸成分包含了有机体蛋白质结构所需要的全部氨基酸,因此,称之为全价蛋白质。

②乳脂肪中含有约20种脂肪酸,且大多为不饱和脂肪酸,微粒在10 μm以下,易消化吸收,消化率95%以上,产热38.91 kJ/g。除此之外,脂肪酸还是脂溶性维生素A及E和类脂(卵磷脂、固醇)的载体。

③乳中的碳水化合物以乳糖为主,功能是提供能量,消化率为98%,含热量17.15 kJ/g。有个别人胃液中没有乳糖酶,不能消化乳糖,因此喝奶后会出现胃肠不适。

④矿物质有钙、磷、钠、镁、铁、锌、铜、锰、钴、碘、砷等,多与有机酸和无机酸结合,此外钙与酪蛋白结合的部分被认为是极易消化吸收的。

⑤维生素有A、D、E、B_1、B_2、C等,但含量受畜种、饲料及乳品加工等因素影响较大。

二、乳品的物理性质

(一)色泽、外观与气味

正常的乳是白色或微黄色,均匀一致的液体。由于乳中含有一定量的挥发性脂肪酸,故新鲜牛奶具有清香味;羊奶含有特殊的膻味,在加热时,气味更为显著。静置时乳脂浮于表面,使外观上颜色显得稍黄。

(二)乳的密度

乳的密度是乳与同体积的水的重量之比。当前乳品检验中常用的比重计是以 20 ℃的乳与同体积 4 ℃的水质量之比而制造的。常乳的密度一般为 1.028 ~ 1.032,平均 1.030。

刚挤出的乳所测出的密度不准确,因为乳中尚含有一定气泡,脂肪的容积也有变化,因此密度常低于正常乳约 0.001。乳的密度与温度有关,同样的乳温度越高,密度越低。

向乳中加水会使密度降低,每加 10% 的水,密度降低约 0.003,据此可断定乳中是否加水,大致加多少水。从乳中取出部分脂肪,再加入一定量的水,依旧能使密度趋于正常。因此单靠密度是不能确保质量的,必须结合乳脂率,才能断定真伪。

(三)乳的酸度

乳的酸度用"度"表示,即以酚酞为指示剂,中和 100 mL 牛乳所消耗 0.1 mol/L NaOH 溶液的毫升数。单位为°T,新鲜乳的酸度为 16 ~ 18 °T。存放过程中由于微生物活动,乳酸度会增高。

(四)乳的冰点与沸点

乳的冰点一般为-0.565 ~ -0.525 ℃,平均为-0.540 ℃。可用冰点仪测定乳是否掺假。乳的沸点在 1 个大气压下一般为 100.55 ℃左右。

三、乳品的初加工技术

(一)乳的过滤与净化

在挤乳的过程中难免落入一定的尘埃、牛毛、羊毛、饲料等杂物,必须尽快过滤掉。第一次过滤多在牛羊舍由挤奶桶倒入大桶时进行。把过滤筛安装在大桶口上,然后将所挤奶倒入大桶。这种过滤筛的结构多为漏斗形,筛的底部为两层金属网,使用时在金属网之间夹入多层纱布,可以初步滤出较大的杂物。

第二次过滤是在收乳时结合收纳进行,过滤器的基本构造与上述相同。

(二)乳的冷却

刚挤下的乳温度接近体温,微生物容易繁殖,如不及时冷却很快就会酸败,冷却后的乳可保存较长时间,见表4.5.2。

表4.5.2　乳温与抗菌特性作用时间关系

乳温(℃)	抗菌特性作用时间(h)	乳温(℃)	抗菌特性作用时间(h)
37	2	5	36
30	3	0	48
25	6	-10	240
16	12	-25	720
10	24		

从表4.5.2可以看出,乳在保存过程中,开始数小时内由于抗菌特性的存在,细菌增加缓慢,如不及时冷却特别是在夏季,乳很快变酸。因此,一般要求规模性的牛、羊场,挤完奶后立即过滤,2 h内送往加工厂,农户/场早上所挤的奶及时送往收奶点;而下午或晚上挤的奶无法及时送交时,应及时冷却,第2 d送往收奶点。

冷却的方法:条件较好的农户可将奶放入冰柜在10 ℃下可保存24 h,也可等冷却至10 ℃后放入深井或地窖可保存12 h,条件较差的农户或农场,可将奶及时过滤用凉水冷却后直接放入深水井内保存一夜,第2 d及时送往收奶点。

(三)乳的验收

1.感观检查

感观检查是乳验收的第一步。一般不正常的乳在颜色、气味等方面会发生一些变化,有经验的工作人员会发现异常,断定可能存在的问题。乳房炎乳的成分变化很大,免疫球蛋白、血清球蛋白、氯及钠含量增高,可用"杯碟试验"来判断,即将可疑乳少许置于黑色的碟内使其流动,仔细观察有无细小蛋白点或黏稠絮状物留在碟上,如有,则可认为是乳房炎乳。

2.酸度测定

①预先在每一支试管内注入0.1 mol/LNaOH溶液2 mL(要求界限酸度18 °T时,可加1.8 mL),酚酞指示剂1滴。检查时只需向试管中注入1 mL待检乳,充分混合后红色者,说

明酸度在 20 °T 以下(18 °T 以下)，是酸度合格乳，若为白色，则是超过 20 °T 的不合格乳。

②取 3 mL 的 68% ~72% 浓度的酒精于试管中，再取等量的乳置于上述试管中，混匀并观察之，若出现絮状沉淀，说明乳蛋白的稳定性较差，不予收购，无絮状沉淀出现者可予以收购。

3. 密度测定

将待测乳充分搅拌均匀，抽取乳 150 ~ 200 mL，将乳沿量筒壁徐徐倒入量筒内，避免产生气泡，然后将比重计(D20 ℃/4 ℃或 D15 ℃/15 ℃)轻轻地插入量筒乳的中心，使其徐徐上浮，切勿使其与筒壁相撞，待静置后读数。以羊乳液面月牙形上部尖端部为准。同时测定乳试样的温度，如果羊乳的温度不是比重计的标准温度时，须进行换算。一般乳样温度越接近比重计温度，测定结果越正确。

4. 乳脂率测定

用乳脂测定仪测定，方法见乳脂测定仪的使用说明。

5. 冰点测定

用冰点仪测定，方法见冰点仪的使用说明。

【评估考核】

简答

1. 简述羊乳的营养特点和食疗作用。
2. 乳品验收的主要环节和要点是什么？

任务二　肉品初加工

【基本概念】

羊肉是指羊身上的肉,古时称为羝肉、羯肉,为全世界普遍的肉品之一。羊肉肉质与牛肉相似,但肉味较浓。羊肉较猪肉的肉质更细嫩,较猪肉和牛肉的脂肪、胆固醇含量更少。

【教学重点】

羊肉胴体等级的划分和羊肉的储藏与保鲜。

【教学目标】

1. 知识目标

◆ 了解羊肉的营养价值、化学成分和品质规格,掌握羊肉的储藏与保鲜技术。

2. 技能目标

◆ 能够利用所学知识,进行羊肉的品质等级划分和储藏保鲜。

【教学内容】

一、羊肉的营养价值和化学成分

羊肉营养丰富,含有人体营养需要的多种物质,见表 4.5.3。

表 4.5.3　羊肉的化学成分可食率和产热量

肉类名称	可食率(%)	水分(%)	蛋白质(%)	脂肪(%)	灰分(%)	产热量(kJ/kg)
一级羊肉	77.0	50.7	12.6	13.1	0.6	7 238
二级羊肉	73.0	50.6	15.2	6.1	6.6	5 146

蛋白质是肉品中的主要营养成分，决定蛋白质营养价值的因素为其氨基酸的组成。羊肉蛋白质含有人体需要的全部氨基酸，而且比例符合人体需求，属全价蛋白质，见表4.5.4。

表4.5.4 羊肉氨基酸含量，利用率(%)

羊肉＼氨基酸	赖氨酸	亮氨酸	蛋氨酸	苯丙氨酸	色氨酸	异亮氨酸	缬氨酸	苏氨酸	精氨酸	组氨酸	酪氨酸	胱氨酸
含量	1.9	7.6	3.1	3.3	1.4	4.6	5.5	4.6	6.6	2.8	3.0	1.3
利用率	91.8	94.3	95.4	93.2	88.2	93.1	91.1	90.8	—	—	—	—

羊肉中的脂肪主要由硬脂酸、油酸、棕榈酸、亚油酸、挥发酸、甘油等组成，羊肉中占34.7%，熔点较高，油酸在羊肉中含量分别为33.0%和31.0%，棕榈酸分别为18.5%和23.2%。

羊肉中除蛋白质和脂肪酸之外还有丰富的矿物质和维生素，新鲜的羊肉中矿物质含量约占1%，主要有钾、钠、钙、镁、硫、磷、氯、铁，也含有微量的锌、铜、锰等无机物。维生素主要有B1、B2、PP、泛酸、生物素、叶酸、B12，A和D含量很少。

二、羊肉的品质规格

(一)胴体分级

羊胴体按肌肉发育程度和脂肪分布分等定级。

一等肉：肌肉发育充分，附着情况良好，主要骨骼部位外露不突出，皮下脂肪在整个胴体有密集分布，肩颈部脂肪层分布较薄，骨盆腔集满脂肪。

二等肉：肌肉发育附着较好，主要骨骼部位外露不突出，肩、颈部骨骼有突出外露。除肩部外，整个胴体均有皮下脂肪的密集分布。

三等肉：肌肉发育附着尚好，主要骨骼部位明显外露，肩部、脊椎骨外露稍有突起。脊椎部皮下脂肪有密集分布，腰部及肋部脂肪分布不多，荐椎部及骨盆腔处没有脂肪分布、聚集。

四等肉：肌肉发育和附着差，骨骼部位外露突出，胴体表面可见分布不均匀的薄层脂肪或无脂肪层分布。

(二)胴体剖分

胴体剖分如图4.5.1所示。

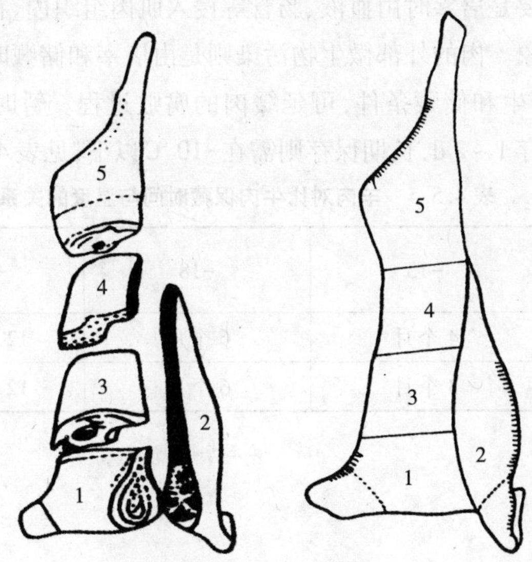

图 4.5.1　胴体剖分图

1. 肩胛肉　2. 胸下肉　3. 肋肉　4. 腰肉　5. 后腿肉

1. 肩胛肉

从肩胛骨后缘及第 4 对肋骨前的整个部分。

2. 胸下肉

从肩端、肋软骨以及腹下无肋骨部分,包括前腿胫骨以下。

3. 肋肉

从第 12 对肋骨处至第 4 ~5 根肋骨间横切。

4. 腰肉

从第 12 对肋骨与第 13 对肋骨之间至最后腰椎处横切。

5. 后腿肉

剩下的部分为后腿肉。

最好的肉为后腿肉和腰肉,大型肥育羊后腿肉和腰肉常占胴体的 50% 。

三、羊肉的储藏与保鲜

羊肉是极易腐败的食物,其原因主要是由于微生物对肉中蛋白质和含氮物的分解所引起的。肉内微生物主要是屠宰时由血液、肠管等侵入肌肉组织内,在水分、温度、介质适当的情况下而产生腐败现象。肉的外部微生物污染则是由屠宰和储藏时的卫生条件不良而引起的。因此,严格控制卫生和储藏条件,可延缓肉的腐败过程。暂时保存待售的鲜肉于冰柜中,宜在0~5 ℃下保存1~2 d,长期保存则需在-10 ℃以下,见表4.5.5。

表4.5.5 羊肉对比牛肉保藏时间与温度的关系

温度(℃) 肉别	-13	-18	-23	-30
牛肉	4个月	6个月	12个月	12个月
羊肉	3个月	6个月	12个月	12个月

【评估考核】

一、填空

1. 羊肉中的脂肪主要由______、______、______、亚油酸、挥发酸、甘油等组成。

2. 羊胴体按肌肉发育程度和脂肪分布分等定级为______个等级。

3. 严格控制卫生和储藏条件,可延缓羊肉的腐败过程。一般暂时保存待售的鲜肉于冰柜中,宜在______℃下保存______d,长期保存则需在______℃以下。

二、简答

如何对羊肉胴体进行分级?

任务三 毛类产品加工

【基本概念】

羊毛,即羊身上的毛,它是人类在纺织上最早利用的天然纤维之一。羊毛纤维柔软而富有弹性,可用于制作呢绒、绒线、毛毯、毡呢等生活用和工业用的纺织品。羊毛制品有手感丰满、保暖性好、穿着舒适等特点。

【教学重点】

羊毛的形态学构造及毛纤维品质的评定。

【教学目标】

1. 知识目标

◆ 了解羊毛的形态学及组织学构造,掌握毛纤维品质的评定方法。

2. 技能目标

◆ 能够利用所学知识,进行羊毛的品质评定,并能预防生产缺陷毛的出现。

【教学内容】

一、毛纤维的形态学构造

羊毛纤维在形态学上分3部分,即毛干、毛根和毛球。此外,还有一些附属器官,如图4.5.2所示。

(1)毛干

纤维露出皮肤表面的部分,通常称毛纤维。

(2)毛根

羊毛纤维在皮肤内的部分称为毛根,它一端与毛干相连,另一端与毛球相接。

(3)毛球

位于毛根下部,为毛纤维的最下端,毛球围绕着毛乳头并与之紧密相接,外形膨大成球

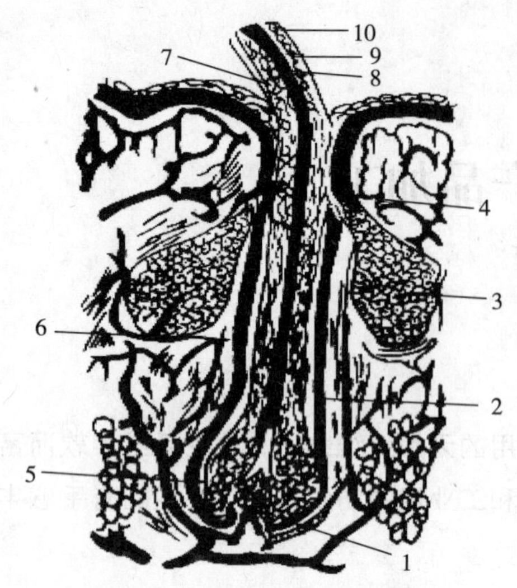

图4.5.2　毛及皮肤的纵剖面图

1. 毛乳头　2. 毛鞘　3. 脂腺　4. 脂腺的分泌管
5. 毛球　6. 毛根　7. 毛干　8. 毛的髓质层
9. 毛的皮层　10. 毛的鳞片层

状，故称为毛球。毛球依靠从毛乳头吸收养分使毛球中的细胞不断增殖，因而毛纤维不断地生长。

毛纤维周围的附属器官：

①毛乳头：是供给羊毛营养的器官，位于毛球的中央，它由结缔组织组成，其中分布有密集的微血管和神经末梢，和血液一同进入毛乳头的营养物质渗入毛球，保证了毛球细胞的营养，使其不断增殖，构成毛纤维新的部分。

②毛鞘：是由几层表皮细胞形成的圆管，它包围着毛根，如囊状，故称毛囊。

③脂腺：位于皮肤中沿毛鞘的两侧，分泌管在毛鞘中开口分泌油脂，可以滋润和保护毛纤维，油脂在皮肤表面和汗混合成油汗。

④汗腺：位于皮肤深处，分泌管直接开口在皮肤表面，有时靠近毛孔，汗腺的生理作用是可以调节体温和排泄无用的代谢产物。

⑤竖毛肌：是皮肤内一种很小的肌纤维，一端附着在皮脂腺下部的毛鞘上，另一端和表皮相连，竖毛肌的收缩与松弛调节汗液和皮脂的分泌，促进血液及淋巴液的循环。

二、毛纤维的组织学构造

毛纤维组织学构造上，有髓毛分为3层，即鳞片层、皮质层和髓质层；无髓毛分为两层，即鳞片层和皮质层。

（一）鳞片层

鳞片层居毛纤维的表层，是由扁平、无核、外形不规则的角质细胞组成，像鳞片一样覆盖毛干的表面，一端附着于毛干本体，另一端向外游离，朝向纤维的顶端，外观呈锯齿状。鳞片的形状分环形和非环形。环形鳞片是单独一个鳞片，好像一个环一样，围绕毛干一周，把毛干完全包起来。非环形鳞是2～3个或更多个各种形状的鳞片，在毛干周围彼此相互靠近地包围着毛纤维。

鳞片对毛纤维具有保护作用，保护毛纤维的皮质层免受物理、化学和机械等因素的影响，使毛纤维保持一定的特性。细毛的鳞片排列较密且边缘向外向上突出，反光能力较弱，所以光泽比较柔和。粗毛的鳞片排列较稀，且紧贴于毛干，反光能力较强，故纤维光泽发亮。鳞片层受到损伤后，毛失去天然光泽，强度等特性受到影响。

（二）皮质层

皮质层位于鳞片层下，皮质层是毛纤维的主体，占毛纤维总量的90%左右。它由细长的梭状角质化细胞所组成，并沿纤维的纵轴排列，以细胞间质相互紧密结合在一起，纤维类型不同，皮质层所占的比例不同。毛越细，皮质层所占的比例越大，毛越粗，皮质层所占的比例越小。皮质层决定着毛纤维的弹性、强度、伸度等物理性质。具有天然光泽的毛和人工染色的毛、色素、染色剂均存在于皮质层内。

（三）髓质层

粗毛和两型毛纤维中皮质层内的一层称为髓质层，髓质层是有髓毛的主要特征。两型毛具有点状、断续状或很细的一条毛髓，粗毛多呈连续状的，类似铅笔芯样，死毛的髓质层特别发达。

髓质层是由菱形或立方形的细胞所组成，各种细胞重叠似蜂窝状，是疏松的多孔组织。有髓毛比无髓毛纺织工艺性能低，髓质层越发达，纺织工艺性能越低。

三、毛纤维类型及分类

一般将毛纤维分为4个主要类型，即刺毛、无髓毛、有髓毛和两型毛。

（一）刺毛

刺毛分布在毛用羊和牛的颜面和四肢下端等。毛纤维粗短，光泽较亮，多呈直的，在皮肤上倾斜生长，一根覆盖一根，故又称覆盖毛。组织学构造接近粗毛，髓部很发达，一般不剪，无法纺织利用。

（二）无髓毛

无髓毛又称细毛或绒毛。粗毛羊的绒毛分布在毛被的底层，细毛羊的毛被完全由细毛组成。无髓毛只有鳞片层和皮质层。直径不超过40 μm，长度5～15 μm，大多有弯曲。细毛羊的细毛直径不超过25 μm，长度6～9 cm，弯曲明显。

细毛羊品种的羔羊身上常有一种比较粗而弯曲少的毛，这是胚胎发育早期由初级毛囊中形成的，称为犬毛。犬毛在羔羊哺乳期脱落，以后为正常的无髓毛所代替。

（三）有髓毛

有髓毛亦称粗毛或发毛，可分为正常有髓毛、干毛和死毛3种，后两者是前者的变态。

①正常有髓毛：粗毛羊及粗毛羊与细毛羊的低代杂交羊的毛被中有这种毛，毛较粗长且

弯曲少，是毛被的外层毛。它由鳞片层、皮质层和髓质层组成，其鳞片层为非环形。横断面呈椭圆或不规则形状，细度 40 ~ 120 μm。

②干毛：干毛组织学结构与正常有髓毛相同，外形特点是纤维上端粗硬转脆，缺乏光泽，毛纤维干枯。主要由于纤维上半部受雨水侵袭，风吹日晒，失去油汗，引起毛细胞内外物质发生变化而造成的。因此，多见于毛的上端，干毛越多，毛越长的品质越差，轻纺工业上叫疵毛。

③死毛：髓质层特别发达，皮质层很少，毛色灰白，无光泽，粗硬易断，完全失去强度、伸度、弹性、光泽和染色能力，成为毛纺工业上的一害。

（四）两型毛

两型毛亦称中间型毛，其细度、长度及工艺价值介于无骨髓毛和有髓毛之间，一般直径 30 ~ 50 μm，毛较长。

两型毛在组织学结构上接近于无髓毛，部分有髓，部分无髓，髓质较细，多为星点状、断续状和环形鳞片。同质半细毛羊（林肯羊等）中的两型毛弹性大、光泽好、毛长，是制造毛线和毛呢的上等原料。

羊毛按其所含纤维类型分为同质毛（细毛和半细毛）和异质毛（粗毛）。

1. 细毛

由同一种类型的细毛组成，细度为直径在 25 μm 以内，且细度的变异系数不超过 25.6%，弯曲整齐，长短一致，由细毛羊品种生产。

2. 半细毛

由同一种纤维类型较粗的无髓毛组成，有的是由同一纤维类型的两型毛组成，直径 25.1 ~ 67.0 μm，主要由半细毛羊品种生产。

3. 粗毛

粗毛也叫异质毛，由几种纤维类型混合组成。其底层为绒毛，上层为粗毛和两型毛，各类纤维的比例变化较大，一般用作地毯，由粗毛羊品种生产。

四、毛纤维品质的评定

（一）净毛率

从羊体上剪下的羊毛叫污毛，亦称原毛，含有油汗和杂质等。

经过洗毛后将油汗和杂质洗去,这种毛称为净毛。净毛占原毛的重量百分比,称为净毛率。

1. 普通净毛率

净毛是指经过洗毛烘干以后所得。净毛重必须加上该毛样规定回潮率的重量。洗毛后的净毛必须含有不超过1.5%的油脂,原因在于微量油脂很难洗去,而这种微量油脂对保护毛正常的物理性质也很有必要。洗净后的毛,允许含有不超过1%的植物杂质。

2. 标准净毛率

标准净毛率是国际贸易所采取的方法。计算时,必须把净毛中所含的水分(12%)、油脂(1.5%)、植物质(0%)、灰分(0.5%)4者的含量精确测定;符合者为合格,若某项偏高,一般从毛价中扣除。

影响净毛率的因素较多,一般毛越细净毛率越低,细毛羊羊毛的净毛率为30%~45%,半细毛羊在50%以上,粗毛羊在60%~70%以上;同一密度的羊毛,毛越长净毛率越高;公羊净毛率高于母羊,风沙大的地区,净毛率低。

(二)毛的理化性质

1. 细度

毛纤维横截面长径与短径之和的一半称为细度,用微米表示。细度测定方法多采用估测法,并对照毛样细度标本进行判定,实验室用显微投影仪测量。

2. 长度

羊毛的长度分为自然长度和伸直长度,自然长度指毛丛在自然状态下的长度,一般测定的是羊体皮肤表面至羊毛顶端的高度,伸直长度是指单根纤维将弯曲伸直时的长度,一般6 cm以上供精纺用,6 cm以下供粗纺用。

3. 弯曲

羊毛纤维在自然状态下,沿着长度方向,呈有规律的弧状弯曲。弯曲度是指单位长度内羊毛弯曲的数,浅弯曲和正常弯曲是比较好的,如图4.5.3所示。

4. 强度和伸度

毛的强度是指毛纤维被拉断所用的力即抗断能力。绝对强度指单根纤维或一束纤维拉断时所需的力;相对强度指将毛拉断时,在单位横切面积上所需用力,单位为 kg/cm^2,实验室

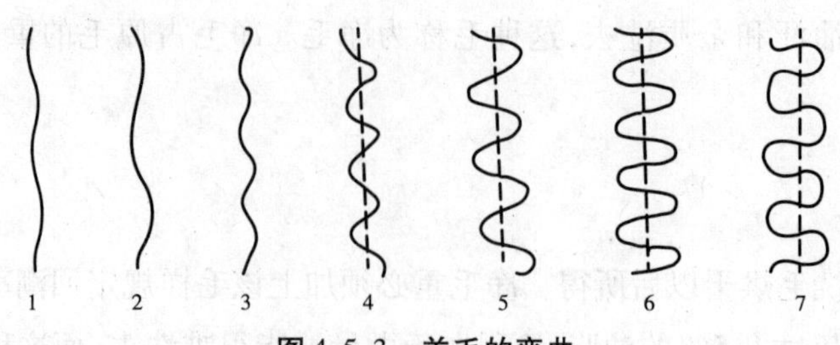

图4.5.3 羊毛的弯曲

1.平弯曲 2.长弯曲 3.浅弯曲 4.正常弯曲 5.深弯曲 6.高弯曲 7.拆线状弯曲

要用摆式单本纤维测定仪测定。

伸度是指将已经伸直的毛纤维再拉伸到断裂时所增加的长度占原伸直长度的百分比，一般为20%～50%，是评定羊毛机械性能的指标。

5.弹性及回弹力

对羊毛施加压力或延伸时则变形，当除去外力时仍可恢复原来的形状和大小，这种性能称弹性。恢复原来形状和大小的速度称为回弹力。由于毛具有这种性质，所以毛制品可以经久保持原来的形式，回弹力差的衣物很快会失去原来的形状。

6.毡合性

毛在水湿、温热和压力影响下，具有相互毡合的特性，称毡合性。这一特性用于羊毛擀毡及制造呢绒织物的缩绒过程，在洗涤毛料时切忌洗液过浓，温度过高，用力揉搓。

7.颜色和光泽

毛的颜色指洗净后的自然颜色，一般为白、黑、杂3种。除特殊用途外，以白色最理想，白色的程度用白度仪来测量，白度越高越有利于染色。

光泽是指洗净毛对光线的反射能力，一般为玻光、丝光、银光和弱光4种，玻光最强（安哥拉山羊毛），丝光比玻光稍弱（长毛种和林肯羊的毛），银光柔和（美利奴羊毛）。弱光是一种比较暗淡的光泽，多因鳞片受损所致。

8.吸湿性和回潮率

吸湿性是指毛在自然状态下吸收和保持水分的能力，毛在自然状态下含水量称为湿度。污毛一般含水量15%～18%，吸水的原因在于鳞片结构形成的多孔性，有利于水附着，而且羊毛中存在有亲水力强的基团。

回潮率指羊毛中所含水分，占其毛样绝对干重的百分率。

$$\text{回潮率}=\frac{\text{原毛重量}-\text{绝对干燥羊毛重量}}{\text{绝对干燥毛重量}}\times 100\%$$

在羊毛贸易上因各地温度和湿度不同,使羊毛重量有增有减。为了正确决定羊毛重量以便合理计价,每个国家已规定的回潮率标准,称为公定回潮率。在国际贸易上规定的回潮率标准,称为标准回潮率,见表4.5.6。

表4.5.6 公定回潮率和标准回潮率

羊毛种类	我国的公定回潮率(%)	国际标准回潮率(%)
粗净毛	16	16
细净毛	16	17
干毛条	16	18

9.化学性质

(1)抗碱能力较弱

容易被碱溶解,5%的苛性钠对羊毛损伤很大;而弱碱如碳酸钠、肥皂等在温度、浓度处理时间合适时,对羊毛没有什么损害。15%~38%的苛性钠处理羊毛,其强度能增强30%。

(2)抗酸能力较强

3%~4%的硫酸对羊毛无损害,而且能完全分解羊毛中的植物杂质,但浓硫酸等强酸对羊毛则有破坏作用。

对羊毛加热达100 ℃时,经过24 h羊毛会失去全部水分,纤维变粗、硬,强度降低,放回空气中又会不同程度地恢复原有柔性和强度,如果加热超过100 ℃,或超过40 h,羊毛会分解产生氨和硫化氢。

(三)羊毛的分类分级

1.细毛

一等:细度23.1 μm,长度6.0~7.9 cm,油汗3 cm以上,品质比差114%。全部为自然白色的同质细毛,毛丛细度、长度均匀,弯曲正常,手感柔软,有弹性。允许部分毛丛顶部发干或有小毛嘴,无干、死毛。

二等:细度23.1 μm,长度4.0~5.9 cm,品质比差107%。油汗不到3.0 cm,全部为自然白色的同质细毛,但毛丛的细度均匀程度较差,毛丛结构松散,较开张,弯曲不够正常,弹性差。

2.半细毛

一等:细度25.1~34.1 μm,长度7.30~9.9 cm,有油汗,品质比差114%。自然白色的同质半细毛,细度、长度均匀,有浅而大的弯曲,弹性良好,有光泽,部平嘴或带有小毛嘴,呈毛股状，无干、死毛。

二等：细度 25. 1 ~ 34. 1 μm，长度 4. 0 ~ 6. 9 cm，有油汗，品质比差 107%。其他同一等品。

3. 山羊绒原绒分级

一等：纤维细长，色泽光亮，等级比差 100%。毛感柔软，可带小量活肤皮，含绒量 80%，含短散毛。

二等：纤维粗短，光泽差，含绒量和短散毛各 50%，或带有严重肤皮和不易分开的薄膘，短绒，黑皮绒。等级比差 35%。

品种比差：活羊抓绒 100%，活羊拔绒 90%，生皮抓绒 80%，熟皮抓绒、灰退绒、汤退绒、干退绒 50%。

色泽比差：紫绒 100%，青绒 110%，白绒 120%。

无毛绒分级：原绒经过初加工处理以后，去掉大部分粗毛和杂质作为无毛绒出口，其规格可分三档：

Ⅰ档绒：有髓毛含量不超过 1%。

Ⅱ档绒：有髓毛含量不超过 2%。

Ⅲ档绒：有髓毛含量不超过 5%。

五、疵点毛及其预防

凡是在品质上有缺陷的羊毛，都称为疵点毛。其成因主要是由于饲养管理不当，或者在剪毛、包装、储运以及初加工过程中操作工艺不规范而引起。疵点毛的工艺性能显著降低，极大影响成品质量。为了提高羊毛品质，为毛纺工业提供优质原料，现就几种主要的疵点毛及其预防办法介绍如下：

（一）由于饲养管理不当造成的疵点毛

1. 饥饿毛

饥饿毛也称“弱节毛”。主要是由于羊毛生长过程中的某一段时期，羊只营养严重不足，长期处于饥饿状态而导致该阶段生长的羊毛明显变细，形成弱节，又叫“饥饿痕”；其次是怀孕、疾病等原因也能形成这种毛。弱节毛在加工过程中容易断裂，羊毛变短，影响成品质量。预防办法是保证羊全年均衡的营养供给，特别是冬春枯草季节的补饲，怀孕母羊怀孕后期的补饲都十分必要。另外，病羊应及时治疗。

2. 疥癣毛

疥癣毛是指从患皮肤疥癣病羊身上剪下的羊毛,混有从皮肤上脱落的痂块和皮屑。患这种病的羊,皮肤正常生理机能和营养受到严重破坏,羊毛不能正常生长;所以毛细而短,干枯易断,品质低劣。混入羊毛中的皮屑、痂块等杂物在洗毛、梳理中也不易除净,给深加工及染色工艺造成很大困难。预防办法主要是于每年羊剪毛后,进行药浴 1 ~ 2 次,十分有效。一旦发现病羊,应与健康羊分开饲养管理,并及时治疗。

3. 草芥毛

草芥毛是指羊毛中混有一定数量植物杂质的羊毛,主要是由于放牧和补饲过程中被毛沾染上植物种子和茎叶而形成。这类毛为羊毛加工过程增添许多麻烦,同时也损害羊毛品质。预防办法是不要在生长带刺带芒植物种子的草地上放牧。此类草地应在抽穗前或开花前放牧利用;补饲的干草、秸秆类饲料应铡短或粉碎,放入专门的饲槽或草架内饲喂。

4. 圈黄毛

圈黄毛是指被粪尿污染的羊毛,主要在羊的四肢、腹部、后躯等部位。受污染的羊毛,颜色变黄,不易洗白,毛纤维干枯易断,羊毛品质大大降低。此类毛主要是由于圈舍地面潮湿、积水而引起。只要定期勤换垫草或勤垫干土,经常保持圈舍地面干燥清洁即可预防。

5. 油漆毛和沥青毛

油漆毛和沥青毛是指用油漆或沥青等在羊体被毛上涂识别标记而形成的油漆、沥青等难溶性物质。给羊毛加工工艺造成极大困难,很难清除,严重影响产品质量。所以要绝对禁用这类物质做羊体标记涂料。陕西一毛厂研制的羊用涂料是可选用的理想涂料,颜色耐久不褪且容易洗掉。此外给羊做标记时,应尽量选在羊体次要部位。

6. 重剪毛(二刀毛)

由于剪毛技术不熟练,不是一次紧贴皮肤剪下羊毛,而是一个部位的羊毛重剪两刀,结果出现很多 2 cm 左右的短毛。这种短毛的存在,造成加工过程中纺纱不均,纱线表面不光滑,直接影响成品质量。剪毛过程中,当留在羊皮肤上的毛茬不齐平时,不要重剪修整,以免出现二刀毛。

（二）由于储存不当造成的疵点毛

1. 虫蛀毛

羊毛储存过程中,由于存放地点湿热、不通风,为蛾类蛀虫提供了孳生环境,结果形成虫蛀毛。这种毛各种性能均受到破坏，完全失去使用价值。所以羊毛一旦遭虫蛀，损失极大。预防办法是，羊毛一定要做到通风、干燥、低温储存，必要时还应在羊毛中放入预防性驱虫药剂。

2. 霉烂毛

霉烂毛是羊毛在储运过程中受潮发霉，使羊毛品质受到破坏。预防办法是，羊体被雨水淋湿时不应剪毛，潮湿的羊毛必须晾干后再入库；运输过程中要防雨淋，储存羊毛的地方应通风、干燥。

（三）由于遗传因素而产生的疵点毛

1. 死毛

被毛中混有一定数量的死毛纤维，则大大降低羊毛的使用价值。这种毛需要通过严格地选留种羊的办法来消除，首先是对种公羊的选留要严格，因为它有极强和极大范围的遗传性。

2. 有色毛

白色被毛中混有散生的有色毛纤维。这种毛不能用于加工白色的纺织品，也影响成品质量，降低了羊毛的使用价值。白色毛用名种羊应严禁有有色斑块毛的公羊做种用。

【评估考核】

一、填空

1. 羊毛纤维在形态学上分 3 部分，即______、______和______，此外，还有一些附属器官。

2. 毛纤维组织学构造上，有髓毛分为 3 层，即__________、__________和__________。无髓毛分为两层，即_________和_________。

3. 一般将毛纤维分为 4 个主要类型，即____________、________________、________________和__________。

二、简答

1. 简述生产上出现疵点毛的原因及其预防办法。

2. 简述羊毛的主要性状。

3. 羊毛的种类有哪些？羊毛纤维的类型有哪些？

任务四　皮类产品加工

【基本概念】

动物屠宰后剥下的鲜皮,在未经鞣制以前称为生皮,可分为毛皮和板皮两种。带毛鞣制的产品叫毛皮,毛没有实用价值的生皮叫板皮,板皮经脱毛鞣制成的产品叫革。

【教学重点】

动物皮革制品的分类及初加工技术。

【教学目标】

1. 知识目标

◆ 了解皮革的分类,掌握毛皮、板皮的品质评定方法。

2. 技能目标

◆ 能够利用所学知识,进行生皮的剥取和初步加工。

【教学内容】

一般成年羊生产的皮为板皮,用来制革,专用品种的绵、山羊生产毛皮。在毛皮中羔羊出生后 1 ~3 d 以内剥取的毛皮为羔皮,1 个月龄以上的羔羊所剥取的毛皮为裘皮。羔皮产品皮面外露,花案奇特,美观悦目。裘皮产品皮面向里,保暖、结实、美观、轻便。

一、羔皮

(一)卡拉库尔羔皮

该羔皮颜色主要有黑色、灰色、彩色(苏尔色)、粉红色等;毛卷类型有卧蚕形卷、大豆形卷、肋形卷、鬣形卷、环形或半环形卷、豌豆形卷、螺旋形卷等。光亮而不刺眼,图案花纹清晰,手摸有丝绸样感觉。

一等：被毛紧密，颜色正常，光泽良好，毛卷花纹清晰而坚实。正身部位60%以上为卧蚕形卷或75%以上为较松的卧蚕形卷，其他为鬣形卷或肋形卷；皮面为大、中、小花排列清晰而较有规则的鬣形卷或肋形卷。

二等：被毛密度、颜色、光泽略差。正身部位30%以上为较坚实的卧蚕形卷或50%以上为较松的卧蚕形卷；正身部位为排列不整齐的鬣形卷、肋形卷；全部为弹性良好而清晰的环形卷或半环形卷。

三等：被毛密度、颜色、光泽均差。正身部位以环形卷为主；正身部位有30%以上各种过渡类型毛卷特征。

面积规定：等内皮为1 111 cm^2，不足者降级。

等级比差：一等100%，二等80%，三等60%，外等25%。

色泽比差：黑色100%，灰色130%，杂色100%。

（二）湖羊羔皮

湖羊羔皮板皮薄而轻柔，毛小细短无绒，毛根发硬，富有弹力，洁白如丝，炫耀夺目，花纹呈自然波浪状，卷曲明显紧贴皮板，虽加抖动而毛不会散乱，可染成各种颜色。

一等：小毛（1.0～2.5 cm）或小中毛（2.5～3.0 cm），毛细，波浪形卷花或片形花纹占面积50%以上，色泽光润，板质良好。

二等：毛中长（2.5～3.5 cm），波浪形卷花或片花形花纹占全皮面积50%以上，毛细略短，花纹欠明显，或毛略粗而花纹明显。色泽光润，板质良好。

三等：毛细长（大于3.25 cm），波浪形卷花或片形花纹占全皮面积50%以上。花纹隐暗或毛粗涩而有花纹。板皮尚好。

等级比差：一等100%，二等80%，三等60%。

（三）青猾子皮

青猾子皮由黑毛和白毛相间生长而形成的青色，有正青（黑毛30%～50%）、粉青（黑毛30%）、铁青（黑毛50%以上），毛长2.2 cm±0.3 cm，光泽多呈银光和丝光，比细毛被光泽较好，以波浪形花为最美观，流水形花、片花和暗花次之。

一等：毛细密适中，呈正青色或略深，清晰，坚实的波浪形花纹不小于全皮面积的50%，色泽光润，板质良好，面积944 cm^2 以上。

二等：与一等相比毛色较深或较浅，毛略长或略粗或略软而有花纹；毛细，紧密，花纹隐暗。面积944 cm^2 以上。具有一等皮毛质，板质，面积在889 cm^2 以上。

三等：毛色铁青或粉青；毛略粗直，毛略空软而有花纹，毛略大，略小而有花纹。面积889 cm^2 以上。具有一、二等皮毛质，板质，面积770 cm^2 以上。

等级比差：一等100%，二等75%，三等50%。

二、裘皮

(一)滩羊二毛皮

滩羊二毛皮毛股长而紧实(8 ~9 cm),有波浪形花穗和良好的光泽(串字花和软大花),保暖性能好,不毡结,皮板弹性好,致密结实,轻便。

一等:毛绺花弯曲,色泽光润,板质良好。

二等:毛绺花弯曲较少或板质较薄弱。

三等:晚春皮,秋皮,毛花过粗,毛梢发黄。

毛长规定:滩羊二毛等内皮 7.7 cm 以上。

面积规定:一等 2 444 cm^2 以上,二等 2 000 cm^2 以上,三等 1 556 cm^2 以上。具有一等皮毛质,板质,面积 2 889 cm^2 以上为特等。

等级比:一等 100%,二等 80%,三等 60%,特等 120%。

(二)中卫沙毛皮

白色者居多,黑色者油黑发亮,毛股长 7 ~8 cm,多弯曲,形成良好的花穗(串子花,软大花及不规则的花),纤维类型有绒毛、两型毛和有髓毛。皮板结构细密,富有弹性,其保暖、结实、轻便、美观、不毡结等特点可与滩羊二毛皮相媲美。

尽管沙毛皮与滩羊二毛皮相似,但两者仍有以下区别:

①沙毛皮近于方形,带小尾巴;滩羊二毛皮近于长方形,带大尾巴。

②沙毛皮的被毛密度较滩羊二毛皮稀,易见板底,手感没有滩羊二毛皮丰满和柔和。

③沙毛皮光泽较好为丝光,滩羊二毛皮则呈玉白样光泽。

等级规格:一等,毛绺花弯曲较多,毛长 6.7 cm 以上,色泽光润,板质良好,面积 2 222 cm^2 以上;二等具有一等皮毛质,板质或白毛带黄梢,黑毛带红梢,面积 1 778 cm^2 以上;三等毛略短或略空,毛质、板质尚好,面积 1 340 cm^2 以上。

等级比差:一等 100%,二等 80%,三等 60%。

三、板皮

板皮分为 3 层,较薄的外层称为表皮层,厚而质密的中间层称为真皮层,松软的下层称为下皮层。表皮层又可分为角质层和发生层,角质层对化工原料具有抵抗性,一般制皮时予以除掉;发生层为表皮与真皮连接部分。真皮层由致密的结缔组织构成,是皮最厚最坚韧的部分,占皮厚的 90% 以上,是制革主要部分。其皮层可分为乳头层和网状层。乳头层在上部占皮厚的1/5左右，表面有许多乳头状突起，易被微生物污染；若保管不好，会遭到微生物破坏，产生裂面或二层现象，网状层由交错的纤维组成，非常柔韧。网状层下面是下皮层，在剥皮时要避免刀伤。

四、毛皮、板皮的剥取和储藏

（一）宰杀及剥皮

专门生产羔皮和裘皮的羊宰杀时间一定要适当，以保证毛皮具有该产品完善的特征，剥皮时要尽量保持完整的外形，要有全头、全耳、全腿，并去掉耳骨、腿骨、尾骨，公羔的阴囊皮要尽可能留在羔皮上，对于剥取板皮的牛羊，结合肥育后上市屠宰，剥取板皮，尽量避免人为伤残。

（二）生皮的初步处理

1.清理

将皮上残肉、粪便、泥土、脂肪及无用部分除去，以防止腐败。

2.防腐

利用去水、低温和防腐剂抑制微生物和酶的作用，有干燥法、盐腌法，在温度20～30℃，相对湿度45%～60%时，将生皮置于干燥通风场所，悬皮方向要顺着气流方向，皮与皮之间保持12～14 cm，能得到良好的干燥皮，如果温度过高或湿度过低，干燥虽快，但皮面效果差，如果温度过低，湿度过高，则不易干燥，造成腐败变质。盐腌法，将盐均匀地撒在鲜皮肉面上，盐量为皮重的35%～50%，盐将溶解于皮面的水中并渗入皮内，将皮内水分排于皮面，在皮面又溶解盐，直到皮内外盐浓度相等，一般需6～8 d，为了更安全，可加入盐重1.0%～1.5%的防腐剂（对氯二苯）。

3.保存

生皮经过防腐、晾干之后，可将其按板对板，毛对毛，用细绳捆成小捆，加上防虫剂（精萘粉、卫生球等），放入仓库保存。毛皮堆上要用塑料布等遮盖，以防尘土落下，生皮堆应防雨、防潮、防晒、防鼠。

【评估考核】

一、填空

1. 羔皮的主要品种有__________羔皮、__________羔皮、__________羔皮等。

2. 裘皮的主要品种有__________、__________等。

3. 动物屠宰后剥下的鲜皮,在未经鞣制以前称为__________,可分为__________和__________两种。

二、简答

何为羔皮和裘皮?各有哪些特点?品质如何鉴定?

■学习情境五

羊场的经营管理

项目一　养羊圈舍修建技术和养羊设施

任务一　羊场场址选择与布局

【基本概念】

羊场场址地选择与布局应根据利于生产、方便生活、便于场内饲养管理、防疫卫生和提高工作效率等原则进行场区整体规划和合理布局。

【教学重点】

羊场场地规划和平面布局。

【教学目标】

1. 知识目标

◆ 熟悉羊场的场址选择与规划布局的卫生学要求。

2. 技能目标

◆ 能通过现场考察,对已有的羊场场址地的选址、规划作出卫生学评价。
◆ 能对羊场生产区进行正确布局设计。

【教学内容】

一、羊场址选择

(一)羊舍地址要求

羊舍地势要高且干燥,地下水位低(2 m 以下),有一定坡度(1% ~3%),在寒冷地区背风向阳。切忌在低洼涝地、山洪水道、冬季风口等地修建羊舍。

(二)保证防疫安全

羊舍地址必须从未发生过羊的任何传染病。其地理位置距主要的交通线(铁路和主要公路)300 m 以上,并且要在已知污染源的上坡、上风方向。羊场或养羊联合体内兽医室、病畜隔离室、储粪池、尸体坑等应位于羊舍的下坡、下风方向,以避免场内疾病传播。

(三)水源充足,水质良好

水量能保证场内职工用水、羊饮用水和消毒用水。羊的需水量一般舍饲大于放牧,夏季大于冬季。成年母羊和羔羊舍饲时每天需水量分别为 10 L/只和 5 L/只,放牧时相应为 5 L/只和 3 L/只。水质必须符合畜禽饮用水的水质卫生标准。同时,应注意保护水源不受污染。

(四)交通便利

便于运输,有供电条件。距离交通要道、学校、居民区 300 m 以上。羊场应有专用道路与主要公路相连,方便羊产品运出。

(五)引进新品种要从生态适应性选择地址建羊舍

所选择的地址的自然生态和经济条件,要尽可能地满足引入品种的要求。

二、场地规划和平面布局

(一)场区规划

按牧场经营管理功能,可分为生活区、管理区和生产区。

(1)生活区

生活区是职工住宅区,包括住房、水塔、锅炉房等,生活区应在牧场上风和地势较高地段，以确保生活区的良好环境卫生。

(2)管理区

管理区包括场部机关及与经营管理有关的建筑物；畜产品加工、储存、销售，生活资料供应以及职工生活福利建筑物与设施等。

(3)生产区

生产区包括各种羊舍、饲料仓库、饲料加工调制用房等。一般建在场区下风向，严禁非生产人员及外来人员出入生产区。

(二)场区的平面布局

整个建筑物的布局应根据牧场规模、地形地势条件及彼此间的功能联系统筹安排。

管理区的经营活动与社会经常发生极密切的联系，该区位置的确定应设在靠近交通干线、靠近场区大门的地方，并与生产区有隔离设施。

生产区是牧场的核心，应根据其规模和经营管理方式，进一步规划小区布局。应将种羊、羔羊、商品羊群分开设在不同地段，分小区饲养管理。生产区内饲料供应、储存、加工调制等建筑物要考虑既方便饲料饲草的场外运入，又方便分送到各畜舍。而干草的堆放点与其他建筑保持一定防火安全距离；粪尿废弃物堆放点的设置，要便于由畜舍运出，又要便于运到田地施用；病畜隔离舍应尽可能和外界隔绝，并设单独的通路与出入口。牧场功能区分布及建筑物的功能联系如图5.1.1和图5.1.2所示。

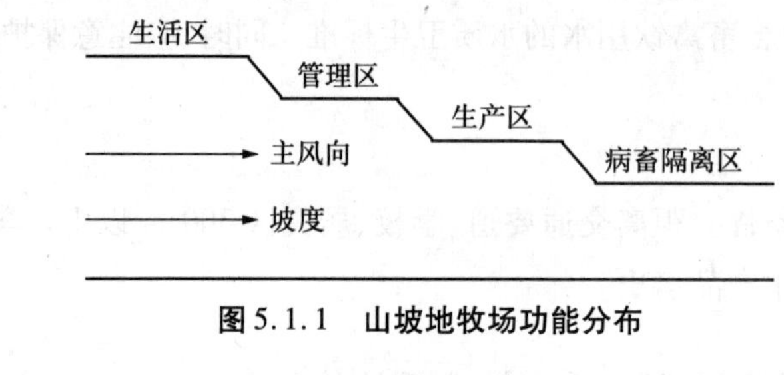

图5.1.1　山坡地牧场功能分布

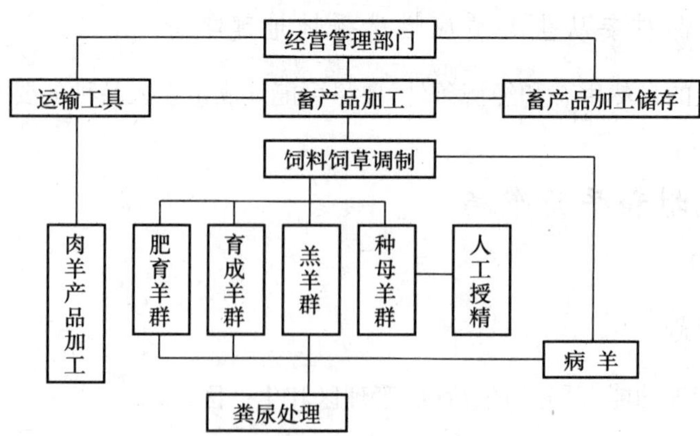

图5.1.2　羊场建筑功能联系及布局

【评估考核】

一、填空

1. 羊舍地势要高且干燥,切忌在__________、____________、____________等地修建羊舍。

2. 羊舍地址距主要的交通线(铁路和主要公路)______ m 以上,要在已知污染源的______风方向。

3. 按牧场经营管理功能,羊场可分为________区、________区和________区。______区应在牧场上风和地势较高地段。

二、简答

1. 羊场选址需要考虑哪些因素?

2. 羊场场区规划应怎样划分不同功能区域,分区划分有哪些要求?

任务二　羊舍的建造

【基本概念】

羊舍是羊的重要外界环境条件之一。羊舍建筑应利于生产、便于饲养管理、防疫卫生和提高生产效率。羊舍建筑是否合理，能否保证羊的生理要求，对羊的生产力发挥有一定的关系。

【教学重点】

羊舍设施基本结构与布局要求。

【教学目标】

1. 知识目标

◆ 认识熟悉不同羊舍的内部结构、设施及设计标准与要求。

2. 技能目标

◆ 能正确识别奶羊羊舍建筑设计图，并能进行初步设计。

【教学内容】

一、羊舍建筑设计的技术参数

（一）羊舍及运动场面积

羊舍面积的大小要根据饲养羊的数量、品种和饲养方式而定：面积过大，浪费土地和建筑材料；面积过小，羊在舍内过于拥挤，环境质量差，有碍于羊体健康。表5.1.1列出了各类羊只羊舍所需面积，可供参考。产羔室可按基础母羊数的20%～25%计算面积。运动场面积为羊舍面积的2～2.5倍。成年羊运动场面积可按4 m^2/只计算。

表 5.1.1　各类羊只所需的羊舍面积

羊　别	面积(m^2/只)	羊　别	面积(m^2/只)
春季产羔母羊	1.1 ~ 1.6	成年羯羊和育成公羊	0.7 ~ 0.9
冬季产羔母羊	1.4 ~ 2.0	1 岁育成母羊	0.7 ~ 0.8
群养公羊	1.8 ~ 2.25	去势羔羊	0.6 ~ 0.8
种公羊(独栏)	4 ~ 6	3 ~ 4 个月的羔羊	占母羊所需面积的 20%

(二)羊舍防热防寒温度界限

冬季产羔室温最低应保持在 8 ℃以上,一般羊舍在 0 ℃以上;夏季舍温不超过 30 ℃。

(三)羊舍湿度

羊舍应保持干燥,地面不能太潮湿,空气相对湿度以 50% ~70% 为宜。

(四)通风换气参数

通风的目的是降温、降湿,换气的目的是排除舍内污浊空气,保持舍内空气新鲜。通风换气参数如下。

夏季:成年绵羊每只 0.6 ~0.7 m^3/min,育成羔羊 0.3 m^3/min。

冬季:成年绵羊每只 1.1 ~1.4 m^3/min,育成羔羊 0.65 m^3/min。

如果采用管道通风,舍内排气管横断面积为 0.005 ~0.006 m^2/只,进气管面积占排气管的 70%。

(五)采光

羊舍要求光照充足,采光系数为成年绵羊舍 1∶15 ~1∶25,高产绵羊舍 1∶10 ~1∶12,羔羊舍 1∶15 ~1∶20,产羔室可小些。

(六)长度、跨度、高度

长度和跨度根据所需羊舍面积和建筑要求确定,一般跨度 6 ~9 m。羊舍净高(地面至天棚的高度)2 ~2.4 m。在寒冷地区可适当降低净高。单坡式羊舍,一般前高 2.2 ~2.5 m,后高 1.7 ~2 m,屋顶斜面呈 45°。

二、羊舍类型

不同类型羊舍,在提供良好小气候条件上有很大的差别。根据不同结构的划分标准,可将羊舍划分为若干类型。

（一）根据羊舍四周墙壁封闭的严密程度

羊舍可划分为封闭舍、开放与半开放舍和棚舍3种类型。封闭舍四周墙壁完整，保温性能好，适合较寒冷的地区采用；开放与半开放舍三面有墙，开放舍一面无长墙，半开放舍一面有半截长墙，保温性能较差，通风采光好，适合于温暖地区，是我国较普遍采用的类型；棚舍只有屋顶而没有墙壁，仅可防止太阳辐射，适合于炎热地区。目前发展趋势是将羊舍建成组装式类型，即墙、门窗可根据一年内气候的变化，进行拆卸和安装，组装成不同类型的羊舍。

（二）根据羊舍屋顶的形式

羊舍可分为单坡式、双坡式、拱式、钟楼式、双折式等类型。单坡式羊舍，跨度小，自然采光好，适用于小规模羊群和简易羊舍选用；双坡式羊舍，跨度大，保暖能力强，自然采光、通风差，适合于寒冷地区采用，是最常用的一种类型。在寒冷地区还可选用拱式、双折式、平屋顶等类型；在炎热地区可选用钟楼式羊舍。

（三）根据羊舍长墙与端墙排列形式

羊舍可分为"一"字形，"┏"形或"∏"形等。其中，"一"字形羊舍采光好、均匀，温差不大，经济适用，是较常用的一种类型。

此外，根据我国南方炎热、潮湿的气候特点，修建吊楼式羊舍，在山区利用山坡修建地下式羊舍和土窑洞羊舍等。各地应根据当地气候特点、建筑材料、经济条件和羊的品质等选用适宜的羊舍类型，长、端墙，排列形式等修建羊舍。

三、羊舍基本结构

（一）地面

地面又称为畜床，是羊躺卧休息、排泄和生产的地方。地面的保暖与卫生状况很重要。羊舍地面有实地面和漏缝地面两种类型，实地面又以建筑材料不同有夯实黏土、三合土（石灰、碎石、黏土比为1∶2∶4）、石地、混凝土地、砖地、木质地面等。其中，黏土地面易于去表换新，造价低廉，但易潮湿和不便消毒，干燥地区可采用。三合土地面较黏土地面好。石地面和水泥地面不保温、太硬，但便于清扫与消毒。砖地面和木质地面，保暖性能好也便于清扫与消毒，但成本较高，适合于寒冷地区。饲料间、人工授精室、产羔室可用水泥或砖铺地面，以便消毒。漏缝地面能给羊提供干燥的卧地，在国外常见，国内亚热带地区新区养羊已普遍采用。漏缝地面用软木条或镀锌钢丝网等材料做成，木条宽32 mm，厚36 mm，缝隙宽

15 mm，适宜成年绵羊和 10 周龄以上羔羊使用。镀锌钢丝网眼，要略小于羊蹄的面积，以免羊蹄漏下伤及羊身。

（二）墙

墙在畜舍保温上起着重要的作用。我国多采用土墙、砖墙和石墙等。土墙造价低，导热性小，保温好，但易湿，不易消毒，小规模简易羊舍可采用。砖墙是最常用的一种，其厚度有半砖墙、一砖墙、一砖半墙等，墙越厚，保暖性能越强。石墙坚固耐久，但导热性大，寒冷地区保温效果差。国外采用金属铝板、胶合板、玻璃纤维材料建成保温隔热墙，效果很好。

（三）门和窗

门宽 2.5 ~ 3 m，高 1.8 ~ 2 m，可设为双扇门，便于大车进出运送草料和清扫羊粪。按 200 只羊设一大门。寒冷地区在保证采光和通风的前提下少设门，也可在大门外添设套门。窗宽 1 ~ 1.2 m，高 0.7 ~ 0.9 m，窗台距地面高 1.3 ~ 1.5 m。

（四）屋顶与天棚

屋顶具有防雨水和保温隔热的作用。其材料有陶瓦、石棉瓦、木板、塑料薄膜、油毡等，国外也有采用金属板的。在寒冷地区可加天棚，其上可储冬草，能增强羊舍保温性能。

（五）运动场的设置

呈“一”字排列的羊舍，运动场一般设在羊舍的南面，低于羊舍地面 30 cm 以上，向南缓缓倾斜，地基以砂质壤土为好，便于排水和保持干燥。运动场周围设围栏，围栏高度 1.3 ~ 1.5 m。

四、塑料暖棚的建造

（一）暖棚地址的选择

暖棚地址的选择，同羊舍地址选择的要求。建造暖棚要选择地势开阔、阳光充足的地方，必须选择在东、南、西三面没有遮荫物；在早晨、傍晚均能受到阳光照射的地方。要避开风口，防止狂风袭击。

（二）暖棚类型

根据暖棚的棚顶形式，可分为棚式和半棚式。

棚式塑料暖棚的棚顶均为塑料薄膜覆盖，这种暖棚多为南北走向；光线上午从东棚面进入，下午从西棚面进入，特点是日照时间长，光照均匀，四周低温带少。这类暖棚跨度大，建筑材料要求严格；一般用钢材和木材做框架材料，成本比较高，抗风、耐压程度比较差，在大风和大雪环境下难以保持平衡。由于棚顶均为塑料薄膜覆盖，夜间保温性能差。棚式暖棚的棚顶可以是拱圆式的，也可以是斜面式的。

半棚式塑料暖棚的棚顶一面为塑料薄膜覆盖，而另一面为土木或砖木结构的屋面，这是目前普遍使用的一种类型。这类暖棚多坐北朝南，在不覆盖塑料薄膜时呈半敞棚状态，半敞棚占整个棚的1/3～1/2。从中梁处向前墙覆盖塑料薄膜形成南屋面。半棚式暖棚的棚膜容易固定，抗风、抗雪、保温性能均比较好。这类暖棚覆盖塑料薄膜的一面可以是斜面式的，也可以是拱圆式的。斜面式暖棚通常叫单坡型暖棚，拱圆式暖棚通常叫半拱型暖棚。

（三）暖棚（半棚式）设计

设计暖棚时，暖棚及运动场面积、温度和湿度要求，通风换气参数，门的大小与个数，可参考前述羊舍设计的主要参数。

暖棚养羊是在日照时间短、光线弱、气候严寒的冬春季节使用，对暖棚的要求是结构合理，采光、保温、通风换气性能良好。显然，暖棚的设计不能完全照搬普通羊舍的设计参数。在暖棚设计时必须充分考虑其温热特性。

1. 暖棚的方位

散射光是垂直入射暖棚的，但直射光不同，随时间和季节的变化而变化。在低纬度地区由于入射角差异小，与暖棚方位关系不大。在高纬度地区因方向不同而差异很大，东西延长比南北延长有利于采光。因此，在冬季为使阳光最大限度地射入棚内，我国（特别是高纬度地区）应采用坐北朝南、东西延长的方位。早晨严寒和大气污染严重，阳光透过率低的地区，却以偏西为好，这样可延长午后日照时间，有利于夜间保温；早晨不太严寒、大气透明度高的地区以偏东为宜，以便于早晨采光；偏东和偏西以5°为宜，不宜超过10°。

2. 塑膜面角度和后屋顶仰角

为使暖棚尽可能多地吸收太阳的光和热，暖棚覆盖塑料薄膜应同太阳光线配合成比较适宜的角度。单坡型暖棚塑膜面与地面夹角以25°～40°为宜。地理维度越高，该夹角越大。单坡型暖棚拱形弧的下端点与弧度中心点连线与地面的夹角以40°为宜，后屋顶仰角以30°～35°为宜，地理纬度越高则越大。

3. 长度、跨度、高度

单座暖棚面积不宜超过150 m^2，长度不宜超过30 m，跨度5～6 m，后屋顶宽2～3 m，前墙高1.1～1.3 m，后墙高1.6～1.8 m。

4. 通风换气装置

暖棚采用自然通风换气。一般东端墙设进气孔,西端墙可少设进气孔;进气孔大小为 20 cm×20 cm,个数根据进气孔占排气孔面积的 70% 确定,墙外进气口向下弯或加“人”字形档板,以防冷空气或降水直接侵入,墙内侧的进口上装调节板。进气孔距地面 1.6 ~ 1.8 m。排气孔设在后屋顶,排气孔大小为 50 cm×50 cm,个数按每只羊 0.005 ~ 0.006 m^2 确定调气孔可用木材制作,也可用砖砌,最好做成夹层,夹层内装保温材料。排气孔应加风帽,进气孔、排气孔应均匀排列。

(四)暖棚建造材料的选择和制作

1. 棚架材料

棚架是暖棚的主要构件,应认真选择和制作。目前,解放军 7325 厂批量生产钢制棚架,内蒙古自治区和林格尔县新型建材厂批量生产钢筋水泥制棚架,用户可按行业标准要求购置和检验产品。市售的硬塑料、钢材、铝材可直接选用组装。

自制棚架,所用木材直径应为 60 ~ 80 mm 的木杆,或边宽为 60 mm 的方木,应去掉树皮,无腐朽、脆心、虫蛀、贯穿裂纹等缺陷。若选用竹片,应选择在 11 月份后冬季采伐的各类竹子,竹子直径应为 60 ~ 70 mm。

2. 覆盖材料

暖棚应用的塑料薄膜,按原料可分为聚氯乙烯(PVC)棚膜、聚乙烯(PE)棚膜和乙烯-醋酸乙烯(EVA)棚膜。其中 PE 棚膜应用最广、数量最多,其次是 PVC 棚膜及长寿、无滴、长寿无滴、漫反射、复合功能等多种棚膜。

其中,无滴膜按一定配比加入了表面活性剂(防雾剂),使棚膜的表面张力与水相同,使暖棚薄膜下表面凝聚的水能在膜面形成一薄层水膜,沿膜面流下,而不滞留在膜的表面形成露珠。由于薄膜的下面不结露,暖棚内的空气湿度有所降低,又没有露珠下滴到羊体上,减轻了高湿度对羊的危害。无滴膜可避免露珠对阳光漫射和吸热蒸发耗能,增强光照,有利于提高暖棚的温度。因此,在选择塑料薄膜时尽量选择无滴膜。

(五)暖棚的建造

棚址确定后,应平整夯实地面,地基应为石头或混凝土结构,比冻土层深 50 cm,宽度应为墙厚度的 2 倍,墙体可用土坯或用砖砌成。

建好墙体后,将棚架架好,并与墙体牢固结合。在架设棚架时,尽量使坡面或拱面高度一致。选择的木料或竹片要求光滑平直,上涂保护层。木材或竹片间隔为 80 ~ 100 cm。

塑料薄膜的规格很多，要按所需规格先黏合好，然后再覆盖。塑料薄膜黏合的办法可以热合，也可用胶粘。覆盖薄膜时，应选择晴朗无风天进行，时间在上午 10 时以后，首先将膜展开，待晒热后再拉直，为使薄膜绷紧，在薄膜东西两端缠上小竹竿以便操作，拉时两端不少于6 人，同时操作，拉紧后先将一头越过端墙在外部下面 10 ~ 20 cm 处固定，然后再将另一头拉紧固定，最后用草泥在端墙顶堆压薄膜。东西固定好后，用同样的方法固定上下端。薄膜上端固定时要用压膜竿或压膜线（竹片或木条）固定，在压膜竿或压膜线下面要加保护层，以免伤着薄膜。

五、典型羊舍

（一）开放及半开放结合的单坡式羊舍

这种羊舍由开放舍和半开放舍两部分组成，如图 5.1.3 所示，羊舍排列成“⌐”形，羊可以在两种羊舍中自由活动。在半开放羊舍中，可用活动围栏临时隔出或分隔出固定的母羊分娩栏。这种羊舍，适合于炎热地区或当前经济较落后的地区。

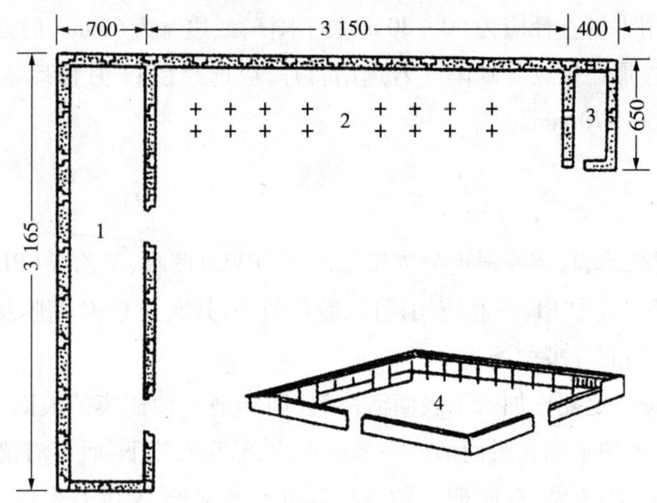

图 5.1.3　开放及半开放结合的单坡式羊舍示意图

1. 半开放羊舍　2. 开放羊舍　3. 工作室　4. 运动场

（二）半开放双坡式羊舍

这种羊舍（见图 5.1.4），既可排列成“⌐”形，亦可排列成“一”字形，但长度增长。这种羊舍适合比较温暖的地区或半农半牧区使用。

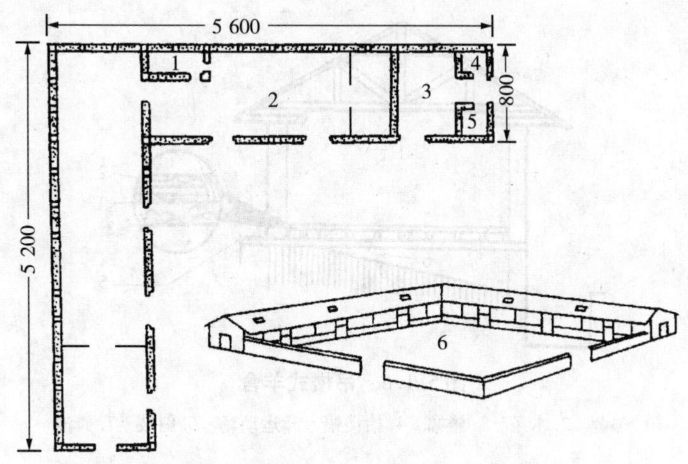

图 5.1.4　半开放双坡式羊舍示意图(单位:cm)

1. 人工授精室　2. 普通羊舍　3. 分娩栏舍　4. 值班室　5. 饲料间　6. 运动场

(三)封闭双坡式羊舍

这种类型羊舍(见图 5.1.5),四周墙壁封闭严密,屋顶为双坡,跨度大,排列成"一"字形,保温性能好,适合寒冷地区,可作为冬产羔舍。其长度可根据羊的数量适当加以延长或缩短。

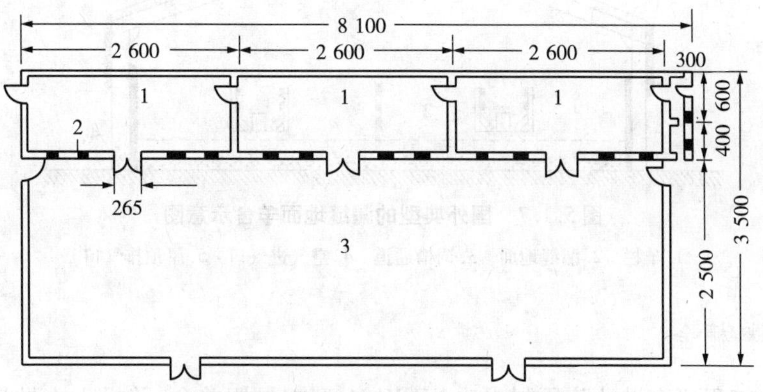

图 5.1.5　封闭双坡式羊舍示意图(可容纳 600 只母羊,单位:cm)

1. 羊圈　2. 通气管　3. 运动场

(四)吊楼式羊舍

这种羊舍(见图 5.1.6),高出地面 1 ~ 2 m,安装吊楼,吊楼上为羊舍,吊楼下为接粪斜坡,后与粪池相连。楼面为木漏缝地面。双坡式屋顶,用小青瓦或茅草覆盖。后墙与端墙为片石,前墙柱与柱之间为木栅栏。这种羊舍的特点是,离地面有一定的高度,防潮、通风透气性能好,结构简单,适合于南方炎热、潮湿地区采用。

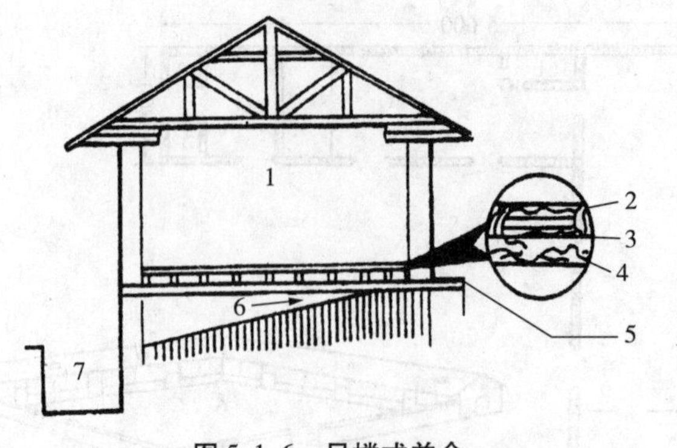

图 5.1.6　吊楼式羊舍

1. 羊舍　2. 木条　3. 楼幅　4. 抬楼幅　5. 运动场　6. 斜坡　7. 粪池

(五) 漏缝地面羊舍

国外典型的漏缝地面羊舍(见图 5.1.7)，为封闭的双坡式，跨度为 6 m，地面漏缝木宽 50 mm，厚 25 mm，缝隙 15 mm。双列食槽通道宽 50 cm，对产羔母羊可提供相当适宜的环境条件。

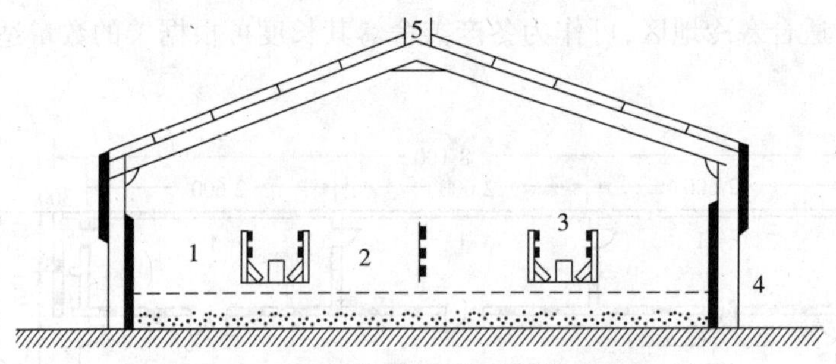

图 5.1.7　国外典型的漏缝地面羊舍示意图

1. 羊栏　2. 漏缝地面　3. 饲槽通道　4. 空气进气口　5. 屋顶排气口

(六) 塑料棚舍

中国农业工程研究设计院研制成功 XP-Y101 型塑料棚羊舍，并投入小批量生产。采用热镀锌薄壁钢管骨架和长寿塑料薄膜及压膜槽结构，可用于母羊冬季产羔、肉羊育肥，闲置期可用于种蔬菜。该院还成功研制出一种新型综合棚舍 GP-D725-2H 型(见图 5.1.8)。这种综合棚舍，前部塑料棚主要用于种蔬菜，后部砖砌圈舍养羊。蔬菜利用羊呼出 CO_2 进行光合作用，光合作用产生的 O_2 供羊用，热源取自太阳能和生物自体散热。这是一项在高寒地区塑料棚舍中不用或少用常规能源的尝试，适合在高寒地区推广，可同时解决高寒地区羊越冬和蔬菜供应问题。

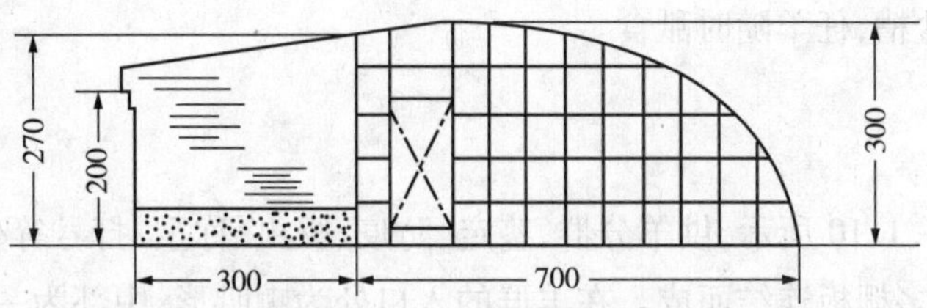

图 5.1.8　GP-D725-2H 型新型综合棚舍(单位:cm)

六、养羊的主要设施

(一)草料架

草料架形式多种多样,如图 5.1.9 所示,有专供喂粗料用的草架,有供喂粗料和精料的两用联合草料架,有专供喂精料用的料槽。添设草料架总的要求是不使羊只采食时相互干扰,不使羊蹄踏入草料架内,不使架内草料落在羊身上,以免影响到羊毛质量。

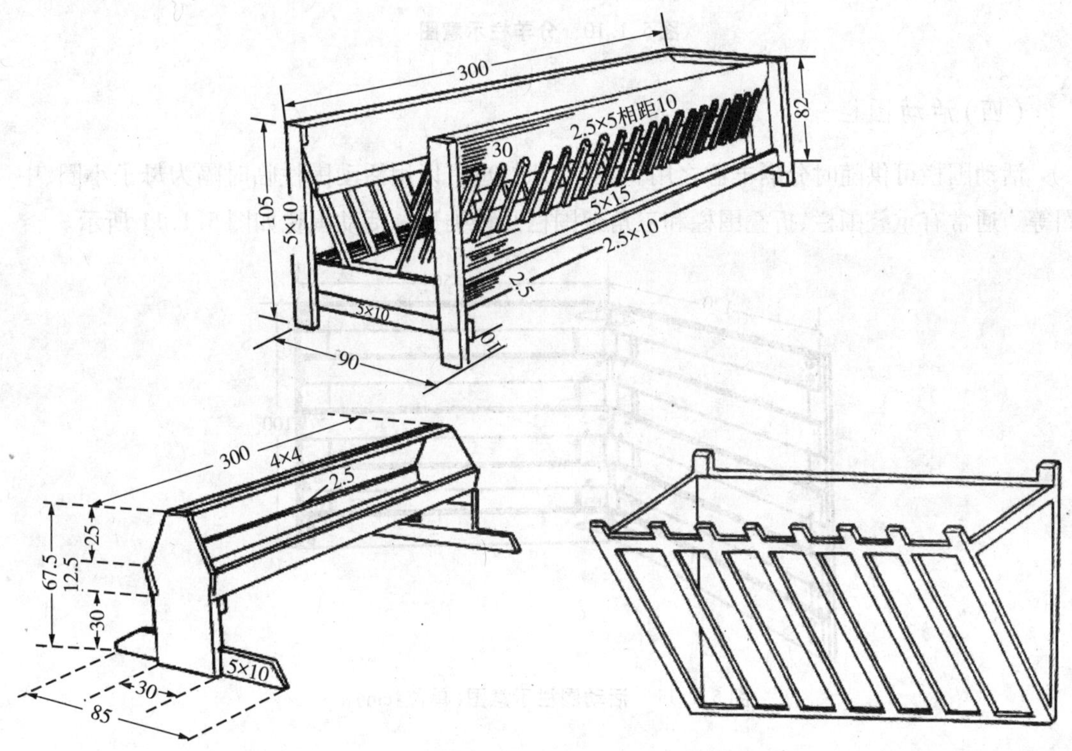

图 5.1.9　羊用各种草料架示意图(单元:cm)

(二)盐槽

供给羊群盐和其他矿物质时,如果不在舍内或混在饲料中饲喂,为防止在舍外被雨淋潮,可设一有顶的盐槽,任羊随时舐食。

(三)分羊栏

分羊栏,如图 5.1.10 所示,供羊分群、鉴定、防疫、驱虫、称重、打号等生产技术性活动中使用。分羊栏由许多栅板连结而成。在羊群的入口处为喇叭形,中部为一小通道,可容许绵羊单行前进。沿通道一侧或两侧,可根据需要设置 3 ~4 个可以向两边开门的小圈,利用这一设备就可以把羊群分成所需要的若干小群。

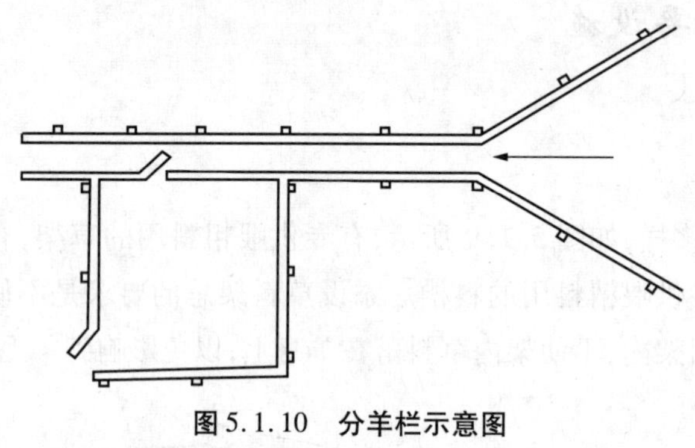

图 5.1.10 分羊栏示意图

(四)活动围栏

活动围栏可供随时分隔羊群之用。在产羔时,也可以用活动围栏临时隔为母子小圈、中圈等。通常有重叠围栏、折叠围栏和三角架围栏几种类型。活动围栏如图 5.1.11 所示。

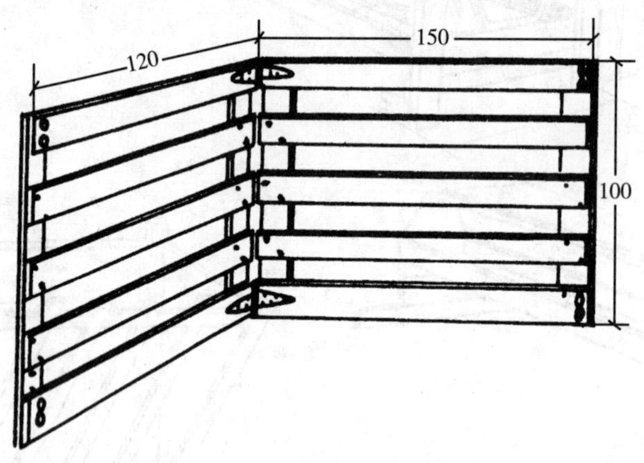

图 5.1.11 活动围栏示意图(单位:cm)

(五)羔羊补饲围栏和饲槽

羔羊在哺乳期补饲时,在固定地点设一围栏,内置饲槽和栏门,母羊进不去,羔羊可以随意进出。羔羊补饲围栏栅门如图 5.1.12 所示。

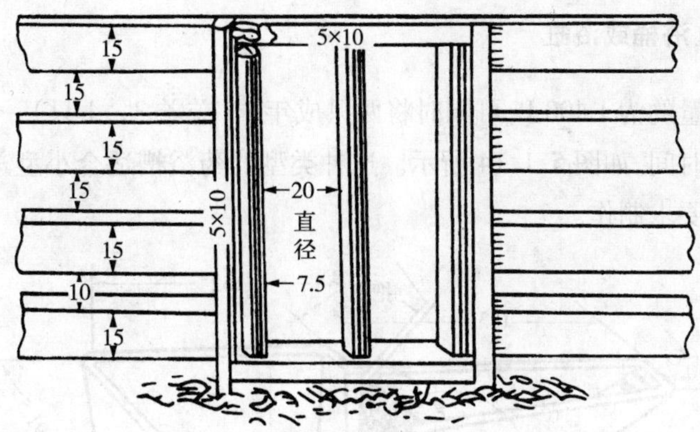

图 5.1.12　羔羊补饲围栏的栅门图(单位:cm)

（六）药浴设备

1. 大型药浴池

可供大型羊场或羊较集中的乡村药浴用。药浴池可用水泥、砖、石等材料砌成长方形（见图 5.1.13），似狭长而深的水沟。池顶长 10 ~ 12 m，池顶宽 60 ~ 80 cm，池底宽 40 ~ 60 cm，以羊能通过而不能转身为宜，深 1 ~ 1.2 m。入口处设漏斗形围栏，使羊依顺序进入药浴池。浴池入口呈陡坡形，羊走入时可迅速没入池中，出口有一定倾斜坡度，斜坡上有小台阶或横木条。其作用：一是不使羊滑倒；二是羊在斜坡上停留一些时间，使身上存留的药液流回浴池。

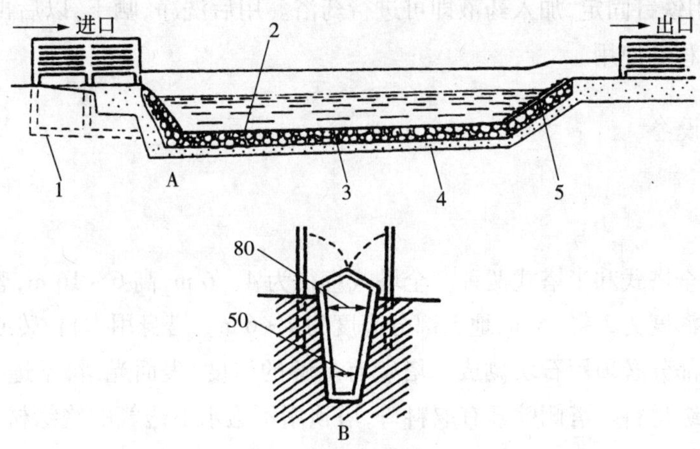

图 5.1.13　大型药浴池示意图(单位:cm)

1. 基石　2. 水泥面　3. 碎石基　4. 沙底　5. 厚木板台阶

A. 药浴池纵面图　B. 药浴池横面图

2. 小型药浴槽、浴桶或浴缸

小型药浴槽容量约为 1 400 L，可同时将两只成年羊（羔羊 3～4 只）一起药浴，并可用门的开闭来调节入浴时间，如图 5.1.14 所示。这种类型的药浴槽适合小型羊场使用。浴桶和浴缸可按实际使用要求制作。

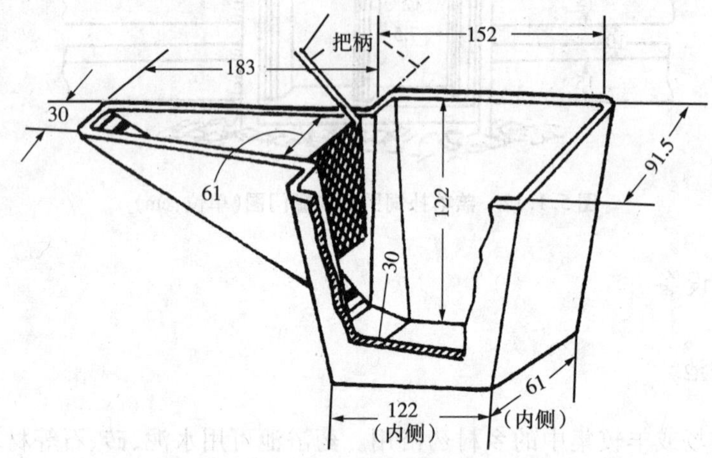

图 5.1.14　小型药浴池槽示意图（单位：cm）

3. 帆布药浴池

该浴池用防水性能良好的帆布加工制作。药浴池为直角梯形，上边长 3 m，下边长 2 m，深 1.2 m，宽 0.7 m，外侧固定套环，安装前按浴池的大小形状挖一土坑，然后放入帆布药浴池，四边的套环用铁钉固定，加入药液即可进行药浴。用后洗净，晒干，以后再用。这种设备体小、轻便，可以移动使用。

（七）青贮设备

1. 青贮塔

青贮塔分为全塔式和半塔式两种。全塔式直径为 4～6 m，高 6～16 m，容量 75～200 t。半塔式埋在地下深度为 3～3.5 m，地上部分高度为 4～6 m。塔身用木材、砖或石块砌必须坚实。半塔式地下部分必须用石块砌成。塔壁有足够的强度，表面光滑，不透水，不透气。最好在外表涂上绝缘材料。塔侧壁开有取料口，塔顶用不透水不透气的绝缘材料制成，其上有一个可密闭的装料口。这种塔由于出料口较小而深度较大，饲料自重压紧程度大，空气含量少。因此，青贮料损失较少，但建筑费用昂贵。目前，我国只在大型牧场使用。

2. 地下青贮窖或壕

青贮窖的窖壁要光滑、坚实、不透水、上下垂直，窖底呈锅底状。其直径为 2.5～3.5 m，深3～4 m。青贮壕为长方形，宽3～3.5 m，深3～4 m，长度不一，一般为15～20 m，可长达30 m以上。其优点是：结构简单，建造成本低，易推广，但窖中易积水，常引起青贮料霉烂，必须注意周围设排水沟。

3.青贮袋

近年来，我国大力推广袋装调制青贮料。此袋为一种特制的塑料大袋，袋长可达36 m，直径2.7 m，塑料薄膜用两层帘子线增加强度，非常结实。目前，德国用一种厚0.2 mm、直径2.4 m的聚乙烯塑料薄膜圆筒袋青贮。这种塑料袋长60 m，可根据需要剪裁。袋式青贮损失少，成本低，适应性强，可推广利用。

（八）水井

如果羊场无自来水，应自打水井。为保护水源不受污染，水井应离羊舍100 m以上，设在羊场污染源的上坡、上风方向，井口应加盖，并高出地平面，周围修建井台和护栏。

【评估考核】

一、填空

1.冬季产羔室室温最低应保持在______℃以上，一般羊舍在______℃以上。

2.根据羊舍四周墙壁封闭的严密程度，羊舍可划分为______舍、______舍和______舍三种类型。

3.根据羊舍屋顶的形式，羊舍可分为______式、______式、______式、钟楼式和双折式等类型。

二、简答

1.简述寒冷地区修建羊舍须注意哪些因素。

2.试述开放及半开放结合的单坡式羊舍的优缺点。

3.举例说明暖棚养羊圈舍修建有哪些注意事项？

4.简述分羊栏在羊生产中的用途。

任务三　养羊主要配套机械

【基本概念】

养羊业机械化是养羊业现代化的重要设备、器材。用机械装备改善养羊生产过程中各作业环节的生产条件，能够大幅度提高劳动生产率，保证养羊业生产的稳定、优质、高产和高效。目前，我国养羊生产中使用的主要机械有牧草收获机械、饲料加工机械以及剪毛和药浴机械等。

【教学重点】

养羊饲料加工机械的用途。

【教学目标】

1. 知识目标

◆ 了解养羊业常用的配套机械设备及用途。

◆ 熟悉养羊业常用饲料加工机械的用途及特点。

2. 技能目标

◆ 能根据羊场需求设计选择合适的羊场配套机械设备。

【教学内容】

一、牧草收获机械

在我国畜牧业机械中，牧草收获机械是研究较多、推广较早、使用较广的机械。我国草原辽阔，草地类型繁多，应根据草地类型、经济条件等，选用不同类型、规格的机械配套使用。

（一）畜力收获机械系统

本系统由畜力割草机（9G-1.4 型或 9GX-1.4 型）、畜力搂草机（9L-2.1 型）、畜力集草器、畜力运输车和畜力垛草机(9DC-5 型)等组成。

9G-1.4 型割草机是应用最广的割草机,特点是 1 个人和 2 匹马操作,割幅 1.37 m,每机每小时可割 0.5 ha(公顷),留茬高度 5.3 cm。该机适应性强,在地势起伏的草地上都能收割。9GX-1.4 型割草机,为双辕杆割草机,3 马牵引,其他指标和性能与 9G-1.4 型相同。

9L-2.1 型搂草机是牧区使用最多的畜力搂草机,1 人 1 马操作,搂幅 2.1 m,每小时可搂 0.91 ~ 1.13 ha。

畜力集草器,为木质结构,2 人 2 马操作,工作幅 2.4 m,每次集草 80 ~ 100 kg,多则 160 kg。

使用这一机械系统比较经济。但在牧区劳动力较紧张的情况下,难以保证牧草在最佳收获期收获,作业时间拖长,影响牧草质量。

(二)传动式收获机械系统

本系统由 9GJ-2.1 型牵引式割草机、9L-6 型横向搂草机、9JC-3.0 型悬挂集草器和 9D-0.3 型推举垛草机组成。

9GJ-2.1 型牵引式割草机,割幅 2.1 m。5 马力小四轮或手扶拖拉机均可牵引,1 台东方红-28 型拖拉机可同时牵引 3 台;铁牛 55 型拖拉机可同时牵引 5 台,工作效率高。

9L-6 型横向搂草机,搂幅 6 m,适用于低产天然草场。

9JC-3.0 型悬挂式集草器为前置式,幅宽 3 m,前进速度 8.68 km/h,与东方红-28 型拖拉机配套。结构简单,成本低。

9D-0.3 型垛草机为液压推举式,尚需改进。

传动收获机械系统,适用于天然草场,动力选配方便,适应性广,作业效率高,虽然垛草环节缺乏适宜的机具,但仍是我国目前生产中广泛使用的机械系统。

(三)小方草捆收获机械系统

本系统由割草机、侧向搂草机(9LG-2.8 型或 9LZ-4.8 型)、捡拾压捆机(9KJ-142A 型或 9KJ-147 型)、草捆装载机(9JK-2.7 型)及运输车辆组成。

对割草机无特殊要求。一般在天然草场上,用往复式较为适宜,如 9GJ-2.1 型、9GHX-2.8 型或 9GS-6 型等;在人工草场上,一般使用旋转式,如 9GZX-1.7 型、9GX-1.65 型等。除 9GZX-1.7 型为铁牛 55 型拖拉机配套外,其余均可用东方红-28 型拖拉机配套。

搂草机 9LG-2.8 型为斜角滚筒式,用东方红-28 型拖拉机牵引,可单台挂结,搂幅 2.8 m,亦可双台挂结。9LZ-4.8 型为指轮式,用东方红-28 型拖拉机后悬挂作业,双列搂幅 4.8 m。在天然草场上,侧向搂草机很难适应捡拾压捆机生产效率的要求,可用横向搂草机配套。

捡拾压捆机是本系统的核心机具。9KJ-142A 型,可与 50 马力拖拉机配套。草捆密度 100 ~ 180 kg/m,每小时可完成 300 ~ 350 个草捆,成捆率 98%。9KJ-147 型,与 20 ~ 25 马力配套，草捆密度 180 kg/m^2，成捆率 98%。

这一机械系统，在我国使用已有 20 多年的历史，由于机具质量及操作者的技术等原因，目前推广量不大。但因便于运输和可减少运输费用，随着今后牧区经济、技术水平的提高，具有广阔的运用前景。

（四）大圆草捆收获机械系统

本系统由割草机、搂草机、大圆草捆机（9JY-1800 型、9YY-1600 型）和大圆草捆装载车（7KY-4 型）等组成。

割草机、搂草机与小方草捆机械系统相同。大圆草捆机是本系统的核心。我国定型的有两种，即 9JY-1800 型和 9YY-1600 型。前者为短皮带式，后者为滚子式，其工作原理同属于外缠绕式。配套动力均为 55 马力拖拉机，工作速度 5 km/h。

7KY-4 型大圆捆运输车为专用车，由 28 马力以上拖拉机牵引。载重量约为 2 t。大圆草捆外紧内松，既有较好的防雨性能，又有较好的透气性，可在露天储存，继续阴干。因此，可在牧草湿度较大（25%）时使用，且比小方单捆机械结构简单，使用技术水平要求较低，经济性能好。

二、饲料加工机械

饲料加工机械主要包括切碎、粉碎、混合和制粒等机械。

（一）铡草机和青贮料切碎机

目前，我国生产的铡草机和青贮料切碎机主要有两种类型，即滚筒式和圆盘式，分别用于切碎秸秆和青饲料。

1. 滚筒式铡草机

其主要工作部件由上下喂入辊、固定刀刃和切割滚筒等组成。工作时，上下喂入辊以相对方向转动，把夹在两辊之间的草料向里喂入，然后受到动力刀片和支承刀片的切割作用而被切成碎段。喂入速度快则碎段长，反之则碎段短。小型铡草机多为滚筒式，我国生产的有 10 余种。滚筒式铡草机的优点是滚筒轴和喂入辊相互平行，传动机构比较简单，整机结构比较紧凑。

2. 圆盘式（又称轮刀）铡草机

其主要工作部件由喂入、切碎、抛送和传动机构所组成。工作时，喂入链和上、下喂入辊把饲草不断地向里喂入，送到切割部分，被转动刀片和支承刀片切成碎段。切下的碎段被风扇叶片抛送出去,抛送的高度可以达到 10 m 以上。大中型铡草机一般为圆盘式,青贮料切碎机多用圆盘式的。我国生产的也有 10 余种。ZC-6.0 型铡草机,在农区和牧区都得到广泛的应用。

(二)饲料粉碎机

饲料粉碎机的用途很广,可以用来粉碎各种粗、精饲料,使之达到一定的粗、细度。目前,国内常用的粉碎机主要有锤片式和爪式两种类型。

1. 锤片式饲料粉碎机

锤片式饲料粉碎机由四组绞接悬挂在转子的锤片、筛片和风机等组成。由于结构简单,适用性广,使用和维修方便,获得了广泛应用。按喂料的方向,又可分为切向喂入式和轴向喂入式两种。前者喂料口大,特别适于粉碎体积大、容量小的饲料。饲料按转子转动方向切向喂入后,被锤片直接打碎,粉料通过筛孔经风机排入集粉装置。后者的特点是在转子上带有两把切刀,饲料按转子转动方向轴向喂入后,首先被切刀切成两段,再被锤片打击粉碎,粉料通过筛孔排入集粉装置,适合粉碎茎秆粗的饲料。有的粉碎机如 FS-444 型,专门配备了滚筒式切碎装置,达到先切碎的目的。

2. 爪式饲料粉碎机

爪式饲料粉碎机由带圆齿的动盘和带扁齿的定盘构成。饲料由料斗喂入后,被动盘和定盘上的齿爪打击粉碎成粉,再由卸料口排出,适合粉碎谷粒饲料,成品较细。

(三)饲料混合机

饲料混合机又称饲料搅拌机,其作用是将各种饲料混合均匀。常用的饲料混合机按形态可分为立式和卧式两种,按工作连续性可分为间歇式和连续式。目前,我国各地生产的饲料搅拌机大多是卧式双绞龙间歇式。其主要部件由滚筒和安装在同一轴上的内、外绞龙组成,若外绞龙的螺旋是右旋方向,则内绞龙的螺旋是左旋方向,二者正好反向。这种搅拌机的优点是混合均匀,生产量大,一般每次生产 500 kg,每次混合 10 min,配套动力 4.7~7.5 kW。

(四)颗粒饲料机

颗粒饲料机的作用是将搅拌均匀后的饲料压制成颗粒状饲料。颗粒饲料分为硬颗粒、软颗粒或膨化颗粒。颗粒饲料机主要有环模式和平模式两种。目前,我国对这两种颗粒饲料机均有定型的小批量生产。

1. 环模式颗粒机

环模式颗粒机应用最多的是卧轴环模式。干粉料进入无级变速螺旋给料器，落入搅拌器，在搅拌过程中加糖蜜、水或蒸汽混合，供给压粒室压料。环模由电动机驱动，安装于环模内的压辊(2～4 个)与转动着的压模摩擦而自转。投入压粒室的原料被撒料器均匀分到压辊之间，被带入辊与模之间，通过压模孔连续按顺序挤压形成柱状饲料，柱状饲料随着压模回转，再被固定在压模外面的切刀切成颗粒饲料。压模选用新材料硼贝氏体球铁与国外用的不锈钢压模相比，性能大为提高。

2. 平模式颗粒机

我国定型生产的平模式颗粒机有 PYL-45 型和 DLY-17 型。粉料经料斗到给料绞龙，再到搅拌器，同时加入蒸汽或水，充分混合后进入压粒系统。位于压粒系统上部的旋转分料器，均匀地把粉料撒布于固定压模奉面，然后四只旋转的压辊将粉料挤入压辊与平模之间，粉料经模孔压出的棒状饲料，再被与主轴同步旋转的切刀切成所要求的长度，最后通过出料圆盘以切线方向排出机外。这种颗粒机的特点是平模固定，粉料不会自由向外端移动，有强制性的碾压作用，能压出较好的颗粒。

（五）草饼机

草饼机主要作用是将干草制成直径 3～8 cm 的干草饼。美国近年来将牧草直接在田间制成干草饼，利用自走捡拾压块机将晒干的牧草（含水量 15%）捡起、切碎、加湿，再利用高压通过模孔使其成为草饼。

三、剪毛机械

绵羊剪毛机类型很多，按其动力可分机械式、电动式和气动式 3 种。

（一）机械式剪毛机

这种类型的剪毛机是由汽油机或拖拉机输出动力，通过传动装置带动一定数量的剪毛机进行剪毛作业。我国生产的 9MJ-4R 型机动剪毛机组，由主机架、传动支架、传动箱、磨刀盘、软轴、4 把剪毛机及柴油机等组成。由柴油机发出动力，经三角皮带、传动箱和软轴，最后传递给剪毛机，带动刀片进行剪毛作业。传动支架向左右两边展开，以便支持左右传动箱，使剪毛作业场地增大，4 个剪毛机同时操作，互不影响，达到安全生产的目的。

这套剪毛机组，具有结构简单、操作方便、重量轻、成本低等特点，适用于山区和交通不便、缺少电源的牧区使用。

(二)电动式剪毛机

这种类型的剪毛机组由发动机、发电机和一定数量剪毛机组成。电动式剪毛机可分为软轴式和柄内驱动式2种。

1.软轴式电动剪毛机

我国生产的软轴式电动剪毛机类型较多,广泛使用有的9MD-4R型和9MDS-20型。

9MD-4R型电动剪毛机组以2 kW发电机、汽油机为配套动力,由4套电动机(0.121 kW)、软轴、剪毛机以及磨刀机等组成。汽油机经皮带传动带动发电机,电力进入配电盘,由其经电网输入电动机,然后通过软轴带动剪毛机工作。

这种剪毛机适用于没有固定电源的农村牧区。

9MDS-20电动软轴式剪毛机组,由1台8.82 kW(12马力)的手扶拖拉机,5 kW自励式同步发电机、连接器、传动装置、配电盘、20套电动机(0.125 kW)、软轴、20把剪头以及1台双圆盘式磨刀机和10个支架等组成。适合于绵羊在1万~2万只或以上的地区使用。

2.柄内驱动剪毛机

这种剪毛机的电动机安装在手柄内。根据电动机在手柄中的位置可分为纵向配置式和垂直配置式两种。其中,以纵向配置式最为常见。国外生产的手柄电动剪毛机有两种:一种是高中频低压(400 Hz、30 V和200 Hz、36 V)微型电机;另一种是低频中压(50 Hz、200 V)交直流两用电机。瑞士森比姆和比利时的爱斯兰库剪毛机属低频中压,苏式CA-12/200和CA-6/200型属高频低压式手柄电动机组,分别有12剪头和6个剪头以及相应变频设备和磨刀设备。我国研制的9MZZ-16中频直动式剪毛机组由STF-6双频发电机组、16把9MZ-76中频剪毛机组成。它与电动软轴式剪毛机组比较,具有结构紧凑、重量轻、噪声小、功耗低、使用方便、安全可靠和投资少的优点,已广泛使用。

(三)气动式剪毛机

近年来,澳大利亚、新西兰、瑞士、英国等生产出较为先进的气动式剪毛机组。该剪毛机组由空气压缩机、空气调节器、润滑部件、软管和剪毛机组成。空气压缩机排出的压缩空气,经过调节器和润滑部件,使压缩空气与润滑油混合,然后导入手柄中两个圆筒形的气动马达,使气动马达转动,从而带动活动片工作,转速为4 200转/min,机重1.3 kg。气动式剪毛机具有温升低、噪声和振动小、润滑好、工作安全、使用灵活等优点。

四、药淋机械

我国近年来研制成功的药淋装备,通过机械对绵羊和山羊进行药淋,可加快药淋的速度，减少羊只伤亡，降低劳动强度，提高工作效率。

（一）9AL-8 型药淋装置

该药淋装置由机械和建筑两部分组成。机械部分包括上淋管道、下喷管道、喷头、过滤筛、搅拌器、螺旋式阀门、水泵和柴油机（或电动机）等；地面建筑包括淋场、待淋场、滴液栏、药液池和过滤系统等，可使药液回收，过滤后循环使用。工作时，用 295 型柴油机或电动机带动水泵，将药液池内的药液送至上、下管道，经喷头对羊进行喷淋。上淋管道末端设有 6 个喷头，利用水流的反作用，可使上淋架均匀旋转。圆形淋场直径为 8 m，可同时容纳 250 ~ 300 只羊淋药。

（二）流动药浴车

广大牧区实行生产承包责任制后，每户饲养的羊群变小。因此，在防疫上要求小型流动药浴装置。目前，推广应用的主要型号 69A-21 型新长征 1 号牛羊药浴车、9LYY-5 型移动式羊药淋机、9AL-2 型流动式小型药淋机以及 9YY-16 型移动式羊只药浴车等。9AL-2 型流动式小型药淋机，每 15 ~ 30 min 淋羊 200 ~ 250 只，很受牧区牧民欢迎。

【评估考核】

一、填空

1. 饲料加工机械主要包括______、______、______和______等机械。
2. 目前，我国生产的青贮料切碎机主要有______式和______式两种类型。
3. 绵羊剪毛机类型按其动力可分______式、______式和______式 3 种类型。

二、简答

1. 简述畜力收获机械系统的优缺点。
2. 简述传动式收获机械系统的优缺点。
3. 举例说明常见饲料加工机械的类型和特点。
4. 剪毛机有哪些种类，各种类有何特点？

项目二　规模养羊的实施

任务一　选择规模养羊的经营形式

【基本概念】

规模化养殖是指具有一定规模的养羊生产。国内规模养羊的经营形式基本可以分为3类:独立自营养羊专业户、合股经营养羊专业联户、产业化养羊联合企业。

【教学重点】

国内规模养羊的3类经营形式。

【教学目标】

1. 知识目标

◆ 了解国内规模养羊3类经营形式的基本特点和优缺点。

2. 技能目标

◆ 能根据实际选择合适的规模养羊经营形式并分析其优缺点。

【教学内容】

一、独立自营养羊专业户

由一个家庭用自己的资金、贷款引进种羊，或利用自家原有羊群，在自家草场上放牧或以农副产品进行舍饲。由于养羊数量较少，产品量不大，自身经济实力较薄弱，技术力量不足，因此，经营的风险较大。随着资金的积累和经营规模的扩大，一部分独立经营养羊专业户将发展成养羊专业大户，养羊数量由几十只增加到几百只，上千只；并且有初步加工和向外运销养羊产品的条件和能力，商品率增加，经济效益也随之提高。

独立经营养羊专业户由于是同一个家庭成员组织起来的，家庭内部比较和谐协调，利益基本一致，因此，家庭成员都能积极劳动。在一个较长的时期内，我国养羊生产中这种独立经营养羊专业户将占相当大的比例，而且将发挥较大的作用。

二、合股经营养羊专业联户

合股经营养羊专业联户由多个家庭自愿联合组成，各家羊群折价入股或集资入股购买羊群，共同经营养羊生产。羊群按种公羊、繁殖母羊、后备羊、商品羊分别组群，由各个家庭承包饲养，养羊产品集中运销或加工，年终统一核算，除缴纳税费和提留一定份额扩大再生产外，实行按劳分配为主，结合投股分红。

养羊专业联户可以弥补个体养羊专业户的某些不足，经营规模大，产品数量多，便于批量加工与运销，从而降低生产成本，充分发挥规模效益。

三、产业化养羊联合企业

产业化养羊联合企业是农村规模养羊的高级组织形式，是集养羊生产、产品初加工、销售经营一体化的联合企业。这种联合企业可以由独立自营养羊专业户发展而成，也可以由养羊专业联户发展而成。独资经营的产业化养羊联合企业可以吸收家庭或个人投资入股，或将私有羊群按质折价入股。羊群和其他生产资料、饲料基地、工具设备和一切产品均属企业所有，由企业招聘技术人员和工人承担生产劳动和技术工作。按贡献大小、技术高低和劳动强度给职工计发工资和奖金。

联合企业因养殖高产绵羊、山羊品种，实行科学饲养管理和疾病防治，按国家有关标准和市场需求进行毛、肉、奶、皮的生产与加工，提高产品质量和销售服务，实现种、养、加一体化，产、供、销一条龙，达到社会经济效益和生态效益同步增长，良性循环，使养羊业达到现代化生产水平。

【评估考核】

一、名词解释

1. 独立自营养羊专业户
2. 合股经营养羊专业联户
3. 产业化养羊联合企业

二、简答

1. 简述独立自营养羊专业户基本经营特点。
2. 比较国内规模养羊3类经营形式的优、缺点。
3. 分析本地区都有哪些规模养羊的经营形式,存在哪些优、缺点?

任务二　选择规模养羊的专业方向

【基本概念】

养殖专业方向是规模养羊首先应该明确的问题，是养绵羊还是养山羊；是生产羊毛、羊肉还是生产羊奶、羊皮（羔皮、裘皮）。养殖专业方向的选择应充分考虑当地的自然生态条件、市场需求、生产条件和技术水平等因素。

【教学重点】

确定规模养羊生产方向必须遵循的原则。

【教学目标】

1. 知识目标

◆ 了解养羊专业方向选择的影响因素。

◆ 掌握确定规模养羊生产方向必须遵循的原则。

2. 技能目标

◆ 能结合养殖的实际情况选择合适的养羊专业方向。

【教学内容】

一、自然生态条件

一定的自然气候条件只适宜饲养某种或某几种生产方向的绵羊和山羊，在适宜的生态下它们才能正常生长发育和繁殖，表现出最高的生产性能，获得最好的产品。我国北方省、区，高原和山区，气候较寒冷，适宜发展细毛羊和绒山羊；炎热潮湿的南方地区，细毛羊适应性差，绒山羊几乎不能生存；但在南方冷凉的高山，夏季气温不太高，冬季也不太寒冷，适合饲养某些品种的细毛羊和半细毛羊。羔皮羊、裘皮羊原产地区范围较小，气候条件和对饲养管理要求较特殊，只有在适合的地方才能表现羔皮、裘皮的独特品质，引种时尤应慎重考虑。

奶用山羊和肉用山羊的适应性较广，在我国北方和南方能普遍饲养，但一定的品种也要求最适宜的环境温度和湿度，如果差异太大，也不能表现其最高的生产力。

二、市场需求

在确定适宜当地生态条件方向的同时，还应对市场需求进行调查，了解当地需要哪些工业原料，人民生活需要哪些羊产品，市场容量有多大，价格如何，对产品质量有什么具体要求，销售渠道好不好。不仅要考虑近期市场的需要，还要考察长期的要求。不能只顾一时一地某种养羊产品价格的畸形膨胀而盲目发展，而要发展市场面广、需求量大、能长盛不衰的养羊生产方向，确定最适宜的品种类型，生产最畅销的羊产品。

三、生产条件和技术水平

在确定养羊生产方向时，必须根据自身现有和短期内能达到的生产条件和技术要求的高低，不能只图新、图全，盲目追求效益。生产条件还不具备或一时不能解决技术关键，勉强发展必然适得其反。就目前我国广大农牧区实际情况而言，肉用羊、毛用羊要求的条件不太高，技术不太复杂，较易获得成功。

【评估考核】

一、填空

1. 我国北方省、区，高原和山区，气候较寒冷，适宜发展__________羊和__________羊。

2. 南方冷凉的高山，夏季气温不太高，冬季也不太寒冷，适合饲养某些品种的__________羊和__________羊。

二、简答

1. 在选择养羊专业方向时应考虑哪些方面？
2. 自然条件对养羊专业方向的选择有哪些影响因素？
3. 市场需求怎样影响养羊专业方向的选择？

任务三　规模养羊的羊群组建

【基本概念】

科学合理的羊群组建是养羊生产效益最大化的必要保障，科学的羊群组建包括适度的养殖规模、合理的羊群结构。羊群结构包括羊群年龄结构、性别组群结构以及羊群的等级结构等。

【教学重点】

羊群结构的合理设计。

【教学目标】

1. 知识目标

◆ 了解羊群结构对养羊经济效益的影响。
◆ 掌握合理的羊群结构构成要求。

2. 技能目标

◆ 能根据限定情境设计合理的羊群结构。

【教学内容】

一、养羊的适度规模

养羊数量的多少要根据专业户劳动力、资金、草场、羊舍等条件以及市场销售情况等因素确定。一般来说，饲草资源丰富的牧区，以放牧为主的绵羊、山羊，每户饲养数量可以多些，可达几百只甚至上千只。半农半牧区和山区，放牧地有限，饲料来源较困难，每户养羊不宜太多，多则一二百只，少则七八十只。专门从事肉羊生产和奶山羊饲养的大户，羊数可适当多一些，以便充分发挥规模效益。

二、羊群的结构

1. 种羊繁殖专业户

种羊繁殖专业户以出售种羊为经营目的。因此,经产母羊应占羊群总数的60% ~65%,老年母羊不超过5%,后备母羊(1 ~1.5 岁)占15%左右。采用自然交配时,成年公羊应占3%,后备公羊占1% ~2%,羯羊不超过10%。如果实行人工授精,种公羊数量还可减少,繁殖母羊的比例增加。

2. 以产毛、产奶为主的养羊户

以产毛、产奶为主的养羊户,繁殖母羊的年龄可稍偏大,以延长利用年限,增加商品生产。毛用绵羊、安哥拉山羊、绒山羊、不作种用的羯羊毛绒产量一般较高,所占比例可适当增大,以增加毛绒生产。高产奶山羊可适当延长淘汰年龄,繁殖母羊的比例应占60%左右,后备母羊占20%左右。

3. 以生产羊肉为主的专业户

以生产羊肉为主的专业户,为了提高出栏率,加快羊群周转,繁殖母羊的比例应占70%以上,其中壮年母羊应占绝大多数。羔羊产出后经育肥尽快出栏,不要超过1周岁,以生产6 ~8 月龄肥羔为好;提早出栏,母羊可提早发情配种,争取2年产3胎,甚至1年产2胎,提高肉羊出栏率。

4. 以生产羔裘皮为主的养羊户

以生产羔裘皮为主的养羊户,为了尽可能繁殖较多的羔羊剥制毛皮,繁殖母羊的比例可以增加到80%以上。除保留15%左右的母羔补充繁殖母羊群外,羔羊产后1 ~3 d屠宰剥皮生产羔皮,或1月龄左右屠宰剥制二毛皮,不必保留羯羊。

【评估考核】

一、填空

1. 规模养羊的羊群组建应考虑养羊的________和________。
2. 羊群组建中,如果实行人工授精,________羊数量还可减少,________羊的比例增加。
3. 毛用绵羊、绒山羊不作种用的________羊毛绒产量一般较高,所占比例可适当增大。

二、简答

1. 在进行合理羊群组建时应考虑哪些方面？
2. 羊群结构怎样影响养羊的经济效益？
3. 以生产羊肉为主的羊群结构应当怎样组建？

任务四　规模养羊的生产季节组织

【基本概念】

养羊生产季节的组织既要适应羊的生物学特性和生理规律，也要符合当地的气候条件、农业生产与牧草生长规律，同时还要照顾人们的劳动与生活习惯。其最终目的是有利于羊的正常生长发育、配种繁殖和生产量多质好的产品。

【教学重点】

季节因素对羊生产的影响。

【教学目标】

1. 知识目标

- ◆ 了解不同地区季节因素对羊生产的影响。
- ◆ 熟悉不同类型羊的生产季节组织形式。

2. 技能目标

- ◆ 能根据具体季节特点情况设计合理的养羊生产组织方案。

【教学内容】

一、细毛羊、半细毛羊的生产组织

1. 北方地区和高原牧区

母羊具有明显的季节性繁殖的特性，多集中在7—10月份发情配种，12月份至翌年4月份产羔，产羔后哺乳4个月断奶，每年5—6月份剪毛。剪毛前进行羊群品质鉴定，确定整群方案；剪毛后羊群进行药浴驱虫，经过羊群调整进入夏季牧场实行全天放牧。10—11月份以后牧草逐渐枯萎，转入冬、春季草场，根据牧草质量，除搞好放牧外，适当补饲干草、秸秆和多汁饲料。

2. 半农半牧区和南方绵羊饲养新区

母羊在秋季(7—9 月份)配种后,冬末春初产羔。3 月份进行羊群鉴定,确定整群淘汰方案,4 月份剪毛后进行药浴;5 月份整群后,夏、秋季以放牧为主,冬、春季进行适当补饲。

二、奶山羊专业户的生产组织

1. 每年产羔 1 次

每年产羔 1 次的,秋季于 8—10 月份配种,翌年 1—3 月份产羔,泌乳期正处于气温适宜和牧草茂盛的夏、秋季,有利于提高产奶量。羔羊随母羊哺食 1 周初乳后隔离,实行人工哺乳;母羊开始挤奶出售,直至干乳期。挤奶期长短视母羊产奶量变化而定,泌乳期长的一般在产羔前 1 个月左右应停止挤奶。

2. 2 年产羔 3 次

2 年产羔 3 次的南方省、区,气候温暖,饲草丰富,母羊可常年发情。为了增加产奶量,可以实行 2 年产羔 3 次:第一胎于 2—3 月份配种,7—8 月份产羔,进入泌乳期;11—12 月份第二次配种,翌年 4—5 月份产羔;第三次于 9—10 月份配种,翌年 2—3 月份产羔。如此循环,平均每 8 个月产羔 1 次,每胎挤奶 5 ~ 6 个月,可以显著提高母羊年产奶量,增加商品奶供应。但是,必须保证母羊有充足的营养供应和精细的管理,才能取得良好的效果。

三、肉用羊的生产组织

1. 1 年出栏肉羊 1 次

北方省、区和高寒牧区,牧草生长具有明显的季节性,母羊每年只能繁殖 1 胎,因此利用牧草生产旺季,实行季节性肉羊生产,成本低,效益好。母羊于秋季配种,翌年春季产羔后哺乳 2 个月,断奶后进入夏、秋季草场实行放牧育肥,入冬前肉羊出栏或屠宰;母羊在秋季再次配种繁殖。

2. 2 年出栏肉羊 3 次

按每 8 个月出栏肉羊一批计算,母羊怀孕期 5 个月,哺乳 2 个月,断奶后 1 个月再次配种。配种时期一般安排在春、秋两季。羔羊断奶后进行放牧肥育或补饲与放牧相结合肥育,

6～8 月龄出栏。

3.1 年出栏肉羊 2 次

母羊每年春、秋两季配种，羔羊产出后仅吃初乳 1 周，然后用人工乳或代乳品培育，出栏前进行肥育饲养，6～8 月龄出栏。春季母羊发情不多时，可用激素催情配种。

【评估考核】

一、填空

1. 北方地区和高原牧区母羊具有明显的季节性繁殖的特性，多集中在________月份发情配种，________月份至翌年________月份产羔。

2. 奶山羊每年产羔 1 次的，秋季于________月份配种，翌年________月份产羔。

3. 肉用羊 1 年出栏 1 次的，母羊于________季配种，________季产羔。

二、简答

1. 季节因素怎样影响羊生产周期？

2. 半农半牧区和南方绵羊有怎样的饲养周期？

3. 怎样根据季节特点组织肉用羊生产周期？

任务五 放牧场地的规划与使用

【基本概念】

科学合理地进行放牧场的建设规划与使用，可以创造良好的动物生产环境条件，节约投资，提高生产效率，降低生产成本，实现牧场较好的经济效益、社会效益和生态效益。

【教学重点】

放牧量的计算。

【教学目标】

1. 知识目标

- 了解常见的人工草场建设模式。
- 熟悉牧场放牧量的决定因素。

2. 技能目标

- 能根据牧场情况计算放牧量。

【教学内容】

一、放牧量的计算

决定放牧量的因素主要有草地类型、牧草产量与品质、生长季节和所饲养羊群的种类等。不同种类羊所需牧地的大小取决于羊只的日采食量。高产细毛羊和半细毛羊采食专心，游走少，在良好草场上需要的牧地面积小，如草场质量差需要的面积就大。不同季节羊只的采食量也有差异，通常成年羊夏、秋季日需青草 5～8 kg，冬、春季日需干草 2～2.5 kg（相当于 10～11 kg 青草）。一只成年羊全年需要上等草场面积约为 10 亩，中等草场约 20 亩，下等草场约 30 亩（1 亩=666.7 m^2）。

确定放牧量，既可凭借经验估计，亦可根据羊群的组成和健康状况进行估计。更加精确的方法是用放牧试验法测算，也可以按草地实际产草量和羊群对草地的利用率等因素，利用下面的公式进行估计。

$$放牧量=\frac{饲草储藏量(kg/666.7\ m^2)\times利用率}{羊采食量[kg/(d\cdot头)]\times放牧天数\times放牧时间(h)}$$

二、补饲饲料的用量

补饲量取决于羊群的种类、放牧条件及补饲用料种类等。对当年断奶越冬羔羊应重点补饲。对种公羊和核心母羊群的补饲应多于其他种类羊。一般每只羊日补饲0.5～1.0 kg干草和0.1～0.4 kg混合精料。有条件的应储备青贮料、秸秆氨化饲料，补饲效果良好。我国西北地区半细毛羊及其高代杂种羊的补饲定额见表5.2.1。

表5.2.1　西北地区半细毛羊及其高代杂种羊的补饲定额　　kg/(只·年)

羊　别	混合精料	多汁饲料	青干草
种公羊	180～360	105～210	180～360
成年母羊	30～45	75～150	75～150
育成公羊	27～45	30～45	38～75
育成母羊	15～30	30～45	38～75
羔羊	5～10		10～20

三、人工草场建设

1. 改造现有草地

改造现有草地为高产优质的人工草地。当现有牧草地出现轻度质量下降时，可采取人工补播、施肥、加强管理等措施使草地再恢复。对破坏严重、恢复困难的草地，首先应进行翻耙整地，再根据当地的气候条件重新按不同比例种植牧草，建设成优质高产稳产的人工草地。

2. 种植优质高产牧草

在农区和半农半牧区利用农闲地种植优质高产牧草，刈割饲喂羊群，或晒制青干草，或制成青贮料，以备过冬越春之用。

3. 粮草轮作

在放牧地较少的农区养羊专业户可利用耕地进行粮草轮作，扩大饲料来源，保证舍饲羊群青贮料的供应，同时，也可为羊群准备冬、春季补饲草料。

人工草地建成的初期，只适宜刈割，待产草量稳定后实行有计划的分区轮牧；同时，加强日常管理，定期施肥和除虫灭害。种好、管好、利用好人工草地，对于提高规模化养羊专业户的经济效益，具有十分重要的意义。

【评估考核】

一、填空

1. 决定放牧量的因素主要有________、________、________和所饲养羊群的种类等。
2. 放牧羊的补饲量取决于羊群的________、________及________种类等。
3. 对破坏严重、恢复困难的草地，首先应进行________，再重新种植牧草。

二、简答

1. 计算牧场养羊放牧量时应考虑哪些因素？
2. 牧场应怎样建设人工草场？

项目三　养羊的经营管理

任务一　养羊劳动管理

【基本概念】

劳动管理是指对负责执行工作任务的劳动者的领导、计划、组织、协调和控制等一系列管理工作的总称。它包括对劳动者的录用、考核、调配、组织、安排、使用、工资、工作绩效评价等事宜的管理活动。通过合理的劳动组织加强养羊劳动的分工协作,有利于提高养羊劳动效率和劳动生产率,从而促进养羊生产经济效益的提高。

【教学重点】

提高养羊生产的劳动生产率可以采取的措施。

【教学目标】

1. 知识目标

◆ 了解养羊专业劳动的特点。

◆ 掌握提高养羊生产劳动生产率可以采取的措施。

2. 技能目标

◆ 能根据养羊专业劳动的特点对羊场工作任务进行合理分工。

【教学内容】

一、养羊专业劳动的特点

1. 生产活动有规律性

绵羊、山羊的生长发育、配种繁殖、产品生产等生命活动都具有一定的规律性，这种规律性是长期自然选择和人工选择的结果，是对外界环境良好适应的一种反应。养羊场和养羊专业户必须按这种规律性合理组织劳动，适时配种繁殖，细致地饲养管理，认真收获毛、肉、奶、皮等产品，才能获得养羊的最好经济效益。如果违背绵羊、山羊生命活动的自然规律，羊的正常生长繁殖便会发生紊乱，生产性能便会下降，甚至引起疾病、死亡。

2. 劳动技术性强

绵羊、山羊生产各个环节都是技术性很强的专业劳动，涉及饲养营养、繁殖生理、遗传改良、疾病防治及各种产品的品质鉴定、加工储藏等。从事养羊生产的劳动者应具备一定的专业知识，熟悉羊的生活习性，掌握配种繁殖技术，保证全配满怀、全活全壮，进行科学饲养，维护羊群正常生长发育与健康，才能取得良好的生产效益。

3. 养羊产品的鲜活性

羊肉、羊奶是养羊业的重要产品，是人们喜爱的动物蛋白质食品，必须保证其品质的新鲜卫生。在挤奶和奶的处理过程中，要严格按照卫生要求，防止各种污染，并尽快运送到顾客手中或交加工部门处理；肉羊屠宰应按正规方法操作，保持羊肉清洁新鲜。肉奶产品如不能保证其新鲜卫生，甚至危害人们的身体健康，产品价格就会降低，失去顾客信誉，最终会被激烈的市场竞争淘汰。

二、劳动力的组织与合理利用

1. 劳动力的组织

由于养羊生产具有严格的规律性和很强的技术性，因此，必须认真组织好劳动力，按照养羊生产季节合理组织劳动；尤其在配种产羔、剪毛抓绒、剥制毛皮等时间性很强的生产环节，要调动一切力量集中突击，按劳动强度和技术要求，分工协作共同完成。必要时可以延长每天的劳动时间，限期完成生产任务，如产羔期为了保证母羊顺利生产和搞好出生羔羊的哺养，应实行昼夜值班轮流守护；在剪毛抓绒时期要集中人力，争取在短期内完成，减少毛绒损失。

2. 提高劳动生产率

劳动生产率是指单位劳动产品与耗费劳动力之比，或者一个养羊劳动力在单位时间内(1 年或 1 个月)生产的养羊产品数量。劳动生产率是衡量养羊经济效益的主要指标之一。提高劳动生产率就是要以较少的劳动时间生产更多更好的产品，只有这样才能提高商品率和经济效益。要提高养羊生产的劳动生产率，可以采取以下措施。

(1)改善养羊的生产条件

养羊专业户要逐步改善羊舍建筑，增添养羊设备与工具，这样不仅符合羊群的正常生理要求；同时，也方便了工人的劳动操作，减轻体力消耗，提高劳动质量。

(2)加强技术培训

现代养羊生产是技术性很强的生产活动，只有很好地掌握养羊专业技术知识和实践技能，提高养羊劳动者的文化科技知识，才能搞好羊的繁殖改良、饲养管理、产品生产和疾病防治。因此，必须加强劳动者的技术培训，派出去短期学习，或雇请养羊能手和科技人员来现场指导培训。

(3)实行科学管理，落实生产责任制

养羊专业户要合理组织劳动，按专业劳动的特点和工种，统筹安排，分工包干，签订承包合同。按完成任务的数量和质量，计算劳动报酬，特别是多个家庭联营的专业养羊大户和养羊联合企业，更应严明劳动纪律，奖罚分明。

(4)增加养羊科技投入，提高经济效益

养羊场和养羊专业户要经常注意养羊业发展的有关科技信息和市场信息，勇于、善于采用新技术，以一定的经济投入换取长远的经济效益。

(5)减少意外性损失

养羊生产过程中难免遇到气候突变、疾病传染和其他突发性事故，造成羊群生长发育受阻、产量降低、品质下降，甚至引起羊只死亡，给养羊生产造成损失。因此，养羊场和养羊专业户必须随时注意气候预报、疫情信息，观察羊群动态，加强防疫措施，尽可能减少意外事故造成的损失。

【评估考核】

一、名词解释

1. 劳动管理

2. 劳动生产率

二、简答

1. 简述养羊专业劳动的特点。

2. 要提高养羊生产的劳动生产率，可以采取哪些措施？

任务二　养羊产品的销售与储运

【基本概念】

养羊产品的销售与储运是羊生产比较关键的环节。养羊的目的是使羊产品实现其经济价值，在这一过程中，良好的销售渠道、可靠的产品质量、正确的竞争策略等是实现养羊经济效益的必要保障。

【教学重点】

羊产品销售方式的选择。

【教学目标】

1. 知识目标

◆ 了解养羊产品的两类销售渠道。

◆ 掌握养羊产品的包装、储藏与运输特点。

2. 技能目标

◆ 能根据羊产品特点设计营销方案。

【教学内容】

一、养羊产品的销售渠道

销售渠道是养羊产品由专业户到达消费者手中所经过的路线，可以归为两类：一类是直接销售，产品由养羊专业户直接卖给消费者或厂家；另一类是把产品先卖给批发商或零售商，再由他们转卖给消费者或交工厂加工。两种销售渠道对养羊专业户来说各有利弊：直接销售方式产品流转中间环节少，可保持产品的营养与鲜活（如羊奶、羊肉），费用低，专业户盈利较大，同时还可做到产销见面，有利于改进产品质量，适应顾客要求，而且不需要专门的储藏与运输设备或专业销售人员；间接销售省时间，省设备，较适合本地需求量不大或消费者不能直接利用的产品，如羊毛、羊绒、毛皮、板皮，必须经过中间商收购转售给工厂，因而专业户所获利润相对较低。

二、养羊产品的市场竞争策略

究竟采用哪种销售方式，应考虑以下几个方面：

1. 依靠市场信息取胜

专业户应经常关注市场商品信息，掌握养羊产品的生产量、品质、市场的需求和价格，及时调整养羊生产方向，调整产品品种、规格和销售时间，做到人无我有，人有我优，人优我廉，时时创新。

2. 依靠产品质量取胜

养羊产品的质量越高，在市场竞争中的能力就越强。既要保证羊肉、羊奶的新鲜卫生，又要保持产品品质正常优质，不掺杂，不作假。从改良品种、改善饲养管理、防治疫病等着手，出售品质优秀的种羊、体壮膘肥的肉羊以及各种高质量的养羊产品。

3. 依靠适时快速取胜

养羊产品生产季节性很强，能否适时快速供应市场，是竞争取胜的重要条件。冬、春季气候寒冷是羊肉消费旺季，养羊专业户要抓紧时机，提前搞好肉羊肥育，及时向市场供应肉羊或羊肉。冬季是牛奶生产淡季，如果奶羊专业户能调整母羊产羔季节，提早母羊秋季发情配种，早产冬羔，就可在冬季缺奶时期，向市场供应鲜羊奶。

4. 依靠销售服务取胜

提高销售服务是市场竞争取胜的一大关键。销售服务越周到，越能受到顾客的欢迎。例如，将新鲜羊奶以良好的包装准时送到顾客家中；与餐馆签订供销合同，按时交售育肥肉羊或优质羊肉。在市场销售养羊产品时，进行必要的加工与包装，提高产品的外观品质，从而赢得更多的顾客。

5. 依靠廉价取胜

养羊专业户在提高产品质量的同时，要加强生产管理，精打细算，节省开支，降低产品生产成本；同时，适当降低产品价格，做到物美价廉，薄利多销，增加产品销售量，扩大市场占有率。

三、养羊产品的包装、储藏与运输

1. 产品的包装

(1)羊奶

新鲜羊奶按定量(0.25 kg 或 0.5 kg)用玻璃瓶或塑料瓶分装,消毒羊奶可用特制塑料袋真空密封包装零售,包装袋上必须注明生产厂家、分装日期、保存期和保质期。

(2)分割羊肉

用无毒塑料袋按一定重量分别包裹,然后用特制纸箱装满封严,贴上标签,经冷冻后运销。

(3)绵羊毛、山羊绒和山羊粗毛

按不同种类和等级,用棉布、麻布或塑料编织袋包装,或用专门的打包机打包,压缩体积,便于装运。包装袋上应标明毛绒种类、等级、颜色、重量以及生产单位。

(4)羔皮、裘皮和板皮

按种类和等级,毛面对毛面,皮面对皮面,摆放平整,分别捆扎,然后装入包装袋运输。

2. 产品的储藏

短时期内不能出售的养羊产品应妥善保管储存,使产品不致损坏变质。产品是否储存,应根据产品数量、市场价格和储藏条件来确定。产品数量小又无储藏条件的,以尽快销售为宜。如果产品数量大,专业户又拥有储藏设备,则可考虑把产品暂时储藏起来,待产品形成批量或市场行情上涨时再销售。

适于较长时期储藏的养羊产品有羊毛、羊绒、毛皮和板皮,这类产品储藏时应保持干燥通风,防霉防虫,可就地取材建造经济实用的仓库或利用旧房改建。储藏过程中要经常检查,及时翻仓晾晒,驱虫灭鼠,减少损失。羊肉产品可以将胴体分割成小块冷冻,也可分割成左右两半胴体进行冷冻,冷冻时间不宜过长,以 3 ~6 个月为好。

3. 产品的运输

鲜奶鲜肉只宜短途运输,迅速将产品运往市场或订户家中,保持奶、肉的新鲜卫生。羊毛、毛皮和板皮可以长途远距离运输;由于毛、皮体积大,重量轻,为了多装多运,毛、皮要打包捆扎压缩体积,充分发挥运输工具的装载能力,降低运输费用。长距离运输活羊要重视运输过程中对羊群的管理,要避免在气温过高的夏季运羊。运输距离较短,1 d 以内可以到达目的地,中途不必饲喂,只需在装运前喂饱饮足即可;超过 1 d,事先必须准备足够的干草和饮水,在途中休息时喂草饮水。用汽车运输活羊,可用木料将货箱隔成上下 2 层,以提高装载数量，避免单层装运过于拥挤发生意外死亡。

【评估考核】

简答

1. 选择羊产品销售方式应考虑哪些方面？
2. 养羊产品的包装、储藏与运输应注意什么？
3. 养羊产品的市场竞争策略都有哪几类？

任务三　羊场的成本核算与效益分析

【基本概念】

成本效益分析是通过比较项目的全部成本和效益来评估项目价值的一种方法。成本效益分析作为一种经济决策方法，将成本费用分析法运用于羊场经营管理的计划决策之中，以寻求在投资决策上如何以最小的成本获得最大的收益。成本效益分析也能对未来经济收益作出预期，以便更好地计划羊场的生产和经营管理。

【教学重点】

养羊的成本核算及生产的经济效益分析。

【教学目标】

1. 知识目标

◆ 熟悉养羊的成本费用构成。

◆ 掌握养羊的成本核算及生产的经济效益分析方法。

2. 技能目标

◆ 能进行养羊的成本核算及经济效益分析。

【教学内容】

一、成本与费用的构成

1. 产品成本

(1)直接材料

直接材料是指构成产品实体或有助于产品形成的原料及材料，包括养羊生产中实际消耗的精饲料、粗饲料、矿物质饲料等饲料费用(如需外购，在采购中的运杂费用也列入饲料费）及粉碎和调制饲料等耗用的燃料动力费等。

（2）直接工资

直接工资包括饲养员、放牧员、挤奶员等人员的工资、奖金、津贴、补贴和福利费等。如果专业户参与人员全是家庭成员，也应该根据具体情况作出估计费用。

（3）其他直接支出

其他直接支出包括医药费、防疫费、羊舍折旧费、专用机器设备折旧费、种羊摊销费等。医药费是指所有羊只耗用的药品费和能直接计入的医疗费。种羊摊销费是指自繁羔羊应负担的种羊摊销费，包括种公羊和种母羊，即种羊的折旧费用。公羊从能授配开始计算摊销，母羊从产羔开始计算摊销。其计算公式为：

$$种羊摊销费(元/年)=\frac{种羊原值-残值}{使用年限}$$

（4）制造费用

制造费用是指养羊专业户为组织和管理生产所发生的各项费用，包括生产人员的工资、办公费、差旅费、保险费、低值易耗品、修理费、租赁费、取暖费、水电费、运输费、试验检验费、劳动保护费及其他制造费用。

2. 期间费用

期间费用是指在生产经营过程中发生的，与产品生产活动没有直接联系，属于某一时期耗用的费用。期间费用不计入产品成本，直接计入当期损益，期末从销售收入中全部扣除。期间费用包括管理费用、财务费用和销售费用。

（1）管理费用

管理费用指管理人员的工资、福利费、差旅费、办公费、折旧费、物料消耗费用等，以及劳动保险费、技术转让费、无形资产摊销、招待费、坏账损失及其他管理费用等。

（2）财务费用

财务费用包括生产经营期间发生的利息支出、汇兑净损失、金融机构手续费及其他财务费用等。

（3）销售费用

销售费用是指在销售畜产品或其他产品、自制半成品和提供劳务等过程中发生的各项费用，包括运输费、装卸费、包装费、保险费、代销手续费、广告费、展览费等，或者还包括专业销售人员的费用。

二、成本核算

养羊专业户的成本核算，可以是一年计算一次成本，也可以是一批计算一次成本。成本核算必须要有详细的收入与支出记录，主要内容如下：

1. 支出部分

支出部分包括管理费用、财务费用和销售费用等内容。

2. 收入部分

收入部分包括羊毛、羊肉、羊奶、羊皮、羊绒等产品的销售收入，出售种羊、肉羊的收入，产品加工增值的收入，羊粪尿及加工副产品的收入等。

在做好以上记录的基础上，一般小规模养羊专业户均可按下列公式计算总成本。

养羊生产总成本＝工资支出＋草料消耗支出＋固定资产折旧费＋羊群防疫医疗费＋各项税费等

规模较大的专业户和专业联合户除计算总成本外，为了仔细分析某项产品经营成果的好坏，还可以计算单项成本。现列举以下公式说明：

$$\text{每千克羊奶生产成本}=\frac{\text{全群奶山羊生产总成本}-\text{副产品收入}}{\text{全年总产奶量}}$$

$$\text{每千克羊毛生产成本}=\frac{\text{全群生产总成本}-\text{副产品收入}}{\text{全群年总产毛量}}$$

$$\text{每只育成公羊生产成本}=\frac{\text{断奶羔羊生产成本}+\text{育成期生产成本}-\text{副产品收入}}{\text{全群年总产毛量}}$$

$$\text{每只肉羊生产成本}=\frac{\text{肉羊生产总成本}-\text{副产品收入}}{\text{全群出栏肉羊总数}}$$

上式中，副产品收入是指除主产品以外的其他养羊收入，如淘汰死亡收入、粪尿收入等。

三、经济效益分析

专业户养羊生产的经济效益，用投入产出进行比较，分析的指标有总产值、净产值、盈利、利润等。

1. 总产值

总产值是指各项养羊生产的总收入，包括销售产品（毛、肉、奶、皮、绒）的收入、自食自用产品的收入、出售种羊肉羊收入、淘汰死亡收入、羊群存栏折价收入等。

2. 净产值

净产值是指专业户通过养羊生产创造的价值，计算的原则是用总产值减去养羊人工费用、草料消耗费用、医疗费用等。

3. 盈利额

盈利额是指专业户养羊生产创造的剩余价值，是总产值中扣除生产成本后的剩余部分，公式为：

盈利额=总产值-养羊生产总成本

4. 利润额

专业户生产创造的剩余价值（盈利）并不是专业户应得的全部利润，还必须尽一定义务，向国家缴纳一定比例的税金和向地方（乡或村）缴纳有关生产管理和公益事业建设费用，余下的部分才是专业户为自身创造的经济价值。公式如下：

养羊生产利润=养羊生产盈利-税金-其他费用

【评估考核】

一、名词解释

1. 成本核算
2. 效益分析
3. 总产值
4. 净产值
5. 盈利额
6. 利润额

二、简答

1. 养羊专业户在养殖生产过程中要考虑哪些产品成本？
2. 养羊专业户的成本核算和效益分析如何计算？

■学习情境六

羊病防治

项目一　羊的普通病防治

任务一　口　炎

【基本概念】

口炎是口腔黏膜表层和深层组织炎症的总称，包括舌炎、腭炎和齿龈炎。按炎症的性质分为卡他性、水疱性和溃疡性等类型。病的初期都具有卡他性口炎的病理现象，如采食、咀嚼障碍、流涎等。

【教学重点】

羊口炎发生的原因、诊治要点。

【教学目标】

1. 知识目标

◆ 了解羊口炎病的主要原因。
◆ 熟悉羊口炎病的主要临床症状。
◆ 掌握羊口炎病的防治措施。

2. 技能目标

◆ 能根据临床症状对羊口炎病作出诊断。
◆ 能根据临床症状对羊口炎病进行治疗。

【教学内容】

一、病因

由于口炎的性质不一，病因也不尽相同。

1. 卡他性口炎

卡他性口炎是一种单纯性或红斑性口炎，即口腔黏膜表层卡他性炎症。病因多种多样，主要是受到机械的、物理化学性或有毒物质以及传染性因素的刺激、侵害和影响所致。其中，有如粗纤维多或常有芒刺的坚硬饲料、骨、铁丝或碎玻璃等各种尖锐异物的直接损伤，或因灌服过热的药液烫伤，或霉败饲料的刺激等。

2. 水疱性口炎

水疱性口炎即口黏膜上形成充满透明浆液的水疱。其主要的病因为饲养不当，采食了带有锈病、黑穗病菌的霉败饲料，发芽的马铃薯乃至细菌或病毒的感染。

3. 溃疡性口炎

溃疡性口炎为口黏膜糜烂坏死性炎症。其主要的病因为口腔不洁、细菌混合感染等。

4. 继发性口炎

继发性口炎多发生于羊患口疮、口蹄疫、羊痘、霉菌性口炎、过敏反应和羔羊营养不良等疾病。

二、临床症状

病羊食欲减少，口内流涎，咀嚼缓慢，继发细菌感染时有口臭。卡他性口炎，表现口腔黏膜发红、充血、肿胀、疼痛，特别在唇内、齿龈、颊部明显；水疱性口炎，在上下唇内有很多大小不等的充满透明或黄色液体的水疱；溃疡性口炎，在黏膜上出现有溃疡性病灶，口内恶臭，体温升高。上述各类型可单独出现，也可相继和交错发生。

继发性口炎多见有体温升高的全身反应。如羊口疮时，口黏膜以及上下嘴唇、口角处呈现水疱疹和出血干痂样坏死；口蹄疫时，除口黏膜发生水疱及烂斑外，趾间及皮肤也有类似病变；羊痘时除口黏膜有典型的痘疹外，在乳房、眼角、头部、腹下皮肤处亦有痘疹。

三、诊断

原发性单纯性口炎根据病性和口腔黏膜炎症变化易于诊断。但要注意与口蹄疫、羊痘等相区别。患口蹄疫时，除口腔黏膜发生水疱及烂斑外，蹄部及皮肤也有类似病变；患羊痘时除口腔黏膜有典型的痘疹外，在乳房、眼角、头部、腹下皮肤处亦有痘疹。

四、防治

1. 预防

预防主要在于加强饲养管理。防止化学、机械及草料内异物对口腔的损伤；提高羔羊饲料品质，饲喂富含维生素的柔软饲料；不要喂给发霉腐烂的草料，饲槽应经常使用2%的碱水消毒。

2. 治疗

除去致病原因，给以柔软饲料和清凉饮水；轻度口炎可用1%食盐、明矾或2% ~3%硼酸等消毒、收敛液冲洗口腔，口腔恶臭时用0.1%高锰酸钾或0.5%过氧化氢液洗口，溃疡面涂布碘酊、龙胆紫、碘甘油（5%碘酊1份、甘油9份）或1%磺胺甘油混悬液，病情严重的要及时应用抑菌消炎等全身疗法。

对传染性口炎，重点是治疗原发病，并及时隔离，严格检疫。全身反应明显时，用青霉素40万~80万单位，链霉素100万单位，1次肌肉注射，连用3~5 d；亦可服用磺胺类药物。中药疗法，可口衔冰硼散（硼砂25 g、元胡粉25 g、朱砂3 g、冰片2.5 g）、青黛散，每日1次。

【评估考核】

一、名词解释

口炎

二、填空

1. 口炎是口腔黏膜表层和深层组织炎症的总称，包括______、______和______。
2. 羊单纯性口炎要注意与______、______等疾病引起的继发性口炎相区别。

三、简答

1. 简述羊口炎的鉴别诊断要点。
2. 怎样预防羊口炎发生？

任务二　食道阻塞

【基本概念】

食道阻塞俗称噎草，是由于吞咽的食物过于粗大或吞咽机能障碍，导致食道内突然被团块食物或异物阻塞的一种疾病。可发生于各种动物。按阻塞的程度，分为完全阻塞和不完全阻塞；按其部位，分为咽部食道阻塞、颈部食道阻塞和胸部食道阻塞。

【教学重点】

羊食道阻塞发生的原因、诊治要点。

【教学目标】

1. 知识目标

◆ 了解羊食道阻塞的主要原因。
◆ 熟悉羊食道阻塞的主要临床症状。
◆ 掌握羊食道阻塞的防治措施。

2. 技能目标

◆ 能根据临床症状对羊食道阻塞作出诊断。
◆ 能根据临床症状对羊食道阻塞进行治疗。

【教学内容】

一、病因

食道阻塞的病因有原发性和继发性两种。

原发性食管阻塞主要是因为羊采食马铃薯、甘薯、甜菜根、萝卜等块根饲料；或因采食大块豆饼、花生饼、玉米棒以及谷草、稻草、青干草等，由于抢食、采食时受惊吓等，匆忙吞咽而阻塞食道。

继发性食管阻塞，常见于食道麻痹、狭窄和扩张；也有由于中枢神经兴奋性增高，发生食管痉挛，采食中引起食管阻塞。

二、临床症状

临床病例多呈急性过程，发病前一切正常，采食进行中突然终止，作哽噎状、头颈伸直，或频频甩头、神情紧张和不安，伴有吞咽、咀嚼动作，流涎甚至从鼻孔逆出，并因食道和颈部肌肉收缩引起反射性咳嗽，可从口、鼻流出大量唾沫，呼吸急促。这种症状虽可暂时缓和，但仍可反复发作。完全阻塞时，很快发生瘤胃臌气、呼吸困难；左颈沟触诊可发现硬块，其前方充满唾液，随食道频发痉挛收缩运动而有波动感。

三、诊断

根据突然发生吞咽困难的病史，结合进行临床检查和观察及食管外部触诊可确诊；胸部食管阻塞，应用胃管探诊或用 X 射线检查，可以获得确诊。

食道完全阻塞和不完全阻塞，使用胃管探诊可确定阻塞物的部位。完全阻塞，水及唾液不能下咽，从鼻孔、口腔流出，在阻塞物上方部位可积存液体，手触有波动感。不完全阻塞，液体可以通过食管，而食物不能下咽。食道阻塞时，如鼻腔分泌物吸入气管时，可发生异物性气管炎和异物性肺炎。

诊断时应注意与咽炎、急性瘤胃臌气、口腔和牙齿疾病、食道痉挛、食道扩张等疾病相区别。

四、防治

1. 预防

切实做好饲养管理，避免羊直接采食粗壮的食物，在采食过程中避免受惊吓等预防措施。防止贪食。新鲜老山芋藤及未经打碎、浸泡的饼块最危险，饲喂时预先适当加工处理。患有异嗜癖、食道狭窄、扩张、憩室或伴有食道炎、麻痹或痉挛的病例，更要小心饲养。经常清理牧场及圈舍周围的废弃杂物。

2. 治疗

一旦发现有疑似病例，立即停止强行灌药或灌水。如见瘤胃臌气，先行瘤胃穿刺放气，缓解呼吸困难，控制病情，然后再行治疗。为镇痛与缓解食道痉挛，用水合氯醛 2 ~4 g/次，配成1%～5%溶液灌肠，然后用0.5%～1%普鲁卡因溶液10 mL混合少许植物油或石蜡油灌入食道；在缓解痉挛、润滑管腔的基础上，依据阻塞部位和阻塞物性状，选用以下方法疏通食道。

①食道起始部位发生阻塞，用开口器张开口，用手或钳子，钢丝圈等将阻塞物抓出或套出。

②颈部食道阻塞，可徒手在左颈部将阻塞团块强行捏散，并缓缓向胸部挤压（也可用胃管插入该部，用水泵加压或橡皮管打气加压）。注意：在阻塞物存在时切不可强迫灌药、灌水或灌油。此法无效时，再改用颈部食道切开术，特别是硬的或不规则阻塞物，如强行按压，不仅不能移散或变碎，反会损伤食道壁。

③胸部发生阻塞时，先保定，瘤胃放气，再用涂润滑油的胃管（硬质橡皮管或有通心条的探子）缓缓插入阻塞部，如为圆滑的马铃薯、萝卜之类阻塞物，有时当瘤胃突然放气后而成负压，阻塞物往往能自行坠入瘤胃中。如为不规则的块状物或粗草团，当插入困难时，则须采用手术方法。

④手术治疗要注意同食道并行的动、静脉管壁的损伤。保定，确定手术部位。局部处理与麻醉，按外科手术操作规程，局部剪毛、消毒，用0.25%普鲁卡因作局部浸润麻醉。切开皮肤，剥离肌肉，暴露食管壁，将距阻塞物前后约1.5 cm处的食管用套有细胶管的止血钳夹住，不宜过紧，然后在阻塞部位纵行切开取出阻塞物。取出后局部用0.1%的雷佛奴尔洗涤消毒，再用生理盐水冲洗，缝合黏膜与肌肉层，然后缝合肌层与浆膜层内翻缝合，再缝合肌肉，最后结节缝合皮肤，为防止污染，涂外伤膏。

术后用青霉素80万单位、安痛定10 mL混合一次肌肉注射，每天2次，连用5 d。维生素C 0.5 g一天一次，肌肉注射，连用3 d。术后禁食1 d，防止污染；第二天饮喂小米粥；第三天开始给少量的青干草，直到痊愈。

【评估考核】

一、名词解释

噎草

二、填空

1. 羊食道阻塞按其部位，分为______、______和______食道阻塞。继发性食管阻塞，常见于食道______、______和______。

2. 食道阻塞物的诊断时应注意与______、______、______、______和______等疾病相区别。

三、简答

1. 简述羊食道阻塞的鉴别诊断要点。

2. 如何避免原发性食道阻塞发生？

任务三　前胃弛缓

【基本概念】

前胃弛缓又称前胃虚弱，是前胃神经兴奋性降低、收缩力减弱，使前胃食物不能正常消化和后移所致。通常属于机能性，因此并无炎症、变性等病理损害，亦可作为消化不良的综合症。临床特征为正常的食欲、反刍、嗳气紊乱，胃蠕动减弱或停止，可继发酸中毒。本病在冬末、春初饲料缺乏时最为常见。

【教学重点】

前胃弛缓发生的原因、诊治要点。

【教学目标】

1. 知识目标

◆ 了解羊前胃弛缓的主要原因。
◆ 熟悉羊前胃弛缓的主要临床症状。
◆ 掌握羊前胃弛缓的防治措施。

2. 技能目标

◆ 能根据临床症状对羊前胃弛缓作出诊断。
◆ 能根据临床症状对羊前胃弛缓进行治疗。

【教学内容】

一、病因

前胃弛缓的病因比较复杂，一般分为原发性和继发性两种。

1. 原发性前胃弛缓

原发性前胃弛缓也称单纯性消化不良，病因都与饲养管理和自然气候的变化有关。

①饲草过于单纯:长期饲喂粗纤维多,营养成分少的饲草,消化机能陷于单调和贫乏,一旦变换饲料,即引起消化不良;草料质量低劣;冬末、春初因饲草饲料缺乏,常饲喂一些纤维粗硬、刺激性强、难于消化的饲料,也可导致前胃弛缓。

②饲料变质:受过热的青饲料、冻结的块根,霉败的酒糟以及豆饼、花生饼等,都易导致消化障碍而发生本病。

③矿物质和维生素缺乏,特别是缺钙,引起低血钙症,影响到神经体液调节机能,成为该病主要发病因素之一。

另外,饲养失宜、管理不当、应激反应等因素,也可导致本病的发生。

2. 继发胃弛缓

瘤胃积食、瘤胃臌气、胃肠炎与其他多种内科、外科和某些寄生虫病时也可继发前胃弛缓。

二、临床症状

前胃弛缓按其病情发展过程,可分为急性和慢性两种类型。

①急性前胃迟缓表现食欲减退或废绝,反刍和瘤胃蠕动次数减少或消失。瘤胃内容物腐败发酵,产生多量气体,左腹增大,叩触不坚实。

②慢性前胃弛缓病羊前期表现精神沉郁、倦怠无力、喜卧地,被毛粗乱,体温、脉搏、呼吸无变化,食欲减退、反刍缓慢、磨牙、空嚼异嗜;瘤胃蠕动力量减弱,次数减少。病至中后期,粪便少而干,呈黑褐色被覆黏液;有时继发中毒性瘤胃炎或迷走神经性消化不良,表现口臭、逆呕,呕吐物呈糊状、恶臭、类似粪便。

若为继发性前胃迟缓,常伴有原发病的特征性症状。死前末梢变冷,脱水,体温下降,卧地不起。

[**病理变化**] 原发性前胃弛缓,病情轻,很少死亡。重剧病例,发生自体中毒和脱水时,多数死亡。主要病理变化,瘤胃和瓣胃胀满,皱胃下垂,其中瓣胃容积甚至增大3倍,内容物干燥,可捻成粉末状;瓣叶间内容物干涸,形同胶合板状,其上覆盖脱落上皮及成块的瓣叶。瘤胃和瓣胃露出的黏膜潮红,具有出血斑,瓣叶组织坏死、溃疡和穿孔。有的病例有局限性或弥漫性腹膜炎以及全身败血症等病变。

三、诊断

根据病因、症状等综合判定。检测瘤胃内容物性状变化,可作为诊疗的依据。

瘤胃液 pH 值降至5.5以下,纤毛虫数量减少、活力降低,纤维素消化试验时间延长,瘤胃液沉淀活性试验时间延长。但须与某些其他疾病引起的症候性前胃弛缓区别。

四、防治

1. 预防

加强饲养管理，避免各种应激因素的刺激。注意饲料的配合，防止长期饲料过硬、难消化或单一劣质的饲料，切勿突然改变饲料或饲养条件。应保证充足的饮水，并创造条件供给温水。防止过劳或运动不足，及时治疗继发本病的其他疾病。

2. 治疗

治疗原则是排除病因，加强护理，增强瘤胃机能及对症治疗。

一般先投泻剂，兴奋瘤胃蠕动，防腐止酵。成年羊可用硫酸镁 20 ~ 30 g 或可用人工盐 20 ~ 30 g，加石蜡油 100 ~ 200 mL，番木鳖酊 2 mL、大黄酊 50 mL，加水 500 mL，1 次灌服；或用胃肠活 2 包，陈皮酊 10 mL 姜酊 5 mg，龙胆酊 10 mL 加水 1 次灌服。瘤胃兴奋剂，可用 0.1% 新斯的明注射液 2 ~ 4 mg，2 h 重复 1 次。

更安全的药物是静脉注射复方高渗盐水溶液，即 10% 氯化钠 20 mL、生理盐水注射液 100 mL、10% 氯化钙 10 mL 混合后 1 次静脉注射。防止酸中毒可灌服碳酸氢钠 10 ~ 15 g，可用大蒜酊 20 mL、龙胆末 10 g、豆蔻酊 10 mL 加水适量，1 次灌服。

【评估考核】

一、名词解释

前胃弛缓

二、填空

1. 急性前胃弛缓表现______或______，反刍和瘤胃蠕动次数______或______。
2. 前胃弛缓治疗原则是______、______，增强______及对症治疗。

三、简答

1. 简述羊前胃弛缓的治疗要点。
2. 怎样预防羊前胃弛缓发生？

任务四　瘤胃积食

【基本概念】

羊瘤胃积食俗称宿草不转，以瘤胃内容物大量积滞，容积增大，胃壁受压及运动神经麻痹，引起严重消化不良为主的疾病。该病临床特征为反刍、嗳气停止，瘤胃坚实，疝痛，瘤胃蠕动极弱或消失。

【教学重点】

羊瘤胃积食发生的原因、诊治要点。

【教学目标】

1. 知识目标

- ◆ 了解羊瘤胃积食的主要原因。
- ◆ 熟悉羊瘤胃积食的主要临床症状。
- ◆ 掌握羊瘤胃积食的防治措施。

2. 技能目标

- ◆ 能根据临床症状对羊瘤胃积食作出诊断。
- ◆ 能根据临床症状对羊瘤胃积食进行治疗。

【教学内容】

一、病因

羊吃了过多的质量不良、粗硬易膨胀的饲料，如块根类、豆饼、霉败饲料等，或采食干料而饮水不足等引起。另外，由于过食谷物引起消化不良，常使碳水化合物在瘤胃中产生大量乳酸，导致机体酸中毒。这一过程是先在瘤胃中形成大量的乳酸，呈现瘤胃弛缓、瘤胃渗透压增高的酸中毒和瘤胃炎。有人试验过食的致死量：营养差的绵羊，公斤体重为 50 ~ 60 g；

营养良好的绵羊为公斤体重75~80 g。当前胃弛缓、瓣胃阻塞、创伤性网胃炎、腹膜炎、真胃炎、真胃阻塞时也可导致瘤胃积食的发生。

二、临床症状

表现程度因病因及胃内容物分解毒物被吸收的轻重而不同。病羊精神委顿，食欲不振，反刍停止。病初不断嗳气、随后嗳气停止；腹痛摇尾、弓背、回头顾腹、呻吟哞叫。病羊鼻镜干燥，耳根发凉，口出臭气，有时腹痛、用后蹄踢腹、排粪量少而干黑；听诊瘤胃蠕动音减弱、消失；左侧腹下轻度膨大，肷窝略平或稍凸出，触诊瘤胃胀满、坚实，似面团感觉，指压时有压痕。呼吸迫促，脉搏增数，黏膜深紫红色。当过食引起瘤胃积食发生酸中毒和胃炎时，精神极度沉郁，瘤胃松软积液，手拍击有拍水感，病羊卧地，腹部紧张度降低，有的可能表现为视觉扰乱，盲目运动。全身症状加剧时，四肢颤抖，常卧地不起，呈昏迷状态。

三、诊断

瘤胃积食根据其发生原因，过食后发病，瘤胃内容物充满而硬实，食欲、反刍停止等特征，可以确诊。但是也易与下列疾病混淆，故须鉴别诊断。

1. 前胃弛缓

食欲、反刍减退，瘤胃内容物呈粥状，不断嗳气并呈现瘤胃间歇性鼓胀。

2. 急性瘤胃鼓胀

病程发展急剧，肚腹显著肿胀，瘤胃壁紧张而有弹性、叩诊呈鼓音，血液循环障碍，呼吸困难。

3. 创伤性网胃炎

网胃区疼痛，姿势异常，神情忧郁，头颈伸张，周期性瘤胃鼓胀，应用副交感神经兴奋药物病情显著恶化。

4. 皱胃阻塞

瘤胃积液，左下腹部显著鼓隆，皱胃冲击性触诊，腰旁窝听诊结合叩诊，呈现叩击钢管的铿锵音。此外，还需注意与皱胃变位、肠套叠、肠毒血症、生产瘫痪、子宫扭转等疾病进行鉴别，以免误诊。

四、防治

1.预防

预防主要是由于饲养管理不当引起，所以在预防上应从饲养管理上着手。避免大量给予纤维干硬而不易消化的饲料，对可口喜吃的精料要限制给量；严防偷食豆、谷类粮食，适度劳役。冬季由放牧转舍饲时，应给予充足的饮水并应创造条件供给温水，尤其是饱食以后不要给大量冷水。

2.治疗

治疗原则应消导下泻，止酵防腐，纠正酸中毒，健胃补液。消导下泻，石蜡油 100 mL、硫酸镁 50 g、加水 500 mL，1 次灌服；瘤胃兴奋剂：用 0.1% 新斯的明注射液 2 ~ 4 mg，2 h 重复 1 次。亦可用 10% 氯化钠 20 mL、生理盐水注射液 100 mL、10% 氯化钙 10 mL，混合后 1 次静脉注射；纠正酸中毒，5% 的碳酸氢钠 100 mL，5% 的葡萄糖 200 mL，1 次静脉注射；心脏衰弱时，可用 10% 樟脑磺酸钠 4 mL，静脉或肌肉注射；呼吸系统和血液循环系统衰竭时，可用尼可刹米注射液 2 mL，肌肉注射。

人工盐 50 g、大黄末 10 g、尤胆末 10 g、复方维生素 B 50 片，1 次灌服。吐酒石（酒石酸锑钾）0.5 ~ 0.8 g、龙胆酊 20 g，加水 200 mL，一次性灌服。

陈皮 10 g、枸壳 6 g、枳实 6 g、神曲 10 g、厚朴 6 g、山楂 10 g、萝卜籽 10 g，水煎取汁，制成健胃散，灌服。

也可试用中药大承气汤：大黄 12 g、芒硝 30 g、枳壳 9 g、厚朴 12 g、玉片 1.5 g、香附子 9 g、陈皮 6 g、千金子 9 g、青香 3 g、二丑 12 g，煎水，1 次灌服。严重积食而药物治疗无效时，即速进行瘤胃切开术，取出内容物。

【评估考核】

一、名词解释

瘤胃积食

二、填空

1.瘤胃积食又称______，以________大量积滞，容积增大，胃壁受压及运动神经麻痹，引起严重________为主的疾病。

2.瘤胃积食临床特征为__________停止，__________坚实，疝痛，________极弱或消失。

3. 瘤胃积食治疗原则是治疗原则应________，________，纠正________，健胃补液。

三、简答

1. 简述怎样鉴别诊断羊瘤胃积食。

2. 羊发生瘤胃积食如何治疗？

任务五　急性瘤胃臌气

【基本概念】

急性瘤胃臌气主要是采食容易发酵的饲料在瘤胃内迅速发酵产气，致使瘤胃高度充满、扩张，同时嗳气和呼吸困难，可视黏膜发绀为特征的一种疾病。该病常发生于春、夏季，绵羊和山羊均可患病。

本病可分为原发性瘤胃臌气（泡沫性臌气）和继发性瘤胃臌气（非泡沫性或自由气体性臌气）两种。瘤胃鼓胀按病因，可分为原发性和继发性鼓胀；按病的性质，可分为泡沫性和非泡沫性鼓胀。

【教学重点】

羊急性瘤胃臌气发生的原因、诊治要点。

【教学目标】

1. 知识目标

◆ 了解羊急性瘤胃臌气的主要原因。

◆ 熟悉羊急性瘤胃臌气的主要临床症状。

◆ 掌握羊急性瘤胃臌气的防治措施。

2. 技能目标

◆ 能根据临床症状对羊急性瘤胃臌气作出诊断。

◆ 能根据临床症状对羊急性瘤胃臌气进行治疗。

【教学内容】

一、病因

1. 原发性瘤胃臌气

该病因主要是所食牧草中含有生泡沫性物质，如皂苷、果胶、半纤维素，特别是可溶性叶蛋白，使瘤胃发酵气体生成大量稳定的泡沫并与瘤胃内容物混合在一起，不能通过嗳气被排除，导致瘤胃鼓胀。此外，采食较多粉碎过细的谷物饲料，可引起瘤胃 pH 值下降，适合于带荚膜的细菌生长时，细菌可产生稳定泡沫的细胞外多糖黏液及唾液分泌机能不全，也在原发性瘤胃臌气中起重要作用。在这些因素的配合下，臌气可一触即发。

在生产实践中，本病多见于下列情况：吃了大量容易发酵的饲料，最危险的是各种蝶形花科植物，如车轴草，苜蓿及其他豆科植物，尤其是在开花以前；初春放牧于青草茂盛的牧场，或多食萎干青草、粉碎过细的精料、发霉腐败的马铃薯、胡萝卜及山芋类都容易发病；吃了雨后水草或露水未干的青草，冰冻饲料或秸秆，尤其是在夏季雨后清晨放牧时，易患此病。

2. 继发性瘤胃臌气

秋季绵羊易发生肠毒血症，也可出现急性瘤胃臌气；每年剪毛季节若发生肠扭转也可致瘤胃臌气。另外本病还可继发于食道阻塞、食道麻痹、前胃弛缓、瓣胃阻塞、慢性腹膜炎及某些中毒性疾病等。

二、临床症状

一般呈急性发作，初期病羊表现不安，拱背伸腰、呻吟、疼痛；反刍、嗳气减少或停止，食欲废绝。发病后很快出现腹围膨大，病羊站立不动、背拱起、头常弯向腹部；不久腹部迅速胀大，左腹更为明显，皮肤紧张，叩之如鼓；病畜不时回顾腹部，后肢踢腹，急起急卧。

由于第一胃向胸腔挤压，引起呼吸困难，病羊张口伸舌，表现非常痛苦。呼吸困难的原因除由于胃内气体积蓄之外，同时也因为第一胃能够迅速吸收 CO_2 及 CO。膨胀严重时，病羊的结膜及其他可视黏膜呈紫红色，不吃、无反刍，脉搏快而弱，间有嗳气或食物反流现象；有时直肠垂脱。时间长就会导致羊虚弱无力，四肢颤抖，站立不稳；不久昏迷，呻吟、痉挛，因胃破裂、窒息或心脏衰竭而死亡。当发生泡沫性臌气时，有泡沫状唾液从口中逆流出，瘤胃穿刺仅能放出少量气体。

[**病理变化**]　死后立即剖检的病例，瘤胃壁过度扩张，充满大量气体及含有泡沫的内容物。死后数小时剖检，瘤胃内容物无泡沫，间或有瘤胃或膈肌破裂。瘤胃腹囊黏膜有出血斑，甚至黏膜下瘀血，角化上皮脱落。肺脏充血，肝脏和脾脏被压迫呈贫血状态，黏膜下出血等。

三、诊断

急性瘤胃臌气，病情急剧，根据病史，采食大量易发酵饲料发病，腹部膨胀，左旁腰窝突出，血液循环障碍，呼吸极度困难，易于确诊。

在临诊时,应注意与前胃弛缓、瘤胃积食、创伤性网胃腹膜炎、食管阻塞以及白苏中毒和破伤风等疾病进行鉴别诊断。

四、防治

1. 预防

加强饲养管理,增强前胃神经反应性,促进消化机能,保持其健康水平。此病大都与放牧不小心和饲养不当有关。因此,为了预防鼓胀,必须防止羊只采食过多的豆科牧草,不喂霉烂或易发酵的饲料,不喂露水草,少喂难以消化和易鼓胀的饲料。

2. 治疗

根据气胀的程度可采用不同的疗法。

(1)轻度气胀

可强迫喂给食盐颗粒 25 g 左右,或者灌给植物油 100 mL 左右。也可以用酒、醋各 50 mL,加温水适量灌服。

(2)剧烈气胀

可将羊的前腿提起,放在高处,给口内放以树枝或木棒,使口张开,同时有规律地按压左肋腹部,以排除胃内气体。然后采用以下方法,防止继续发酵。

①松节油或鱼石脂 5 mL/kg、薄荷油 3 mL、石蜡油 80 ~ 100 mL 加水适量灌服;若 0.5 h 以后效果不显著,可再灌服 1 次。

②从口中插入橡皮管,放出气体,同时由此管灌入油类 60 ~ 90 mL。

③灌服氧化镁:氧化镁是最容易中和酸类并吸收二氧化碳的药物,对治疗臌气的效果很好。其剂量根据羊的大小而定,一般小羊用 4 ~ 6 g,大羊为 8 ~ 12 g。

④植物油(或石蜡油)100 mL、芳香亚酮 10 mL、松节油(或鱼石脂)5 mL、酒精 30 mL 1 次灌服。或二甲基硅油 0.5 ~ 1 mL,或 2% 聚合甲基硅香油 25 mL,加水稀释,1 次灌服。

(3)民间土方

①烟叶、花椒各 200 g 煎服。

②萝卜籽 300 g,大蒜头 120 g,捣碎加芝麻油 150 mL,调匀口服。

③臭椿皮或叶 250 g,捣烂口服。

④熟石灰 120 g,豆油 300 mL,调匀口服。

(4)若病势非常严重,应迅速施行瘤胃穿刺术

利用套管针作瘤胃穿刺放气,套管针穿刺部位选择在左侧臁窝臌气最明显的部位,先对局部剪毛消毒,再用柳叶刀切皮肤一小口,将套管针刺入皮下直到穿透瘤胃壁,最后将套管

针针栓拔出，让套管留在腹壁上，但切不可使套管向外脱出。同时由套管向瘤胃内注入一些止酵剂。泡沫性臌气时，有小泡沫及饲料渣堵塞针管，放气效果不好时，注入止酵剂。

【评估考核】

一、名词解释

1. 瘤胃臌气

2. 瘤胃穿刺放气

二、填空

1. 为了预防羊瘤胃臌气，必须防止羊只采食过多的______牧草，不喂______饲料，不喂______，少喂难以消化和易鼓胀的饲料。

2. 羊继发性瘤胃臌气常继发于______、______、______、______等。

三、简答

1. 急性瘤胃臌气的主要临床症状。

2. 泡沫型瘤胃鼓胀和非泡沫型鼓胀治疗方法的区别。

任务六 瓣胃阻塞

【基本概念】

瓣胃阻塞又称瓣胃秘结,在中兽医称为“百叶干”,是由于瓣胃收缩力量减弱,食物排出不充分,通过瓣胃的食糜积聚充满于瓣叶之间,水分被吸收,内容物变干及瓣胃肌麻痹和小叶压迫性坏死的一种严重疾病。其临床特征为瓣胃容积增大、坚硬,腹部胀满,不排粪便。原发性病例不多,可在前胃运动机能障碍时继发。

【教学重点】

羊瓣胃阻塞发生的原因、诊治要点。

【教学目标】

1. 知识目标

◆ 了解羊瓣胃阻塞的主要原因。
◆ 熟悉羊瓣胃阻塞的主要临床症状。
◆ 掌握羊瓣胃阻塞的防治措施。

2. 技能目标

◆ 能根据临床症状对羊瓣胃阻塞作出诊断。
◆ 能根据临床症状对羊瓣胃阻塞进行治疗。

【教学内容】

一、病因

本病主要是由于饲喂过多秕糠、粗纤维饲料而饮水不足所引起;或饲料和饮水中混有过多泥沙,使泥沙混入食糜,沉积于瓣胃瓣叶之间而发病。瓣胃阻塞还可继发于前胃弛缓、瘤胃积食、皱胃阻塞和皱胃与腹膜粘连等疾病。

二、临床症状

病的初期与前胃弛缓症状相似，瘤胃蠕动减弱，瓣胃蠕动消失，可继发瘤胃臌气和瘤胃积食。病羊发病初期，鼻镜干燥，食欲、反刍缓慢；粪便干少，色黑。瓣胃完全阻塞后，食欲、反刍停止，呈现空口咀嚼、磨牙，全身脱水，鼻镜干裂，尿少而黄，粪少而干，形成饼状或粟状，时有努责和疼痛，瓣胃检查，触压病羊右侧7—9肋间，肩关节水平线，羊表现痛苦不安，有时可以在右肋骨弓下摸到阻塞的瓣胃。直肠检查，直肠空虚，有黏液，并有少量暗褐色粪块附着于直肠壁。如病程延长，瓣胃小叶发炎或坏死，常可继发败血症，可见病羊体温升高，呼吸和脉搏加快，全身衰弱，卧地不起，最后死亡。

［**病理变化**］ 瓣胃内容物充满、坚硬，其容积增大1～3倍。重度病例，瓣胃邻近的腹膜及内脏器官，多具有局限性或弥漫性的炎性变化。瓣叶间的内容物干涸，形成纸板，可碾成粉末状。瓣叶上皮脱落，有溃疡、坏死灶或穿孔。此外，肝脏、脾脏、心脏、肾脏以及胃肠等部分，具有不同程度的炎性病理变化。

三、诊断

瓣胃阻塞多与前胃其他疾病和皱胃疾病的病证颇为相似，临床诊断有时困难。虽然如此，也可根据病史调查、临床病症，瓣胃蠕动音低沉或消失，触诊瓣胃敏感性增高，叩诊浊音区扩大，粪便细腻，纤维素少、黏液多等表现，结合瓣胃穿刺诊断。必要时可进行剖腹探诊，可以确诊。还应注意与前胃弛缓、瘤胃积食、创伤性网胃腹膜炎、皱胃阻塞、肠便秘以及可伴发本病的某些急性热性病进行鉴别诊断，以免误诊。

四、防治

1. 预防

避免给羊过多饲喂秕糠和坚韧的粗纤维饲料，应给予营养丰富的饲料；注意补充矿物质饲料，供给充足清洁的饮水；正确管理，防止导致前胃弛缓的各种不良因素。注意运动和饮水，增进消化机能，防止过劳和缺乏运动。发生前胃弛缓时，应及早治疗，以防止发生本病。

2. 治疗

治疗应以软化瓣胃内容物为主，辅以兴奋前胃运动机能，促进胃肠内容物排出。

①病的初期可用硫酸钠或硫酸镁20～30 g，加水300～500 mL，1次内服；或石蜡油

100～150 mL,1 次内服。同时可用 10% 氯化钙 10 mL、10% 氯化钠 50～100 mL、5% 葡萄糖生理盐水 150～300 mL,混合 1 次静脉注射;增强前胃神经兴奋性,促进前胃内容物的运转与排除。

②对顽固性瓣胃阻塞,可用瓣胃注射疗法。具体方法是:于右侧第九肋间隙和肩关节水平线交界处,选用 12 号 7 cm 长针头,向对侧肩关节方向刺入约 4 cm 深,刺入后可先注入 20 mL 生理盐水,感到有较大压力并有草渣流出,表明已刺入瓣胃;然后注入 25% 硫酸镁溶液 30～40 mL,石蜡油 100 mL(交替注入瓣胃);于第二日再重复注射 1 次。瓣胃注射后,10% 氯化钙 10 mL、10% 氯化钠 50～100 mL、5% 葡萄糖生理盐水 150～300 mL,混合 1 次静脉注射。待瓣胃松软后,皮下注射 0.1% 新斯的明注射液 2～4 mg 或 0.1% 氨甲酰胆碱 0.2～0.3 mL(在无腹痛症状时应用),兴奋胃肠运动机能,促进积聚物排出。

③亦可内服中药,健胃、止酵剂,通便、润燥及清热,效果良好。大黄 9 g、枳壳 6 g、二丑 9 g、玉片 3 g、当归 12 g、白芍 2.5 g、番泻叶 6 g、千金子 3 g,煎水 1 次内服,或用大黄末 15 g、人工盐 25 g、清油 100 mL,加水 300 mL,灌服。

④瘤胃切开术。方法是:先切开瘤胃,取出其中大部分内容物及网胃内容物,用胃导管通过网瓣孔注入 1% 温盐水 500～1 000 mL,边冲洗,术者边用手指疏通瓣胃内容物,直至将瓣胃小叶间胃内容物清理干净,缝合瘤胃切口,关闭腹腔。

【评估考核】

一、名词解释

瓣胃阻塞

二、填空

1. 瓣胃阻塞治疗应以软化______为主,辅以兴奋______机能,促进______排出。

2. 原发性瓣胃阻塞,主要是由于饲喂过多______、______而饮水不足所引起;或饲料和饮水中混有过多______,使之混入食糜,沉积于瓣胃瓣叶之间而发病。

三、选择

1. 瓣胃阻塞常继发于(　　)等病。

A. 前胃弛缓　　B. 瘤胃积食　　C. 皱胃变位　　D. 食道阻塞

2. 瓣胃注射部位是在右侧倒数(　　)肋间肩端水平线上。

A. 3 或 4　　B. 5 或 6　　C. 7 或 8　　D. 9 或 10

任务七　创伤性网胃心包炎

【基本概念】

创伤性网胃心包炎，是由于铁丝、铁钉、缝针等金属异物混杂在饲料内，被采食吞咽落入网胃，导致急性或慢性前胃弛缓，瘤胃反复鼓胀、消化不良，并因穿透网胃刺伤心包，继发创伤性心包炎。其临床特征为急性前胃弛缓、胸壁疼痛、间歇性臌气、白细胞总数增加及核左移等。

【教学重点】

羊创伤性网胃炎的症状、诊治要点。

【教学目标】

1. 知识目标

- ◆ 了解创伤性网胃心包炎的主要原因。
- ◆ 熟悉创伤性网胃心包炎的主要临床症状。
- ◆ 掌握创伤性网胃心包炎的防治措施。

2. 技能目标

- ◆ 能根据临床症状对创伤性网胃心包炎作出诊断。
- ◆ 能根据临床症状对创伤性网胃心包炎进行治疗。

【教学内容】

一、病因

该病主要发生于成年羊。由于吃入饲料中混有短的铁丝、铁钉、大头针、缝针所致。在城市郊区和工矿区这种机会较多，这类金属异物有一定长度和尖锐程度，先穿刺网胃壁（大多数穿刺在其前壁上），进一步刺透膈肌进入心包，但也有从网胃侧壁或后壁穿刺而转移到其他组织器官的，例如脾脏、肝脏和胸壁，可发生腹膜炎及各部位的化脓性炎症。

二、临床症状

一般发病缓慢，初期无明显变化，日久则表现精神不振，食欲反刍减少，瘤胃蠕动减弱或停止并常出现反刍性臌气。病情较重时患羊行动小心，常有拱背、呻吟等疼痛表现。用手顶压网胃区或用拳头顶压剑状软骨左后方时，病羊表现有疼痛、躲闪。站立时，肘关节张开，起立时先起前肢。体温一般正常，但有时升高。当发生创伤性心包炎时，病羊全身症状加剧，体温升高，心跳明显加快，颈静脉怒张，颌下、胸前水肿。叩诊心区扩大，有疼痛感。听诊心音减弱，混浊不清，常出现摩擦音及拍水音。病后期常导致腹膜粘连、心包化脓和脓毒败血症。

血象检查，白细胞总数增多，白细胞增至 14 000 个/mm^3，白细胞分类，初期核左移，嗜中性白细胞高达 70%，淋巴细胞则降至 30% 左右。结合病情分析，具有实际临床诊断意义。

[**病理变化**]　病理变化依金属异物的性状而异。一部分病例只引起创伤性网胃炎，特别是铁钉或销钉，可使胃壁深层组织损伤，局部增厚，发生化脓，形成瘘管或瘢痕。也有一部分病例，网胃与膈粘连，或胃壁局部结缔组织增生，其中埋藏铁钉或销钉，并形成干酪腔或脓腔。心脏受损害时，心包中充满多量纤维蛋白性渗出液；也可能发生肺炎、肺脓肿、肺与胸膜粘连等病理解剖学变化。

三、诊断

本病的诊断应根据饲养管理情况，结合病情发展过程进行。

姿态与运动异常，顽固性前胃弛缓，逐渐消瘦，网胃区触诊与疼痛试验，血象变化（白细胞总数增多，嗜中性白细胞与淋巴细胞比例倒置）以及长期治疗不见效果，是本病的基本特征。应用金属异物探测器检查，可获得阳性结果。有条件时可应用 X 射线透视，即可确诊。在临诊时，必须注意同前胃弛缓、慢性瘤胃鼓胀、皱胃溃疡等所引起的消化机能障碍、肠套叠和子宫扭转等所导致的剧烈腹痛症状，创伤性心包炎、吸入性肺炎等所呈现的呼吸系统症状相比较，进行鉴别诊断，以免误诊。

四、防治

1. 预防

清除饲料中异物，可在饲料加工设备中安装磁铁，以排除铁器，建立定期检查和预防制度，瘤胃中投放磁铁块并定期取出清除吸附其上的金属异物，并严禁在牧场或羊舍内堆放铁器。饲喂人员勿带小而尖细的铁具进入羊舍，以防遗落饲料中。

2. 治疗

创伤性网胃炎病因特殊，没有任何有效药物可以治疗。对患创伤性心包炎的种羊，可以考虑病的初期及时采用手术疗法，方法是：直接进行心包切开术，即切除左侧第 5 根肋骨，切开心包，取除异物并冲洗，灌注抗生素溶液。有的间接通过瘤胃切口，从网胃内取出异物（在异物未完全穿出网胃情况下），如异物全部进入心包，立即探察网胃，取出其他存在的异物，分层缝合切口。同时配合抗生素和磺胺类药物治疗，可用青霉素 40 万 ~80 万单位、链霉素 50 万单位，肌肉注射；磺胺嘧啶钠 5 ~8 g、碳酸氢钠 5 g，加水灌服，每天 1 次，连用一周以上或内服健胃剂、镇痛剂。如膈肌已破裂或已形成膈疝，分离网胃与膈肌间粘连，修补膈肌裂口。如心包已化脓且有较多的脓汁、坏死，建议淘汰。

【评估考核】

一、名词解释

创伤性网胃心包炎

二、填空

1. 创伤性网胃心包炎其临床特征为急性______，______疼痛，间歇性______，白细胞总数增加及核左移等。

2. 对患创伤性网胃心包炎的种羊，可以考虑病的初期及时采用__________手术治疗。

三、简答

如何预防羊创伤性网胃心包炎的发生？

任务八　胃肠炎

【基本概念】

胃肠炎是胃肠黏膜及其深层组织的出血性或坏死性炎症。以严重的胃肠功能障碍和不同程度自体中毒为特征。

【教学重点】

羊胃肠炎发病原因、症状、诊治要点。

【教学目标】

1. 知识目标

◆ 了解羊胃肠炎的主要原因。
◆ 熟悉羊胃肠炎的主要临床症状。
◆ 掌握羊胃肠炎的防治措施。

2. 技能目标

◆ 能根据临床症状对羊胃肠炎作出诊断。
◆ 能根据临床症状对羊胃肠炎进行治疗。

【教学内容】

一、病因

胃肠炎的病因可分为原发性和继发性两种。

原发性病因中在饲养管理不当、饲料质量不良(如采食大量的冰冻、发霉饲料,饲草、饲料中混进具有刺激性的化肥,如过磷酸钙、硝铵等)、饮用不清洁的冰冻水等情况下,强烈的刺激作用可导致胃肠炎;服用过量的蓖麻油、芦荟、芒硝等,也可致病;营养不良、长途车船运输等因素能降低羊只机体的防御能力,使胃肠屏障机能减弱,平时腐生于胃肠道并不引起致病作用的细菌，如大肠杆菌、坏死杆菌等微生物，此时往往由于毒力增强而起致病作用。此外，抗生素的滥用有以下弊病：一方面细菌产生抗药性；另一方面在用药过程中造成肠道的菌群失调引起的二重感染，应当引起重视。

继发性胃肠炎多见于各种传染病、细菌性传染病、寄生虫病、及很多内科病的过程中（如羊副结核、巴氏杆菌病、羊快疫、肠毒血症、炭疽、羔羊大肠杆菌病等）。

二、临床症状

临床表现以消化机能紊乱、腹痛、腹泻、发热、脱水和毒血症为特征。

病羊精神沉郁，食欲减退或废绝，反刍停止；体温升高达 40 ℃，脉搏快而弱，口腔干燥发红发臭，舌面覆有黄白苔，眼球下陷；常伴有腹痛。鼻梁、耳根、角根、四肢末端变冷。肠音初期增强，不断排稀粪便或水样粪便，气味腥臭或恶臭，粪中混有血液及坏死的组织片，有黏液、脓液，但粪量不多，有里急后重现象；由于下泻，可引起脱水。脱水严重时，尿少色浓，皮肤弹性降低，迅速消瘦，腹围紧缩。当虚脱时，病羊不能站立而卧地，呈衰竭状态。病羊不愿行走，大多躺卧、眼半闭、将头弯向侧方，对周围事物无反应。如不及时救治，病羊 3 ~5 d 后往往发生严重失水和中毒，以致昏迷死亡。慢性胃肠炎病程长，病势缓慢，主要症状同于急性，可引起恶病质。

三、诊断

首先应根据全身症状，食欲紊乱及粪便中含有病理性产物等，不难作出正确诊断。进行流行病学调查，血、粪、尿的化验，对单纯性胃肠炎、传染病、寄生虫病的继发性胃肠炎可鉴别诊断。怀疑中毒时，应检查草料和其他可疑物质。若口臭显著，食欲废绝，主要病变可能在胃；若黄染及腹痛明显，初期便秘并伴发轻度腹痛，腹泻出现较晚，主要病变可能在小肠；若脱水迅速，腹泻出现早并有里急后重症状，主要病变在大肠。

四、防治

1. 预防

应从贯彻“预防为主”的原则出发，首先着重改善饲养管理，保持适当运动，增强体质，保证健康。

必须注意饲料质量、饲养方法，建立合理的饲养管理制度，加强饲养人员的业务学习，提高科学的饲养管理水平，做好经常性的饲养管理工作，对防止胃肠炎的发生有重要的意义。

注意饲料保管和调配工作，不使饲料霉败。饲喂要做到定时定量，少喂勤添，先草后料；检查饮水质量，禁止饮用污秽不洁饮水；久渴失饮时，注意防止暴饮；严寒季节，给予温水，预防冷痛。

应定期检查，注意平时观察，当发现羊只采食、饮水及排粪异常时，应及时治疗，加强护理。

2. 治疗

治疗原则为清理胃肠，保护胃肠黏膜，制止胃肠内容物的腐败发酵，维护心脏功能，解除中毒，预防脱水。泻剂用硫酸钠 30～50 g 或人工盐 30 g 加水口服。保护胃肠黏膜用矽炭银片 10～20 片加大黄苏打片 20 片加适量常水口服，或鞣酸蛋白或次硝酸铋（每只 2～5 g，内服）。为吸附肠内有毒物质，可内服药用炭 20～40 g。

抗菌消炎用磺胺脒片 50～100 片或诺氟沙星胶囊 5～15 粒口服，每天 2 次。连用 3 d。也可用庆大霉素 20 万单位，肌肉注射，每天 2 次。也可用病菌净口服，或菌特灵注射液、恩诺沙星注射液肌肉或静脉注射。胃肠出血可用止血敏、安络血肌肉注射。失水严重时，补钠、补钾、补糖、补液及强心。如可用葡萄糖盐水或复方氯化钠溶液 300～500 mL，10% 樟脑磺酸钠 4 mL、维生素 C 100 mg，混合后静脉注射，每天 1～2 次。

中药治疗，黄连 4 g、黄芩 10 g、黄柏 10 g、白头翁 6 g、枳壳 9 g、砂仁 6 g、茯苓 9 g、泽泻 9 g，水煎去渣候温灌服。

急性胃肠炎可用白头翁 12 g、陈皮 9 g、黄连 2 g、黄芩 3 g、大黄 3 g、山栀 3 g、茯苓 6 g、泽泻 6 g、内金 9 g、木香 2 g、山楂 6 g，水煎，1 次内服。亦可用白头翁葛根芩连汤加减，葛根 12 g、黄芩 9 g、黄柏 9 g、黄连 6 g、白头翁 15 g、银花 15 g、连翘 15 g、陈皮 15 g、赤芍 9 g、丹皮 6 g，加水煎煮，1 次内服。

【评估考核】

一、名词解释

羊胃肠炎

二、填空

1. 胃肠炎病羊临床表现以______紊乱、______、______、______脱水和毒血症为特征等症状。

2. 胃肠炎治疗原则是清理______，保护______，制止______，维护______，解除______，预防脱水。

三、选择

1. 原发性胃肠炎的病因有(　　)。

A. 饲喂霉败饲料　B. 采食有毒植物　C. 滥用抗生素　D. 饮冰水

2. 胃肠炎若脱水迅速,腹泻出现早并有里急后重症状,主要病变在(　　)。

A. 大肠　B. 胃　C. 小肠　D. 十二指肠

四、简答

1. 如何治疗羊胃肠炎?

2. 羊胃肠炎的临床表现是什么?

任务九 肺 炎

【基本概念】

肺炎是细支气管与个别肺小叶或小叶群肺泡的炎症，一般由支气管炎症蔓延所引起。以在绵羊引起的损失较大，尤其是羔羊。

【教学重点】

羊肺炎发病的原因、症状、诊治要点。

【教学目标】

1. 知识目标

◆ 了解羊肺炎的主要原因。

◆ 熟悉羊肺炎的主要临床症状。

◆ 掌握羊肺炎的防治措施。

2. 技能目标

◆ 能根据临床症状对羊肺炎作出诊断。

◆ 能根据临床症状对羊肺炎进行治疗。

【教学内容】

一、病因

肺炎的病因主要是由于受寒感冒，机体抵抗力降低，受物理化学因素的刺激，受条件性病原菌的侵害，如巴氏杆菌、链球菌、化脓放线菌、坏死杆菌、铜绿假单胞菌、葡萄球菌等的感染而引起；羊肺线虫也可引起发病。此外，可继发于口蹄疫、放线菌病、羊子宫炎、乳房炎、肺丝虫。还可见于羊鼻蝇、外伤致使的肋骨骨折、创伤性心包炎、乳房炎的病理过程中。

二、临床症状

肺炎初期呈急性支气管炎症状，即咳嗽，体温升高，呈弛张热型，高达 40 ℃以上；呼吸浅表、增数，呈混合型呼吸困难。叩诊胸部有局灶性浊音区，听诊肺区有捻发音。肺气肿常由小叶性肺炎继发而来。病羊呈现间歇热，体温升高至 41.5 ℃；咳嗽，呼吸困难。肺区叩诊，常出现固定的似局灶性浊音区，病区呼吸音消失。

血液检查，白细胞总数可达 15 万个/mL，嗜中性白细胞增多，其中分叶核细胞增加。

［**病理变化**］ 支气管肺炎有小叶的特性。在肺实质内，特别是在肺脏的前下部，散在一个或数个孤立的、大小不同的肺炎病灶，并且每一个病灶是一个或一群肺小叶。这些肺小叶是在有病变的支气管分支区域。

患病部分的肺组织坚实而不含空气，初呈暗红色，后呈灰红色。剪取病变肺组织小块投入水中即下沉。肺切面因病变程度不同，表现出各种不同的颜色。在新发生的病变区，则因充血显著而呈红色或灰红色。较久的病变区则因脱落的上皮细胞和渗出性细胞增加，呈灰黄色或灰白色。压挤时流出血性或浆液性液体。肺的间质组织扩张，被浆液性渗出物所浸润，呈胶冻样。在炎症病灶中，可见到扩张的并充满渗出物的支气管腔。在炎症病灶周围，几乎总可发现代偿性气肿。

三、诊断

建立诊断主要依据病史材料的分析，如继发性支气管炎；临床特征，体温为弛张热，短钝的痛咳，胸部叩诊呈局灶性浊音区，听诊有捻发音，肺泡音减弱或消失；以及 X 射线检查出现散在的局灶性阴影等。但须与下列疾病区别开：

①细支气管炎：热型不定。胸部叩诊呈现过清音甚至鼓音。听诊肺泡音亢盛并有各种啰音。

②大叶性肺炎：呈稽留热型。病程发音迅速，而在典型病例常呈定型经过。肺部叩诊浊音区扩大，听诊肝变区有较明显的支气管呼吸音。该疾病发病的经过中，往往有铁锈色鼻液以及 X 射线检查病变部呈现明显而广泛的阴影。

四、防治

1. 预防

加强饲养管理、增强机体抗病能力是最根本的预防措施。为此应供给富含蛋白质、矿物质、维生素的饲料；注意圈舍卫生，不要过热、过冷、过于潮湿，通风要好。在下午较晚时不要洗浴，因没有晒干机会。剪毛后若遇天气变冷，应迅速把羊赶到室内，必要时还应给室内生火。远道运回的羊只，不要急于喂给精料，应多喂青饲料或青贮料。对呼吸系统的其他疾病要及时发现，抓紧治疗。

2. 治疗

①首先要加强护理，发现之后，及早把羊放在清洁、温暖、通风良好但无贼风的羊舍内，保持安静，喂给容易消化的饲料，经常供应清水。

②采用抗生素或磺胺类药物治疗，病情严重时可以两种同时应用。

用青霉素 40 万 ~60 万单位、链霉素 50 万 ~100 万单位混合肌注，12 h 一次。用 10% 安钠咖 2 ~10 mL、10% 樟脑磺酸钠 2 ~10 mL 分上、下午交替肌注，以促进血液循环，利于肺部渗出物的排泄。如食欲不好，用 50% 葡萄糖 50 ~100 mL、糖盐水 200 ~300 mL、25% 维生素 C 2 ~4 mL 静注，每日或隔日 1 次。制止渗出，也可用 5% 氯化钙 5 ~10 mL 或 10% 葡萄糖酸钙 25 ~50 mL 静注，隔日 1 次。为止咳祛痰，成羊用氯化铵 1 g、磺胺嘧啶 1 g、碳酸氢钠 1 g，以蜂蜜调为糊状作舐剂服用，12 h 一次。氯化铵应另调分开服用。四环素 50 万单位、糖盐水 100 mL 溶解均匀，一次静脉注射，每日 2 次，连用 3 ~4 天。卡那霉素 100 万单位一次肌肉注射，每日 2 次，连用 3 ~4 天。也可用中药银翘散加减：金银花 40 g、连翘 45 g、牛蒡子 60 g、杏仁 30 g、前胡 45 g、桔梗 60 g、薄荷 40 g，研为细末，开水冲调，一次灌服。

③对症治疗。根据羊只的不同表现，采用相应的对症疗法。例如当体温升高时，可肌注安乃近 2 mL 或内服阿司匹林 1 g，每日 2 ~3 次。当发现干咳、有稠鼻涕时，可给予氯化铵 2 g，分 2 ~3 次，1 日服完。当呼吸十分困难时，可用氧气腹腔注射。此法简便而安全，能够提高治愈率。剂量按 100 mL/公斤体重计算。注射以后，可使病羊体温下降，食欲及一般情况有所改善。虽然在注射后第 1 昼夜呼吸频率加快（41 ~47 次），呼吸深度有所增加，但经过 2 ~3 d 后可恢复正常。为了强心和增强小循环，可反复注射樟脑油或樟脑水。如有便秘，可灌服油类或盐类泻剂。

【评估考核】

一、名词解释

肺炎

二、填空

1. 肺炎是______与______或______的炎症，一般由______炎症蔓延所引起。

2. 肺炎的体温热型为______，胸部叩诊呈______，听诊有______音，______减弱或消失；

以及 X 射线检查出______等。

三、简答

羊肺炎的主要症状是什么？

任务十　食毛症

【基本概念】

绵羊食毛症是由于羔羊食毛量过多,由于食毛量过多影响消化,严重时因毛球阻塞肠道形成肠梗塞而造成死亡的一种病症。近年来,由于限地放牧,常发生地方性成年羊食毛症。其临床特征为:羔羊发生毛球阻塞幽门和肠道,表现不排粪、腹痛、肚胀、脱水;成年羊常在一群中互相啃食被毛,大群羊被毛脱落,出现裸体羊。

【教学重点】

绵羊食毛症发生的原因、症状及防治措施。

【教学目标】

1. 知识目标

◆ 了解绵羊食毛症的主要原因。
◆ 熟悉绵羊食毛症的主要临床症状。
◆ 掌握绵羊食毛症的防治措施。

2. 技能目标

◆ 能根据临床症状对绵羊食毛症作出诊断。
◆ 能根据临床症状对绵羊食毛症进行治疗。

【教学内容】

一、病因

食毛症的病因主要是由于物质代谢障碍引起。母羊和羔羊饲料中的矿物质和维生素不足,尤其是钙、磷的缺乏,导致矿物质代谢障碍;羔羊在哺乳期中毛的生长速度特别快,需要大量生长羊毛所必需的含硫丰富的蛋白质,如果此类蛋白质供应不足,会引起羔羊食毛;由于羔羊离乳后，放牧时间短，补饲不及时，羔羊饥饿时采食了混有羊毛的饲料和饲草而发病；以及分娩母羊的乳房周围、乳头和腿部的污毛没剪，新生羔羊在吮乳时误将羊毛食入胃内也可引起。

二、临床症状

发病初期，羔羊啃咬和食入母羊的毛，尤其喜啃食腹部、股部和地上被污染的毛。羔羊之间也互相啃咬被毛。当毛球形成团块在皱胃和肠道引起阻塞时，羔羊表现喜卧、磨牙、消化功能紊乱、便秘、腹痛、胃肠发生胀气，严重者消瘦贫血。触诊腹部、皱胃、瘤胃内可触摸到大小不等的硬块，羔羊表现疼痛不安。病情严重治疗不及时的患羊，两前腿站不起来，爬卧5～6 d，最后可导致心脏衰竭死亡。

剖检病死羔羊，可见胃内和皱胃幽门处有许多鸽蛋至鸡蛋大羊毛球，坚硬如石，形成堵塞。严重的在瘤胃、网胃、瓣胃、皱胃及小肠处均可发现大小不等的毛球。有的毛球是由羊毛与饲草残渣交织而成的，有的则是由羊毛与泥土黏合而成。

三、临床诊断

从临床症状及剖检变化，较易作出诊断，但确定病因较难；故应从饲养管理、日粮分析等多方面分析调查，找出病因才能有效防治。

四、防治

1. 预防

预防主要在于改善饲养管理。要制订合理的饲养计划，饲喂要做到定时、定量，防止羔羊暴食。对羔羊补饲，应供给富含蛋白质、维生素和矿物质的饲料，如青绿饲料、胡萝卜、甜菜和麸皮等，每天供给骨粉(5～10 g)和食盐。注意分娩母羊和舍内的清洁卫生，对分娩母羊产出羔羊后，要先将乳房周围、乳头长毛和腿部污毛剪掉，然后用2%的来苏尔液消毒后再让新生羔羊吮乳。

2. 治疗

一般以灌肠通便为主。

①可服用植物油类、液体石蜡或人工盐、碳酸氢钠等，如伴有拉稀可进行强心补液。

②加强母羊和羔羊的饲养管理，供给多样化的饲料和含钙丰富的饲料，保证有一定的运

动,精料中加入食盐和骨粉,补喂鱼肝油。

③每只羔羊每天喂一个鸡蛋,连蛋壳捣碎,拌入饲料内或放入奶中饲喂,喂 5 d,停 5 d,再喂 5 d,可控制食毛的发生和发展。

④用食盐 40 份、骨粉 25 份、碳酸钙 35 份或者骨粉 10 份、氯化钴 1 份、食盐 1 份,混合,掺在少量麸皮内置于饲槽,任羔羊自由舔食。也可在羊圈经常撒一些青草,任其自由采食。

⑤给瘦弱的羔羊补给维生素 A、维生素 D 和微量元素,如加喂市售的维生素 A、维生素 D 和营养素,对有舔食的羔羊,更应特别认真补喂。

⑥可作真胃切开术,取出毛球。若肠道已经发生坏死,或羔羊过于孱弱,不易治愈。

【评估考核】

一、名词解释

食毛症

二、填空

1. 绵羊食毛症是由于母羊和羔羊饲料中的______和______不足,尤其是______、______的缺乏,导致矿物质代谢障碍。

2. 羔羊发生毛球阻塞幽门和肠道时表现______、______、______、______。

三、判断

1. 新生羔羊在吮乳时误将羊毛食入胃内也可引起食毛症。 ( )

2. 羔羊饲喂高蛋白饲料可控制食毛的发生和发展。 ( )

四、简答

如何预防绵羊食毛症的发生?

任务十一 酮尿病

【基本概念】

羊酮尿病又称为醋酮血病、酮血病、酮病，是由于蛋白质，脂肪和糖的代谢发生紊乱，在血液、乳、尿及组织内酮的化合物蓄积所致的疾病。多见于冬季舍饲的奶山羊和高产母羊泌乳的第 1 个月，主要是由于饲料管理上的错误，其营养不能满足大量泌乳的需要而发病。临床主要表现酮尿和酮乳为特征。原发性醋酮血病一般最常发生于饲养良好和产乳量较高的母羊，但在饲养很差而产乳量较高者也可以发生，后者称为营养不良性酮病。

本病和羊的妊娠毒血症，即产羔病、双羔病，虽然生化紊乱基本同，而且在相似的饲养管理条件下发病，但在临床上是不同病种，并发生在妊娠-泌乳周期的不同阶段。

【教学重点】

羊酮尿病发病原因、症状、诊治要点。

【教学目标】

1. 知识目标

◆ 了解羊酮尿病的主要原因。
◆ 熟悉羊酮尿病的主要临床症状。
◆ 掌握羊酮尿病的防治措施。

2. 技能目标

◆ 能根据临床症状对羊酮尿病作出诊断。
◆ 能根据临床症状对羊酮尿病进行治疗。

【教学内容】

一、病因

原发性酮病目前普遍的论点是“糖缺乏理论”，羊在妊娠或大量泌乳时，机体糖耗过高，需动员自身脂肪和蛋白质的降解来满足机体的需求。在机体代谢过程中,因而产生大量酮体,酮体积聚在血液中而发生酮血病。此外,由于饲料搭配不当,碳水化合物和蛋白质含量过高,饲料粗纤维不足,特别是产羔期母羊过肥,体内大量储存的脂肪容易引起过度动员分解,可加速体内酮体的合成。因此,过肥也常是酮病的诱因。

本病的继发原因有:微量元素钴的缺乏和多种疾病引起的瘤胃代谢紊乱,如前胃弛缓、真胃炎、子宫炎和饲料中毒等过程中。主要是由于瘤胃代谢扰乱而影响维生素 B12 的合成,影响机体对丙酸的代谢。此外,机体内分泌机能紊乱等因素,均可促进酮病的发生。

二、临床症状

病羊初期掉群,不能跟群放牧,视力减退,呆立不动,驱赶强迫运动时,步态摇晃。后期意识紊乱,不听主人呼唤,视力消失。神经症状常表现为头部肌肉痉挛并可出现耳、唇震颤,空嚼,口流泡沫状唾液。由于颈部肌肉痉挛,故头后仰,或偏向一侧,亦可见到转圈运动。若全身将乱则突然倒地死亡。在病程中病羊食欲减退,前胃蠕动减弱,黏膜苍白或黄疸;粪球干小,上附黏液、恶臭,有时便秘与腹泻交替发生。体温正常或低于正常,排尿减少,尿呈浅黄色水样,初呈中性,后变为酸性,易形成泡沫,有特异的丙酮气味。泌乳量减少,乳汁有特异的丙酮气味。

三、诊断

在实验室采用亚硝基铁氰化钠法检验尿液,尿液中酮体如呈阳性反应,再结合病史、症状等,即可确诊。

[**病理变化**] 主要表现是肝脏的脂肪变性,严重病例的肝比正常的大 2 ~ 3 倍,其他实质器官也出现不同程度的脂肪变性。

四、防治

1. 预防

改善饲养条件,应保证供应充分的全价饲料,奶羊产犊前后不能饲养得过肥。高产羊群保证日粮中足量的碳水化合物和适量的蛋白质及干草。建立定期检查制度,发现病羊后,应立即采取防治措施。

2. 治疗

治疗方法包括代替疗法和激素疗法,但在严重的病例中所发生低糖血症性脑病和血浆中氢化可的松水平增高,这些疗法都没有效果。

①代替疗法。静脉注射50%高渗葡萄糖50~100 mL,每天2次,连续3~5 d。口服甘油,每日1次。第1次50 mL,以后每次25 mL,连用5 d。

乳酸盐也是一种高糖元效用药物如乳酸钙或乳酸钠(第1次180 g,随后每天90 g,共7 d,口服)和醋酸钠(每天25~50 g,口服)。

②激素治疗:发病后可立即肌肉注射考的松0.2~0.3 g或促肾上腺皮质素20~40 IU,每日1次,连用4~6次。或胰岛素5~8 IU(与肾上腺皮质激素和50%葡萄糖配伍用)。

③为了恢复氧化-还原过程及新陈代谢,可口服柠檬酸钠或醋酸钠,剂量按300 mg/公斤体重计算,连服4~5 d。还可用次亚硫酸钠2 g,葡萄糖20~40 g,蒸馏水加至100 mL制成注射剂,每次静脉注射30~80 mL。

④供给维生素A、维生素B、维生素D及矿物质(钙、磷、食盐等)。

【评估考核】

一、名词解释

羊酮尿病

二、填空

1. 羊酮尿病是由于______、______、______的代谢发生紊乱,在______、______、______及组织内酮的化合物蓄积所致的疾病。

2. 羊酮尿病可通过______、______、______等化验结果可以确诊。

三、选择

1. 以下(　　)均易引发羊酮尿病。

A. 羊在大量泌乳时　B. 微量元素钴的缺乏　C. 日粮供给不足　D. 产前过度肥胖

2. 羊酮尿病多发生于冬季舍饲的奶山羊和高产母羊泌乳的(　　)月内。

A. 第1个　B. 第2个　C. 第3个

四、简答

1. 引发羊酮尿病的原因有哪些?

2. 羊酮尿病的主要症状有哪些?

任务十二　流　产

【基本概念】

流产是指各种原因所致的母羊妊娠中断，包括胚胎被母体吸收及产出死胎与未足月胎儿等。山羊发生流产较多，绵羊少见。

【教学重点】

流产的预防处理及引产治疗的基本技能。

【教学目标】

1. 知识目标

- 了解流产发生的主要原因。
- 熟悉预防流产发生的主要措施。
- 掌握流产的预防处理及治疗措施。

2. 技能目标

- 学会流产的预防处理及引产治疗的基本技能。

【教学内容】

一、病因

根据发病原因不同，流产分为两类，一类是由于传染性的原因所引起的，多见于布氏杆菌病、弯杆菌病、毛滴虫病、沙门杆菌病和病毒性流产；另一类是非传染性的原因引起的流产，可见于子宫畸形、胎盘坏死、胎膜炎和羊水增多症等及一些内科病（肺炎、肾炎、有毒植物中毒、农药中毒等）；营养代谢障碍病（无机盐缺乏、微量元素不足或过剩、维生素 A、维生素 E 不足等）、饲料冰冻和发霉、外科病（外伤、蜂窝织炎、败血症）、运输拥挤等均可致流产。

二、临床症状

突然发生流产者，产前一般无特征表现。发病缓慢者，表现精神不佳、食欲停止，腹痛起卧、努责咩叫，阴户流出羊水，待胎儿排出后稍为安静。若在同一群中病因相同，则陆续出现流产，直至受害母羊流产完毕，方能稳定下来。外伤性致病结果可使羊发生隐性流产，即胎儿不排出体外，自行溶解形成胎骨残留于子宫。由于受外伤的程度不同，受伤的胎儿常因胎膜出血、剥离，于数小时或数天排出。

三、诊断

根据病史、症状可诊断外，可采取流产胎儿的胃内容物和胎衣，做细菌镜检和培养；还可做血清学反应检查：如凝集反应、补体结合反应等，可确诊引起流产的病原。

四、防治

1. 预防

以加强饲养管理为主，重视传染病的防治，根据流产发生的原因，采取有效的防治保健措施。

2. 治疗

针对不同情况，采取不同措施。

①对有流产征兆（胎动不安、腹痛起卧、呼吸、脉搏增数）而胎儿未被排出及习惯性流产，应全力保胎，以防流产。可用黄体酮注射液（含 15 mg），1 次肌肉注射。中药治疗宜用白术安胎散：炒白术 6 g、当归 6 g、砂仁 4 g、川芎 4 g、白芍 4 g、熟地 4 g、炒阿胶 5 g、党参 4 g、陈皮 5 g、苏叶 5 g、黄芩 5 g、甘草 3 g、生姜（为引）3 g。研为末，开水冲调，1 次灌服，每日 1 剂。

②死胎滞留时，应采用引产或助产措施。胎儿死亡，子宫颈未开时，应先肌肉注射雌激素，如已烯雌酚或苯甲酸雌二醇 2 ~ 3 mg，使子宫颈张开，然后从产道拉出胎儿。母羊出现全身症状时，应对症治疗。

【评估考核】

一、名词解释

流产

二、填空

1. 传染性的原因引起羊流产多见于________病、________病、________病、________病和病毒性流产。

2. 羊发生死胎滞留时，应采用________或________措施，母羊出现全身症状时，应对症治疗。

三、简答

1. 简述羊发生流产的常见病因。

2. 羊发生流产会出现哪些临床症状？

3. 对有流产征兆的羊应怎样保胎，以防流产？

任务十三　难　产

【基本概念】

难产是指分娩过程中胎儿排出困难,不能将胎儿顺利地由阴道排出。

【教学重点】

常见难产的原因及其助产方法。

【教学目标】

1. 知识目标

◆ 了解难产的主要临床症状。
◆ 熟悉常见的几种难产类型。
◆ 掌握难产的原因及助产的方法要领。

2. 技能目标

◆ 学会发生难产后的助产技术,能够根据母羊发生难产的原因实施有效的助产。

【教学内容】

一、病因

难产的原因有母体与胎儿两方面:母体阵缩努责微弱或过强,阴门狭窄,子宫颈狭窄,骨盆狭窄,骨盆骨瘤;胎儿过大,双胎,胎儿楔入产道,胎儿畸形、死胎、胎儿姿势异常,胎向及胎位不正等,均可导致羊发生难产。

二、临床症状

难产多发生于超过预产期。妊娠动物表现不安、不时徘徊,阵缩或努责、呕吐、阴唇松弛湿润，阴道流出胎水、污血、黏液，时而回头顾腹及阴部；但经 1 ~ 2 d 不见产仔，有的外阴部夹着胎儿的头或腿，长时间不能产出。随难产时间延长，妊娠母羊精神变差，痛苦加重，表现呻吟、爬动、精神沉郁、心率增加、呼吸加快、阵缩减弱。病至后期阵缩消失，卧地不起，甚至昏迷。

三、诊断

根据母羊的预产期和临床症状可诊断。

四、防治

为了保证母仔安全，对于难产的羊必须进行全面检查，及时进行人工助产；对种羊可考虑剖腹产。

当母羊开始阵缩超过 4 ~ 5 h 以上，而未见羊膜绒毛膜在阴门外或在阴门内破裂（绵羊需 15 min 至 2.5 h，双胎间隔 15 min；山羊需 0.5 ~ 4 h，双胎间隔 0.5 ~ 1.0 h），母羊停止阵缩或阵缩无力时，须迅速进行人工助产，不可拖延时间，以防羔羊死亡。

保定母羊，一般使羊侧卧，保持安静，让前躯低、后躯稍高，以便于矫正胎位。对助产者手臂、助产用具进行消毒；对母羊阴户外周用 1 : 1 000 的新洁尔灭溶液进行清洗。确定胎位是否正常，判断胎儿死活。胎儿正产时，手入阴道可摸到胎儿嘴巴、两前肢，两前肢中间夹着胎儿的头部；当胎儿倒产时，手入产道可发现胎儿尾巴、臀部、后蹄及脐动脉。以手指压迫胎儿，如有反应，表示尚存活。

常见的难产位有头颈侧弯，头颈下弯，前肢腕关节屈曲。肩关节屈曲，胎儿下位。胎儿横向、胎儿过大等，可按不同的异常产位将其矫正，然后将胎儿拉出产道。多胎母羊应注意怀羔数目，在助产中认真检查，直至将全部胎儿助产完毕，方可将母羊归群。

阵缩及努责微弱的，可皮下注射垂体后叶素、麦角碱注射液 1 ~ 2 mL。必须注意，麦角制剂只限于子宫颈完全张开，胎势、胎位及胎向正常时方可使用，否则易引起子宫破裂。

当羊怀双羔时，可遇到双羔同时各将一肢伸出产道，形成交叉的情况。由此形成的难产，应分清情况。辨明关系，可触摸腕关节确定前肢，触摸跗关节确定后肢。若遇交叉，可将另一羔的肢体推回腹腔，先整顺一只羔羊的肢体，将其拉出产道；再将另一只羔羊的肢体整顺拉出。切忌将两只羔羊的不同肢体误认为同只羔羊的肢体。

子宫颈扩张不全或子宫颈闭锁，胎儿不能产出或骨骼变形，致使骨盆腔狭窄，胎儿不能正常通过产道时，可进行剖腹产急救胎儿，确保母羊安全。

【评估考核】

一、名词解释

1. 难产

2. 预产期

二、填空

1. 常见的难产位有______、______、____________、______和胎儿横向、胎儿过大等。

2. 羊分娩阵缩及努责微弱时，可皮下注射______、______。

三、简答

试述难产时如何采取有效的助产手段。

任务十四　胎衣不下

【基本概念】

胎衣不下是孕羊产后正常时间内，胎衣仍然排不出来的一种疾病。胎儿出生以后，母畜排出胎衣的正常时间，绵羊为3.5(2～6)h，山羊2.5(1～5)h。此病在绵羊、山羊均可发生。

【教学重点】

胎衣不下的病因和治疗措施。

【教学目标】

1. 知识目标

- ◆ 了解羊胎衣不下的主要临床症状。
- ◆ 熟悉羊胎衣不下发病的主要原因和预防措施。
- ◆ 掌握羊胎衣不下的治疗措施。

2. 技能目标

- ◆ 学会胎衣不下的治疗技术，能够根据发病临床症状有针对性地采取有效治疗和预防措施。

【教学内容】

一、病因

该病多因孕羊缺乏运动，饲料中缺乏钙盐及维生素，饮饲失调，体质虚弱等引起。此外，子宫炎、布氏杆菌等也可致病。有报道羊缺硒也可致胎衣不下。

二、临床症状

胎衣不下分为胎衣全部不下和胎衣部分不下两种情况。

1. 胎衣全部不下

胎衣全部不下即整个胎衣未排出来。胎儿胎盘的大部分仍与子宫黏膜连接，仅见部分胎膜悬垂于母羊阴门之外。悬垂部分呈土红色的绳索状，常被粪土污染，表面上有许多大小不等的子叶。病羊拱背，时常努责，有时由于努责剧烈，可引起子宫脱出。如果胎衣能在24 h内全部排出，多半不会发生什么并发病。但若超过1 d时，则胎衣会发生腐败，尤其是气候炎热时腐败更快。从胎衣开始腐败起，即因腐败产物引起中毒而使羊的精神不振、食欲下降，体温升高、呼吸加快，泌乳减少或停止，从阴道中排出恶臭的分泌物。由于胎衣压迫阴道黏膜，可能使其发生坏死。此病往往并发败血病、破伤风或气肿疽，或者造成子宫或阴道的慢性炎症。如果羊不死亡，一般在5～10 d内，全部胎衣发生腐烂而脱落。山羊对胎衣不下的敏感性比绵羊大。

2. 胎衣部分不下

胎衣部分不下即胎衣的大部分已排出，只有个别胎儿胎盘残留在子宫内，从外部不易发现。诊断主要根据恶露排出时间延长，有臭味，其中含有腐败胎衣碎片等。

三、诊断

从临床症状上很容易作出诊断。

四、防治

1. 预防

加强怀孕母羊的饲养管理，注意日粮中钙、磷和维生素A、维生素D的补充。舍饲时要适当增加运动时间，临产前一周减少精料；分娩后让母羊自行舔干羔羊身体上的黏液，可能条件下灌服羊水，并尽早让羔羊吮乳。分娩后即注射葡萄糖氯化钙溶液，或饮益母草当归水。

2. 治疗

病羊分娩后不超过24 h，可用垂体后叶素注射液、催产素注射液或麦角碱注射液0.8～1 mL，一次肌肉注射。用药物方法治疗已达48～72 h仍不奏效，应立即采用手术法剥离。不借助手术剥离，可辅以防腐消毒药或抗生素，让胎膜自溶排出，达到自行剥离的目的。可于子宫内投放土霉素(0.5 g)胶囊，效果较好。中药可用当归9 g、白术6 g、益母草9 g、桃仁3 g、红花 6 g、川芎 3 g、陈皮 3 g，共研细末，开水调后内服。当体温高时，宜注射抗生素。

【评估考核】

一、填空

1. 胎儿出生以后，母畜排出胎衣的正常时间，绵羊为________，山羊________。

2. 羊胎衣不下往往并发______、______或______，或者造成子宫或阴道的慢性炎症。

二、简答

1. 胎衣不下发病的主要原因是什么？如何有效预防？

2. 试述羊胎衣不下的主要治疗措施。

任务十五　子宫炎

【基本概念】

子宫炎是常见的母羊生殖器官的疾病，是由于分娩、助产、子宫脱、阴道脱、胎衣不下、胎儿死于腹中等导致细菌感染而引起的子宫黏膜炎症，也是导致母羊不孕的重要原因之一。

【教学重点】

子宫炎的治疗措施。

【教学目标】

1. 知识目标

◆ 了解羊子宫炎的主要原因。
◆ 熟悉羊子宫炎的主要临床症状。
◆ 掌握羊子宫炎的防治措施。

2. 技能目标

◆ 能根据临床症状对羊子宫炎作出诊断。
◆ 能根据临床症状对羊子宫炎进行治疗。

【教学内容】

一、病因

①配种、人工授精及接产过程消毒不严，容易引起发病。

②继发于流产、难产、胎衣不下、子宫脱出及产道损伤之后，细菌（双球菌、葡萄球菌、大肠杆菌等）侵入而引起。

③阴道内存在某些条件性病原菌，在机体抗病力降低时，也可发生本病。

二、临床症状

临诊有急性和慢性两种。按其病程中发炎的性质可分为卡他性、出血性和化脓性子宫炎。

1. 急性病例

初期病羊食欲减少，精神欠佳，体温升高；因有疼痛反应而磨牙、呻吟。表现前胃弛缓，奶量明显降低，反刍减弱或停止，并有轻度臌气。拱背、努责，时时作排尿姿势，阴户内流出污红色内容物。具有臭味，严重时出现昏迷，甚至死亡。

2. 慢性病例

多由急性转化而来，病情较轻，常无明显的全身症状。有时体温升高，食欲、泌乳减少。从阴门常排出透明、浑浊或脓性絮状物。发情不规律或停止，屡配不育。如不及时治疗，可发展为子宫坏死，全身症状恶化，发生败血症或脓毒败血症。有时可继发腹膜炎、肺炎、膀胱炎、乳房炎等。

三、诊断

从临床症状及病因不难作出诊断。

四、防治

1. 预防

注意保持圈舍和产房的清洁卫生，临产前后对阴门及周围部消毒；在配种、人工授精和助产时，应注意器械、术者手臂和外生殖器的消毒。及时正确地治疗流产、难产、胎衣不下、子宫脱出及阴道炎等疾病，以防损伤和感染。加强饲养管理，搞好传染病的防治工作。

2. 治疗

一般在严格隔离病羊，积极改善饲养管理的同时，及早进行全身和局部处理，常能取得较好疗效。

(1)急性子宫内膜炎

用青霉素 80 万单位、链霉素 50 万单位，肌肉注射，每天早晚各一次。治疗自体中毒，可应用10%葡萄糖溶液100 mL、复方氯化钠溶液100 mL、5%碳酸氢钠溶液30～50 mL，一次静脉注射。

(2)进行子宫冲洗和灌注

选用生理盐水、0.1%高锰酸钾溶液、0.1%～0.2%雷夫奴尔溶液、0.1%复方碘溶液等，每天或隔天冲洗子宫，至排出的液体透明为止。洗涤后可根据情况，灌注青霉素或链霉素，通常两者合用，青霉素每次为80万IU，链霉素为0.5～1 g；为了防止注入的溶液外流，所用的溶剂（生理盐水或注射用水）数量不宜过多，一般为20～30 mL。应用子宫收缩剂，为增强子宫收缩力，促进渗出物的排出，可给予垂体后叶素、氨甲酰胆碱、麦角制剂等。

(3)中药治疗

当归10 g、川芎10 g、黄芩10 g、赤芍5 g、白术5 g、白芍5 g，水煎成100～150 mL，4层纱布过滤，再用滤纸过滤，煮沸备用。先用40 ℃3%硼砂溶液冲洗阴道和子宫，冲洗液导出后注入上述滤液1剂，每日1次。

【评估考核】

一、填空

1. 子宫内膜炎按其病程中发炎的性质可分为______、______和______3种。
2. 采用子宫内灌注法治疗子宫内膜炎常用的方法有______、______和______3种。

二、简答

1. 比较说明不同子宫内膜炎的典型临床症状。
2. 简述子宫内灌注法治疗子宫内膜炎的具体方法。

任务十六　乳房炎

【基本概念】

乳房炎是由于病原微生物感染而引起乳腺和乳头局部发炎，乳汁理化特性也发生改变的一种疾病，多见于泌乳期的绵羊、山羊。特征为乳腺发生各种不同性质的炎症，乳房发热、红肿、疼痛，影响泌乳机能和产乳量。常见的乳房炎有浆液性乳房炎、卡他性乳房炎、脓性乳房炎和出血性乳房炎。

【教学重点】

乳房炎的诊断和防治技术。

【教学目标】

1. 知识目标

◆ 了解羊乳房炎的主要原因。
◆ 熟悉羊乳房炎的主要临床症状。
◆ 掌握羊乳房炎的防治措施。

2. 技能目标

◆ 能根据临床症状对羊乳房炎作出诊断。
◆ 能根据临床症状对羊乳房炎进行治疗。

【教学内容】

一、病因

引起羊乳房炎的病原微生物，常见的细菌以金黄色葡萄球菌为主。该病多因挤乳人员技术不熟练，损伤了乳头、乳腺体；或因挤乳人员手不卫生，使乳房受到细菌感染；或羔羊吮乳咬伤乳头；亦见于结核病、口蹄疫、子宫炎、羊痘、脓毒败血症等过程中。此外物理化学的原因例如外伤、冻伤、化学刺激等也可引起本病。

二、临床症状

轻者不显临床症状，病羊全身无反应，仅乳汁有变化。一般多为急性乳房炎，乳房局部肿胀、硬结、热痛，乳量减少，乳汁变性。其中混有血液、脓汁等，乳汁有絮状物，褐色或淡红色。挤乳或羔羊吃乳时，母羊抗拒、躲闪。炎症延续，病羊体温升高，可达 41 ℃，出现厌食等全身症状，如不及时治疗，炎症转为慢性，则病程延长。由于乳房硬结，常丧失泌乳机能。脓性乳房炎可形成脓腔，使腔体与乳腺相通。若穿透皮肤可形成瘘管。山羊可患坏疽性乳房炎，为地方流行性急性炎症，多发生于产羔后 4 ~5 周。

三、诊断

根据临床症状较易诊断。同时进行乳汁的检查，在乳房炎的早期诊断和确定病性上，有着重要的意义。

四、防治

1. 预防

乳房炎是奶山羊最常见的一种疾病，严重影响奶的产量及质量，且有害于公共卫生和人类健康。因此，对于本病的防治必须给予应有的重视。

挤乳时要采用掌握压挤法，切忌滑挤，不要用手指拉扯乳头；要定时挤奶，每次挤奶务必挤净；根据产奶量多少，决定合理的挤奶次数。一般每天挤奶 2 次，高产羊挤 3 ~4 次。注意羊舍清洁，定期清除羊粪，并经常洗刷羊体，尤其是乳房，可用 0.1% 新洁尔灭溶液经常擦洗乳头及其周围，以除去污物。平时要注意防止乳房受伤，如有损伤要及时治疗。乳头干裂者，可擦貂油或凡士林。在挤奶前，必须剪指甲、洗净手，并用漂白粉溶液浸过的毛巾彻底清洗乳房。每次挤奶后，可选用 0.5% ~1% 碘液、0.5% ~1% 洗必泰浸浴乳头，于奶后和分娩前一周，每天要浸浴乳头 2 次。

2. 治疗

①病初，可选用青霉素 40 万单位、链霉素 0.5 g，用注射用水 5 mL 溶解后注入乳孔内。注射前应挤净乳汁，注射后轻揉乳房腺体部，使药液分布于乳房腺体中，每天 1 次，连用 3 d。或采用青霉素普鲁卡因溶液，于乳房基部进行多点封闭疗法。也可内服或注射磺胺类药、红

霉素、先锋霉素等；为促进炎症吸收消散，除在炎症初期可应用冷敷外，2 ~ 3 d 后可采用热敷疗法。除化脓性乳房炎外，外敷前可配合乳房按摩。

②中药治疗。急性者可试用当归 15 g、生地 6 g、蒲公英 30 g、二花 12 g、连翘 6 g、赤芍 6 g、川芎 6 g、瓜蒌 6 g、龙胆草 24 g、山栀 6 g、甘草 10 g，共研细末，开水调服，每日 1 剂，连用 5 日。亦可将上述中药煎水内服，同时应积极治疗继发病。

③对化脓性乳房炎及开口于深部的脓肿，宜先排脓再用 3% 过氧化氢（双氧水）或 0.1% 高锰酸钾溶液冲洗，消毒脓腔，再以 0.1% ~0.2% 雷夫奴尔纱布条引流，同时用抗生素配合全身治疗。

【评估考核】

一、填空

1. 引起羊乳房炎的病原微生物常见的细菌以______为主。

2. 临床型乳房炎根据炎症的性质不同，可分为______、______、______和______。

二、简答

1. 简述乳房炎治疗技术。

2. 怎样有效预防羊乳房炎的发生？

任务十七　氢氰酸中毒

【基本概念】

羊的氢氰酸中毒是由于羊采食了含有氰苷的植物或误食氰化物，在胃内经酶水解和胃酸的作用，产生游离的氢氰酸而引起的。临床上以呼吸困难、震颤、痉挛和突发死亡为特征的中毒性缺氧综合征。

【教学重点】

氢氰酸中毒的临床症状与防治措施。

【教学目标】

1. 知识目标

- ◆ 了解氢氰酸中毒的主要原因。
- ◆ 熟悉氢氰酸中毒的主要临床症状。
- ◆ 掌握氢氰酸中毒的防治措施。

2. 技能目标

- ◆ 能根据临床症状对氢氰酸中毒作出诊断。
- ◆ 能根据临床症状对氢氰酸中毒进行治疗。

【教学内容】

一、病因

其病因系采食了含氰苷的植物而中毒。含氰苷的植物较多，如高粱苗、玉米苗、马铃薯幼苗、亚麻叶、木薯、桃、李、杏、枇杷的叶子及核仁等。另外，羊误食了氰化物农药污染的饲草或饮用了氰化物污染的水，在胃内经酶水解和胃酸的作用，产生游离的氢氰酸，氢氰酸的氰离子能迅速与氧化型细胞色素氧化酶的 Fe^{3+} 结合，使其不能还原为还原型细胞色素氧化

酶的 Fe^{2+},从而丧失其传递电子、激活氧分子的作用,使生物氧化的呼吸链中断,导致细胞呼吸停止,造成组织缺氧。由于氧未利用而相对过剩,静脉血中含氧合血红蛋白而呈鲜红色。由于中枢神经系统对氧特别敏感,首先遭到毒害,终因呼吸中枢和心血管运动中枢麻痹而死亡。

二、临床症状

发病很急,主要是腹痛不安、口流泡沫状液体,先表现兴奋,很快转入抑制状态:全身衰弱无力、站立不稳、步行摇摆或突然倒地、呼吸困难、次数增多、张口伸舌,呼出气带有苦杏仁味。叩诊胸部有局灶性浊音区,听诊肺部有捻发音。皮肤和黏膜呈鲜红色。严重的很快失去知觉、后肢麻痹,体温下降,眼球突出、目光直视、瞳孔散大,脉搏沉细,腹部膨大、粪尿失禁,四肢发抖、肌肉痉挛,发出痛苦的鸣叫声。常因心跳和呼吸麻痹在昏迷中死亡。最急性者突然极度不安,惨叫后倒地死亡。

[**病理变化**] 剖检时,尸僵不全。切开时见血液呈鲜红色,凝固不良。气管黏膜有出血点,气管腔有带血的泡沫、肺充血、水肿,心脏的内、外膜均有出血点,心包内有淡黄色液体。胃肠道的浆膜面及黏膜面均有出血点,肠管有出血性炎症,胃内充满带有苦杏仁味的内容物。

三、临床诊断

依据食入含氰苷植物或被氰化物污染饲料或饮水的病史,发病急速,呼吸困难,皮肤和黏膜发红、神经机能异常等症状及血液呈鲜红色的病理变比,可作出初步诊断。饲料性中毒时吃得越多死得越快,确诊必须进行毒物分析。

四、防治

1. 预防

严禁在生长含氰苷植物的地方放牧,避免让羊采食含氰苷类的植物幼苗或子仁,对氰化物农药应严加保存,以防污染饲料和饮水。用含有氰苷的高粱苗、玉米苗、胡麻苗等作饲料时,应经过水浸或发酵后再喂饲,要少喂勤喂,一次不要喂过多。

2. 治疗

发病后采用特效解毒药,迅速静脉注射 3% 的亚硝酸钠溶液,剂量为 6 ~ 10 mg/公斤体重，然后再静脉注射5% ~10%的硫代硫酸钠，剂量为1 ~2 mL/公斤体重。另外，也可配合应用中药金银花120 g、绿豆500 g煎汤，候温一次灌服。同时用0.1%的高锰酸钾溶液或0.1%的双氧水洗胃；静脉注射10%的葡萄糖250 mL，维生素C 0.3 g、10%的安钠咖3 mL予以辅助疗法。病急时可采用耳尖尾尖放血治疗。

【评估考核】

一、填空

1. 羊的氢氰酸中毒临床上出现以______、______、______和突发死亡为特征的中毒性缺氧综合征。

2. 羊的氢氰酸中毒特效解毒药为________，然后再静脉注射__________。

3. 羊氢氰酸中毒时胃内充满带有______味的内容物。

二、简答

1. 羊进食哪些植物会引起氢氰酸中毒？

2. 羊发生氢氰酸中毒如何治疗？

任务十八 有机磷中毒

【基本概念】

羊有机磷农药中毒是羊接触、吸入或采食了有机磷制剂所引起的一种全身中毒性病理过程,以体内胆碱酯酶活性受到抑制,出现胆碱能神经过度兴奋为主的一系列症状群。

【教学重点】

有机磷农药中毒的临床症状与防治措施。

【教学目标】

1. 知识目标

◆ 了解羊有机磷农药中毒的主要原因。

◆ 熟悉羊有机磷农药中毒的主要临床症状。

◆ 掌握羊有机磷农药中毒的防治措施。

2. 技能目标

◆ 能根据临床症状对羊有机磷农药中毒作出诊断。

◆ 能根据临床症状对羊有机磷农药中毒进行治疗。

【教学内容】

一、病因

有机磷农药是农业上常用的杀虫剂,也是畜牧业上常用的杀虫和驱虫药。有机磷化合物对人畜毒性大致分为3类:

①剧毒类,如1059、1605等;

②高毒类,如苏化203、三硫磷、甲胺磷、甲基1605等;

③一般毒类,如敌百虫、乐果、4049、杀螟松(杀螟硫磷)、稻瘟净等。这些杀虫剂多具有

较高的脂溶性，可经皮肤渗入机体内，通过消化道和呼吸道被较快吸收。

羊有机磷中毒常是误食喷洒有机磷农药的牧草或农作物、青菜等；误食被有机磷农药污染的饮水；误食拌过农药的种子；应用有调机磷杀虫剂防治羊体外寄生虫，剂量过大或使用方法不当；羊接触有机磷杀虫剂污染的各种工具器皿等，而发生中毒。

二、临床症状

临床上将这些可能出现的复杂症状归纳为 3 类症候群。

1. 毒蕈碱样症状

当机体受毒蕈碱的作用时，可引起副交感神经的节前和节后纤维及分布在汗腺的交感神经节后纤维等胆碱能神经发生兴奋。按其程度不同，可具体表现为食欲不振、流涎、呕吐，腹泻、腹痛，多汗，尿失禁，瞳孔缩小，可视黏膜苍白，呼吸困难，支气管分泌物增多，肺脏水肿等。

2. 烟碱样症状

当机体受烟碱的作用时，可引起支配横纹肌的运动神经末梢和交感神经节前纤维（包括支配肾上腺髓质的交感神经）等胆碱能神经发生兴奋；但在乙酰胆碱蓄积过多时，则将转为麻痹，具体表现为肌纤维性震颤、血压上升、肌紧张度减退（特别是呼吸肌）、脉搏频数等。

3. 中枢神经系统症状

这是病羊脑组织内的胆碱酯酶受抑制后，使中枢神经细胞之间的兴奋传递发生障碍，造成中枢神经系统的机能紊乱，表现为病羊兴奋不安、体温升高、搐溺，甚至陷于昏睡等。

当然，并非所有具体病例都将明显表现上述症状。

［**病理变化**］ 病理变化一般认为有机磷农药中毒的尸体，除其组织标本中可检出毒物和胆碱酯酶的活性降低外，缺少特征性病变。

经消化道吸收中毒在 10 h 以内的最急性病例，除胃肠黏膜充血和胃内容物可能散发蒜臭外，常无明显变化。经 10 h 以上者则可见其消化道浆膜散在有出血斑，黏膜呈暗红色，肿胀，且易脱落。肝脏、脾脏肿大。肾浑浊肿胀，被膜不易剥离，切面呈淡红褐色而境界模糊。肺脏充血，支气管内含有白色泡沫。心内膜可见有不整形的白斑。

稍后，尸体内泛发浆膜下小点出血，各实质器官都发生浑浊肿胀。皱胃和小肠发生坏死性出血性炎，肠系膜淋巴结肿胀、出血。胆囊膨大、出血。心内、外膜有小出血点。肺淋巴结肿胀、出血。切片镜检时，尚可见肝脏组织中存在有小坏死灶。小肠的淋巴滤泡也有坏死灶。

三、诊断

首先，确定有无接触有机磷农药的病史。确定呼出气、呕吐物、分泌液、皮肤等是否有蒜臭味，或具有胆碱能神经兴奋时所特有的症状。进行实验室检查：包括血液胆碱酯酶活性测定，对饲料、饮水、胃内容物和体表冲洗液等进行有机磷农药的测定，尿中有机磷分解产物的检查等。根据以上症状和检查可做出确诊。

四、防治

1. 预防

严格农药管理制度和使用方法，不在喷洒农药地区放牧，拌过农药的种子不得喂羊。用喷洒过有机磷农药的野草喂羊前，应反复用清水冲洗浸泡。生产部门，有毒农药的储存、运输、保管、使用都须有专人负责。

2. 治疗

(1) 立即清理体表及消化道毒物

用2%的小苏打水反复洗胃，再灌入盐类泻剂。可用硫酸镁或硫酸钠30~40 g，加水适量一次内服。取2%碳酸氢钠1 000~2 000 mL，用胃导管反复洗胃。另外，静脉注射5%的葡萄糖或生理盐水500~1 000 mL，维生素C 0.3 g。

(2) 应用特效解毒剂

可用解磷定、氯磷定，按每公斤体重15~30 mg，溶于5%葡萄糖溶液内，静脉注射，以后每2~3 h注射一次，剂量减半，根据症状缓解情况，可在48 h内重复注射；或用双解磷、双复磷，其剂量为解磷定的一半，用法相同；用硫酸阿托品，按每公斤体重10~30 mg，肌肉注射。阿托品可重复用至出现阿托品化（出汗、瞳孔散大、流涎停止）。症状不减轻可重复应用解磷定和硫酸阿托品。

(3) 对症治疗

兴奋呼吸系统可用尼可刹米。脱水明显用5%葡萄糖盐水或复方盐水补充体液和促进毒物排泄。

(4) 中药疗法

可用甘草滑石粉。即用甘草500 g煎水，冲和滑石粉，分次灌服。第一次冲服滑石粉30 g，10 min后冲服15 g，以后每隔15 min冲服15 g。一般5~6次即可见效。每次都应冷服。

【评估考核】

一、填空

1. 羊有机磷农药中毒临床上出现__________、__________和__________3类症候群。

2. 羊有机磷农药中毒时呼出气、呕吐物等有________味。具有________兴奋时所特有的症状。

3. 羊有机磷农药中毒时，可用________反复洗胃。

二、简答

1. 简述羊有机磷农药中毒的临床症状。

2. 羊发生有机磷农药中毒如何治疗？

任务十九　过食精料中毒

【基本概念】

羊不可过食大量精料,如果日食量超过 5 kg,就有可能引起急性酸中毒,严重者常造成死亡。临床上以精神兴奋或沉郁,食欲和瘤胃蠕动废绝,胃液 pH 值和血浆二氧化碳结合力下降以及脱水等为特征。

【教学重点】

羊过食精料中毒的临床症状与防治措施。

【教学目标】

1. 知识目标

◆ 了解羊过食精料中毒的主要原因。

◆ 熟悉羊过食精料中毒的主要临床症状。

◆ 掌握羊过食精料中毒的防治措施。

2. 技能目标

◆ 能根据临床症状对羊过食精料中毒作出诊断。

◆ 能根据临床症状对羊过食精料中毒进行治疗。

【教学内容】

一、病因

本病是羊突然食入过多的谷物(大麦、小麦、莜麦、稞麦、玉米、稻子、大米等)或其他富含碳水化合物饲料(如甜菜、饲料甜菜、甘蓝、土豆等),迅速导致瘤胃内微生物区系破坏,革兰氏阴性菌大量崩解而释放出大量内毒素,革兰氏阳性菌大量繁殖而过度发酵形成大量乳酸,进而引起急性消化紊乱、酸中毒和脱水为主要特征的疾病。可发生于各品种和性别的羊。

平时进行放牧或粗饲的羊，突然改用上述饲料饲养，更易发病。此外，为了快速肥育，将3～5月龄的羔羊进行围栏育肥，由放牧突然改为谷物饲养；在刚收割的麦地放牧羊群，在放牧中拣食丢落在地里的麦穗过多；精料保管不好，被羊偷吃；牧区发生雪灾时单纯应用谷物喂羊；母羊缺奶，被迫过早给羔羊饲喂谷物等，均可能发生本病。

二、临床症状

该症状表现多在食后5～8 h发病，最快的可在食后2 h发病，也有在食后12 h或更长时间发病的。

1.轻度中毒

精神沉郁，饮食、反刍减少，四肢无力，腹围增大，排恶臭稀粪。

2.中度中毒

精神沉郁，喜卧，勉强走动则步态不稳，目光呆滞，食欲废绝，饮欲增加，结膜潮红，心跳、呼吸加快，轻度脱水，尿量显著减少，排酸臭并混有精料的稀粪。

3.重度中毒

高度沉郁，闭目、卧地不起，呈低迷状态，有时头向背部弯曲或摔头、呻吟、磨牙，有时欲起即倒。结膜发紫，反应迟钝，心跳加快，呼吸急迫，体温正常或略高。

总的来说，病羊精神沉郁，喜卧，结膜微红，口腔干燥，食欲及瘤胃蠕动废绝，反刍停止，轻度鼓胀。但触诊瘤胃空虚，内容物多为液体。皮肤弹性减低，眼球下陷。尿少或无尿。体温轻度升高或正常，脉搏和呼吸加快，病羊表现痛苦；拱腰、呻吟和不愿走动。多数病例在几小时或几天后死亡，有的病例逐渐恢复。实验室检查，瘤胃液pH和总酸度降低，渗透压升高，血液碱储和二氧化碳结合力也降低。

三、诊断

根据病史和症状可作出诊断。确诊可通过实验室检查：瘤胃液内毒素及血液内毒素阳性（40 ug/L，10微g/L），乳酸升高（53.74 mol/L），瘤胃渗透压增加，瘤胃及血液pH降低（3.649）；瘤胃纤毛虫减少为2.9×106个/L。病理学检查各组织器官不同程度地出现广泛性瘀血、出血、微血栓形成，消化道及实质器官变性、坏死等，以肝脏、肾脏损害最为严重。

注意与瘤胃积食区别，瘤胃积食触诊充满，坚实或呈面团状；而过食精料中毒为触诊虚胀，内容物多为液体。

四、防治

1. 预防

预防该病最有效办法是限量喂精料。对急需补喂精料的羊，要在日粮中按精料总量混合2%的碳酸氢钠。对平时放牧或粗饲的羊，不要突然饲喂大量的谷类饲料。对已适应粗饲的羔羊，在进行围栏育肥时，日粮中的精料应逐渐由低比例向高比例过渡，此过程不应少于7~10 d。管好精料，防止被羊大量偷吃。一旦发现羊食入过量的谷物或富含碳水化合物的饲料时，可向瘤胃内注射青霉素50万~100万单位，以抑制产酸菌的迅速繁殖。

2. 治疗

治疗原则是排除毒物，强心补液，纠正酸中毒。

首先，用开口器张开口腔，用直径为8~10 mm的胃管经口腔插入瘤胃内，将羊头和胃管外端放低，有毒的液体和胃内容物则可流出。

然后，在胃管外端接上漏斗，灌入澄清石灰水1 000~2 000 mL。再将羊头放低，让其流出。如此反复冲洗数次，直至胃液呈碱性为止。最后，再灌入石灰水500~1 000 mL。

静脉注射生理盐水或5%的葡萄糖氯化钠250~500 mL，以增加血液容量。静注5%的碳酸氢钠注射液10~20 mL，以缓解酸中毒。肌注青霉素钠(钾)40万~80万单位，以防止羊继发感染。当患羊表现兴奋、摔头等症状时，可用20%的甘露醇或25%的山梨醇25~30 mL静脉滴注。当患羊症状减轻，脱水症状缓解，但仍卧地不起时，可静注葡萄糖酸钙注射液10~20 mL，以补充血钙浓度，加强心脏收缩，增强抵抗力。

【评估考核】

一、填空

1. 羊过食精料中毒多见于羊突然食入过多的__________或其他__________饲料。

2. 羊过食精料中毒治疗原则是__________，__________，__________。

3. 预防羊过食精料中毒最有效的办法是限量____________。对急需补喂精料的羊可混合____________。

二、简答

1. 简述羊过食精料中毒的临床症状。

2. 羊发生过食精料中毒如何治疗？

任务二十　尿素等含氮物中毒

【基本概念】

尿素等含氮物中毒是指由于误食含氮化学肥料，或利用尿素和铵盐作为饲用蛋白质代替物时超过了规定用量，引起羊只发生中毒。疾病的特点是：由于尿素分解可产生大量的氨，刺激消化道黏膜发炎，吸收进入血液后，可对大脑、肝脏、肺脏、肾脏等产生刺激，出现一系列中毒症状。

【教学重点】

羊尿素等含氮物中毒的临床症状与防治措施。

【教学目标】

1. 知识目标

- ◆ 了解羊尿素等含氮物中毒的主要原因。
- ◆ 熟悉羊尿素等含氮物中毒的主要临床症状。
- ◆ 掌握羊尿素等含氮物中毒的防治措施。

2. 技能目标

- ◆ 能根据临床症状对羊尿素等含氮物中毒作出诊断。
- ◆ 能根据临床症状对羊尿素等含氮物中毒进行治疗。

【教学内容】

一、病因

其病因为：喂量大；误食或偷食过量；饲喂方法不当；混于水中、青贮料中撒布不均；喂后立即饮水等均可导致中毒。另外，如果平时饲料过酸、饲料的种类过于单纯，前胃有病，可影响瘤胃中微生物的总量、种类和活性；因而对尿素的利用率降低，也可发生中毒。在以上因素的作用下,尿素很快分解产生大量的氨和氨甲酰胺,对机体产生毒害作用,氨刺激消化道黏膜,吸收后抑制呼吸中枢,可发生窒息死亡。

二、临床症状

发病较快,多为急性病例。采食后 20 ~ 30 min 后发病,表现为混合性呼吸困难,呼出气有氨味,血氨升高,大量流涎,口唇周围挂满泡沫,瘤胃胀气,出现腹痛,呻吟,肌肉震颤,步态踉跄,倒地,全身肌肉痉挛,常有角弓反张,眼球震颤,瞳孔散大,肛门松弛,倒地死亡。急性病例 1 ~ 2 h 死亡。慢性病例少见。

[**病理变化**] 剖检可见瘤胃膨胀,内容物有氨臭味,消化道黏膜充血、出血及溃疡。血液黏稠,心外膜出血,脑组织充血,肝脏、肾脏变性、肿大。肺脏水肿,外观呈大理石状。慢性死亡,真胃溃疡是一个特征,回盲口周围也可见溃疡灶。

三、诊断

根据饲料中尿素的含量和临床上呼出气中有氨味及剖检特征可作出诊断。测定可疑病例的血氨值具有确定诊断和预后意义。

四、防治

1. 预防

在畜舍内尤其避免放置尿素肥料,防止羊偷食或误食含氮化学肥料;必须将尿素等含氮物同饲料充分混合均匀,而且,每次喂尿素时,1 h 以内不要饮水;不能单纯喂给含氮补充物(粉末或颗粒),也不能混于饮水中给予;必须使羊有一个逐渐习惯于采食补充物的过程。因此,在开始时应少喂,在 10 ~ 15 d 内逐步达到标准规定量。如果饲喂过程中断,在下次补喂时,仍应使羊有一个逐渐适应过程。合理正确地使用尿素添加剂,严格饲料保管制度,不能将尿素肥料同饲料混杂堆放,以免误用。

2. 治疗

发现尿素中毒应及早采取治疗措施,立即更换尿素超标饲料。治疗时一般常用1% 的醋酸 200 ~ 300 mL,或食醋 250 ~ 500 g 灌服,若同时加入 50 ~ 100 g 食糖加水灌服,效果更好。另外,可以用硫代硫酸钠 3 ~ 5 g,溶于 100 mL 5% 的葡萄糖生理盐水内,静脉注射。临床证明 10% 的葡萄糖酸钙 50 ~ 100 mL,10% 的葡萄糖溶液 500 mL 静脉注射,再加食醋 250 g 灌服，有良好效果。严禁补碱。

【评估考核】

一、填空

1. 羊尿素等含氮物中毒时尿素很快分解产生大量的________和________，对机体产生毒害作用。

2. 根据饲料中________的含量和临床上呼出气中有________及剖检特征可作出诊断。测定可疑病例的________值具有确定羊尿素中毒的诊断和预后意义。

3. 预防羊尿素等含氮物中毒，在羊进食后应在____ h 以内不要饮水。

二、简答

1. 简述羊尿素等含氮物中毒的临床症状。

2. 羊发生尿素等含氮物中毒如何治疗？

项目二 羊的主要疫病

任务一 口蹄疫

【基本概念】

口蹄疫又称“口疮”、“蹄癀”,是由口蹄疫病毒引起的人兽共患的一种急性、热性、高度接触性传染病。其临床特征是口腔黏膜,蹄部和乳房部皮肤发生水疱、溃烂。本病传播迅速,流行面广;成年动物病理多呈良性经过,幼年动物多因心肌受损而死亡率较高。口蹄疫广泛流行于世界各地,尤其非洲、亚洲和南美洲流行较严重。本病传染性极强,不仅直接造成巨大经济损失,而且影响经济贸易活动,对养殖业危害严重。

【教学重点】

口蹄疫流行病学、诊断及防治措施。

【教学目标】

1. 知识目标

- ◆ 了解羊口蹄疫的主要原因。
- ◆ 熟悉羊口蹄疫的主要临床症状。
- ◆ 掌握口蹄疫的防治措施。

2. 技能目标

- ◆ 能根据临床症状对羊口蹄疫作出初步诊断。
- ◆ 学会口蹄疫防治方案的制订并能有效实施。

【教学内容】

一、病原

口蹄疫病毒属于微 RNA 病毒科中的口蹄疫病毒属，是 RNA 病毒中最小的一个。病毒粒子直径为 20 ~ 25 nm，呈圆形，无囊膜。内部为单股线状 RNA，占全病毒的质量分数为 31.8%，决定病毒的感染性和遗传性；外部为蛋白质，其质量分数为 68.5%，决定其抗原、免疫性和血清反应能力，并保护中央的核糖核酸不受外界核糖核酸酶等因素的不利影响。

口蹄疫病毒具有多型性，目前所知有 7 个主型，即 A 型、D 型、C 型、SAT（南非）Ⅰ型、SAT（南非）Ⅱ型、SAT（南非）Ⅲ型及 Asia（亚洲）Ⅰ型，其中 O 型较常见。同一血清型内又有若干个不同的亚型。各血清型之间几乎没有交叉免疫性，同一血清型其亚型之间仅有部分交叉免疫性。口蹄疫病毒具有相当易变的特征。病毒主要存在于患病动物的水疱液以及淋巴液中。发热期，病畜的血液中病毒的含量高；退热后，在乳汁、口涎、泪液、粪便、尿液等分泌物、排泄物中都含有一定量的病毒。口蹄疫病毒对外界环境抵抗力强。自然情况下，含毒组织和污染的饲料、牧草、皮毛及土壤等可保持传染性达数日、数周甚至数月之久。

口蹄疫病毒对日光、热、酸、碱均很敏感。用地消毒剂有 2% 氢氧化钠溶液、20% ~ 30% 草木灰水、1% ~ 2% 甲醛溶液、0.2% ~ 0.5% 过氧乙酸、4% 碳酸氢钠溶液等。

二、流行特点

自然条件下可感染多种动物，流行中最易感染的是牛，绵羊、山羊次之，各种偶蹄兽及人也具有感染性。病畜是主要传染源，病毒以直接或间接的方式传播。主要经消化道感染，也可经黏膜和皮肤感染。该病传染性很强，一旦发生往往呈现流行性。新疫区发病率可达 100%，老疫区发病率在 50% 以上。流行具有一定的周期性，3 年左右大流行一次；但是近年连续流行，主要是动物的数量大、更新快。也常呈现一定的季节性，如在牧区多为秋末开始，冬季加剧，春季减轻，夏季平息。

三、临床症状

潜伏期 1 周左右，病羊体温升高，精神不振，食欲低下，常见口腔黏膜、蹄部皮肤上形成水疱、溃疡及糜烂，有时病害也见于乳房部位。绵羊多于蹄部，山羊多于口腔形成水疱，呈弥漫性口炎，如单纯于口腔发病，一般 1 ~ 2 周可望痊愈；而当累及蹄部或乳房时，则 2 ~ 3 周方能痊愈。一般呈良性经过，死亡率为 1% ~ 2%。羔羊发病则常表现为恶性口蹄疫，发生心肌炎,有时呈现出血性胃肠炎而死亡,死亡率可达20%～50%,孕羊流产。

四、病理变化

病羊除见口腔、蹄部和乳房部等处出现水疱、烂斑外,严重病例咽喉、气管、支气管和前胃黏膜有时也有烂斑和溃疡形成。前胃和肠道黏膜可见出血性炎症。心包膜有散在性出血点。心肌松软,似煮熟状;心肌切面呈现灰白色或淡黄色的斑点或酪纹,似老虎身上的斑纹,称为“虎斑心”。心肌松软似煮过的肉,由于心肌纤维的变性、坏死、溶解释放出有毒分解产物而使动物死亡。病理组织学检查可见皮肤的棘细胞肿大呈球形,间桥明显,棘细胞渗出明显乃至溶解。心肌细胞变性、坏死、溶解。

五、诊断

1. 现场诊断

根据急性经过、主要侵害偶蹄兽、一般取良性经过、特征性临床症状和病理变化可作出现场诊断。

2. 实验室诊断

(1)病毒分离与鉴定

一般采用组织培养、实验动物和鸡胚3种方法。

(2)血清学诊断

诊断口蹄疫时,要考虑到口蹄疫病毒具有多型性的特点。为了了解当地流行的口蹄疫病毒为何型,可采取新鲜的水疱皮或水疱液,置50%的甘油生理盐水中,迅速送到有关单位做补体结合试验或微量补体结合试验鉴定毒型。或送检羊恢复期血清,做乳鼠中和试验、病毒中和试验、琼脂扩散实验或放射免疫、免疫荧光抗体被动血凝试验等来鉴定毒型。最近国内外报道了生物素标记探针技术来检测口蹄疫病毒,从而使口蹄疫的诊断进入简便、快速、特异性强的临诊诊断技术行列。确定毒型的重要性在于目前使用的多系单价疫苗,如果毒型与疫苗的毒型不符,就不能收到预期的防疫效果。

(3)类症鉴别

羊口蹄疫应与羊传染性脓疱、蓝舌病等类似疾病进行区别。

①口蹄疫与羊传染性脓疱的鉴别。传染性脓疱主要发生于幼龄羊,病羊的特征是在口唇部发生水疱、脓疱以及疣状厚痂,病变是增生性的,一般无体温反应,病料电镜观察可发现呈编制线团样构造的羊口疮病毒。

②口蹄疫与蓝舌病的鉴别。口蹄疫是一种高度接触性传染病，而蓝舌病主要是通过库蠓叮咬传播，口蹄疫牛、猪易性高，均可感染发病；蓝舌病在牛发病较少，猪一般不感染。口蹄疫的糜烂病灶是因水疱破溃而发生，而蓝舌病的溃疡不是由于水泡破溃后所形成，且缺乏水疱破裂后那样的不规则的边缘疮，通过血清学检验可区分口蹄疫病毒和蓝舌病病毒。

六、防治

1. 预防

(1) 预防措施

加强饲养管理，保持羊舍卫生，经常进行消毒，平时减少机体的应激反应。

(2) 预防接种

在疫区最好用于当地流行的相同血清型、亚型的减毒苗或灭能苗进行接种。

(3) 消毒

粪便进行堆积发酵处理或用5%氨水消毒；羊舍、场地和用具以2%～4%烧碱液、10%石灰乳、0.2%～0.5%过氧乙酸喷洒消毒；毛、皮张用环氧乙烷、溴化甲烷或甲醛气体消毒；肉品以2%乳酸处理或自然熟化。

2. 治疗

对病羊首先要加强护理，例如圈棚要干燥，通风要良好，供给柔软饲料（如青草等）和清洁的饮水，经常消毒圈棚。在加强护理的同时，根据患病部位不同，给予不同治疗。

(1) 口腔患病

用0.1%～0.2%的高锰酸钾、0.2%的福尔马林、2%～3%的明矾或2%～3%的醋酸（或食醋）洗涤口腔，然后给溃烂面上涂抹碘甘油或1%～3%的硫酸铜，也可散布冰硼散。

(2) 蹄部患病

用3%的臭药水、3%的煤酚皂溶液、1%的福尔马林或3%～5%的硫酸铜浸泡蹄子。也可以用消毒软膏（如1∶1的木焦油凡士林）或10%的碘酒涂抹，然后用绷带包裹起来。最好不多次清洗蹄子，因潮湿会妨碍痊愈。煅石膏和锅底灰各半，研末，加少量食盐粉，涂在患部，也有良效。

(3) 乳房患病

应小心挤奶，用2%～3%的硼酸水洗涤乳头，后涂以消毒药膏。

(4) 恶性口蹄疫

对于恶性口蹄疫的病羊，应特别注意心脏机能的维护，及时应用强心剂和葡萄糖注射液，或给饮水中加些烧酒。为了预防和治疗继发性感染，也可以肌肉注射青霉素或环丙沙星。口服结晶樟脑,每次 1 g,每天 2 次,效果良好,且有防止发展为恶性口蹄疫的作用。

3. 扑灭措施

如果已经发生疫情,应立即采取严格封锁隔离消毒措施,尽快加以扑灭。疫区或疫场划定封锁界限,禁止人畜往来;对病羊实行隔离,固定饲养人员和用具,抓紧治疗;封锁区最后一只病羊死亡或痊愈后 14 d,经过全面彻底地消毒,方可解除封锁。消毒时可用 2% 的氢氧化钠、2% 的福尔马林或 20% ~30% 的热草木灰水。

防疫法要求不予治疗,直接无害化处理。

【评估考核】

一、名词解释

虎斑心

二、填空

1. 口蹄疫是由________引起的以_________动物为主的急性发热高度接触性传染病。其特征是_____、_____及_____等处皮肤形成_____和_____。幼年动物比成年动物易感,常引起_____受损而死亡。

2. 对口蹄疫有效的常用消毒剂有_____、_____、_____、_____等。

三、选择

1. 我国将口蹄疫列为(　　)病。

A. 一类　　B. 二类　　C. 三类　　D. 其他类

2. 口蹄疫特征性病理变化是(　　)。

A. 绒毛心　　B. 虎斑心　　C. 槟榔肝　　D. 脂肪肝

四、简答

1. 简述口蹄疫与牛瘟的鉴别诊断要点。

2. 简述羊口蹄疫的防控措施。

任务二 羊 痘

【基本概念】

羊痘是由痘病毒引起的羊的一种急性、热性、接触性传染病，具有典型的病程。病羊皮肤和黏膜上发生特异的痘疹。羊痘中，以绵羊痘较常见，山羊痘很少发生。绵羊痘又名绵羊"天花"，是各种家畜痘病中危害最为严重的一种热性接触性传染病。本病似无毛或少毛部位皮肤、黏膜发生痘疹为特征。典型绵羊痘病程一般为红斑、丘疹后变为水疱、脓疱，最后干结成痂，脱落而痊愈。

【教学重点】

羊痘疫流行病学、诊断及防治措施。

【教学目标】

1. 知识目标

- ◆ 了解羊痘的主要原因。
- ◆ 熟悉羊痘的主要临床症状。
- ◆ 掌握羊痘的防治措施。

2. 技能目标

- ◆ 能根据临床症状对羊痘作出初步诊断。
- ◆ 学会羊痘防治方案的制订并能有效实施。

【教学内容】

一、病原

绵羊痘病毒分类上属于瘟病毒科，山羊痘病毒属。病毒主要存在于病羊皮肤、黏膜的丘疹、脓疱及痂皮内，病羊鼻分泌物内也含有病毒，发热期血液内也有病毒存在。本病毒对直射阳光、高热较为敏感,碱性消毒液及常用的消毒剂均有效,2% 石炭酸 15 min 可灭活病毒,但该病毒耐干燥,在干燥的痂皮中可存活 6 ~8 周。

二、流行特点

自然条件下,绵羊痘只发生于绵羊,不传染山羊和其他家畜。病羊和带毒羊为主要传染源,主要通过呼吸道传播,也可经损伤的皮肤、黏膜感染。饲养人员、饲管用具、皮毛产品、饲草、垫料以及外寄生虫均可成为传播媒介。羔羊比成年羊易感,死亡率高,妊娠母羊可发生流产,故产羔季节流行可招致很大损失。本病一般多发于冬末春初、气候严寒季节,饲草缺乏和饲养管理不良因素都可促使发病和加重病情。

三、临床症状

痘病毒对皮肤和黏膜上皮细胞具有特殊亲和力。病毒侵入机体后,先在单核-吞噬细胞系统增殖,再进入血液(病毒血症)扩散全身,在皮肤和黏膜上皮细胞内繁殖,引起一系列炎症过程而发生特异性的痘疹。

其潜伏期平均为 6 ~8 d,病羊体温升高达 41 ~42 ℃,食欲减退,精神不振,结膜潮红,有浆液、黏液或脓性分泌物从鼻孔流出。呼吸和脉搏增速,1 ~4 d 后开始发痘。痘疹多发生于皮肤无毛或少毛部位,如眼周围、唇、鼻、乳房、外生殖器、四肢和尾内侧。开始为红斑,1 ~2 d 后形成丘疹,突出皮肤表面,随后丘疹逐渐扩大,变成灰白色或淡红色半球状的隆起结节。结节在几天之内变成水疱,水疱内容物起初像淋巴液,后变成脓性;如果无继发感染则在几天内干燥呈棕色痂块,痂块脱落遗留一个红斑,后颜色逐渐变淡。在胃黏膜上,往往有大小不等的圆形或半球形坚实的结节。单个或融合存在,咽喉部和支气管黏膜亦常有痘疹。在肺见有干酪样结节和卡他性肺炎区。肠道黏膜少有痘疹变化。此外,常见细菌性败血症变化,如肝脂肪变性、心肌变性、淋巴结急性肿胀等。病羊常死于继发感染。

非典型病例不呈现上述典型临诊症状或经过,有的仅出现体温升高和呼吸道、眼结膜的卡他性炎症;有的甚至不出现或仅出现少量痘疹,或在局部皮肤上仅出现结节,很快便干燥脱落而不形成水疱和脓疱,呈良性经过。但有些病羊的痘疱内出血,称"黑色痘";有些皮肤发生化脓和坏疽,形成深的溃疡,发出臭味,称为"臭痘"和"坏疽痘",呈恶性经过,病死率高达 25% ~50%。

四、病理变化

除上述临诊所见病变外,尸检前胃和第 4 胃黏膜往往有大小不等的圆形或半球形坚实的结节，单个或融合存在，严重者形成糜烂或溃疡。咽喉部、支气管黏膜也常有痘疹。肺部见干酪样结节和卡他性肺炎区。

五、诊断

典型病例可根据临床症状、病理变化和流行情况不难诊断。对非典型病例，可结合群的不同个体发病情况作出诊断。

该病在临床上应与羊传染性脓疱、羊螨病等类似疾病进行区别。

(1)绵羊痘与羊传染病性脓包的鉴别

羊传染性脓包全身症状不明显，病羊一般无体温反应，病变多发生于唇部及口腔（蹄型和外阴型病例少见），很少波及躯体部皮肤，痂垢下肉牙组织增生明显。

(2)绵羊痘与螨病的鉴别

螨病的痂皮多为黄色麸皮样，而痘疹的痂皮则呈黑褐色，且坚实硬固。此外，从疥癣皮肤患处以及痂皮内可检出螨，皮内可检出螨。

六、防治

1. 预防

平时做好羊的饲养管理，抓好秋膘，冬春季节要适当补饲，羊圈要经常打扫，保持干燥清洁，做好防寒过冬工作。在羊痘常发地区，每年定期预防注射。羊痘鸡胚化弱毒疫苗，无论羊只大小，一律尾内或股内皮下注射0.5 mL，山羊皮下注射2 mL。注射后4～6 d产生可靠的免疫力，免疫期可持续1年。

2. 治疗

当羊发生羊痘时，立即将病羊隔离，将羊圈及管理用具等进行消毒。对尚未发病的羊群，用羊痘鸡胚化弱毒苗进行紧急注射。对病羊隔离、封锁和消毒。病死羊的尸体应深埋，如需剥皮利用，注意消毒防疫措施，防止病毒扩散。

本病尚无特效药，常采取对症治疗等综合措施。对病羊的皮肤病变酌情进行对症治疗，如用0.1%高锰酸钾清洗患处后，涂碘甘油、紫药水。对细毛羊、羔羊，为防止继发感染，可以肌肉注射青霉素80万～160万单位，每天1～2次；或用10%磺胺嘧啶10～20 mL，肌肉注射1～3次。用免疫血清，效果更好。康复血清有一定防治作用，预防量成年羊每只5～10 mL，小羊2.5～5 mL，治疗量加倍，皮下注射。若已进入脓疱期则应加大剂量。抗菌药物对痘病无效，但可防止并发感染，需根据实际情况合理应用。

补充内容

山羊痘

山羊痘是由山羊痘病毒引起的一种传染病。临床症状和病理变化与绵羊痘相似,主要在皮肤和黏膜上形成痘疹。山羊痘病毒与绵羊痘病毒在分类上同属于痘病毒科,山羊痘病毒属。山羊痘病毒的生物学特征与绵羊痘相似。自然情况下,山羊痘病例较为少见。山羊痘只感染山羊,同群绵羊不受传染。山羊痘的诊断方法同绵羊痘。

临床上,通常与羊传染性脓疱进行鉴别。羊传染性脓疱在绵羊、山羊均可感染发病,主要于口唇和鼻孔周围皮肤、黏膜上,形成水疱、脓疱,后结成厚而硬的痂,痂皮下有肉芽组织增生性病变,一般无全身反应。山羊痘的预防,以往是用绵羊痘鸡胚化弱毒疫苗进行免疫接种。中国兽医药品监察所将山羊痘病毒通过细胞培养传代制成的细胞弱毒疫苗对山羊安全,免疫效果确实,以 0.5 mL 皮内或 1 mL 皮下接种效果很好,应推广应用。

【评估考核】

一、填空

1. 羊痘是由痘病毒引起羊的一种______、______、______传染病,病羊______和______发生特异的痘疹。

2. 病毒主要存在于病羊皮肤、黏膜的______、脓疱以及______内,病羊______分泌物内也含有病毒。

二、简答

1. 简述绵羊痘与羊传染病性脓包的鉴别诊断要点。

2. 简述羊痘的防控及治疗方法。

任务三　蓝舌病

【基本概念】

蓝舌病是由蓝舌病病毒引起的，以库蠓为传播媒介，主发于绵羊的一种非接触性传染病。本病主要以发热、消瘦，口腔黏膜、鼻黏膜以及消化道黏膜等发生严重的卡他性炎症为特征，病羊蹄部也常发生病理损害，因蹄真皮层遭受侵害而发生跛行。由于病羊特别是羔羊长期发育不良、胎儿畸形、皮毛损坏及死亡等，可造成巨大的经济损失。

【教学重点】

蓝舌病流行病学、诊断及防治措施。

【教学目标】

1. 知识目标

◆ 了解蓝舌病的主要原因。
◆ 熟悉蓝舌病的主要临床症状。
◆ 掌握蓝舌病的防治措施。

2. 技能目标

◆ 能根据临床症状对蓝舌病作出初步诊断。
◆ 学会蓝舌病防治方案的制订并能有效实施。

【教学内容】

一、病原

蓝舌病病毒属于呼肠孤病毒科，环状病毒属。病毒核酸类型为双股 RNA。已知病毒有24 个血清型，各血清型之间缺乏交互免疫性。病毒主要存在于病畜的血液以及各脏器之中，病毒可在康复动物的体内存在达 4 ~5 个月之久。蓝舌病病毒抵抗力强，50% 甘油中可存活多年,对2%～3%的氢氧化钠溶液敏感。

二、流行特点

绵羊不分品种、性别和年龄均可感染,而以纯种的美利奴羊更为敏感。牛、山羊和其他反刍动物包括鹿、麋、羚羊、沙漠大角羊等野生反刍动物也可患本病,但临床症状轻缓或无明显症状而以隐性感染为主。病羊和病后带毒羊为传染源,隐性感染的其他反刍动物也是危险的传染来源。

本病主要通过媒介昆虫库蠓叮咬传播。本病的分布多与库蠓的分布、习性及生活史密切相关。因此,蓝舌病多发生于湿热的晚春、夏季、秋季和池塘、河流分布广的潮湿低洼地区,即媒介昆虫库蠓大量滋生、活动的季节和地区。

三、临床症状

潜伏期为3～10 d。病初体温升高达40 ℃以上,稽留5～6 d。其表现为厌食流涎,口唇水肿,蔓延至面颊、耳部,甚至颈部、胸部、腹部。舌及口腔黏膜充血、发绀,出现青紫色。在发热几天后,唇面、齿龈、颊部黏膜、舌黏膜发生溃疡、糜烂,致使吞咽困难。随着病情的发展,在溃疡损伤部位渗出血液,唾液呈红色,如有继发感染,则出现口臭。鼻分泌物初为浆液性,后变为黏脓性,常带血,结痂于鼻孔周围,引起呼吸困难。鼻黏膜和鼻镜糜烂出血。有时蹄冠、蹄叶发生炎症,触之敏感,疼痛而跛行;病羊消瘦、衰弱,个别发生便秘或腹泻,常便中带血,最终死亡。怀孕母羊感染,则分娩出的胎儿可能畸形,如脑积水、小脑发育不足、回沟过多等。某些病羊痊愈后出现被毛变粗变硬、脱落等现象。

病程6～14 d。发病率达30%～40%,死亡率达2%～3%或者更高。山羊的症状与绵羊相似,但表现一般比较轻微。

四、病理变化

病死羊口腔黏膜糜烂并有深红色区,口唇、舌、齿龈、硬腭和颊部黏膜水肿、出血;有的绵羊舌发绀,故有蓝舌病之称。呼吸道、消化道、泌尿系统黏膜以及心肌、心内外膜可见有出血点。严重病例,消化道黏膜常发生坏死和溃疡。蹄冠等部位上皮脱落但不发生水疱,蹄叶发炎并形成溃烂。

五、诊断

1. 现场诊断

根据典型症状和病变，可以作出现场诊断，如发热、口唇肿胀、糜烂、跛行、行动强直、蹄部炎症及流行季节等。

2. 实验室诊断

对疑病羊做实验室检查加以确诊。方法是采集怀疑患病羊发热期的血液或病尸肠系膜淋巴结、脾脏，接种于易感绵羊、乳鼠或鸡胚，分离病毒。用特异性阳性血清做补体结合反应或琼脂扩散试验，以鉴定病毒。进一步以分型血清做中和试验，以确定病毒型别。也常用荧光抗体技术，检查病料中的特异性病毒颗粒。

3. 类症鉴别

羊蓝舌病通常应与口蹄疫、羊传染性脓疱等疾病进行区别。

(1) 蓝舌病与口蹄疫的鉴别

口蹄疫为高度接触传染性疾病，牛、猪易感性强，感染发病临床症状典型而明显。蓝舌病则主要通过库蠓叮咬传播，且蓝舌病病毒不感染猪，人工接种不能使豚鼠感染。口蹄疫的糜烂性病理损害是由于水疱破溃而发生，蓝舌病虽有上皮脱落和糜烂，但不形成水疱。

(2) 蓝舌病与羊传染性脓疱的鉴别

羊传染性脓疱在羊群中以幼龄羊发病率为高，患病羊口，唇、鼻端出现丘疹和水疱，破溃以后形成疣状厚痂，痂皮下为增生的肉芽组织。病羊特别是年龄较大的羊，一般不显严重的全身症状，无体温反应。采集局部病变组织进行电镜负染检查，可发现呈线团样编织构造的典型羊口疮病毒。

六、防治

1. 预防

加强海关对畜产品的检疫工作，严禁从有此病的地区和国家购买牛、羊。非疫区一旦传入本病，应立即采取坚决措施，捕杀发病羊和与其接触过的所有易感动物，并彻底进行消毒处理。在疫区每年接种疫苗是防止本病的可靠方法。目前国外有鸡胚化弱毒疫苗和牛胎肾细胞致弱的组织苗，对绵羊有较好的免疫力。

2. **治疗**

对患病动物要精心护理，严格避免烈日风雨，给以易消化的饲料每天用温和的消毒水冲洗口腔和蹄部。先用食醋或0.1%的高锰酸钾溶液冲洗口腔，然后再使用1%～3%硫酸铜或1%～2%的明矾及碘甘油涂拭糜烂面。也可使用中药冰硼散外敷患部治疗。蹄部病患可先使用3%的来苏尔冲洗，再用碘甘油或土霉素软膏涂拭后以绷带包扎。对严重病例结合强心、补液。药物对本病毒无杀灭作用，但采取对症与加强护理相结合疗法，对加速病羊的康复、防止继发感染具有重要意义。预防继发感染可用磺胺类药物或抗生素，必要时患病动物和分离出病毒呈阳性的动物应予以捕杀。

【评估考核】

一、填空

1. 蓝舌病是由______引起的、以______为传播媒介的主发于绵羊的一种______传染病。
2. 蓝舌病主要以______、______，口腔黏膜、鼻黏膜以及消化道黏膜等发生严重的______炎症为特征。

二、简答

1. 简述蓝舌病与口蹄疫的鉴别诊断要点。
2. 简述蓝舌病的防控及治疗方法。

任务四　羊炭疽

【基本概念】

炭疽是人畜共患的急性、热性、败血性传染病。羊多呈最急性，突然发病，眩晕，可视黏膜发绀，天然孔出血。

【教学重点】

掌握炭疽病的实验室诊断技术。

【教学目标】

1. 知识目标

◆ 了解炭疽病的主要原因。
◆ 熟悉炭疽病的主要临床症状。
◆ 掌握炭疽病的防治措施。

2. 技能目标

◆ 能根据临床症状对炭疽病作出初步诊断。
◆ 学会炭疽病防治方案的制订并能有效实施。

【教学内容】

一、病原

病原为炭疽杆菌。炭疽杆菌是一种粗而长的革兰氏阳性大杆菌，不运动。分类属芽孢杆菌科，芽孢杆菌属。本菌在形态上具有明显的双重性，在病料内，常单个散在，或几个菌体相连呈短链条排列，菌体周围绕以肥厚的荚膜，整个菌体宛如竹节状，但不形成芽孢；在人工培养物内或自然界中，菌体呈长链状排列，两菌接触端如刀切状，在适宜条件下可形成芽孢，位于菌体中央；芽孢具有很强的抵抗力，在干燥环境中能存活 10 年之久，煮沸需 15 ~ 25 min

才能杀死，临床上常用20%的漂白粉、0.5%的过氯乙酸和1%的氢氧化钠作为消毒剂。

二、流行特点

各种家畜及人对该病都有易感性，羊的易感性高。病羊是主要传染源，濒死病羊体内及其排泄物中常有大量菌体；若尸体处理不当，炭疽杆菌形成芽孢并污染土壤、水、牧地，则成为长久的疫源地。羊吃了污染的饲料或饮水而感染，也可经呼吸道和血吸虫昆虫叮咬而感染。本病多发于夏季，呈散发或地方性流行。

三、临床症状

多为最急性，突然发病。病羊昏迷，眩晕，摇摆，倒地，呼吸困难，结膜发绀，全身战栗，磨牙，口、鼻流出血色泡沫，肛门、阴门流出血液，且不易凝固，数分钟即可死亡。在病情缓和时，羊兴奋不安，行走摇摆，呼吸加快，心跳加速，黏膜发绀，后期全身痉挛，天然孔出血，数小时内即可死亡。

四、病理变化

死后外观尸体迅速腐败而极度膨胀，天然孔流血，血液呈酱油色煤焦油样，凝固不良，可视黏膜发绀或有点状出血，尸僵不全。脾脏明显肿大，皮下和浆膜下结缔组织呈现出血性胶样浸润。

五、诊断

1. 现场诊断

依据临床症状和病理变化可作出初步诊断。

2. 实验室诊断

可疑炭疽的病羊禁止剖检，病羊生前采取静脉血液（耳静脉），死羊可从末梢血管采血涂片。必要时可做局部解剖，采取小块脾脏，然后将切口用0.2%L汞或5%石炭酸浸透的棉花或纱布塞好。涂片用瑞氏染液或美蓝染液染色，置于显微镜下观察，若发现带有荚膜的单个、成双或短链的粗大杆菌即可确诊。有条件时可进行细菌分离和阿斯科利环状沉淀试验。

3. 鉴别诊断

羊炭疽和羊快疫、羊肠毒血症、羊猝狙、羊黑疫在临床症状上相似，都是突然发病，病程短促，很快死亡，应注意鉴别诊断。其中羊快疫用病羊肝被膜触片，美蓝染色，镜检可发现无关节长链状的腐败梭菌。羊肠毒血症在病羊肾脏等实质器官内可见 D 型魏氏梭菌，在肠内容物中能检出魏氏梭菌 ε 毒素。羊猝狙用病羊体腔渗出液和脾脏抹片，可见 C 型魏氏梭菌，从小肠内容物中能检出魏氏梭菌 p 毒素。羊黑疫用病羊肝坏死灶涂片，可见两端钝圆、粗大的 B 型诺维梭菌。

六、防治

1. 预防

对经常发生炭疽及受威胁地区的羊，每年用无毒炭疽芽孢苗（仅用于绵羊，皮下接种 0.15 mL）或第二号炭疽芽孢苗（绵羊、山羊均可，皮下接种 1 mL）作预防注射。当有炭疽病发生时，要及时隔离病羊，对污染的羊舍、地面及用具要立即用 10% 热火碱水或 20% 漂白粉溶液喷洒消毒，每隔 1 h 一次，连续 3 次。对同群的未发病羊，使用青霉素连续注射 3 d，有预防作用。

2. 治疗

由于病羊呈最急性经过，往往来不及治疗。病程稍缓的羊，必须在严格隔离条件下进行治疗。初期可使用抗炭疽血清，每次 40 ~ 80 mL，静脉或皮下注射。第 1 次注射剂量应适当加大，经 12 h 后再注射 1 次。炭疽杆菌对青霉素、土霉素及氯霉素敏感，其中青霉素最常用，剂量按每千克体重 1.5 万单位，每隔 8 h 肌肉注射 1 次。实践证明，抗炭疽血清与青霉素合用效果更好。

【评估考核】

一、名词解释

1. 炭疽病
2. 炭疽痈

二、填空

1. 炭疽是由__________引起的一种人畜共患__________、__________、__________传染病。以__________出血、血液呈煤焦油样凝固不良、皮下及浆膜下结缔组织__________、脾脏显著__________为主要病变特征。

2. 炭疽杆菌繁殖体的抵抗力__________。但__________的抵抗力很强，在自然条件下能存活数________ 160 ℃干热灭菌需__________才能破坏芽胞，但芽胞对____________、____________、____________等药物敏感。

三、选择

1. 我国将炭疽病列为(　　)病。

A. 一类　　B. 二类　　C. 三类　　D. 其他类

2. 炭疽尸体严禁剖检是因为在有氧条件下炭疽杆菌易形成(　　)。

A. 荚膜　　B. 芽孢　　C. 鞭毛　　D. 菌毛

四、简答

1. 简述炭疽病诊断要点及方法。

2. 如何预防炭疽病的发生？

任务五　破伤风

【基本概念】

破伤风又称“锁口风”、“强直症”，是由破伤风梭菌引起的一种急性、创伤性，人、畜共患的中毒性传染病。临诊上以患羊骨骼肌持续性痉挛和对外界刺激反射兴奋性增高为特征。

【教学重点】

掌握破伤风的实验室诊断技术。

【教学目标】

1. 知识目标

- ◆ 了解破伤风的主要原因。
- ◆ 熟悉破伤风的主要临床症状。
- ◆ 掌握破伤风的防治措施。

2. 技能目标

- ◆ 能根据临床症状对破伤风作出初步诊断。
- ◆ 学会破伤风防治方案的制订并能有效实施。

【教学内容】

一、病原

病原为破伤风梭菌。破伤风梭菌又称强直梭菌，分类上属芽孢杆菌属，为细长的杆菌，多单个存在，能形成芽孢，位于菌体的一端，似鼓槌状，周身鞭毛，能运动，无荚膜。幼龄培养物革兰氏染色阳性，培养 48 h 后常呈阴性反应。

破伤风梭菌产生破伤风痉挛毒素、溶血毒素及非痉挛性毒素，其中破伤风痉挛毒素引起该病特征性症状和刺激保护性抗体的产生。溶血毒素引起局部组织坏死，为该菌生长繁殖创造条件。非痉挛毒素对神经末梢有麻痹作用。

破伤风梭菌繁殖体的抵抗力与一般非芽孢菌相似,但芽孢抵抗力甚强,耐热,在土壤中可存活几十年;10%碘酊、10%漂白粉及30%双氧水能很快将其杀死。本菌对青霉素敏感,磺胺药次之,链霉素无效。

二、流行特点

该病的病原破伤风梭菌在自然界中广泛存在,羊经创伤感染破伤风梭菌后,如果创口内具备缺氧条件,病原在刨口内生长繁殖产生毒素,作用于中枢神经系统而发病。常见于外伤、阉割和脐部感染。临床病例往往找不出创伤,这种情况可能是在破伤风潜伏期中创伤已经愈合,也可能是经胃肠黏膜的损伤而感染。该病以散发形式出现。

三、临床症状

病初症状不明显,只表现起卧困难,精神呆滞。随着病情的发展,四肢逐渐强直,运步困难,头颈伸直,角弓反张,肋骨突出,牙关紧闭、流涎、尾直,常有轻度腹胀,先腹泻后便秘。体温一般正常,仅在临死前体温上升至42 ℃以上,死亡率很高。

四、诊断

1. 现场诊断

根据病羊的创伤史和典型的全身强直症状,不难确诊。

2. 实验室诊断

必要时,可从创伤感染部位取材,进行细菌分离和鉴定,结合动物试验进行诊断。

五、防治

1. 预防

在发生外伤、阉割或处理羔羊脐带时,应及时用2% ~5%的碘酊严格消毒。

2. 治疗

将病羊置于僻静、较暗的厩舍内,避免惊动。给予易消化的饲料和充分的饮水。对伤口要及时扩创，彻底清除伤口内的坏死组织，可用3%的过氧化氢（双氧水）、1%的高锰酸钾或5%～10%的碘酊进行消毒处理。病初可先静脉注射4%的乌洛托品5～10 mL，再用破伤风抗毒素5万～10万单位静脉或肌肉注射，以中和毒素。为了缓解肌肉痉挛，可使用氯丙嗪以每千克体重0.002 mg的剂量，或用25%的硫酸镁注射液10～20 mL肌肉注射。并配合5%的碳酸氢钠100 mL静注。当牙关紧闭、开口困难时，可用2%的普鲁卡因5 mL和0.1%的肾上腺素0.1～1.0 mL混合注入两侧咬肌。如不能采食，可进行补液、补糖。当发生便秘时，可用温水灌肠或投服盐类泻剂。

配合中药治疗能缓解症状，缩短病程。可应用"防风散"，即防风8 g，天麻5 g，羌活8 g，天南星7 g，炒僵蚕7 g，清半夏4 g，川芎4 g，炒蝉蜕7 g，水煎2次，将药液混在一起，待温加黄酒50 g，胃管投服，连服3剂，隔天1次。上述方剂可适当加减，当伤在头部，重用白芷；伤在四肢，加独活5 g。瞬膜外露严重者，重用防风、蝉蜕；流涎量多者，重用僵蚕、半夏；牙关紧闭者加蜈蚣1～2条、乌蛇3～6 g、细辛1～2 g。

【评估考核】

一、填空

1. 羊破伤风又称"________"、"________"，是由__________引起的一种__________、__________，人、畜共患的中毒性传染病。

2. 破伤风以患羊骨骼肌________和对__________兴奋性增高。

3. 破伤风梭菌芽孢抵抗力甚强，耐________，在土壤中可存活________年。

二、简答

1. 简述破伤风病诊断要点及方法。

2. 如何预防破伤风病的发生？

任务六 羊布氏杆菌病

【基本概念】

布氏杆菌病是由布氏杆菌引起的人、畜共患的慢性传染病，主要侵害生殖系统。羊感染后，以母羊发生流产和公羊发生睾丸炎为特征。本病分布很广，不仅感染各种家畜，而且易传染给人。

【教学重点】

布氏杆菌病的概念及特征、流行病学、诊断及防治措施。

【教学目标】

1. 知识目标

◆ 了解布氏杆菌病的主要原因。
◆ 熟悉布氏杆菌病的主要临床症状。
◆ 掌握布氏杆菌病的防治措施。

2. 技能目标

◆ 能根据临床症状对布氏杆菌病作出初步诊断。
◆ 学会布氏杆菌病防治方案的制订并能有效实施。

【教学内容】

一、病原

布氏杆菌是革兰氏阴性需氧杆菌，分类上为布氏杆菌属。本属细菌为非抗酸性，无芽胞，无荚膜，无鞭毛，呈球杆状。组织涂片或渗出液中常集结成团，且可见于细胞内，培养物中多单个排列。布氏杆菌在土壤、水中和皮毛上能存活几个月，一般消毒药能很快将其杀死。

二、流行特点

本病的易感动物范围很广，母羊较公羊易感性高，性成熟后对本病极为易感。消化道是主要感染途径，也可经配种感染。羊群一旦感染此病，主要表现孕羊流产；开始仅为少数，以后逐渐增多，严重时可达半数以上，多数病羊流产一次。

三、临床症状

多数病例为隐性感染。怀孕羊发生流产是本病的主要症状，但不是必有的症状。流产多发生在怀孕后的3~4个月。有时患病羊发生关节炎和滑液囊炎而致跛行，公羊发生睾丸炎，少部分病羊发生角膜炎和支气管炎。

四、病理变化

剖检常见的病变是胎衣部分或全部呈黄色胶样浸润，其中有部分覆有纤维蛋白和脓液，胎衣增厚并有出血点。流产胎儿主要为败血症病变，浆膜黏膜有出血点、出血斑，皮下和肌肉间发生浆液性浸润，脾脏和淋巴肿大，肝脏中出现坏死灶。公羊可发生化脓性坏死性睾丸炎和附睾炎，睾丸肿大，后期睾丸萎缩。

五、诊断

1.现场诊断

流行病学资料，流产胎儿、胎衣的病例损害，胎衣滞留以及不育等都有助于布氏杆菌的诊断，但确诊只有通过实验室诊断才能得出结果。

2.实验室诊断

布氏杆菌的实验室检查方法很多，除流产材料的细菌学检查外，以平板凝集反应简便易行。绵羊和山羊的大群检疫也可用血清平板凝集试验和变态反应检查。

六、防治

1.预防

在未感染羊群中，控制本病传入的最好办法是自繁自养，必须引进种羊或补充羊群时，要严格执行检疫。即将羊隔离饲养两个月，同时进行布氏杆菌病的检查，全群两次免疫学检查阴性者，才可以与原有羊接触。清净的羊群，还应定期检疫（至少1年1次），一经发现，应立即淘汰。

2. 控制

本病无治疗价值，一般不予治疗。发病后的防治措施是用试管凝集或平板凝集反应进行羊群检疫，发现呈阳性和可疑反应的羊均应及时隔离，以淘汰屠宰为宜。严禁与假定健康羊接触。必须对污染的用具和场所进行彻底消毒，流产胎儿、胎衣、羊水和产道分泌物应深埋。凝集反应阴性羊用布氏杆菌猪型2号弱毒苗或羊型5号弱毒苗进行免疫接种。

【评估考核】

一、名词解释

布氏杆菌病

二、填空

1. 布氏杆菌病是________引起的一种人畜共患慢性传染病。主要侵害________，羊感染后，以母羊发生________和公羊发生________为特征。

2. 布氏杆菌病可以通过________、________、________、________和________散布本病。

三、选择

1. 兽医人员的职业病的病原是（　　）。

A. 结核杆菌　　B. 布氏杆菌　　C. 沙门氏　　D. 大肠杆菌

2. 母羊得布氏杆菌病主要表现（　　）。

A. 过敏　　B. 中毒　　C. 流产　　D. 发热

四、简答

1. 简述布氏杆菌病的临床症状。

2. 当发生布氏杆菌病时，应如何进行防控？

任务七　羔羊大肠杆菌病

【基本概念】

羔羊大肠杆菌病是由致病性大肠杆菌引起的羔羊急性传染病，其特征是呈现剧烈的下痢和败血症。病羊常排出白色稀粪，所以又称"羔羊白痢"。

【教学重点】

羔羊大肠杆菌病的流行病学、诊断及防治措施。

【教学目标】

1. 知识目标

◆ 了解羔羊大肠杆菌病的主要原因。
◆ 熟悉羔羊大肠杆菌病的主要临床症状。
◆ 掌握羔羊大肠杆菌病的防治措施。

2. 技能目标

◆ 能根据临床症状对羔羊大肠杆菌病作出初步诊断。
◆ 学会羔羊大肠杆菌病防治方案的制订并能有效实施。

【教学内容】

一、病原

大肠杆菌是革兰氏阴性、中等大小的杆菌，对外界不利因素的抵抗力不强，将其加热至50 ℃，持续30 min后即死亡，一般常用消毒药均易将其杀死。

二、流行特点

多发生于数日龄至6周龄以内的羔羊，有些地方6～8月龄的羔羊也可发生，呈地方性流行或散发。病的发生与气候不良、营养不足、场圈潮湿、污秽有关。冬春舍饲期间多发，而放牧季节则很少发病。本病主要经消化道感染。

三、临床症状

潜伏期 1 ~ 2 d，分为败血型和下痢型两种类型。

1. 败血型

多发生于 2 ~ 6 周龄羔羊。病羊体温 41 ~ 42 ℃，精神沉郁，迅速虚脱，有轻微的腹泻或不腹泻。有的带有神经症状，运动失调、磨牙、视力障碍；也有的病例出现关节炎，多于病后 4 ~ 12 h 死亡。

2. 下痢型

多发生于 2 ~ 8 日龄新生羔。病初体温略高，出现腹泻后体温下降，粪便呈半液状，带有气泡，具有恶臭；起初呈淡黄色，继之变为淡灰白色；含有乳凝块，严重时混有血液。羔羊表现腹痛，虚弱，严重脱水，不能起立。如不及时治疗，可于 24 ~ 36 h 死亡，病死率为 15% ~ 17%。

四、病理变化

败血型羊，剖检胸、腹腔和心包，见大量积液，内有纤维素样物；关节肿大，内含浑浊液体或脓性絮片；脑膜充血，有许多小出血点。下痢型羊，主要为急性胃肠炎变化，胃内乳凝块发酵，肠黏膜充血、水肿出血，肠内混有血液和气泡，肠系膜淋巴结肿胀，切面多汁或充血。

五、诊断

1. 现场诊断

主要根据流行病学、临床症状和剖检变化进行诊断。在分析这些资料时，必须注意发病季节、年龄及死亡率。

2. 实验室诊断

采取内脏组织、血液或肠内容物，用麦康凯或其他鉴别培养基划线分离，挑取可疑菌落转种三糖铁培养基培养后，反应符合大肠杆菌者，纯培养后进行生化鉴定和血清学鉴定，以确定血清型。有条件时可进行黏着素抗原检查和肠毒素检查。

3. 类症鉴别

本病应与B型魏氏梭菌引起的出生羔羊下痢（羔羊痢疾）相区别。本病如能分离出纯致病性大肠杆菌，具有鉴别诊断意义。

六、防治

1. 预防

加强孕羊的饲养管理，确保新生羔的健壮，抗病力强。改善羊舍的环境卫生，做到定期消毒，尤其是分娩前后对羊舍应彻底消毒1~2次。注意幼羊的保暖，尽早让羔羊吃到足够的初乳。对污染的环境、用具，可用3%~5%来苏尔液消毒。

2. 治疗

大肠杆菌对氯霉素、土霉素、新霉素、磺胺类和呋喃类药物均具敏感性。但必须配合护理和对症治疗。氯霉素以每公斤体重0.01~0.03 g剂量，每天注射2次或每天每公斤体重口服0.055~0.11 g剂量，分2~3次灌服；土霉素粉，以每天每公斤体重30~50 mg剂量，分2~3次口服；磺胺脒，第1次1 g，咽后每隔6 h内服0.5 g；呋喃唑酮（痢特灵），每次0.03 g，每天2~3次内服，连用2~5 d。对新生羔羊可同时加胃蛋白酶0.2~0.3 g内服；心脏衰弱者可注射强心剂，脱水严重者可适当补充生理盐水或葡萄糖盐水，必要时还可加入碳酸氢钠或乳酸钠，以防止全身酸中毒；对于有兴奋症状的病羊，可内服水合氯醛0.1~0.2 g（加水内服）。

中药治疗用大蒜酊（大蒜100 g，95%酒精100 mL，浸泡15 d，过滤即成）2~3 mL，加水一次灌服，每天2次，连用数天。白头翁、秦皮、黄连、炒神曲、炒山楂各15 g，当归、木香、杭芍各20 g，车前子、黄柏各30 g，加水500 mL，煎至100 mL。每次3~5 mL，灌服，每天2次，连用数天。

【评估考核】

一、填空

1. 羔羊大肠杆菌病是由______引起的羔羊急性传染病，其特征是呈现剧烈的______和______。

2. 羔羊大肠杆菌病时，病羊常排出______，所以又称“______”。

3. 羔羊大肠杆菌病潜伏期______天，分为______和______两种类型。

二、简答

1. 简述羔羊大肠杆菌病的临床症状。
2. 羔羊大肠杆菌病应如何进行防治？

任务八　结核病

【基本概念】

结核病是由结核分枝杆菌引起的人、畜和禽类的一种慢性传染病。其病理特点是在多种组织器官形成肉芽肿和干酪样、钙化结节病变。

【教学重点】

结核病的特征、流行病学、诊断及防治措施。

【教学目标】

1. 知识目标

◆ 了解结核病的主要原因。
◆ 熟悉结核病的主要临床症状。
◆ 掌握结核病的防治措施。

2. 技能目标

◆ 能根据临床症状对结核病作出初步诊断。
◆ 学会结核病防治方案的制订并能有效实施。

【教学内容】

一、病原

结核分枝杆菌主要有 3 种类型,即牛型、人型和禽型结核杆菌。本菌不产生芽孢和荚膜,也不能运动,伪革兰氏染色阳性菌;用一般染色法较难着色,常用的方法为 iehl-Neelsen 抗酸染色法。

结核杆菌因含有丰富的脂类,故在外界环境中身存力较强,对干燥和湿冷的抵抗力强,对热抵抗力差,60 ℃下 30 min 即死亡,在水中可存活 5 个月,在土壤中可存活 7 个月,常用消毒药约经 4 h 方可杀死，而在 70°酒精或 10% 漂白粉中很快死亡。碘化物消毒效果甚佳，但无机酸、有机酸、碱性药物和季胺盐类等对结核杆菌的消毒是无效的。

二、流行特点

本病可侵害多种动物，在家畜中牛最易感染，特别是奶牛，其次是黄牛、牦牛、水牛，猪和家禽亦可患病，羊极少发病。单蹄动物罕见。

本病主要经呼吸道、消化道感染，严重病羊或其他病畜的痰液、粪尿、奶泌尿生殖道分泌物及体表溃疡分泌物中都含有结核杆菌。健康羊吃喝了被细菌感染的饲料和饮水，或者吸入了含有细菌的空气，即可通过消化道和呼吸道受到感染。

三、临床症状

由于品种不同，表现症状也不同。

1. 奶山羊结核

症状与牛相似。轻度病羊没有临床症状，病重时食欲减弱，全身消瘦，皮毛干燥，精神不振。常排出黄色稠鼻涕，甚至含有血丝，呼吸带痰音（呼噜作响），发生湿性咳嗽，肺部听诊有显著啰音。有的病羊臂部或腕关节发生慢性浮肿。乳上淋巴结发硬、肿大，乳房有结节状溃疡。

每当饲养管理不良时，即见食欲减退，迅速消瘦，奶量亦随之下降。尤其是在夏天炎热的时候，最容易引起体温波动，症状也随之加剧。

病的后期表现为贫血，呼吸带有臭味，磨牙，喜吃土，常因痰咳不出而高声叫唤。体温上升达 40 ~ 41 ℃，死前 2 d 左右下降。贫血严重时，乳房皮肤淡黄，粪球变为淡黄褐色，最后消化器官衰竭而死亡，死前高声惨叫。

2. 绵羊结核

因为此病为慢性病，故生前只能发现病羊消瘦和衰弱，并无咳嗽症状。

四、病理变化

肺脏的表面有粟粒大、枣子大至胡桃大的淡黄色脓肿，周围呈紫红色，最大直径达 3 cm，深度达 4 cm，压之柔软，切开时见充满豆渣样的内容物。常见肺脏表面有小米、大米以及花生米大的黄色及白色结节聚集成片，切时发出摩擦声，内含稀稠不等的脓液或钙质。肺脏切面的深部亦有界限性脓肿。有的全肺脏表面密布粟粒羊的硬结节。喉头和气管黏膜有溃疡。支气管及小支气管充有不同量的白色泡沫。纵膈淋巴结肿大而发硬，前后连成一长条，内含黏稠脓液。肋膜常有大片发炎，尤其与肺部严重病变区接触之处更为明显，发炎区域有胶样渗出物附着，发炎区之肋骨间有炎性结节，可见胸水呈淡红色，量增多。心包膜内夹有粟粒大到枣子的结节，内含豆渣样的内容物。

肝脏表面有大小不等的脓肿，或者聚集成片的小结节。此等小结节或豆渣样内容物，或硬如沙粒（因钙化），切时发出摩擦声。

乳上淋巴结肿胀，内含豆渣样内容物，比肺中的脓稠，稍带灰色。

五、诊断

当羊发生不明原因的渐进性消瘦、咳嗽、肺部异常、慢性乳腺炎、顽固性下痢、体表淋巴结慢性肿胀等，可作为疑似本病的依据。但仅根据临床症状很难确诊。羊死后可根据异性结核病变，不难作出诊断，必要时进行微生物学试验。

六、防治

1. 预防

①将阳性反应的羊严格隔离，禁止与健康羊群发生任何直接或间接的接触，例如放牧时应避免走同一牧道及利用同一牧场。

②病羊所生产的羔羊，立刻用3%克的辽林或1%的来苏尔溶液洗涤消毒，运往羔羊舍，用健康羊奶进行人工哺乳，禁止哺吮病羊奶。

③病羊奶必须用巴氏灭菌法消毒后（最好煮沸）方可出售；禁止将生奶出售或运往健康羊场进行消毒。最好将病奶全部做成炼乳。

④如果病羊为数不多，可以全部宰杀，以免增加管理上的麻烦及威胁健康羊群。

⑤如果增添新羊，必须先作结核菌素试验，阴性反应的方可引进。

2. 治疗

对于有价值的奶羊和优良品种的绵羊，可以采用链霉素、异烟肼（雷米封）、对氨基水杨酸钠或盐酸黄连素治疗轻型病例。对于临床症状明显的病例，不必治疗，应该坚决捕杀，以防后患。

【评估考核】

一、名词解释

结核病

二、填空

1. 结核病是由________引起的人、畜和禽类的一种慢性传染病。其病理特点是在多种组织器官形成________和________、________结节病变。

2. 结核杆菌敏感的常用抗生素有____________、____________、____________。

三、选择

1. 抗酸性染色法使结核杆菌菌体着色为(　　)。

A. 红色　　B. 蓝色　　C. 黄色

2. 结核菌素注射选择(　　)注射。

A. 肌肉　　B. 皮下　　C. 皮内

四、简答

1. 羊结核杆菌病的流行特点。

2. 羊结核杆菌病的防控。

任务九　羊快疫

【基本概念】

羊快疫由腐败梭菌经消化道感染引起，主要发生于绵羊，是一种急性传染病。它以真胃出血性炎症为特征。

【教学重点】

羊快疫的实验室诊断技术。

【教学目标】

1. 知识目标

◆ 了解羊快疫的主要原因。
◆ 熟悉羊快疫的主要临床症状。
◆ 掌握羊快疫的防治措施。

2. 技能目标

◆ 能根据临床症状对羊快疫作出初步诊断。
◆ 学会羊快疫防治方案的制订并能有效实施。

【教学内容】

一、病原

腐败梭菌是革兰氏阳性的厌气大杆菌，分类上属于梭菌属。本菌在体内外均能产生芽孢，不形成荚膜，可产生多种外毒素。病羊血液或脏器涂片，可见单个或2～5个菌体相连的粗大杆菌，有时呈无关节的长丝状，在肝被膜触片中更易发现，在诊断上具有重要意义。

二、流行特点

绵羊对羊快疫最易感。发病羊的营养在中等以上，年龄多在6～18个月。一般经消化道感染（腐败梭菌如经伤口感染则引起各种家畜的恶性水肿）。

三、临床症状

患羊往往来不及表现临床症状即突然死亡。有的病羊离群独处，卧地，不愿走动；强迫行走时表现虚弱、运动失调，腹痛、腹泻，磨牙，抽搐，最后衰弱昏迷。口流带血泡沫，多于数分钟或几小时内死亡，病程极为短促。

四、病理变化

病死羊尸体迅速腐烂、膨胀。解剖可视黏膜充血，呈暗紫色。体腔多有积液。特征性表现为真胃出血性炎症，胃底部及幽门部黏膜可见大小不等的出血斑点及坏死区，黏膜下发生水肿。肠道内充满气体，常有充血、出血、坏死或溃疡。心内、外膜可见点状出血。胆囊多肿胀。

五、诊断

生前诊断比较困难，死后应注意检查真胃变化。确诊需要进行微生物学检查。

1. 实验室诊断

病死羊肝脏被膜触片，用瑞氏或美蓝染色液染片镜检，除见到两端钝圆、单个或短链状的粗大菌体外，还可观察道无关节的长丝状菌体链。其他脏器组织中也可发现病原。做动物试验，将病料制成悬液，肌肉注射豚鼠或小鼠，实验动物多于24 h内死亡。死亡后立即采集脏器组织进行分离培养，极易获得纯培养。制片镜检也可发现腐败梭菌无关节长丝状的特征表现。

2. 类症鉴别

诊断要注意与类似病症羊肠毒血症、羊黑和羊炭疽的区别。

羊快疫发病季节常为秋、冬和早春；而羊肠毒血症多在春夏之交强青时和秋季菜籽成熟时发生。羊快疫有明显的真胃出血性炎性损害；而患羊肠毒血症仅见轻微病损。羊快疫肝脏被膜触片多见无关节长丝状的腐败梭菌；患羊肠毒血症的血液及脏器中可检查出 D 型魏氏梭菌。羊黑疫的发生常与肝片吸虫病的流行有关，其真胃损害轻微。患羊黑疫时，肝脏多见坏死灶，涂片检查，可见到两端钝圆、粗大的诺维梭菌。羊快疫和羊炭疽，可用病料组织进行炭疽阿斯科利沉淀反应区别诊断。

六、防治

1. 预防

在该病的常发区，每年应定期注射有关预防羊快疫的单苗或混合苗。当本病发生严重时，应及时转移放牧地。对所有尚未发病羊加强饲料管理，防止受寒，避免羊采食冰冻饲料。同时可使用羊梭菌病三联苗、四联苗和五联苗进行紧急接种。

2. 治疗

由于病程短促，常常来不及治疗。对病程稍长的病羊，可选用青霉素肌肉注射，剂量每次 80 万～160 万单位，每天 2 次；也可给病羊内服 10%～20% 的石灰乳，每次 50～100 mL，连服 1～2 次。在使用上述抗菌药物的同时应及时配合强心、输液等对症治疗措施。

【评估考核】

一、填空

1. 羊快疫由______感染引起，主要发生于______，以______炎症为特征。
2. 羊快疫诊断可在______触片中发现病原。

二、简答

1. 简述羊快疫的临床症状。
2. 羊发生羊快疫时如何诊断确诊？

任务十　羊肠毒血症

【基本概念】

羊肠毒血症是魏氏梭菌产生毒素所引起的绵羊急性传染病。该病以发病急、死亡快、死后肾脏多见软化为特征。

【教学重点】

羊肠毒血症的实验室诊断技术。

【教学目标】

1. 知识目标

◆ 了解羊肠毒血症的主要原因。

◆ 熟悉羊肠毒血症的主要临床症状。

◆ 掌握羊肠毒血症的防治措施。

2. 技能目标

◆ 能根据临床症状对羊肠毒血症作出初步诊断。

◆ 学会羊肠毒血症防治方案的制订并能有效实施。

【教学内容】

一、病原

魏氏杆菌又称“产气荚膜杆菌”，分类上属于梭菌属。革兰染色阳性，在动物体内可形成荚膜，芽孢位于菌体中央。本菌可产生多种外霉素，依据毒素-抗毒素中和试验，可将魏氏梭菌分为 A、B、C、D、E 5 个毒素型。羊猝疽由 D 型魏氏杆菌所引起。一般消毒药均易杀死本菌的繁殖体，但芽孢抵抗力较强，在 95 ℃下需 2.5 h 方可杀死。

二、流行特点

发病以绵羊为多,山羊较少。通常以 2～12 月龄、膘情较好的羊为主。魏氏梭菌为土壤常在菌,也存在于污水中,通常羊采食被芽孢污染的饲草或饮水,芽孢随之进入消化道,一般情况并不引起发病。当饲料突然改变,特别是从吃干草改为采食大量谷类或青嫩多汁和富含蛋白质的草料之后,导致羊的抵抗力下降和消化功能紊乱。D 型魏氏梭菌在肠道迅速繁殖,产生大量毒素,毒素进入血液,引起全身毒素症,发生休克而死亡。

本病的发生常表现出一定的季节性,牧区以春秋之交抢青时和秋季牧草结籽后的一段时间发病为多;农区则多见于收割抢在季节或采食大量富含蛋白质饲料时。一般呈散发性流行。

三、临床症状

本病潜伏期很短,多为突然发病,很少见到临诊症状,往往出现临诊症状后便很快死亡。

症状可分为两种类型:一类以抽搐为特征,另一类以昏迷和静静死去为特征。前者在倒毙前,四肢出现强烈的划动、肌肉震颤,眼球转动,磨牙、口水过多,随后头颈显著抽缩,往往死于 2～4 h 之内;后者病程不太急,其早期症状为步态不稳、后卧倒,并没有感觉过敏,流涎,上下颌"咯咯"作响,继而昏迷,角膜反射消失;有的病羊发生腹泻,通常在 3～4 h 内静静地死去。

四、病理变化

腹腔和心包积液。心脏扩张,心肌松软,心内外膜有出血点。肺呈紫红色,切面有血液流出。肝脏肿大,呈灰褐色半熟状,质地脆弱,被膜下有点状或带状溢血。胆囊肿大。特征病变是肠道,尤其是小肠黏膜充血、出血,重病者整个肠段壁呈血红色,或有溃疡,故对此有"血肠子病"一说。幼龄羊一侧或两侧肾脏软化,肾脏软化如稀泥样。全身淋巴结肿大,呈急性淋巴结炎,切面湿润,髓质部分黑褐色。

五、诊断

1. 现场诊断

根据流行特点(散发、突发、死亡快、多发生于雨季和青草生长旺盛季),结合剖检病变及急性病例尿中含糖量明显增加,可作出现场诊断。

2. 实验室诊断

取小肠粪便,用 2 倍生理盐水稀释后,以 4 000 转/分的速率离心 30 min,取上清液给 4 只小老鼠尾静脉注射,剂量分别为 0.05 mL/2 只和 0.1 mL/2 只,结果小鼠在 4 min 内全部死亡。

病羊的肝脏、脾脏、肾脏、心脏和肠淋巴进行组织触片,用革兰氏及瑞氏染色,镜检,可见一致的革兰氏阳性;具有荚膜的粗大杆菌,呈单个或两两相连排列,菌体与常见产气荚膜杆菌一致。

病羊肝脏、脾脏、肾脏、心脏和肠淋巴组织接种在厌气肉肝汤中培养 24 h,长出丰茂、产气旺盛、肉汤浑浊一致的生长物,涂片镜检可见一致的革兰氏阳性大杆菌,两端钝圆,两侧平直或弯曲,呈单个或两两相连。

在兔血、牛血琼脂平板上,37 ℃下 24 h 培养,呈 β 溶血,溶血直径 2 mm;培养 24 h 后菌落多为圆形、光滑、隆起,边缘整齐,淡灰色;培养 72 h 后菌落边缘略不整齐,表面幼辐射条纹,所谓“勋章样”。在牛乳培养基中培养 18 h 后,牛奶凝固、产气,出现暴烈,发酵;能利用葡萄糖、乳糖、蔗糖、麦芽糖、果糖,水杨酸、甘露醇,产生硫化氢,靛基质和 V-P 试验为阴性,甲基红试验为阳性,尿素试验为阴性。

也可将肝脏、脾脏、淋巴结等病料组织做成悬液,给家兔腹腔注射,则家兔于一天内死亡,取材料染色检查,可发现病原典型特征。

3. 类症鉴别

诊断时注意以下几种羊病的鉴别。

(1)炭疽

炭疽可至各种年龄羊发病,临床诊断有明显的体温变化,黏膜呈蓝紫色,死后尸僵不全,天然孔流血,脾脏高度肿大,细菌学检查,可发现具有荚膜的炭疽杆菌。

(2)巴氏杆菌

巴氏杆菌病病程多在一天以上,临床表现有体温升高、皮下组织出血性胶样润湿,后期呈现肺炎症状,病料涂片可见革兰氏阴性、两极浓染的巴氏杆菌。

(3)大肠杆菌

大肠杆菌病多发于 6 周龄以内的小羊,肾脏表面多呈青紫色,但不软化,各脏器内可培养出大肠杆菌。

六、防治

1. 预防

农、牧区春夏之际,应尽量减少抢青、抢茬,秋季避免过食结籽饲草和蔬菜等多汁饲料。当羊群出现本病时要立即搬圈,转移到高燥的地方放牧。在常发地区应定期注射羊厌气菌病二联、四联或五联菌苗。

2. 治疗

对病程较缓慢的病羊,可使用青霉素肌肉注射,每只羊 80~160 万单位,每天 2 次;内服磺胺脒 8~12 g,第 1 天 1 次灌服,第 2 天分 2 次灌服;也可灌服 10% 石灰水,大羊 200 mL,小羊 50~80 mL,连服 1~2 次。此外,应结合强心、补液、镇静等对症治疗,有时尚能治愈少数病羊。

【评估考核】

一、填空

1. 羊肠毒血症是______产生毒素所引起的绵羊急性传染病。该病以______、______,死后肾脏______为特征。

2. 羊肠毒血症重病者整个肠段壁呈______,或______,故对此有“______病”一说。

二、简答

1. 简述羊肠毒血症的临床症状。
2. 羊发生羊肠毒血症应如何诊断?

任务十一 羊猝疽

【基本概念】

羊猝疽是由 C 型魏氏杆菌引起的一种毒血症，临床上以急性死亡、腹膜炎和溃疡性肠炎为特征。

【教学重点】

羊猝疽的实验室诊断技术。

【教学目标】

1. 知识目标

◆ 了解羊猝疽的主要原因。

◆ 熟悉羊猝疽的主要临床症状。

◆ 掌握羊猝疽的防治措施。

2. 技能目标

◆ 能根据临床症状对羊猝疽作出初步诊断。

◆ 学会羊猝疽防治方案的制订并能有效实施。

【教学内容】

一、病原

魏氏杆菌又称"产气荚膜杆菌"，分类上属于梭菌属。革兰染色阳性，在动物体内可形成荚膜，芽孢位于菌体中央。本菌可产生多种外霉素，依据毒素-抗毒素中和试验，可将魏氏梭菌分为 A、B、C、D、E 5 个毒素型。羊猝疽由 C 型魏氏杆菌所引起。

二、流行特点

发生于成年绵羊，以 1 ~2 岁的绵羊发病较多，常流行于低洼、潮湿地区和冬春季节，主要经消化道感染，呈地方性流行。

三、临床症状

C 型魏氏杆菌随污染的饲料或饮水进入羊的消化道，在小肠特别是十二指肠和空肠内繁殖，主要产生 β 毒素，引起羊发病。病程短促，多未及见到症状即突然死亡。有时发现病羊掉群、卧地、表现不安，衰弱或痉挛，于数小时内死亡。

四、病理变化

剖检，可见十二指肠和空肠黏膜严重充血、糜烂。

个别区段可见大小不等的溃疡灶。体腔多有积液，暴露于空气易形成纤维素絮块。

浆膜上有小点出血。死后 8 h，骨骼肌肉间积聚有血样液体，肌肉出血，有气性裂孔，这种变化与黑腿病的病变十分相似。

五、诊断

1. 现场诊断

根据发病特点、临床症状和病理变化，可作出初步诊断。

2. 实验室诊断

采集体腔渗出液、脾脏等病料进行细菌学检查；取小肠内容物进行毒素检查以确定菌型。

3. 类症鉴别

应与羊快疫等其他梭菌性疾病、炭疽、巴氏杆菌等类似疾病相鉴别。主要通过病原学的检查和毒素检测进行区别。

六、防治

预防和治疗同羊肠毒血症。

【评估考核】

一、填空

1. 羊猝疽是由______引起的一种______，临床上以______、______和______为特征。
2. 羊猝疽主要经______感染，呈______性流行。
3. 羊猝疽剖检，可见______和______黏膜严重充血、糜烂。

二、简答

1. 简述羊猝疽的临床症状。
2. 羊发生羊猝疽应如何确诊？

任务十二　羔羊痢疾

【基本概念】

羔羊痢疾是初生羊的一种急性毒血症，以剧烈腹泻和小肠发生溃疡为特征。

【教学重点】

羔羊痢疾的实验室诊断技术。

【教学目标】

1. 知识目标

◆ 了解羔羊痢疾的主要原因。
◆ 熟悉羔羊痢疾的主要临床症状。
◆ 掌握羔羊痢疾的防治措施。

2. 技能目标

◆ 能根据临床症状对羔羊痢疾作出初步诊断。
◆ 学会羔羊痢疾防治方案的制订并能有效实施。

【教学内容】

一、病原

羔羊痢疾由B型魏氏梭菌所引起。该菌为革兰氏阳性厌氧性杆菌，在动物体内形成荚膜，能产生芽孢，一般消毒剂可杀死其繁殖体。

二、流行特点

主要发生在7月龄以内的羔羊，尤其2～5日龄羔羊发病为多。羔羊生后数日，B型魏氏梭菌可通过吮乳、羊粪或饲养人员手指进入消化道,也可通过脐带或创伤感染。在不良因素的作用下,病菌在小肠大量繁殖,产生霉素(主要为β毒素),引起发病。羔羊痢疾的促发因素主要有:母羊怀孕期营养不良,羔羊体质瘦弱;气候骤变,寒冷袭来,特别是大风雪后,羔羊受冻;哺乳不当,饥饱不均。本病可使羔羊发生大批死亡,特别是草质差的年份或气候多变的月份,发病率和死亡率均高。

三、临床症状

自然感染潜伏期1~2 d。病初羔羊精神委顿,低头弓背,不想吃奶;不久即下痢,粪便恶臭,有的稠如面糊,有的稀薄如水,颜色黄绿、黄白甚至灰白,部分羔羊后期粪便带血,或为血便。羔羊虚弱,卧地不起,常于1~2 d内死亡。个别羔羊腹胀而不下痢或只排少量稀粪(也有可能粪便带血或成血便),主要表现为神经症状,四肢瘫软,卧地不起,呼吸急促,口吐白沫,最终昏迷。体温降至常温以下,多在数小时或十几小时内死亡。

四、病理变化

尸体严重脱水,尾部污染有稀粪。胃内有未消化的乳凝块;小肠尤其回肠黏膜充血发红,常可见直径1~2 mm的溃疡病灶,溃疡灶周围有一充血、出血带环绕;肠系膜淋巴结肿胀充血,间或出血;心包积液,心内膜可见有出血点;肺脏常有充血区或瘀斑。

五、诊断

1.现场诊断

在常发地区,依据流行病学、临床症状和病理变化,一般可作出初步诊断。

2.实验室诊断

(1)病料采集

生前可采集粪便,死后常采集肝脏、脾脏以及小肠内容物等作为病料。

(2)染色镜检

病料染色检查,可于肠道内发现大量有荚膜的革兰氏阳性大杆菌,同时于肝脏、脾脏等脏器也可检出魏氏梭菌。

(3)分离培养

本菌虽为专性厌氧菌,但厌氧条件不苛刻,较易培养。常用厌气肉肝汤和鲜血琼脂进行培养。纯分离物进行生化试验以便鉴定。

(4)毒素检查

利用小肠内容物滤液接种小鼠或豚鼠进行毒素检查和中和试验，以确定毒素的存在和菌型。

3. 类症鉴别

羔羊梭菌性痢疾与沙门菌病、大肠杆菌病等类似疾病相区别。

(1)羔羊梭菌性痢疾与沙门菌病的鉴别

由沙门引起的初生羔羊下痢，粪便也可夹杂有血液，剖检可见真胃和肠黏膜潮红并有出血点，从心血、肝脏、脾脏和脑可分离到沙门氏菌。

(2)羔羊梭菌性痢疾与大肠杆菌病的鉴别

由大肠杆菌引起的羔羊下痢，由魏氏梭菌免疫血清预防无效，而用大肠杆菌免疫血清则有一定的预防作用。在羔羊濒死或刚死时采集病料进行细菌检查，分离出纯培养的致病菌株具有诊断意义。

六、防治

1. 预防

对孕母羊做到产前抓膘增强体质，产后保暖，防止受凉。合理哺乳，避免饥饱不均。做好圈舍及用具的消毒工作。一旦发病应随时隔离羔羊。对未发病羊要及时转圈饲养。在常发疫点可采取药物预防。羔羊出生后 12 h 内，灌服土霉素 0.12 ~ 0.15 g，每天一次，连服 3 天。每年秋季及时注射羊厌气五联苗，必要时可于产前 2 ~ 3 周再接种一次。

2. 治疗

可选用如下方法治疗：土霉素 0.2 ~ 0.3 g、胃蛋白酶 0.2 ~ 0.3 g，加水灌服，每天两次；磺胺胍 0.5 g、鞣酸蛋白 0.2 g、次硝酸铋 0.2 g、碳酸钠 0.2 g 或福尔马林的 6% 硫酸镁溶液 30 ~ 60 mL，6 ~ 8 h 后再灌服 1% 高锰酸钾溶液 10 ~ 20 mL，每天两次。再使用青霉素、链霉素各 20 万单位混合肌肉注射，每天两次，连用 5 d。在使用上述药物的同时，要适当采取对症治疗措施，如强心、补液、镇静，食欲不好者可灌服人工胃液（胃蛋白酶 10 g，浓盐酸 5 mL，水 1 L）10 mL 或番木别酊 0.5 mL，每天 1 次。

可配合中药疗法，对已下痢的羔羊，可服用加减乌梅汤：乌梅（去核）、炒黄连、黄芩、郁金、炙甘草、猪苓各 10 g，诃子肉、焦山楂、神曲各 12 g，泽泻 8 g，干柿饼（切碎）1 个，以上药研碎，加水 400 mL，煎至 150 mL，加红糖 50 g 为引，1 次灌服。或服加味白头翁汤：白头翁 10 g、黄连10 g、秦皮12 g、生山药30 g、山萸肉12 g、诃子肉10 g、茯苓10 g、白术15 g。白芍10 g、干姜5 g、甘草6 g，将上述药水煎2次，每次煎汤300 mL，混合后每个羔羊灌服10 mL，每天2次。

【评估考核】

一、填空

1. 羔羊痢疾是初生羊的一种急性______症，以______和小肠发生______为特征。

2. 羔羊痢疾由________所引起。发病时采集病料，生前可采集______，死后常采集______、______以及______等作为病料。

二、简答

1. 简述羔羊痢疾的临床症状。

2. 羊发生羔羊痢疾应如何确诊？

任务十三　肝片吸虫病

【基本概念】

羊片形吸虫病俗称肝蛭虫病，由肝片形吸虫及大片形吸虫在肝胆管内寄生引起的慢性或急性肝炎和胆管炎，同时伴发全身中毒现象及营养障碍等症状的疾病。病羊大批死亡；慢性和急性症状的患畜因消瘦而使体重和毛、乳产量显著下降，肝脏因病变而必须废弃。本病通过饲草或饮水中的囊蚴经口感染。除牛羊感染外，亦感染猪、兔、马等动物，亦可感染人，是一种人畜共患病。

【教学重点】

肝片吸虫的生活史、临床症状、诊断及防治措施。

【教学目标】

1. 知识目标

◆ 了解羊肝片吸虫病的主要原因。
◆ 熟悉羊肝片吸虫病的主要临床症状。
◆ 掌握羊肝片吸虫病的防治措施。

2. 技能目标

◆ 能根据临床症状对羊肝片吸虫病作出初步诊断。
◆ 学会羊肝片吸虫病防治方案的制订并能有效实施。

【教学内容】

一、病原

肝片吸虫外观呈扁平叶状，体长 20 ~ 35 mm、宽 5 ~ 13 mm。自胆管内取出的鲜活虫体呈棕红色，固定后为灰白色。虫体前端呈圆锥状突起，称头锥。头锥后方扩展变宽，形成肩部，肩部以后逐渐变窄。体表生有许多小刺。口吸盘位于头锥的前端；腹吸盘在肩部水平线中部。生殖孔开口于腹吸盘前方。虫卵呈椭圆形，黄褐色；长 120 ~ 150 μm、宽 70 ~ 80μm；前端较窄，有一不明显的卵盖，后端较钝。

二、生活史

肝片吸虫的成虫寄生于羊及其他宿主的胆管内，产出的虫卵随胆汁进入消化道，并与粪便一同排出体外。虫卵在适宜的温度（15 ~ 30 ℃）和充足的氧气、水分及光照条件下，经 10 ~ 25 d 孵化出毛蚴在水中游动，只能生存 1 ~ 2 昼夜，其生活期间如遇中间宿主-各种锥实螺（小土蜗、截口土蜗、椭圆萝卜螺及耳萝卜螺），则侵入其体内，经过胞蚴、母雷蚴、子雷蚴各阶段发育，最后形成大量的尾蚴自螺体逸出。尾蚴附着于水生植物上或水面上形成囊蚴，羊等终末宿主在吃草或饮水时吞食了囊蚴即遭受感染，并移行到胆管寄生。在小肠内脱囊的童虫向胆管移行的途径有两条：一是穿过肠壁进入腹腔，经肝胞膜和肝实质到达寄生部位；二是钻入肠黏膜，进入肠静脉，经门脉循环到达肝脏，并最终移行至胆管。童虫在羊体内移行时，尤其是经腹腔和肝实质移行过程中，可造成肠壁和肝组织的损伤，引起急性肝炎、腹膜炎和内出血等。囊蚴进入羊体并在胆管内发育成虫，约需 3 ~ 4 个月。成虫可在宿主体内生存 3 ~ 5 年，但大多数虫体经 1 年左右可自行排出体外。大片吸虫的生活史与肝片吸虫相似。

三、流行特点

外界环境和季节对本病的流行有很大影响。常流行于河流、山川、小溪和低洼、潮湿沼泽地带。特别在多雨年份和多雨季节，由于淡水螺类剧增，本病流行严重。我国南方以 9—11 月份，牛、羊受感染最为严重。

四、临床症状

急性型（童虫寄生阶段）多因短期感染大量囊蚴所致。病羊初期发热，不食，精神委顿，衰弱，易疲劳、离群，肝区压痛明显，排黏液性血便，全身颤抖。红细胞及血红素显著降低，严重者多在几天内死亡。慢性型（成虫寄生阶段）主要表现消瘦，贫血，黏膜苍白黄染，食欲不振，异嗜，被毛粗乱无光，步行缓慢。在眼睑、颌下、胸腹下出现水肿，便秘与下痢常交替发生，最后可因极度衰竭死亡。

五、病理变化

剖检时，病理变化主要呈现在肝脏，其变化程度与感染虫体的数量及病程长短有关。在大量感染、急性死亡的病例中，可见到急性肝炎和大出血后的贫血现象，肝脏肿大，包膜有纤维沉积，有 2 ~ 5 mm 长的暗红色虫道，虫道内有凝固的血液和少量幼虫。腹腔中有血红色的液体，有腹膜炎病变。慢性病例主要呈现慢性增生性肝炎；在肝组织被破坏的部位出现淡白色索状瘢痕，肝实质萎缩、褪色，变硬，边缘钝圆，小叶间结缔组织增生。胆管肥厚、扩张呈绳索样突出于肝表面；胆管内有磷酸钙和磷酸镁等盐类的沉积，是内膜粗糙，刀切时有“沙沙”的声音，胆管内有虫体和污浊稠厚的液体。病尸出现消瘦、贫血和水肿现象；胸膜腔及心包内蓄集有透明的液体。

六、诊断

1. 现场诊断

应根据临床症状、流行特点和病理变化作出现场诊断。

2. 实验室诊断

有效检查方法是水洗沉淀法，即由直肠取粪便 5 ~ 10 g，加 10 ~ 20 倍清水混匀，用纱布或通过 0.42 ~ 0.25 mm（40 ~ 60 目）筛子过滤；滤液经静置或离心沉淀，倒去上层浑浊液并加入清水混匀沉淀，反复进行 2 ~ 3 次，甚至上层液体清亮为止，最后倒去上层液体，吸取沉淀物，用显微镜观察有无虫卵。对急性病例，虫体未发育成熟，粪便检查无虫卵时，必须结合病理剖检，在肝脏和胆管中查找是否有大量幼虫生存。有免疫诊断法，如沉淀反应、补体结合反应、酶联免疫吸附实验、对流电泳和间接血凝等，亦可取得较好的诊断效果。

七、防治

必须采取综合性防治措施，才能取得较好的效果。

1. 预防

应做好定期性预防驱虫、粪便管理及灭螺工作。

（1）定期驱虫

在本病流行区每年应结合当地具体情况进行 1 ~ 2 次驱虫，一般可选择在秋末初冬进行。如进行两次驱虫,第二次可安排在翌年的春季。

(2)粪便处理

对蓄粪及时清理堆积发酵,杀死虫卵。

(3)饮水及饲草卫生

尽可能避开在有锥实螺滋生的地方放牧,以防感染囊蚴,饮用水最好使用自来水、井水或流动的河水。

(4)消灭中间宿主

肝片吸虫的中间宿主锥实螺生活在低洼阴湿地区,可结合水土改造,破坏锥实螺的生活条件,流行地区应用药物灭螺时,可选用(1∶50 000)硫酸铜溶液或 2.5μL/L 血防-67 灭螺。此外,还可辅以生物灭螺,如养鸭、鹅或其他水禽等。

2. 治疗

(1)硫双二氯酚(别丁)

剂量以每公斤体重 100 mg;一次口服,主要对成虫有效。

(2)硝氯酚(拜耳 9 015)

每公斤体重为 6 mg,一次口服,主要对成虫有效。

(3)丙硫苯咪唑(抗蠕敏)

剂量以每公斤体重 15 ~ 30 mg,一次口服,主要对成虫有效。

(4)碘硝晴酚

剂量以每公斤体重 10 ~ 15 mg,一次皮下注射,主要对成虫有效。

(5)双乙酰苯氧醚

剂量以每公斤体重 100 mg,一次口服,主要对童虫有效。

(6)溴酚磷(蛭得净)

剂量以每公斤体重 12 mg,一次口服,对成虫、童虫均有效。

(7)三氯苯咪唑(肝蛭净)

剂量以按每公斤体重 10 mg,一次口服,对成虫、童虫均有效。

【评估考核】

一、填空

1. 肝片吸虫病在______内寄生引起的慢性或急性______和______。

2. 肝片吸虫病通过______或______经口感染。

3. 实验室诊断肝片吸虫有效检查方法是______。

二、简答

1. 肝片吸虫病的诊断要点。

2. 肝片吸虫病的治疗和预防。

任务十四　前后盘吸虫病

【基本概念】

前后盘吸虫病是由前后盘科的各属吸虫寄生所引起的疾病。成虫主要寄生于羊等反刍动物的瘤胃和网胃壁上，一般危害不大，而幼虫阶段，因在发育过程中移行于真胃、小肠、胆管和胆囊，可造成较严重的伤害，甚至可导致死亡。该病遍及全国各地，南方较北方更为多见。

【教学重点】

前后盘吸虫的生活史、临床症状、诊断及防治措施。

【教学目标】

1. 知识目标

- ◆ 了解羊前后盘吸虫病的主要原因。
- ◆ 熟悉羊前后盘吸虫病的主要临床症状。
- ◆ 掌握羊前后盘吸虫病的防治措施。

2. 技能目标

- ◆ 能根据临床症状对羊前后盘吸虫病作出初步诊断。
- ◆ 学会前后盘吸虫防治方案的制订并能有效实施。

【教学内容】

一、病原

前后盘吸虫种属很多，虫体大小互有差异，有的仅长数毫米，有的则长达20余毫米；颜色可呈深红色、淡红色或乳白色；虫体在形态结构上亦有不同程度的差异。其主要的共同特征为：虫体柱状呈长椭圆形、梨形或圆锥形；两个吸盘中，腹吸盘位于虫体后端，并显著大于口吸盘，因口、腹吸盘位于虫体两端，好似两个口，所以又称为双口吸虫。现列举我国常见虫种中的两种如下。

1. 鹿前后盘吸虫

新鲜虫体呈淡红色，圆锥形，稍向腹面弯曲，体长 5 ~ 13 mm，宽 2 ~ 4 mm。后吸盘较口吸盘大 2.5 ~ 8.0 倍。无咽，肠管分两支终于后吸盘的背侧。睾丸两个，呈椭圆形或稍分叶，前后排列于虫体后部，卵巢圆形，位于睾丸之后。卵黄腺呈颗粒状，分布于虫体两侧，从食道末端直达后吸盘。子宫弯曲，生殖孔开口于肠管分支处稍后方的腹面。虫卵椭圆形，淡灰色；长 110 ~ 170 μm，宽 70 ~ 100 μm；有卵盖，内含圆形胚细胞，卵黄细胞不充满虫卵。

2. 殖盘吸虫

虫体白色，呈圆锥形，其形态和鹿前后盘吸虫类似；长 80 ~ 108 mm，宽 3.2 ~ 3.41 mm；有肥厚的食道球，肠管略有弯曲，终止于卵巢边缘；睾丸前后排列。虫体的主要特征是有生殖吸盘环绕于生殖孔周围。虫卵长 112 ~ 136 μm，宽 68 ~ 72 μm。

二、生活史

前后盘吸虫的发育与肝片吸虫很相似，只需 1 个中间宿主，其中间宿主为淡水螺。前后盘吸虫的成虫在反刍动物瘤胃产卵，卵随粪一起排出体外，在适宜的温度条件下（26 ~ 30 ℃），经 12 ~ 13 d 天孵出毛蚴，进入水中，找到适宜的中间宿主即钻入其体内，发育形成胞蚴、雷蚴、子雷蚴及尾蚴，尾蚴成熟后离开中间宿主，附着在水草上形成囊蚴。羊等终末宿主吞含了附有囊蚴的水草而感染，童虫在小肠、真胃及其黏膜下组织、胆管、胆囊、大肠、腹腔液甚至肾盂中移行寄生 3 ~ 8 周，最终到达瘤胃内发育为成虫。

三、流行特点

主要发生于夏、秋季节。其中间宿主分布广泛，几乎在沟塘、小溪、湖沼、水田中均有大量扁卷螺，在低洼潮湿地也有大量小锥实螺滋生，与本病的发生流行有直接关系。

四、临床症状

患羊主要症状是顽固性腹泻，粪便常有腥臭味；体温有时升高；消瘦，贫血，颌下水肿，黏膜苍白，后期可因极度衰竭而死亡。

五、病理变化

可见童虫移行造成的小肠、真胃黏膜水肿，形成出血点及发生出血性肠炎，严重时肠黏膜出现坏死和纤维素性炎症；肠内充满腥臭的稀粪；盲肠、结肠淋巴滤泡肿胀、坏死，有的形成溃疡；胆管、胆囊膨胀；在小肠、真胃及胆管和胆囊内可见数量不等的童虫。当成虫寄生时，其造成的损害轻微。

六、诊断

根据流行病学及临床症状及可疑病羊进行实验室检查，发病时诊断可用粪便水洗沉淀法或直接涂片法显微镜检查虫卵；死后诊断则依据剖检的病变情况，发现相应的成虫或童虫后确诊。

七、防治措施

1. 预防

可参照片形吸虫病，并根据当地的具体情况和条件，制订以定期驱虫为主的预防措施。

2. 治疗

①硫双二氯酚（别丁）：羊为 80 ~ 100 mg，一次口服。
②氯硝柳胺：羊为 90 mg，一次口服。
③硝氯酚：按每公斤体重 3 ~ 4 mg，羊为 4 ~ 5 mg，一次口服。
④溴二羟苯酰苯胺：羊按每公斤体重 65 mg。一次口服。

【评估考核】

一、填空

1. 前后盘吸虫病成虫主要寄生于羊等反刍动物的______和______。

2. 前后盘吸虫病幼虫阶段虫体移行于______、______、______和______，可造成较严重的伤害。

3. 前后盘吸虫中间宿主为______。

二、简答

1. 前后盘吸虫病的诊断要点。

2. 前后盘吸虫病的治疗和预防。

任务十五 螨 病

【基本概念】

羊螨病是由疥螨和痒螨寄生在体表而引起的慢性寄生性皮肤病。螨病又叫疥癣、疥虫病、疥疮等,具有高度传染性,往往在短期内可引起羊群严重感染,危害十分严重。

【教学重点】

疥螨与痒螨病的生活史、流行病学、症状、诊断及防治措施。

【教学目标】

1. 知识目标

◆ 了解羊螨病的主要原因。

◆ 熟悉羊螨病的主要临床症状。

◆ 掌握羊螨病的防治措施。

2. 技能目标

◆ 能根据临床症状对羊螨病进行检查诊断。

◆ 学会羊螨病防治方案的制订并能有效实施。

【教学内容】

一、病原

1. 疥螨

疥螨寄生于皮肤角化层下,并不断在皮内挖凿隧道,虫体即在隧道内不断发育和繁殖。疥螨的成虫形态特征为:虫体小,长 0.2 ~0.5 mm,肉眼不易看见;虫体呈圆形,浅黄色,体表生有大量小刺;前端口器呈蹄铁形;虫体腹面前部和后部各有两对粗短的足,后两对足不突出于体后缘之外。每对足上均有角质化的支条，第1对足的后支条在虫体中央并成1条长杆，第3、第4对足上的后支条，在雄虫是互相连接的。雌虫第1、第2对足及雄虫第1、第2、第4对足的末端具有与不分节柄连接的钟形吸盘，无吸盘足的末端则生有长刚毛。

2. 痒螨

痒螨寄生在皮肤表面。虫体呈长圆形，较大，长0.5～0.9 mm，肉眼可见。口器长，呈圆锥形。4对足细长，尤其前两对更为发达。雌虫第1、第2、第4对足和雄虫前足有细长的柄和吸盘，柄分3节。雌虫第3对足上有2根长刚毛；雄虫第4对足短且无吸盘和刚毛，尾端有两个尾突，在尾突前方腹有两个性吸盘。

二、生活史

疥螨与痒螨的全部发育过程都在宿主体上度过，包括虫卵、幼虫、若虫和成虫4个阶段，其中雄螨有1个若虫期，雌螨有2个若虫期。疥螨的发育是在羊的表皮内不断挖凿隧道，并在隧道中不断繁殖和发育，完成1个发育周期需8～22 d。痒螨在皮肤表面进行繁殖和发育，完成1个发育周期需10～12 d。本病的传播是由于健畜与患畜直接接触，或通过被螨及其卵所污染的厩舍、用具的间接接触引起感染。

该病主要发生于冬季和秋末、春初。发病时，疥螨病一般始发于皮肤柔软且毛短的部位，如嘴唇、口角、鼻面、眼圈及耳根部，以后皮肤炎症逐渐向周围蔓延；痒螨病则起始于被毛稠密和温度、湿度比较恒定的皮肤部位，如绵羊多发生于背部、臀部及尾根部，以后才向体侧蔓延。

三、流行特点

常发生于冬春舍饲季节，夏季放牧季节时症状不明显。不同年龄的羊均可发病，羔羊较为严重，尤以绵羔羊往往可能致死。传染途径多为直接接触传染，也可由中间媒介传染。

四、临床症状

该病初发时，因虫体小刺、刚毛和分泌的毒素刺激神经末梢，引起剧痒，可见病羊不断在圈墙、栏柱等处摩擦，在阴雨天气、夜间、通风不好的圈舍以及随着病情的加重，痒感表现更为剧烈；由于病羊的摩擦和啃咬，患部皮肤出现丘疹、结节、水疱，甚至脓疱，以后形成痂皮和龟裂。绵羊患疥螨病时，因病变主要局限于头部，病变皮肤有如干的石灰，故有“石灰头”之称。绵羊感染痒螨后，可见患部有大片被毛脱落。发病后，病羊因终日啃咬和摩擦患部，烦躁不安，影响正常的采食和休息，日渐消瘦，最终可极度衰竭而死亡。

五、诊断

根据羊的症状表现及疾病流行情况，刮取皮肤组织寻找病原，以便确诊。其方法是：用经过火焰消毒的凸刃小刀，涂上50%甘油水溶液或煤油，在皮肤的患部与健康部的交界处刮取皮屑，要求一直刮到皮肤轻微出血为止。刮取的皮屑放入10%氢氧化钾或氢氧化钠溶液中煮沸，待大部分皮屑溶解后，经沉淀取其沉渣镜检虫体。无此条件时，亦可将刮取物置于平皿内，把平皿在热汨上稍微加温或在日光下照晒后，将平皿放在黑色背景上，用放大镜仔细观察有无螨虫在皮屑间爬动。

1. 与湿疹的鉴别

湿疹痒觉不剧烈，且不受环境、温度影响，无传染性，皮屑内无虫体。

2. 与秃毛癣的鉴别

秃毛癣患部呈圆形或椭圆形，境界明显，其上覆盖的浅黄色干痂易于剥落，痒觉不明显。镜检经10%的氢氧化钾处理的毛根或皮屑，可发现癣菌的孢子或菌丝。

3. 与虱和毛虱的鉴别

虱和毛虱所致的症状有时与螨病相似，但皮肤炎症、落屑及形成痂皮程度较轻，容易发现虱及虱卵，病料中找不到螨虫。

六、防治

1. 预防

每年定期对羊群进行药浴，可取得预防与治疗的双重效果。加强检疫工作，对新购入的羊应隔离检查后再混群。保持圈舍卫生、干燥和通风良好，定期对圈舍和用具清扫和消毒；对患畜应及时治疗，可疑患畜应隔离饲养；治疗期间，应注意对饲管人员、圈舍、用具同时进行消毒，以免病原散布，不断出现重复感染。

2. 治疗

①敌百虫0.5%～1%水溶液喷洒。

②螨净(二嗪农)0.5%溶液喷洒。

③倍特 50 mg/L 水溶液喷洒。

④氰戊菊酯 500 mg/L 喷洒。

⑤依佛菌素。按每公斤体重 0.2 mg，皮下或肌肉注射。

⑥通灭（多拉菌素）按每公斤体重 0.2 mg，皮下或肌肉注射。

以上每种治疗方法应间隔 5 ~ 7 d 重复 1 次。

⑦药浴疗法。该法适用于病畜数量多且在气候温暖的季节，也是预防本病的主要方法。药浴时，药液可选用 0.025% ~ 0.030% 林丹乳油水溶液，0.05% 蝇毒磷乳剂水溶液，0.5% ~ 1% 敌百虫水溶液。0.05% 辛硫磷乳油水溶液，0.05% 双甲脒溶液等。大规模药浴最好选在山羊抓绒、绵羊剪毛后数天时进行。药液温度应按药物种类所要求的温度予以保持，药浴时间应维持 1 ~ 2 min，药浴时应注意羊头的浸浴。大规模治疗时，应对选用的药物预做小群安全试验。

药浴前让羊饮足水，以免误饮药液。工作人员亦应注意自身安全防护。因大部分药物对螨的虫卵无杀灭作用，治疗时可根据使用药物情况重复用药 2 ~ 3 次，每次间隔 5 d，方能杀灭新孵出的螨虫，达到彻底治愈的目的。

【评估考核】

一、填空

1. 羊螨病是由______和______寄生在体表而引起的慢性寄生性皮肤病。

2. 疥螨寄生于______，并不断在______挖凿隧道。痒螨寄生在______。

3. 绵羊患疥螨病时，病变皮肤有如干的石灰，故有"______"之称。

二、简答

1. 绵羊患疥螨病的诊断要点。

2. 绵羊患疥螨病的治疗和预防。

任务十六　虱　病

【基本概念】

本病有各种羊虱引起，山羊比绵羊发生更多。

【教学重点】

羊虱病的生活史、流行病学、症状、诊断及防治措施。

【教学目标】

1. 知识目标

◆ 了解羊虱病的主要原因。

◆ 熟悉羊虱病的主要临床症状。

◆ 掌握羊虱病的防治措施。

2. 技能目标

◆ 能根据临床症状对羊虱病进行检查诊断。

◆ 学会羊虱病防治方案的制订并能有效实施。

【教学内容】

一、病原

其病原为羊虱。羊虱可分为两大类：一类是吸血的，有山羊颚虱、绵羊颚虱、绵羊足颚虱；另一类是不吸血的，为以毛、皮屑等为食的羊毛虱，寄生于羊的为山羊毛虱和绵羊毛虱。

山羊颚虱寄生于山羊体表，虫体色淡、长 1 ~ 5 mm。头部呈细长圆锥形，具有吸式口器，其后方陷于胸部内。胸部略呈四角形，有足 3 对。腹呈长椭圆形，侧缘有长毛，气门不显著，跗部分为 9 节组成，雌虱腹部末端分叉，雄虱末端钝圆。

二、生活史

羊虱是永久寄生的外寄生虫病，有严格的宿主特异性。虱在羊体表以下完全变态方式发育，经过卵、若虫和成虫3个阶段，整个发育期约1个月。成虫在羊体上吸血，交配后产卵，成熟的雌虱一昼夜内产卵1～4个，卵呈长椭圆形，黄白色，大小(0.8～0.1) mm×0.3 mm；有卵盖，卵被特殊的胶质牢固黏附在羊毛上，约经2周左右发育为若虫，再经2～3周蜕化3次而变成成虫。雌虱产卵期2～3周，共产卵50～80个，产卵后即死亡。雄虱的生活期更短，于交配后死亡。1个月内可繁殖数代至十余代。虱离开羊体，得不到食料，1～10天死亡。

三、流行特点

虱病是接触感染的，可经过健康羊与病羊直接接触，或经过管理用具、互相接触机会增多，加之羊舍阴暗、拥挤等，都有利于虱子的生存、繁殖和传播。

四、临床症状

虱在吸血时，分泌有毒的唾液，刺激皮肤的神经末梢引起发痒，羊通过啃咬或摩擦而损伤皮肤。当大量虱聚集时，可使皮肤发生炎症、脱皮或脱毛。由于虱的长期骚扰，病羊烦躁不安，影响采食和休息，以致逐渐消瘦、贫血。幼羊发育不良，奶羊泌乳量下降。单体虚弱，抵抗力降低，严重者可引起死亡。

五、诊断

在体表发现虱和虱卵即可确诊。

六、防治

1. 预防

①加强饲养管理及兽医卫生工作，保持羊舍清洁、干燥、透光和通风，平时给予营养丰富的饲料，以增强羊的抵抗力。

②对新引进的羊只应加以检查，及时发现及时隔离治疗，防止蔓延，对羊舍要经常打扫、

消毒,垫草要勤换勤晒,管理工具要定期用热碱水或开水烫洗,以杀死虱卵。

③及时对羊体灭虱,应根据气候不同采用洗刷、喷洒或药浴。

2. 治疗

杀灭虫体。同时环境消毒消灭传染源。

①敌百虫。按每公斤体重 100 mg,配成 2% 水溶液,灌服。

②依佛菌素。按每公斤体重 0.2 mg,皮下注射。

③双甲脒。按 1:(300~400)稀释,体表喷洒。

【评估考核】

一、填空

1. 羊虱可分为两大类。一类是______,另一类是______,以______、______等为食的羊毛虱,寄生于羊的为______虱和______虱。

2. 羊虱诊断时在体表发现______和______即可确诊。

二、简答

1. 绵羊患虱病的诊断要点。

2. 绵羊患虱病的治疗和预防。

技能训练

技能单一

一、内容

绵、山羊品种识别。

二、资源

羊的品种图片、挂图、光盘、幻灯片、多媒体设备或幻灯机。

三、方法及操作步骤

(一)绵羊品种

1. 国外优良的绵羊品种观察

①细毛羊品种:主要介绍澳大利亚美利奴羊、德国美利奴羊等。

②半细毛羊品种:主要介绍罗姆尼羊、林肯羊、边区来斯特羊、考力代羊、萨福克羊、无角陶塞特羊、夏洛来羊等。

③其他品种:主要介绍卡拉库尔羊、阿勒泰羊等。

2. 我国主要地方绵羊品种观察

观察蒙古羊、西藏羊、哈萨克羊、小尾寒羊、湖羊、滩羊。

3. 我国培育的绵羊品种观察

①细毛羊品种:主要介绍新疆细毛羊、中国美利奴羊、东北细毛羊、内蒙古细毛羊等。

②半细毛羊品种:主要介绍凉山半细毛羊、云南半细毛羊等。

③其他品种:主要介绍中国卡拉库尔羊等。

(二)山羊品种

1. 国外主要山羊品种观察

主要介绍萨能奶山羊、吐根堡山羊、安哥拉山羊、波尔山羊、开司米山羊等。

2. 我国主要山羊品种观察

主要介绍中卫羊、济宁青山羊、辽宁绒山羊、内蒙古白绒山羊、南江黄羊、成都麻羊、关中奶山羊、崂山奶山羊等。

四、实训报告

①描述本地品种羊外貌特征、生产性能、主要优缺点及在本地的地位和作用。

②描述引入本地品种羊外貌特征、生产性能、主要优缺点及在本地的地位和作用。

一、内容

精液品质的感官检查及精子活率、密度、理化因素对精子的影响。

二、资源

1. 羊的新鲜精液

2. 药械用品

显微镜、显微镜保温箱(或显微镜恒温台)、载玻片、盖玻片、搪瓷盘、温度计、滴管、擦镜纸、纱布、蒸馏水、3%和0.9%氯化钠溶液、2%煤酚皂溶液、1‰新洁尔灭溶液、75%酒精。

3. 精子密度挂图及有关图表

三、方法及操作步骤

1. 精液的感官检查

观察测定下列各项结果并记入登记表内。

(1)测定射精量

将采得的精液1.0(0.7~2.0)mL倒入有刻度的试管或集精杯中,测量其容量。

(2)色泽、气味观察

观察精液的色泽并嗅闻气味。

(3)云雾状的观察

观察羊精液翻腾滚动的云雾状态，并按以下符号记入表内，云雾显著者以+Ⅲ表示，有云雾状者以“+Ⅱ”表示，云雾状不明“+”表示。

2. 精子密度检查及活率评分

(1)检查精子的密度

取1小滴精液滴在清洁的载玻片上，加上盖玻片，使精液分散成均匀一薄层，不得存留气泡，也不能使精液外流或溢于盖玻片上，置于显微镜下放大400～600倍观察，按下列等级评定其密度。

密　在整个视野中精子密度很大，彼此之间空隙很小，看不清楚各个精子运动的活动情况。每毫升精液含精子数约在10亿个以上，登记时记以“密”字。

中　精子之间的空隙明显，精子彼此之间的距离约有一个精子长度，有些精子的活动情况可以清楚地看到。每毫升所含精子数约为2亿～10亿个，登记时记以“中”字。

稀　精子分散于视野内，精子之间的空隙超过一个精子的长度，这种精液每毫升所含精子是在2亿以下，登记时记以“稀”字。

(2)评价精子的活率

必须于采精后立刻在22～26℃的实验室内进行，最好是在37℃保温箱内进行，在评定精子活率的同时也可以测定精子的密度。

用玻璃棒蘸取1滴原精液用0.9%氯化钠溶液稀释(其温度须与精液温度相近)，滴在载玻片上，加上盖玻片，其间应充满精液，不使气泡存在，也可滴在盖玻片上翻放于凹玻片的凹窝上，置于显微镜下放大250～400倍检查。注意显微镜的载物台须放平，最好是在暗视野中进行观察。

精子的活动有3种类型，即直线前进运动、旋转运动和振摆运动(图技能1)。评价精子的活率是根据直线前进运动精子的多少而定的。

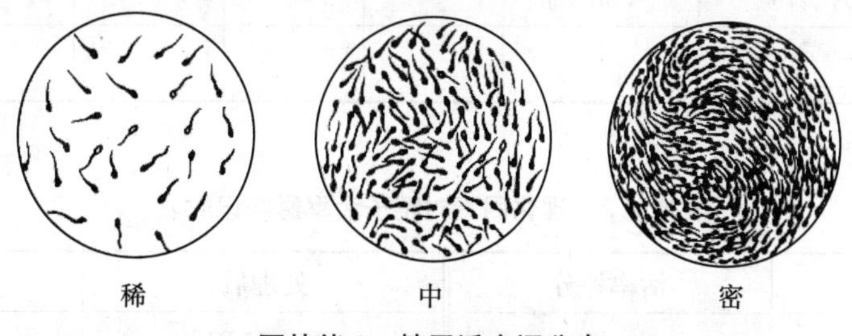

图技能1　精子活率评分表

(白色精子为直线运动精子，黑色精子为非直线运动精子)

精子活率=直线运动精子总数/总精子数×100%

目前评定精子活率等级的方法有：

十级制。在显微镜视野中估测直线前进运动精子所占全部精子的百分率。直线前进运动的精子为100%者评为1.0级;90%者评定为0.9级。羊的精液中由于副性腺分泌物少,精子密度大。因此,要求精液达到“密0.6”级(即密度为“密”活率为“0.6”级)及“中0.8”级以上才能作为合格的精度。

3.理化因素对精子的影响

(1)温度的影响

①将采得的1滴新鲜原精液滴在载玻片上,置于显微镜下观察其精子活率,再放在45~50 ℃温度下2 min,观察精子活率有何变化。

②将采得的新鲜精液立即作精子活率评定后,随后即移入0~5 ℃温度下经2~3 min。再将精液温度回升到35~37 ℃进行精子活率评定。注意观察降温前后精子活率的变化。

(2)渗透压的影响

将新鲜原精液作出精子活率评级后,分别在3滴原精液内各加入1%氯化钠溶液、3%氯化钠溶液和蒸馏水1滴,混合均匀后观察精子活率及精子形态有何变化。

(3)化学消毒药物的影响

取1滴精液于玻片上,覆以盖玻片后立即评定精子活率,再用滴管分别在盖玻片边缘滴入以下药物,使之进入精液层内:①2%煤酚皂溶液;②1‰新洁尔灭溶液;③75%酒精。

分别观察精子活率及形态有何变化。

四、实训报告

将本次实训所观测结果分别填入表技能1、表技能2。

表技能1　种公羊精液品质检查记录表

畜号	采精时间（年、月、日）	射精量（mL）	色泽	气味	云雾状	密度	活率

表技能2　理化因素对精子活率影响记载表

处理前	活率评分	处理后	活率评分
35~37 ℃		40~45 ℃	
降温处理前		降温处理后	
加入不同浓度溶液前		加入1% Nacl溶液 加入3% Nacl溶液 加入蒸馏水	

续表

处理前	活率评分	处理后	活率评分
加入药液前		加入2%煤酚皂溶液 加入1‰新洁尔溶液 加入75%酒精	

技能单三

一、内容

羊的体尺部位识别与体尺测量。

二、资源

羊用测杖,卷尺,圆形测量器,供测绵羊若干只,记录本。

三、方法及操作步骤

(一)羊体尺部位

羊体部位名称如图技能 2 所示。

(二)羊体尺测量

①选平坦处将羊保定,使羊站立的姿势端正。

②根据不同项目分别用卷尺、测杖、圆形测量器逐一测量羊的体尺。

③部位要准确,读数要精确,卷尺不能拉得太紧或太松,以免影响准确性。测定项目与部位如图技能 3、图技能 4 所示。

A. 头长:由顶骨的突起部到鼻镜上缘的直线距离。

B. 额宽:两眼外突起之间的直线距离。

C. 体高:由鬐甲最高点到地面的垂直距离。

D. 体长:由肩胛骨前端到坐骨结节后端的直线距离。

E. 胸宽:左右肩胛中心点的距离。

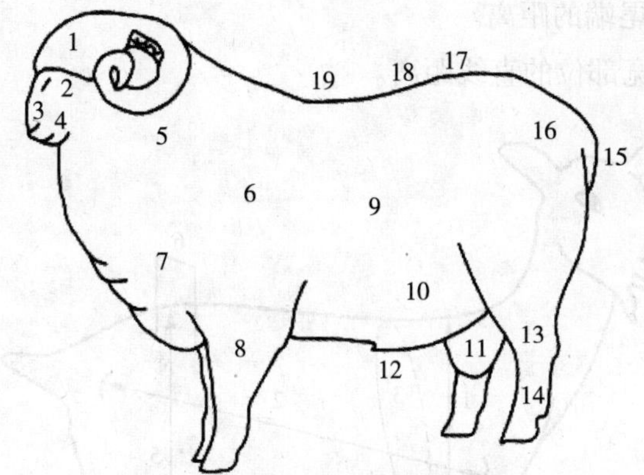

图技能 2　绵羊外貌各部位名称

1. 头　2. 眼　3. 鼻　4. 嘴　5. 颈　6. 肩　7. 胸　8. 前肢　9. 体侧　10. 腹　11. 阴囊　12. 阴筒　13. 后肢　14. 飞节　15. 尾　16. 臀　17. 腰　18. 背　19. 鬐甲

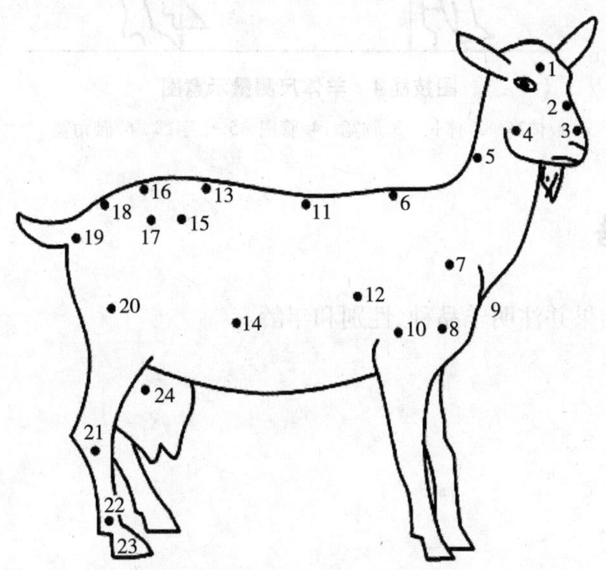

图技能 3　山羊外貌各部位名称

1. 头　2. 鼻梁　3. 鼻　4. 颊　5. 颈　6. 鬐甲　7. 肩部　8. 肩端　9. 前胸　10. 肘　11. 背部　12. 胸部　13. 腰部　14. 腹部　15. 肷部　16. 十字部　17. 腰角　18. 尻　19. 坐骨段　20. 大腿　21. 飞节　22. 系　23. 蹄　24. 乳房

F. 胸深:由鬐甲高点到胸骨底面的距离。

G. 胸围:在肩胛骨后端,绕胸一周的长度。

H. 尻高:荐骨最高点到地面的垂直距离。

I. 尻长:由髋骨突到坐骨结节的距离。

J. 腰角宽(十字部宽):两髋骨突间的直线距离。

K. 管围:管骨上 1/3 的圆周长度(一般以左腿上 1/3 处为准)。

L. 肢高:由肘端到地面的垂直距离。

M. 尾长:由尾根到尾端的距离。

N. 尾宽:有尾幅最宽部位的直线距离。

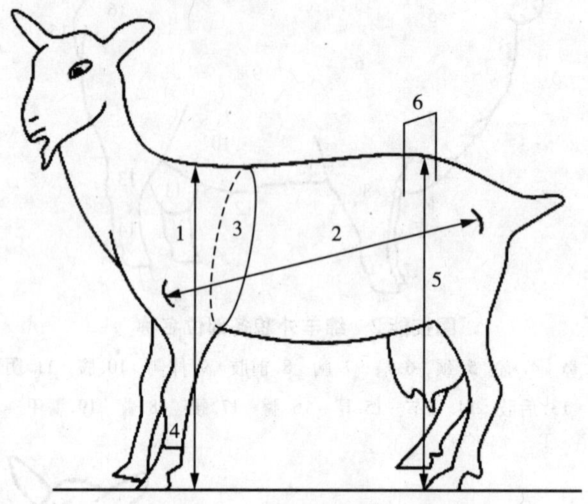

图技能4　羊体尺测量示意图

1. 体高　2. 体长　3. 胸宽　4. 管围　5. 十字部　6. 腰角宽

四、实训报告

写出体尺测量结果并注明羊品种、性别和年龄。

一、内容

羊冷冻精液制作。

二、资源

①羊鲜精液。

②葡萄糖、鸡蛋、甘油、青霉素、链霉素、蒸馏水、75%酒精、柠檬酸钠。

③液氮罐、液氮桶、保温瓶、铝饭盒、滴管、烧杯、三角烧瓶、水温剂、塑料细管、漏斗、天平、显微镜、镊子、氟板、量杯、量筒、纱布、棉花、盖玻片、载玻片等。

三、方法及操作步骤

1. 稀释液配制

(1)配方

基础液:葡萄糖 7.5 g、蒸馏水 100 mL。稀释液:基础液 75 mL、卵黄 20 mL、甘油 5 mL、青霉素 1 000 IU/mL、链霉素 1 000 μg/mL。

(2)配制方法

首先配制葡萄糖溶液过滤后在水浴锅内消毒 10 ~ 20 min,冷却后加入卵黄、甘油和抗生素,充分混合均匀。

2. 解冻液的配制

柠檬酸钠 2.9 g,蒸馏水 100 mL。配制后煮沸消毒备用。

3. 稀释

取活力为0.8左右的新鲜羊精液,用等温的稀释液作5~6倍的稀释,保证每个输精量中有效精子数不少于1 500万。

4. 平衡

把稀释后的精液放在0~5 ℃的冰箱或保存瓶中,停留2~4 h。

5. 冷冻

(1)颗粒冻精

用液氮桶或保温瓶盛满液氮,在液氮桶上设置铜纱网或在保温瓶上放一铝饭盒,距液氮面1~3 cm。待降温后用滴管将平衡的精液滴在冷冻板上,每个颗粒的体积为0.1 mL。当颗粒冻精的颜色由黄变白时,取下冻精,沉入液氮保存。

(2)细管冻精

在2~5 ℃的环境下,用细管分装机将平衡后的精液分到塑料细管中,经封口后,平置于铜纱网上,距液氮面1~2 cm处熏蒸5 min后,沉入液氮保存。

6. 保存

颗粒冻精每50粒或100粒装入一纱布袋中,用细线绳扎紧袋口,抽样解冻后,白胶布做好标记,贴于袋口处,放入液氮罐的提筒内保存。细管冻精做好标记后,每50支装入纱布袋内,放入液氮罐中。

7. 解冻

(1)颗粒冻精的解冻

在烧杯中盛满38~40 ℃的温水,把1 mL解冻液(2.9%柠檬酸钠)放入一小试管内,置于烧杯中,当解冻液与水温相近时,用镊子夹一粒冻精放在小试管中,当有一半精液融化即取出,镜检精子活力在0.3以上为合格。

(2)细管冻精的解冻

烧杯中盛满温水,温度调至40 ℃。打开液氮罐,把镊子放至罐口预冷,提起提筒,迅速夹取一支冻精,放入烧杯中,并轻轻搅拌,20 s左右,冻精融化取出镜检。

四、实训报告

评定本次冻精制作的质量,分析存在的问题。

技能单五

一、内容

羊的超数排卵、同期发情及胚胎移植。

二、资源

①动物选择供体母羊及受体母羊若干只。

②药品：FSH、PMSG、LH、HCG、PGF2a；2%普鲁卡因、静松灵、利多卡因；生理盐水、75%酒精、2%碘酒、青霉素。

③器械：10 mL、1 mL 注射器，手术刀，剪，镊，止血钳，创布，缝合针，线及手术台，冲胚管，移胚滴管，连续变倍实体显微镜，表面皿，凹玻片，拨胚针等。

三、方法及操作步骤

1. 供体和受体母羊的同期发情及供体母羊的超排（表技能 3）

表技能 3　超数排卵处理方案

	供体				受体		
	药物	剂量	方法	配种	药物	剂量	方法
第 1 d	FSH	50 IU×2	肌注		PCG	2 mg	肌注
第 2 d	FSH PCG	50 IU×2 2 mg			FSH	100 IU	肌注

续表

	供体				受体		
	药物	剂量	方法	配种	药物	剂量	方法
第3 d		50 IU			每天试情并记载发情开始及结束时间		
第4 d				试情			
第5 d	LH	150 IU	静注	配种			
第6 d							
第7 d					手术移植胚胎		
第8 d	手术收集胚胎						

2. 胚胎回收

(1)回收时间

供体母羊在发情结束后2～3 d里，胚胎还处于输卵管内，如果在发情结束3～5 d前后，则只能收集到子宫角尖端部位的胚胎。

(2)麻醉、保定

用2%的普鲁卡因6～8 mL作腰荐部硬膜外麻醉，手术中母羊骚动时可肌肉注射静松灵1～2 mL。母羊作仰卧保定，再以0.25%普鲁卡因或利多卡因在母羊左后侧腹部作局部麻醉。

(3)冲洗胚胎

在乳房左侧腹壁作切口，将子宫角、输卵管及卵巢依次拉出，注意保护卵巢和输卵管勿受挤压。观察并记载卵巢上的红体数和残留卵泡数。

①输卵管冲洗液收集。将一条细橡胶管（人用导尿管）由输卵管部插入输卵管腹腔孔内，作好固定不得脱落。橡胶管另一端接一小烧杯，以备盛装回收冲洗液。用一带有钝针头的注射器，吸取冲胚液5～8 mL，由宫管结合部插入输卵管，两手指捏插入针头部位的子宫角防止冲胚液回流子宫，缓慢推动注射器活塞，冲胚液即可将输卵管内的胚胎经由插入输卵管伞内的细橡胶管冲入承接的小烧杯内。

②子宫冲洗液收集。用一带有乳胶管的10～12号针头插入距宫管结合部1.5～2 cm的子宫角内用手指捏紧插入针头部位的子宫角。在乳胶管另一端接一小烧杯。再用带有针头的注射器吸取冲胚液10 mL，插入子宫角尖端，亦用手指捏紧宫管结合部，防止冲胚液流入输卵管。缓慢推入冲胚液10 mL，插入子宫角尖端，亦用手指捏紧宫管结合部，防IE冲胚液流入输卵管。缓慢推入冲胚液，即可将子宫角尖端部位的胚胎经由乳胶管流入小烧杯中。

3. 胚胎检验

将小烧杯中回收的冲胚液用滴管吸至表面皿上，先用 10 倍左右的镜头寻找胚胎，再将找到的胚胎（直径约 0.2 mm）移至凹载玻片上，用 100 倍显微镜鉴定。操作过程要求迅速、准确、保温和无菌。

（1）未受精卵

未受精卵呈圆球形，外周有一圈折光性强且发亮的透明带，中央为质地均匀色暗的细胞质，透明带和卵黄膜之间的空隙很小甚至看不到。

（2）早期胚胎

卵子受精后，经过卵裂过程，处于桑椹胚或早期囊胚期的胚胎，卵裂细胞排列紧密，形态呈圆球形，其显著特征是透明带平坦而均匀，边缘整齐，形态清晰，卵裂球大小相等，颜色一致。但是有的未受精卵的胚胎透明带发亮，卵周隙明显。

4. 移植胚胎

（1）受体的选择

选择与供体发情时间一致（不超过 1 d）的受体。

（2）麻醉、保定

参照供体处理方法。

（3）移植部位

胚胎最好移入排卵侧的生殖道内。凡是从供体输卵管内得到的胚胎应植入到受体输卵管内，而从供体子宫内收集的胚胎也应移植入到受体母羊的相应部位内。

（4）胚胎分装：胚胎体积很小，在分装、移植操作过程中，极容易丢失。因此，在向胚移管塑料细管内分装胚胎时应特别注意。应先向移胚管内吸进少量培养液，接着吸入一点空气和一些培养液，在细管尖端还需保留一段空隙，如图技能 5 所示。

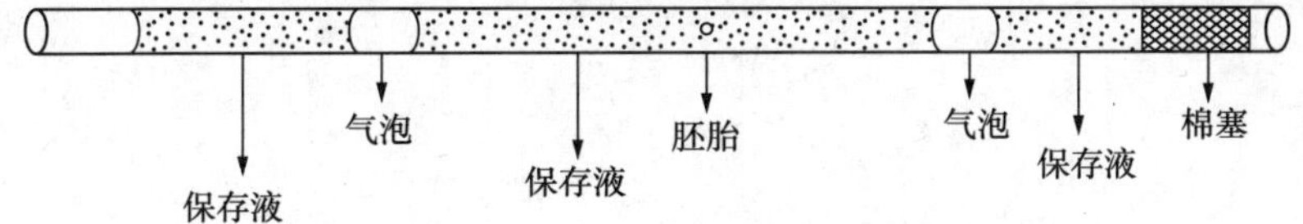

图技能 5　胚胎吸入细管示意图

细管内由 2 个小气泡将培养液分为 3 段，胚胎位于中段液体内。前段液体是防止胚胎接触外物体时被丢失，后段液体则是保证胚胎确实注入到移植部位。注入胚胎时只需注视着含有胚胎的液体段进入移植部位就可以了。这种分装方式在转运中可减轻振荡，防止胚胎黏附在细管两端的缝隙中。

吸入胚胎的细管须在实体显微镜下检查是否确实有胚胎装入，胚胎移出时，亦须经实体显微镜检查。

5. 胚胎的注入

从供体输卵管得到的胚胎可用移胚细管吸取正常胚胎注入到输卵管的腹腔孔内。从供体子宫内回收的胚胎可用 1 mL 注射器及封闭长针头吸取胚胎注入到受体子宫角的相应部位。

四、实训报告

就本次实训的主要环节写出实训报告。

技能单六

一、内容

羊的外貌鉴定及年龄判断。

二、资源

供鉴定用羊若干只,牙齿模型,牙齿标本。

三、方法及操作步骤

(一)外貌鉴定

①鉴定开始时,鉴定人员首先对羊群的来源、饲养管理、鉴定等级及育种等方面的情况作一全面了解。

②鉴定人员对羊群的品质特征和体格大小等进行粗略的观察。

③选择平坦、光线好的鉴定处将羊只保定,绵羊站立的姿势要端正。

④鉴定人员做感官检查。

A. 观察羊只的整体结构是否匀称,外形有无缺陷,被毛中有无花斑或染色毛,行为是否正常等。

B. 观察头部、鬐甲、背腰、体侧、四肢姿势、臀部发育状况。

C. 查看公羊的睾丸及母羊乳房发育情况,以确定有无进行个体鉴定的价值。

⑤鉴定人员作进一步鉴定。

A. 查看耳标、年龄,观察口齿、头部发育状况及面部、颌部有无缺点等。

B. 根据国家标准 GB 2427—81 细毛羊鉴定项目逐一对羊毛密度、长度、细度、弯曲、油汗等进行详细鉴定,并根据标准规定的符号由记录员做好记录。

⑥根据鉴定成绩,对照相应标准评定出等级。

⑦鉴定结束后进行复查,如果分级有误可进行调整。

⑧将鉴定结果填入绵羊鉴定记录表技能4中。

表技能4　绵羊鉴定记录表

年　　月　　日　　　　　　　　　　　　　　　　　　　　(cm,kg)

序号	品种	羊号	性别	年龄	鉴定成绩												毛量	体重	等级
					头毛	类型	毛长	毛密	弯曲	细度	匀度	油汗	体格	外形	腹毛	总评			

(二)羊的年龄鉴定

1. 耳标识别法

耳标识别法多用于羊场,每只羊都有耳标。根据耳标可推算出羊的年龄。

2. 牙齿识别法

牙齿识别法多用于商品羊。

羊的门齿根据发育阶段分作乳齿和永久齿两种。幼年羊乳齿有20枚,随着羊的生长发育,逐渐更换为永久齿,到成年时达32枚。乳齿白,永久齿大而微带黄色。上下颚各有臼齿12枚(每边各6枚),下颚有门齿8枚,上颚没有门齿。羊的牙齿更换时间及磨损程度受品种、个体与所采食饲料的种类等很多因素的影响,因此,牙齿识别年龄仅供参考。但在一般情况下,可根据表技能5所列内容对照识别。

表技能5　羊的年龄识别表

羊的年龄	乳门齿的更换及永久齿的磨损	习惯叫法
1.0~1.5岁	乳钳齿更换	对牙
1.5~2.0岁	乳内中间齿更换	四齿
2.5~3.0岁	乳外中间齿更换	六齿
3.5~4.0岁	乳偶齿更换	新满口
5岁	钳齿齿面磨平	老满口
6岁	钳齿齿面呈方形	漏水

续表

羊的年龄	乳门齿的更换及永久齿的磨损	习惯叫法
7 岁	内外中间齿齿面磨平	齐口
8 岁	开始有牙齿脱落	破口
9~10 岁	牙齿基本脱落	光口

四、实训报告

写出鉴定羊只的乳门齿、永久齿磨损情况并鉴定羊的年龄。

技能单七

一、内容

羊的编号、断尾、去势和剪毛。

二、资源

打孔钳、耳标、记号笔、断尾铲、去势钳、剪毛剪、手术刀。

三、方法及操作步骤

1. 编号

羊的编号按照学习情境二项目三讲述的方法进行操作。

2. 断尾

断尾按照学习情境二项目三讲述的方法进行操作。

3. 去势

去势按照学习情境二项目三讲述的方法进行操作。

4. 剪毛

剪毛按照学习情境四项目一任务四讲述的方法进行操作。

四、实训报告

写出绵羊的编号、断尾、去势和剪毛的操作方法与注意事项。

技能单八

一、内容

乳品验收。

二、资源

1. 鲜乳

1 000 mL 新鲜羊奶乳，乳房炎乳 500 mL，酸败乳 500 mL，加水乳 500 mL，掺假乳 500 mL。

2. 仪器及试剂 0.1 mol/L

NaOH100 mL，10 mL 试管 20 支，2 mL 移液管 5 支，500 mL 烧杯 5 个，黑色瓷碟 2 个，500 mL 量筒 5 个，比重计 2 枚，冰点仪 1 台。

三、方法及操作步骤

1. 杯碟试验

取乳少许于黑碟上，使其流动，观察有无细小蛋白或黏稠絮状物：如果有，则为乳房炎乳；如果无，则不是乳房炎乳。

2. 密度测定

500 mL 乳量筒→放入比重计→1.028 以下（最低的）为加水乳。

3. 酸度测定

2 mL 乳→10 mL 试管→加 1 滴酚酞、2 mL NaOH→摇匀白色者为酸败乳。

4. 冰点测定

调试冰点→加入待测乳→记录冰点，低于-0.525 ℃者为加水乳，高于-0.565 ℃者为掺假乳。

四、实训报告

将检查结果填入表技能6中。

表技能6　验收结果表

编　号	正常乳	乳房炎乳	加水乳	酸败乳	掺假乳
1					
2					
3					
4					
5					

技能单九

一、内容

羊毛样品采集方法。

二、资源

剪毛剪、天平、毛样袋、标签、铅笔、包装用品、羊毛分析样品等。

三、方法及操作步骤

(一)采样部位

羊毛分析样品,一般规定在羊体下列部位采取。

肩部:肩胛骨的中心点。
体侧:肩胛骨后缘一掌处,体侧中线稍上方。
股部:腰角与飞节连线的中点。
背部:鬐甲至十字部的中心点。
腹部:公羊在阴鞘前,母羊在乳房前一掌处的左侧。

(二)采样时间及数量

分析用毛样应于每年剪毛前,采集生长足 12 个月的羊毛。采集头数越多,分析结果的可靠性越大,但具体应视人力、物力和时间而定。一般情况下,对种公羊和参加后裔测验的幼龄公羊,应全部采样。细毛和半细毛一级成年母羊及 1.0 ~1.5 岁半育成母羊,可按羊群中一级羊总数的 5% ~10% 采样,亦可随机从上述羊群中抽选 10 头作为代表。同质毛杂种母羊应由每一等级羊群中，随机取5%或10～15头作为采样羊。裘皮和羔皮羊的羊毛分析应根据不同目的，在不同等级群里按5%或随机抽选10～15头羊采样。

（三）不同分析内容的采样要求

1. 纤维类型分析用毛样

该毛样主要是鉴定杂种羊及粗毛羊羊毛品质的。在采样前应先按代数或鉴定等级确定出采样羊只。采样部位为肩部、体侧和股部。采样时，将每个部位被毛分开，随机取3～5个完整的毛辫或从根部剪取3～5 g毛样，装入采样袋，加以标记。

2. 细度、长度、强伸度、含脂率等

分析用毛样一般取肩部、体侧和股部3个部位。每部位取毛样3～5 g，分别包装，加以标记。

3. 净毛率测定用毛样

测定净毛率在羊体取样时，可分以下3种情况。

①从羊体5个部位（肩、侧、股、背、腹）各取40 g，共200 g组成一个分析用毛样。每个部位采3次，共采3个毛样，分别装入采样袋中，加以标记。

②从肩部、体侧、股部各取200 g毛样，混合后，分为3个样品进行测定。

③从体侧部100 cm的面积上取样进行测定。

以上各种采样方法应根据具体条件酌情选用。

（四）分析用毛样的包装与保存

1. 采到的毛样应按其自然状态包装好

每袋应注明场名、羊号、品种、性别、等级、采样日期和采样人等，每只羊不同部位的毛样，应按顺序放置。做含脂率的毛样应用蜡纸或塑料袋包装，以防因油脂损失而影响测定结果。

2. 毛样保存时应注意通风、干燥和防虫蛀

当年采集的样品，应于秋季配种前做完分析工作。

四、实训报告

分析不同用途羊毛采样的要求。

技能单十

一、内容

实训羊毛纤维组织构造观察。

二、资源

黑绒布板、尖头镊子、载玻片、盖玻片、培养皿、烧杯(250 mL)、外科直剪、玻璃棒、吸水纸、显微镜、乙醚或四氯化碳、浓硫酸、甘油(或石蜡油)、无水酒精、明胶美蓝溶液、蒸馏水、实习用毛样。

三、方法及操作步骤

(一)实习用毛样的洗涤

将毛样用镊子夹住下端,放入盛有乙醚的烧杯中,轻轻摇动,切勿弄乱毛纤维。洗净后取出毛样,挤掉溶液,并用吸水纸吸去残留溶液,待干后备用。

(二)羊毛纤维鳞片的观察

1. 直接观察法

取毛纤维数根,剪成 2 ~4 mm 长的短纤维,并将其置于载玻片上,滴 1 滴甘油,覆以盖玻片,即可在显微镜下观察。

2. 明胶印模法

取 1 g 白明胶加水 3 ~5 mL,放在水浴锅中加热,滴加少许美蓝使明胶呈浅蓝色明胶溶液。将明胶用玻棒均匀涂于载玻片上，待其呈半干状态时，再将洗净的毛纤维直径的一半嵌入胶中，等明胶干后取下毛纤维，不加盖玻片置于显微镜上观察，可清晰地观察到明胶表面上印有鳞片的痕迹。

（三）羊毛纤维皮质层细胞的观察

取无髓毛数根，剪成1～2 mm的短纤维，置于载玻片上。滴1滴浓硫酸，立即盖上盖玻片。待浓硫酸与皮质层细胞间质作用2～3 min后，用镊子将盖玻片稍加力磨动，此时皮质层细胞即可分离开来。然后将此载玻片置显微镜下观察。

（四）羊毛纤维的髓层观察

选有髓毛、两型毛及死毛数根，分别以甘油制片，置显微镜下观察其髓质的形状和粗细。羊毛纤维的髓层中充满空气，所以在显微镜下观察时呈黑色。为了较清晰地看到髓层细胞的形状，观察前需将髓层细胞中的空气排除。其方法是：取死毛数根，用小剪刀剪到最短程度（1 mm以内），置于载玻片中央，并在毛纤维上滴1滴蒸馏水，再覆以盖玻片。然后由盖玻片的一端用吸水纸吸取流水，并在盖玻片的另一端不断滴无水酒精，如此连续约5 min后，置显微镜下观察，髓层细胞即清晰可见。

四、实训报告

①绘图比较有髓毛、两型毛和无髓毛的组织学构造。

②绘图并说明羊毛皮质层细胞及髓层细胞的情况。

技能单十一

一、内容

实训羊毛种类、纤维类型的识别与分析。

二、资源

黑绒布板、尖头镊子、天平(1/10 000 g 感量)、称量瓶、烘箱(0～200 ℃)、干燥器、长柄钳子、显微镜、计数器、培养皿、表面皿、烧杯(250 mL)、羊毛种类标本、异质毛毛股、刺毛样品、苯、乙醚或碱皂溶液。

三、方法及操作步骤

(一)羊毛种类的识别

取细毛、半细毛和粗毛 3 种羊毛的标样,分别置于黑绒板上,仔细观察其同质性、长短、粗细、弯曲形状、油汗多少等特点,并记录观察结果。

(二)羊毛纤维类型的识别

取异质毛一束,先用乙醚洗净、晾干,置黑绒板上。选取有髓毛、两型毛、无髓毛、刺毛各若干根。仔细观察它们在外观形态上的异同;再将毛纤维放入盛有苯的表面皿中观察它的可见程度,记录观察结果。

(三)羊毛纤维类型分析方法

羊毛纤维类型分析方法可分为重量分析法和数量分析法两种。

1. 重量分析法

①在被检毛样中取 3 个分别为 2～3 g 的试样，供分析、对照、备用。

②将已洗净的称量瓶置于 105 ℃的烘箱中烘至绝干，然后取出，放在干燥器中冷却，用天平称重（其精确度为 0.000 1 g），并记录之。

③供试毛样应用乙醚或碱皂溶液洗涤干净。

④将洗净的毛样放入已称重的称量瓶中，置 105 ℃烘箱中，烘至绝干。取出后置干燥器内冷却（至少 20 min），最后称重（准确至 0.000 1 g），并记录之。

⑤将已称重的毛样置黑绒板上（如系有色毛则需用白绒板），用尖头镊子按照羊毛纤维的几种基本类型把每根纤维选出，并按有髓毛、两型毛、无髓毛、干毛及死毛分别归类放置。

⑥将分出的不同类型羊毛纤维分别置入已称重的称量瓶中，再放入 105 ℃的烘箱烘至绝干。取出后在干燥器中冷却，再在天平上称重，分别记录各类型纤维的重量。

分析工作结束后，可能残留少量未经撕开的纤维小团，这些在技术上无法列入各类型之中，故称残留物，还可能存留少量杂物，统称垃圾。残留物和垃圾均应在绝干情况下分别称重，并记录之。若其中某一项重量超过样品原重的 3% 时，分析即为不合格。

另外，在分析中如果损耗量超过了样品原重的 3%，亦视为分析不合格。

2. 数量分析法

①取供试毛样 0.5 g。

②数量分析与纤维重量无关，所以一般不需洗毛。为了分析工作方便，也可将毛样用乙醚清洗。

③将毛样置黑绒板上，按有髓毛、两型毛、无髓毛，由粗到细的顺序，用镊子逐根抽取，并用计数器进行数量统计。

分析过程中，动作要轻，尽量不要拉断纤维，如不慎拉断，应作记录。其数量不能超过纤维总根数的 5%。

四、实训结果统计

1. 重量分析统计公式

$$\text{某一纤维类型的重量} = \frac{\text{某一纤维类型的重量根数}}{\text{各类型纤维总重量}} \times 100\%$$

$$\text{残留物的重量} = \frac{\text{残留物绝干重(mg)}}{\text{样品绝干总重(mg)}} \times 100\%$$

$$垃圾重量=\frac{垃圾绝干重(mg)}{样品绝干总重(mg)}\times100\%$$

$$损耗=\frac{样品绝干总重-(各类型纤维绝干总重+残留物绝干重+垃圾绝干重)}{样品绝干总重}\times100\%$$

2. **数量分析统计公式**

$$某纤维类型根数=\frac{某纤维类型根数}{各类型纤维总根数}\times100\%$$

五、实训报告

①将重量分析统计结果填写在表技能7中。

②将数量分析统计结果填写在表技能8中。

表技能7　羊毛纤维类型重量分析统计表　(mg,%)

项目	第一样品	第二样品		第三样品		平均	
	重量	比例	重量	比例	重量	比例	重量
有髓毛							
两型毛							
无髓毛							
死毛							
共计							
残留物							
垃圾							
损耗							
样品总重							

表技能8　羊毛纤维类型数量分析统计表　(根,%)

毛样	有髓毛		两型毛		无髓毛		死毛		干毛		总根数
	根数	比例	根数	比例	根数	比例	根数	比例	根数	比例	
实验											
对照											
平均											

技能单十二

一、内容

羊毛细度测定。

二、资源

显微镜、显微镜测微尺、显微镜投影仪、楔形测尺、剪刀、刀片、载玻片、盖玻片、玻璃棒、探针、滤纸、擦镜纸、尖头镊子、乙醚、甘油、毛样。

三、方法及操作步骤

(一)显微镜测定法

1. 被测毛样处理

取被测毛样在乙醚溶液中进行充分洗涤,然后取出,用滤纸吸去残留溶液,晾干备用。

2. 制片

将2个单面刀片对齐,切取长度为0.2~0.4 mm的纤维,用探针将短纤维拨放在载玻片上,滴1滴甘油,用探针搅拌均匀,然后轻轻盖上盖玻片,勿使产生气泡。

3. 校正目镜测微尺

将物镜测微尺放在显微镜的载物台上,再将目镜测微尺放在显微镜接目筒内观察时,在显微镜视野中即见目镜测微尺(细线条)和物镜测微尺(粗线条)。调节焦距使以上两尺的一端刻度线重叠,然后在最近距离内找出目镜测微尺的格数。因已知物镜测微尺的一小格为 10 μm,所以即可算出目镜测微尺一小格等于多少微米。

4. 测定毛细度

将做好的标本片放在载物台上,将标本片从上到下、从左向右逐根移入视野进行测量,随时调解焦距并移动目镜筒,精确计算每根纤维所占目测微尺格数(准确到 0.5 格)。每一样品的测定数量,应视其细度的均匀性而定,一般规定同质毛不少于 400 根,异毛不少于 600 根。在教学实验中可根据时间酌情减少。

(二)显微投影仪测定法

①毛样的处理及制片,同显微镜测定法。

②置物测微尺与显微投影仪的载物台上,调整显微镜,使物测微尺经投影仪放大后影像每刻度为 0.5 cm,则显微投影仪的放大倍数为 500 倍。

③取下物测微尺,置短纤维标本片于显微投影仪的载物台上。然后用楔形尺逐根测量从投影仪投射出来的纤维影像,测量时随时调整楔形尺的位置,使纤维刚好嵌在楔形尺上下两线中间,在二者宽度吻合处用铅笔画线。测定顺序、数量,原则上与显微镜测定法相同。

(三)羊毛纤维平均细度的快速测定法

快速测定羊毛纤维平均细度的主要仪器有 Y145A 型气流式羊毛细度仪。

①称取洗净的同质毛 6 g(标准度在 1% 内),该羊毛要求含脂率不超过 1%,如超过则需再次洗涤。

②将试样用镊子夹入试样筒内,勿使纤维外露,并盖紧试样筒盖。

③开动抽气泵,并通过调节阀将水柱调在 60 cm 处,然后读取流量计的刻度数。

④以流量计的刻度数查细度查对表,即可得到试样的纤维平均细度。

四、实训报告

①对测定结果用生物统计方法进行处理,分别计算出算术平均数、标准差和变异系数。

②以每一组的纤维数(根)频率为纵坐标,细度(mm)作为横坐标,绘制细度分布曲线图。

③显微镜测定法测量后按细度(μm)查表,得出品质支数。

技能单十三

一、内容

羊毛长度测定。

二、资源

实习用羊、15 cm 钢尺、黑绒布板、尖头镊子、培养皿、乙醚、毛样等。

三、方法及操作步骤

羊毛长度测定分为自然长度和伸直长度的测定。

(一)自然长度测定

1. 测定部位

种公羊及特一级公羊必须测定肩部、体侧部、股部、背部、腹部 5 个部位。母羊一般只测左侧鉴定部位。

2. 测定程序

①测定细羊毛、半细羊毛、细毛羊半细毛羊的高代杂种时,可在测定部位一手轻按毛丛,另一手将毛丛分开,然后测定未被拨乱的毛丛长度。钢尺必须与毛丛生长方向平行并紧贴毛根。

②细毛半细毛除上述方法测定外,还应测定在自然环境中羊毛的伸长度,即轻拉毛股,使其弯曲消失时所测得的长度。

③异质毛应测量毛股长度(粗毛长度)及绒毛层高度。

④精确度以0.5 cm为单位。采用三进二舍制(如记录6.5,7.0等)将结果记录在表技能9中。

表技能9　现场测量羊毛长度统计表　单位:cm

自然长度					伸直长度					粗毛羊绒层	备注
体侧	肩部	背部	股部	腹部	体侧	肩部	背部	股部	腹部	高度	

(二)伸直长度的测定

1.备用样品

将待分析的毛样分做试验、对照、备用3个样品,每样品约0.5 g。

2.测定程序

①将毛样和钢尺顺直放在黑绒布板上。

②左手用载玻片轻压在毛样的上方,载玻片一端应与毛样一端对齐,测尺与样品平行,随后用尖头镊子随机抽拉毛样,直至纤维弯曲消失时,记录此时的长度,即为毛纤维的伸直长度。

③同质毛应从样品两端各抽100根,共测200根。准确度为0.5 cm,采用三进二舍制。

④异质毛应按纤维类型分别抽测200根。

⑤按上述规定程序测定试验及对照2个样本,误差在5%以内,即可得测试和计算结果。如超过5%则分析备用样品,随后选用两接近样本,得测试数据和计算结果。

四、实训报告

根据测定数据,计算毛样的平均伸直长度、标准差、变异系数和伸直率。

$$伸直率=\frac{A-B}{B}\times 100\%$$

式中:A为平均伸直长度;B为羊毛自然长度。

技能单十四

一、内容

羊毛密度测定。

二、资源

实习用羊、乙醚、黑绒布板、羊毛密度钳、外科直剪、尖头镊子、标本针、培养皿、烧杯、天平、计数器。

三、方法及操作步骤

1. 感官评定法

一般在现场进行个体鉴定时采用。

羊只保定后，测定者用两手轻轻分开体侧被毛，顺毛丛方向观察皮缝的宽窄程度。皮缝越窄，羊毛密度越大；皮缝越宽，羊毛密度越差。并触摸股部、体侧部、肩胛部毛被，感觉其厚实和松软程度，如感觉厚实，密度较大；或者感觉松软则密度较小。以此确定羊毛密度的大小。感官评定时注意，熟悉羊的皮肤褶皱、羊毛油汗、杂质的多少及羊毛长短程度。不能在阴雨天进行测定，否则，均会影响评定结果。

2. 实验室测定法

在科研或选种时采用。

(1)密度钳测定法

从羊体的欲测部位(一般为体侧，种公羊测定时除体侧外，还要求测定肩部、背部、腹部和股部的羊毛密度),用羊毛密度钳采取下 1 cm。皮肤上生长的羊毛,在实验室数其根数的多少。

(2)皮肤切片测定法

用环形皮肤取样刀(直径 1 cm)在欲测部位取活体皮肤样品,在实验室利用组织学的计数方法来测定毛囊的数量。

四、实训报告

写出被测羊羊毛的密度情况及评定时需注意的问题。

技能单十五

一、内容

羊毛净毛率测定方法。

二、资源

0～200 ℃恒温烘箱、分析天平、搪瓷盆、温度计、量杯、玻璃棒、尖头镊子、纱布、毛巾、中性肥皂、碳酸钠、电炉子、洗衣粉、500 mL 烧杯、被检毛样。

三、方法及操作步骤

1. 取毛样称重

在检样中取毛样 3 g，置分析天平中称重，准确度 0.001 g，编号并记录（毛样中的沙土不能损失）。

2. 松毛抖土

使用开毛机或用手撕松毛样，抖去沙土并除去草屑，注意不能丢失毛纤维。

3. 配制洗毛液

选用碱性或中性洗毛液，并按下列程序洗毛。洗毛液的皂碱比例、浓度及洗毛时间如表技能 10、表技能 11 所示。

4. 洗毛

将撕松、抖土后的毛样放入毛筐内，在第一槽中轻轻摆动，达到洗涤时间后，取出挤干，放入下一槽内洗涤。经各槽洗后取出压净水分的毛样，放入烘箱内进行烘干。用压力洗毛器洗毛时，一般为 2～3 min，正反各 30 转。

表技能 10　碱性洗毛液浓度、温度、洗涤时间表

水槽号	洗衣粉(g/L)	碱(g/L)	洗涤时间(min)	温度(℃)
1(清水)	0	0	3	40～45
2	3	3	3	45～50
3	3	4	3	50
4	3	3	3	45～50
5	2	2	3	45～50
6(清水)	0	0	3	40～45
7(清水)	0	0	3	40～45

表技能 11　中性洗毛液浓度、温度、洗涤时间表

水槽号	LS 净洗剂(%)	元明粉(%)	洗涤剂量(L)	洗涤时间(min)	温度(℃)
1	0	0	15	3	40～45
2	0.1	0.5	15	3	50～55
3	0.05	0.3	15	3	50～55
4	0	0	15	2	40～45
5	0	0	15	2	40～45

5. 烘毛与称重

毛样放在烘箱中，温度为 100～105 ℃进行烘干，2 h 后第一次称重，40 min 后进行第二次称重，两次称重误差不超过 0.01 g，即可作为该毛样的绝干重。误差超过 0.01 g 时，每隔 20 min 重复称一次，直至两次重量不超过 0.01 g 为止，即为其绝干重。

四、实训报告

①将测定结果记录在表技能 12 中。

表技能 12　净毛率测定记录表

羊号	毛样编号	原毛重(g)	净毛重量(g)			净毛率(%)
			第一次称量	第二次称量	第三次称量	
1						
2						
3						

②根据以下公式计算净毛率

净毛率的计算:

$$Y = \frac{C \times (1 + R)}{G} \times 100\%$$

式中:Y 为净毛率(%);C 为净毛绝干重(g);R 为标准回潮率(%);G 为原毛重(g)。

注:标准回潮率按细羊毛 17%,半细羊毛 16%,异质毛 15% 计算。

技能单十六

一、内容

羔皮、裘皮的识别及品质鉴定。

二、资源

羔皮、裘皮样品、卷尺、直尺。

三、方法及操作步骤

(一)羔皮、裘皮的识别

将毛皮一一摊开进行比较并识别。羔皮毛稀而短,皮板薄而轻,花卷结实,花案美观,皮板面积小。而裘皮毛股较长,皮板较厚而结实,底绒多,且皮板面积较大。

(二)羔皮品质鉴定

羔皮品质评定主要从花案卷曲、毛绒空足、颜色和光泽、皮板质地、完整程度、皮板面积等几方面进行。

(三)裘皮的品质鉴定

裘皮品质评定主要根据结实性、保暖性、轻软度、擀毡性、美观性、皮张面积和伤残等几方面进行。

(四)注意事项

观察毛皮的同时,用手触摸,并不时把毛皮抖几下,使毛绒松散,便于感觉。鉴定时不能撕扯皮板或破坏毛卷。

四、实训报告

将鉴定结果填入表技能 13 中。

表技能 13　各种毛皮品质鉴定结果表

项　目	湖皮羔羊	黑紫羔羊	滩羊二皮毛	老皮羊	猾子羊	沙皮羊
花卷类型						
皮板厚度						
皮板柔软性						
颜色						
毛的色泽						
毛束的长度						
毛束底绒的多少						
皮张面积大小						

技能单十七

一、内容

羊的保定。

二、资源

羊、羊保定绳、保定栏等。

三、方法及操作步骤

为了顺利地对羊实施检查，要对羊进行保定，羊的保定有骑胯保定法、侧卧保定法和拴系保定法 3 种。

1. 骑胯保定法

骑胯保定法就是保定人员骑胯在羊的肩部，用两腿用力夹住羊的颈部和肩部，同时用两手紧握羊的两角或两耳，将羊固定的保定方法。

2. 侧卧保定法

侧卧保定法就是将羊按倒侧卧，一手按住前肢上侧，另一手按压羊的臀部，将羊固定的保定方法。

3. 拴系保定法

拴系保定法就是用绳子拴系在羊角或羊的颈部，并将绳子固定在木桩或护栏上，使羊不能大幅度活动的保定方法。

四、注意事项

①接近动物前，应了解并观察欲检查动物的习性及动物是否会出现惊恐和攻击人的神态，以防意外，确保人、畜安全。

②保定方法的选择应以方便检查和确保安全为前提。

技能单十八

一、内容

胃管的探诊及下送技术。

二、资源

羊、胃管、保定栏、开口器、石蜡油等。

三、方法及操作步骤

①插胃导管。

将羊保定,先将胃管插入鼻孔内,沿下鼻道慢慢送入,到达咽部时,有阻挡感觉,待羊进行吞咽动作时乘机送入食管;如不吞咽,可轻轻来回抽动胃管,诱发吞咽。也可经口腔插入,先装好开口器,用绳固定在羊头部,将胃管通过开口器的中间孔,沿上腭直插入咽部,借吞咽动作胃管可顺利进入食管,继续深送,胃管即可到达胃内。

②判断胃管是否插入食道。

A. 将捏扁洗耳球按于胃管外端,洗耳球不鼓起。

B. 将胃管外端放耳边听诊,可听到不规则的咕噜声,但无气流冲耳。

C. 将胃管外端浸入盆内,水内无气泡发生。

③投药胃管。

确定在食道后,接上漏斗,先投给少量清水,而后投药。投药结束,再以少量清水冲净胃管内容物后,将胃管对折,缓缓抽出。

④如遇到阻塞物时,即将胃管插入食管内抵住阻塞物,缓缓把阻塞物推入胃中。

⑤最后用拇指堵住胃管管口,或折叠胃管,慢慢抽出胃管,取下开口器。

四、注意事项

①当胃管抵达咽部后，不要粗莽推送，应稍停或轻轻抽动胃管，诱发吞咽动作，顺势将胃管插入食道，以免损伤咽部。

②当胃管抵达阻塞部后，不能用力推阻塞物，应轻轻地、缓缓地推，以免损伤食道，如推不动阻塞物，应采取其他疗法。

技能单十九

一、内容

羊瓣胃注入术。

二、资源

大套管针或盐水针头注射器、剪毛剪、消毒棉球、10%硫酸镁、石蜡油、羊。

三、方法及操作步骤

1. 羊的保定

先用一手握紧羊角，然后另一手拉提鼻绳或以拇指和食指、中指捏住羊的鼻中隔加以固定。或将羊拴在木桩或树干上，然后用绳将两后肢跗关节的上方绑在一起。

2. 瓣胃注入术

注射部位在右侧倒数 5 或 6 肋间肩端水平线上。病羊行站立保定，注射部消毒。术者用 10 cm 长的针头，经肋骨间隙，略向后向下刺入瓣胃后，用注射器抽取胃内容物，然后向内注入药物后拔出，然后消毒处理。

四、注意事项

如能抽到食物污染的液体(草渣)，证明已刺入瓣胃内；如果抽不到，则说明位置不对，重新确定注射部位后再刺入，直至抽到食物污染的液体。

技能单二十

一、内容

瘤胃切开术。

二、资源

羊或临床病例，术部常规处理，器械手术常规器械、常规消毒药品、脱毛剂、麻醉药品以及敷料等。

三、方法及操作步骤

①保定与麻醉右侧卧保定。846 合剂（速眠新）全身麻醉配合局部浸润或腰旁神经干传导麻醉。

②在手术部位剃毛，脱毛剂脱毛，涂 5% 的碘酊消毒，再用 70% 的酒精脱碘。并在此处安置好创巾。

③术式。

A. 打开腹腔：左肷窝中部，距左侧腰椎横突 6 cm 的下方，距最后肋骨 5 ~ 8 cm 做一长 10 ~ 15 cm 左右的切口，顺次切开皮肤、皮肌、腹黄、筋膜、腹外内斜肌和腹横肌、腹膜。

B. 暴露术野：在创口两边垫上纱布垫。

C. 暴露瘤胃：将瘤胃拉出创口外，在瘤胃周围塞上纱布垫，并抓紧瘤胃。

D. 固定瘤胃：采用四角吊线法固定，固定的面积尽量大一些。

E. 切开胃壁：先用手术刀做一小切口，提起胃壁将切口扩大至 10 cm。

F. 胃壁缝合：先用圆弯针和 7 号丝线自下而上连续缝合瘤胃切口，再用生理盐水和止血纱布清理缝合好的切口周围，再连续内翻缝合瘤胃壁。

G. 闭合腹腔:用生理盐水再冲洗一下瘤胃创口,拿掉纱布垫,清理胃壁拆除固定瘤胃的吊线,把瘤胃放入腹腔,彻底检查腹腔内有无血凝块及其他手术器械的遗留,连续缝合腹膜和腹横肌,再连续缝合腹内斜肌与腹外斜肌,然后把皮肤作结节缝合。

④术后护理与治疗。

术后禁食 36 ~ 48 h,待瘤胃蠕动恢复,出现反刍后开始给予少量优质饲草。术后 12 h 进行缓慢的牵遛运动。术后 4 ~ 5 d 内,每日 2 次使用青霉素、链霉素。注意观察原发病是否消退,有无手术并发症,并根据情况进行必要的处理与治疗。

技能单二十一

一、内容

羊瘤胃穿刺。

二、资源

大套管针或盐水针头、外科刀、打毛剪、羊、碘酒。

三、方法及操作步骤

瘤胃穿刺的穿刺部位在左腹肷部中央或左侧髂骨外角与最后肋骨中点连线的中央。

方法:病羊站立保定,穿刺部剪毛、消毒。术者用左手将穿刺部皮肤稍向前推,右手持套管针(或采血针)朝向前肢的方向刺入,也可先用外科刀在穿刺点做一小切口再刺入。固定套管(或采血针)拔出针芯,瘤胃内的气体即自动排气。放气不宜太快,以免引起脑贫血。如遇针孔阻塞,可用针芯通透,继续排气。为了防止鼓气继续发生,造成重复穿刺,根据病情,留放一定时间后再拔出。必要时亦可以从套管向瘤胃内注入制酵剂。拔出套管时,将针芯插回套管,压定针孔周围的皮肤,再拔出套管针,然后消毒处理。穿孔处再用碘酊涂擦消毒。

四、注意事项

①尽量用从口中插入橡皮管的方法从口内排气。

②穿刺前后应注意预防穿刺部位感染。

技能单二十二

一、内容

免疫注射技术。

二、资源

羊、注射器、消毒棉球、镊子、3% ~5% 碘酊、75% 的酒精、疫苗、疫苗稀释剂、油漆、刷子。

三、方法及操作步骤

1. 羊的保定

（见技能单十七）

2. 疫苗准备

疫苗的保存和使用应严格遵守相关法律法规，并按疫苗说明书进行疫苗注射前的准备。

3. 注射部位的选择

根据疫苗使用要求可选择皮下、皮内或肌肉注射。

（1）皮下注射法

把药液注射到羊的皮肤与肌肉之间。羊的注射部位是在颈部或股内侧皮肤松弛、柔软的地方。注射时，用左手捏起注射部位的皮肤，用碘酊棉球消毒注射部位后，右手持注射器，使针头与皮肤成45°刺入皮下，如针头能左右自由活动，即可注入药液。注射完毕后，在注射部再次消毒。

(2)肌肉注射法

把药液注射到羊的肌肉内。部位选择在羊的颈部上 1/3 处。注射时，用碘酊棉球消毒注射部位后，左手拇指、食指分开压紧注射部位的皮肤，右手持注射器，针头垂直刺入肌肉后，将注射器的内塞回抽一下，如无回血即可注入药液，注射完毕后，在注射部再次消毒。

(3)皮内注射法

羊皮内注射在尾根、腋下或股内侧皮内进行。用碘酊棉球消毒注射部位后，左手拇指和食指按住皮肤并使之绷紧，在两指之间，右手以平执式持注射器，紧贴皮肤表层刺入皮内，然后再向上挑起并再稍刺入，即可注射药液，此时可见皮肤表面鼓起一白色小皮丘。注射完毕，用酒精棉球轻压针孔，以免药液外溢。

4. 登记及标记

疫苗在使用过程中要做好各项登记记录工作。在疫苗注射过程中，可用油漆在羊背部或头部做标记，以防羊只混淆时重复注射疫苗。

四、注意事项

①免疫接种前应了解动物品种、健康状况、病史及免疫史，凡有病、瘦弱、临产母畜（临产前 10 ~ 15 d）不应接种，待病畜康复、母畜产后再按规定补注。

②疫苗在使用过程中应保持低温并避免日光直射，某些疫苗要求必须注入肌肉内，切不可注入脂肪或皮下。

③用过的疫苗瓶、剩余疫苗及器具等必须消毒或按环保标准处理。疫苗稀释后，必须当日用完，余下的隔日不能再用。

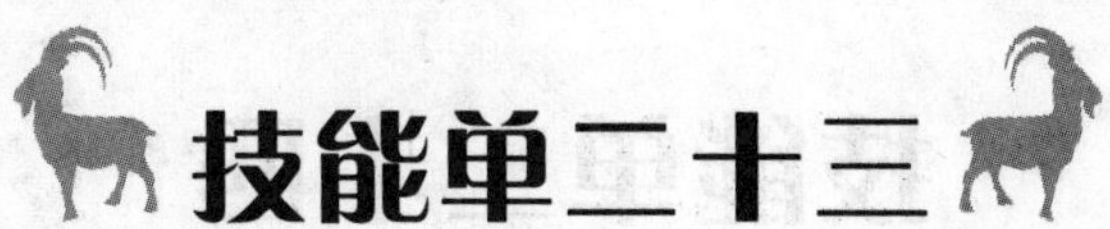

技能单二十三

一、内容

动物胃金属探测仪的操作。

二、资源

小型手持式金属探测仪、铁钉灯等。

三、方法及操作步骤

①金属探测仪的使用方法:以 RLF-MD-300 型小型手持式金属探测仪为例按下电源开关,发出开机提示声响(或开机振动提示),绿色指示灯亮,表示电源已经接通,可进行探测工作。探测时手握住手柄将探测器在被测物周围探扫,有金属时即自动转换至红灯同时发出声响(或开机振动);当停止探扫时,音响(或振动)即停,绿指示灯亮。

②灵敏度调整:探测距离达不到规定要求或灵敏度过高,以致引起不稳定或对人体也发出报警时,应进行灵敏度调整。

③用铁钉灯模拟检测隐藏在动物体内金属(如羊胃铁钉),隐藏在饲料饲草内铁钉,夹杂或失落于原料或产品中的断针、铁丝或铅、铜、不锈钢等有色金属等。

四、注意事项

探测距离达不到规定要求或灵敏度过高,以致引起不稳定或对人体也发出报警时,应进行灵敏度调整。

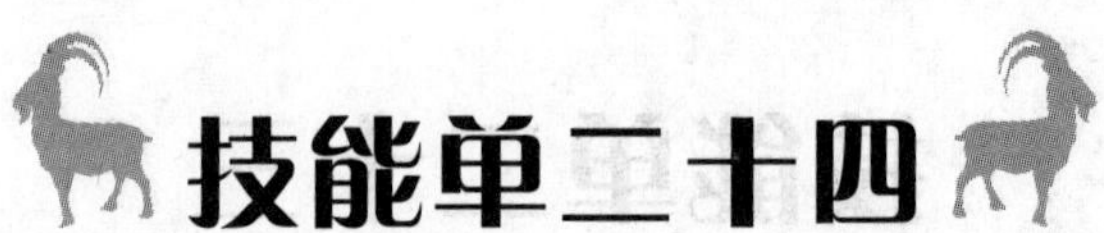

技能单二十四

一、内容

羊酮尿病的检验。

二、资源

盆、酮尿、pH 试纸、石蕊试纸、冰醋酸、亚硝基铁氰化钠、浓氨水(28%)。

三、方法及操作步骤

1. 尿的物理性质检查

盛被检尿于容器中,用手扇气嗅闻。羊患酮尿病时,尿呈丙酸酮臭味。

2. 尿中酮体的检验

酮体是β-羟丁酸、乙酰乙酸和丙酸的总称。它们都是脂肪代谢的中间产物,当大量脂肪分解而导致这些物质氧化不全时,可使血中浓度增高而由尿排出,称为酮尿。

(1)郎(Lange)氏法

①原理:丙酮或乙酰乙酸与亚硝基铁氰化钠作用后,再与氨液接触可产生紫红色化合物。冰醋酸可抑制肌酐产生类似的反应,又叫接触环法。

②试剂:亚硝基铁氰化钠、冰醋酸、浓氨水(28%)。

③方法:取被检尿约 2 mL 于小试管内,加入亚硝基铁氰化钠结晶数小粒,振荡使其溶解,再加冰醋酸 0.2 mL(3 ~4 滴),混匀后,将试管倾斜,沿管壁缓缓加入浓氨水 0.5 ~1 mL,在两液交界处呈现紫红色环即为阳性。根据颜色产生的时间,可作粗定量判断:立即出现深

紫红色环(+++)、逐渐出现紫红色环(++)、10 min 内出现淡紫色环(+)、10 min 后不显色(-)。

(2)改良罗特拉(Rothera)氏法

①原理:丙酮和乙酰乙酸在一定的 pH 环境中,与亚硝基铁氰化钠及硫酸铵作用,形成紫色化合物。

②试剂:亚硝基铁氰化钠 0.5 g、无水碳酸钠、10 g、硫酸铵、20 g。

将上述 3 种药物研磨均匀(不宜太细),贮于棕色瓶中备用。若放置过久变黄,说明失效。

③方法:取粉剂约 0.1 g 于载玻片上或反应盘内,加新鲜尿 2 ~ 3 滴使粉剂完全被尿液浸透。

④结果判定:粉剂呈紫红色为阳性反应。5 min 后仍不显色者为阴性。根据显色快慢与色泽深浅亦可用(+→+++)号表示。

技能单二十五

一、内容

手术剥衣。

二、资源

实习动物或临床病例、脸盆、注射器、消毒棉、纱布、扎尾绳、来苏尔、高锰酸钾、10%磺胺软膏或10%鱼石脂软膏、土霉素、2% ~5%奴佛卡因及蒸馏水。

三、方法及操作步骤

羊站立保定。

术者剪去并磨光指甲,用1%来苏尔液洗净手臂,用酒精棉擦干,涂以10%磺胺软膏(或鱼石脂软膏)。先用1%来苏尔液洗净羊外阴,后用左手握住外露的胎衣,右手顺阴道伸入子宫,寻找子宫叶。先用拇指找出胎儿胎盘的边缘,然后将食指或拇指伸入胎儿胎盘与母体胎盘之间把它们分开,至胎儿胎盘被分离一半时,用拇、食、中指握住胎衣,轻轻一拉,即可完整地剥离下来。如粘连较紧,必须慢慢剥离。操作时须由近向远,循序渐进,越靠近子宫角尖端,越不易剥离,更需细心,力求完整取出胎衣。

四、注意事项

1. 忌消毒不严格

用1%来苏尔液消毒羊外阴,除去污血及粪便,外露胎衣也要用消毒液冲洗干净。术者手臂可采用塑料长臂手套保护。

2. 忌剥离不净

剥离不净易造成子宫炎。

3. 忌剥离后子宫不投药

由于剥离术手出入及粪便污染,即使多冲消毒液仍然会将病原体带入子宫,所以主张术后子宫投入土霉素(0.5 g)胶囊。

参考文献

[1] 赵有璋. 现代中国养羊[M]. 北京:金盾出版社社,2005.
[2] 岳文斌. 现代养羊[M]. 北京:中国农业出版社,2000.
[3] 杨和平. 牛羊生产[M]. 北京:中国农业出版社,2001.
[4] 岳炳辉. 养羊与羊病防治[M]. 北京:中国农业大学出版社,2010.
[5] 卢泰安. 养羊技术指导[M]. 北京:金盾出版社,2008.
[6] 钱存忠. 新编羊场疾病控制技术[M]. 北京:化学工业出版社,2009.
[7] 崔中林. 奶山羊无公害养殖综合技术[M]. 北京:中国农业出版社,2002.
[8] 桑润滋. 实用畜禽繁殖技术[M]. 北京:金盾出版社,2008.
[9] 马月辉,等. 科学养羊指南[M]. 北京:金盾出版社,2003.
[10] 张居农. 高效益养羊综合配套技术[M]. 北京:中国农业出版社,2001.
[11] 岳文斌,等. 现代养羊 180 问[M]. 北京:中国农业出版社,2006.
[12] 李延春. 羊胚胎移植实用技术[M]. 北京:金盾出版社,2004.
[13] 范颖,宋连喜. 羊生产[M]. 北京:中国农业大学出版社,2008.
[14] 任智慧. 奶山羊品种介绍[J]. 养殖技术顾问,2003(2):5.
[15] 杨和平. 牛羊生产[M]. 北京:中国农业出版社,2001.
[16] 张周. 家畜繁殖[M]. 北京:中国农业出版社,2001.
[17] 高云航. 实用养羊大全[M]. 延吉:延边人民出版社,2006.
[18] 韩俊文,丁森林. 畜牧业经济管理[M]. 北京:中国农业出版社,2003.
[19] 卢中华,张卫宪,袁建新. 实用养羊与羊病防治技术[M]. 北京:中国农业科学出版社,2004.
[20] 丁洪涛. 畜禽生产[M]. 北京:中国农业出版社,2001.
[21] 陈汝新,盛志廉. 实用养羊学[M]. 上海:上海科学技术出版社,1981.
[22] 岳文斌,等. 生态养羊技术大全[M]. 北京:中国农业出版社,2006.
[23] 程凌. 养羊与养病防治[M]. 北京:中国农业出版社,2006.
[24] 薛慧文. 肉羊无公害高效养殖[M]. 北京:金盾出版社,2003.

[25] 农业部绿色食品标准技术委员会. AA 级绿色食品认证准则[M]. 北京:中国标准出版社,1997.

[26] 中华人民共和国农业部. 绿色食品产地环境质量标准[M]. 北京:中国标准出版社,2001.

[27] 中华人民共和国农业部. 兽药使用准则[M]. 北京:中国标准出版社,2002.

[28] 胡述楫. 绿色食品产品标准的现状和对策[J]. 农业质量标准,2001(4):16-17.

[29] 中华人民共和国农业部. 动物卫生准则[M]. 北京:中国标准出版社,2002.

[30] 中华人民共和国农业部. 饲料及饲料添加剂使用准则[M]. 北京:中国标准出版社,2002.

[31] 张俊. 肉羊[M]. 北京:中国农业大学出版社,2005.

[32] 李秋洪. 论绿色食品与21 世纪农业可持续发展战略[J]. 中国食品与营养,2001(3):56-59.

[33] 中华人民共和国国家统计局. 中国统计年鉴 2012[M]. 北京:中国统计出版社,2012.

[34] 中华人民共和国农业部. 中国畜牧业年鉴 2012[M]. 北京:中国农业出版社,2012.

[35] 马友记,李发弟. 中国养羊业现状与发展趋势分析[J]. 中国畜牧杂志,2011(14):16-20.